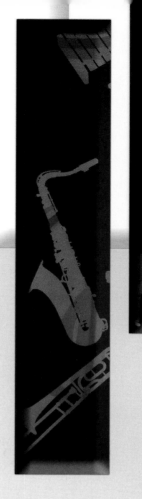

음악중심 음악치료

MUSIC CENTERED MUSIC THERAPY

Kenneth Aigen 저 | 이경숙 · 류 리 공역

학지사

Music Centered Music Therapy

by Kenneth Aigen

Korean Translation Copyright © **2011** by Hakjisa Publisher
The Korean translation rights Published by arranged with
Barcelona Publishers

Copyright © 2005
ISBN 10: 1-891278-25-8
ISBN 13: 978-1-891278-25-9
Barcelona Publishers
4 White Brook Road
Gilsum New Hampshire 03448 USA
SAN# 298-6299

•역자 서문•

    음악치료사는 어떠한 철학적 배경하의 임상적 훈련을 가졌더라도, 음악을 사용하여 클라이언트를 돌보는 전문가라는 사실에는 동일한 정체성을 가질 것이다. 그런 의미에서 이 책은 음악의 본질적인 특성으로 클라이언트 삶을 돕는 음악치료의 이론적 근거와 그 역할을 조명하고 있다. 저자는 이 책에서 음악을 경험하고 만들어 나가는 뮤지킹 과정이 미적이고 창조적인 표현으로 클라이언트에게 다가서며, 치료적인 매개로 작용하는 그 과정들의 진정한 가치를 담아내고 있다.

    음악은 음악 외적인 목적을 이루려는 하나의 수단으로만 끝나는 도구가 아니라 매개체로서 비음악적인 유익을 거둘 수 있는 구성요소를 지니기 때문에 클라이언트를 위한 음악 외적인 삶과 연결이 된다. 다시 말해 음악중심 음악치료(Music-centered music therapy)가 시행될 때 비음악적인 목적은 이차적인 유익으로 수반된다는 것이다. 이러한 음악중심적인 사고는 궁극적으로 인간이 성취하고자 하는 본질적인 만족을 이루게 한다. 음악적 경험과 구조, 음악적 요소와 그 작용들은 클라이언트를 돌보는 음악 고유의 속성으로 다른 분야와 차별화되는 독특한 방법이자 치료사의 정체성으로 이어진다.

    사실 음악치료사가 클라이언트를 위해 변화시키고자 하는 가시화된 목적들은 이미 다른 분야의 전문가들이 행하는 치료목적일 수 있다. 음악이 음악 외적인 목적을 가져다 주는 수단뿐이라면, 다전문직 팀 구성원의 치료사로서, '음악'과 '치료'라는 상반된 속성으로 자신의 정체성을 가져야 하는 음악치료사는 그 양면성이 주는 딜레마에서 자유롭기 어려울 것이다. 그러나 클라이언트가 음악과 만나는 과정과 그 과정 속에서 전개되는 모든 음악 활동들이 그 자체의 영향력으로 충분한 가치를 지닌다면, 음악적인 발전은 음악 외적인 발전의 면모를 함축하게 될 것이다.

이러한 측면에서 이 책은 음악중심적인 사고로 만나게 되는 음악의 중요한 가치에 대해 구체적이고 체계적인 이론적 근거와 실행을 제시하고 있다. 나아가 스키마 이론을 적용함으로써 멜로디, 리듬, 화성, 형식, 다이내믹 등의 음악 요소가 클라이언트를 위한 삶의 측면에 어떤 연관성을 가지고 나타나는지 이야기하고 있다. 그러나 음악중심 음악치료는 특정한 모델이나 접근법이 아니다. 이는 우리가 클라이언트를 돌보는 음악치료사로서 우리의 정체성을 표현하고자, 익히 알고 있는 접근법과 철학적인 근거 기저에 자리하고 있는 사고라고 할 수 있다.

조금 먼저 클라이언트를 돌본 음악치료사로서 음악이 갖는 수많은 의미들에 대해 고찰할 때, 이 책에서 기술하는 음악치료의 이론적 근거와 원리들은 그동안의 임상 경험에 대해 그리고 음악치료사의 정체성에 대해 더욱 견고한 사고를 갖도록 할 것이다. 따라서 임상에서 수고를 아끼지 않는 많은 음악치료사들과 음악치료의 철학적 사고를 정립하고자 하는 전공자들에게 이 책을 권하고자 한다. 끝으로 이 책의 저자 Kenneth Aigen, 그리고 출간에 도움을 주신 분들과 학지사 관계자 여러분께 감사를 드린다.

2011년 1월
역자 이경숙, 류 리

• 추천사 •

『음악중심 음악치료』의 출간을 진심으로 축하합니다. Kenneth Aigen 은 Temple University 음악치료학과 교수로서, 또 Nordoff-Robbins 음악치료센터 전임 연구 디렉터로서 그동안 치료 동인으로서의 음악의 역할에 대한 다양한 연구를 발표해 왔습니다. 그중에서도 이 책은 그간의 그의 연구를 집대성한 것으로서, 음악치료에 대한 Aigen의 깊은 통찰과 철학이 잘 녹아 있는 음악치료 학계에 있어 매우 귀중한 책이라 생각합니다. 이런 훌륭한 책이 국내에 발 빠르게 출판됨으로써 국내 음악치료사들이 좋은 배움의 기회를 가질 수 있음을 매우 기쁘게 생각합니다.

바야흐로 한국의 음악치료는 태동기를 넘어 발전기에 와 있습니다. 그 예로, 음악치료의 다양한 기법 및 모델, 적용에 관한 많은 연구와 저서, 역서가 국내에 출판되었고, 특히 Nordoff-Robbins 음악치료, Guided Imagery and Music, Aesthetic Music Therapy, Analytical Music Therapy 및 Neurological Music Therapy와 같이 전문화된 음악치료 모델도 다양한 경로로 소개된 바 있습니다. 이 같은 시도는 단순히 음악치료를 소개하는 데서 나아가 보다 전문화되고 세분화된 음악치료의 영역을 구축함으로써 음악치료 발전에 많은 기여를 하였습니다.

이런 음악치료 학문의 발전 흐름을 고려해 볼 때, 이 책은 시기적으로 적절하게 출간되었다고 생각합니다. 이 책은 음악이 치료에서 핵심적 동인이자 유의미한 치료의 결과가 될 수 있는지에 관해 이론을 세우고 이를 다양한 음악치료 방법에 비추어 설명하고 있습니다. 독자의 이론적 지향에 따라 이 책은 서로 다른 영향을 미칠 수 있다고 생각됩니다. 음악치료의 예술적 속성을 극대화한 Aigen의 혁신적인 이론을 지지하지 않는 치료의 과학적 측면에 익숙한 독자에게는 이 책이 그들의 사고를 확장시키고 음악치료 영역의 경계에 대한 큰 자극과 도전으로 다가올 것입니다. 또한 치료의 예술적 측면을 중시하는 독자에게는 그들의 실행을 뒷받침해 줄 이론적 근거를 제공해 줄 것입니다. 더 나아가 세분화되고 전문화되는 음악치료의 발전 속에서 치료의 동인이자 결과로 음악을 강조하는 모든 음악치료 모델을 '음악중심 음악치료'라는 하나의 틀에 수용함으로써 음악치료를 새롭게 분류 · 통합하고 이론화하는 데 기여할 것입니다.

마지막으로 쉽지 않은 번역 작업을 인내를 가지고 수행하신 역자 선생님들의 수고에 감사의 말씀을 드립니다. 아무쪼록 많은 독자들이 이 책을 접해서 그들의 음악치료 이론 정립과 실행에 도움이 되기를 진심으로 바랍니다.

숙명여자대학교 음악치료대학원
김영신 드림

• 감사의 글 •

많은 사람들이 사심 없이 시간을 내어 이 책의 초안을 읽어 주었고, 전체적인 비평을 해 주었으며, 또한 그 비평의 의미를 이해하는 데 함께 해 주었다. 이 책의 완성에 도움을 준 동료들에게 진심 어린 감사를 드린다. Gary Ansdell, Kenneth Bruscia, Barbara Hesser, Carolyn Kenny, Colin Lee, Clive Robbins, Benedikte Scheiby, Lisa Summer, Alan Turry 모두가 이 책을 만드는 데 많은 도움을 준 분들이다. 그리고 이 책에 대하여 나와 이메일을 주고받으며 많은 대화를 나누고 배려해 준 Ken에게 특별한 감사를 드린다.

이 책을 쓰기 전 많이 요약된 형태의 5장을 검토하며, "바로 여기에 책이 있다고 생각합니다."라고 말해 준 Gary에게 감사한다. 나는 여전히 그의 대수롭지 않은 말에서 시작된 수고로운 작업으로 애를 쓰고 있다. Rachel Verney는 이 책에 대해 직접적인 논평을 하지는 않았지만, 내가 그녀와 자주 나누었던 대화는 이 책에서 논의된 소재로 나의 견해에 강한 영향을 미쳤다. 마지막으로 Maria Alvarez에게 감사한다. 그녀는 내가 스키마 이론을 음악치료에 적용하고 공식화한 첫 강의를 들으며, 누군가는 이러한 유익한 관련성을 기록해야 한다고 요청했었다. 이러한 Maria의 요청은 나의 사고를 촉발시켰고, 그와 같은 적용은 결국 이 책의 많은 부분을 차지하게 되었다.

내가 뉴욕대학의 음악치료 프로그램에서 학생과 교수 구성원으로서 지난 23년간 나의 경험을 인용한 것은 매우 중요하다. 1974년부터 Barbara

Hesser가 이끌고 있는 이러한 공동체는 음악이 중심적인 역할을 할 수 있도록 했다는 데 가치가 있다. 공동체의 모임은 항상 음악을 통합시키고, 음악성을 발달시키는 과정으로 프로그램 기술 구성요소가 큰 부분을 차지한다. 더욱이 Barbara는 나에게 음악철학, 음악심리학, 음악교육, 음악학 그리고 음악치료와 관련된 민족음악학 개념에 초점을 맞춘 대학원 과정을 발달시키고 시행하는 자유를 준 사람이다. 여러 면에서 이 책은 그 과정의 성장을 이끈다고 할 수 있다.

이러한 부분에 익숙하지 않은 사람들에게 음악치료를 설명할 때, 나는 가끔 그들에게 음악 없는 삶을 상상할 수 있는지 묻는다. 이것은 음악의 고유성을 가져오고, 장애가 있는 개인들에게는 그들에게 제공할 수 있는 경험의 풍부함을 깨닫도록 돕는다. 또한 때때로 충분히 진가를 인식하기 위해 무언가가 없는 우리의 삶을 어떻게 상상해야 하는지 보여 준다.

음악 없는 삶을 상상할 수 없는 것처럼, 나에게 Barcelona 출판사 없는 음악치료의 작업은 상상할 수 없을 것이다. 이 책을 세심히 배려하는 말로 들리겠지만, 나는 Barcelona의 Kenneth Bruscia에게 각별한 감사를 해야 한다. Barcelona에서 출판된 책들을 살펴보면, Ken이야말로 음악치료의 비전을 제시하고 있다는 것을 알 수 있다. 그는 음악에 전념하는 음악치료의 비전, 실행 수준을 높이는 비전, 선경지명이 있는 음악치료사들이 계속 나아갈 수 있도록 하는 비전, 음악치료와 동시대의 주요한 사고의 맥을 연결할 수 있도록 하는 음악치료의 비전을 제시하고 있다. 나는 Barcelona에서 출판된 이 작업에 대해 영광과 자부심을 느낀다.

•차 례•

제1부
음악치료에서 음악중심적인 이론을 위한 배경

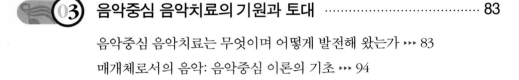

제4부
일반 음악중심 이론

• 서 문 •

음악치료 근대사의 초기 60년 혹은 그 이상 동안 음악치료에서 발전된 고유한 실행들이 매우 많이 있어 왔던 반면, 음악치료의 지배적인 이론은 외부 여러 분야로부터 끌어 왔다. 도입된 이론의 일반적인 출처에는 신경과학, 정신분석 그리고 행동주의 이론이 포함된다.

이러한 분야에 기초를 둔 음악치료 이론은 이론가들이 이미 현존해 있고 비교적 완전한 해석상의 체계를 적용하는 이점을 갖기 때문에 고유이론*보다 빠르게 발전해 온 것이 당연하다. 그러나 임상가들이 그들의 음악치료 실행을 외부 이론들에 기초를 두어 왔든, 혹은 단지 사전-사후 형태의 원리로서 적용해 왔든 상관없이, 비음악적인 탐구의 영역에서 그들의 기원은 음악치료 실행의 음악적인 중요성이 생략되고 최소화되고 왜곡되는 경향이 있다는 것을 의미한다.

비음악적인 이론들—고유한 것이든지 원류에서 도입된 것이든지—에 기초한 임상적인 접근법과는 반대로, Nordoff-Robbins 음악치료(NRMT)와 심상유도 음악치료(GIM) 등의 모델에서 예시할 수 있는 음악중심 음악치료 접근법이 있다. 그러나 이러한 두 가지 형태의 실행이 저마다 1950년대 후반과 1960년대에 그 시초 이래 그들의 임상적인 적용 안에서 중요한 성장을 경험하였음에도 불구하고, 이론의 영역에서 의미 있는 발전이 이루어진 것은 불과 최근 10년 내의 일이다.

---

* 고유이론, 우세하게 음악치료 실행에서 기원한 이론을 말한다.

음악은 이러한 실행의 형태에서 중심적인 역할을 해내기 때문에 그들은 음악적인 과정, 구조, 상호과정, 경험들을 우선적으로 강조하는 이론을 요구한다. 이 이론이 음악중심적인 작업에서 실행에 뒤처지게 된 것은 다음의 두 가지 상황으로 귀결된다. ① 음악에 현존하는 이론을 적용하는 것보다 그들에게 음악의 사용을 적용하고, 건강과 관련된 음악치료의 특징을 적용하고 발전시키며, 여러 건강과 관련된 전문직에 존재하는 이론을 적용하는 것이 더 쉽다. ② 음악중심적인 작업이 음악치료에 대해 고유한 개념에 기초할 때, 음악에 참여함으로써 사람의 건강에 영향을 미치는 반면 새로운 이론을 창조하는 이중적인 도전에 직면한다.

이 책은 음악치료 실행과 이론을 적용할 때 음악중심이라는 용어의 토대와 적용을 탐색하는 것으로서 비교적 간략하게 시작했다. 나는 음악중심이 어떤 특정한 접근법 혹은 모델이기보다는 다양한 임상적인 모델과 치료환경에서 일하는, 그리고 다양한 오리엔테이션을 가진 임상가들과 이론들 사이에 속하는 음악과 음악치료로 생각한다. 비록 음악중심이라는 용어가 1980년 중반부터 음악치료 문헌에 존재해 왔으나, 나는 그것이 어느 정도까지 아직 정의되지 않았거나 그것의 다양한 적용들이 널리 탐색되어 오지 않았다는 것을 인정한다. 결과적으로 명시되지 않은 복합적인 해석들이 있던 전문적인 강연에서 사용된 개념이었다. 이것을 실감하면서 나의 초기 목적은 그 적용에서 합의를 형성하기 위해 용어의 의미에 관련되어 음악치료사들 사이에 학문적인 대화를 자극하는 것이었다.

그러는 사이에 책들이 늘 그렇듯이, 이 책은 그 자체로 활기를 띠었으며 나의 초기 목적 이상으로 훨씬 성장한다. 이에 더하여 음악치료에서 음악중심적인 사고와 실행의 본질과 기원을 논하면서, 넓고 다양한 중재 범위와 방법에 걸쳐서 적용될 수 있는 음악치료의 음악중심 이론에 대한 일반적인 윤곽을 제공한다. 더욱이 이 이론은 이 책의 3부와 4부에 제시된 이론이 음악중심적이라는 메타이론적인 주장 때문에 나는 이러한 주장을 정당화하기 위해 음악치료 이론의 개념적인 개관도 제공한다.

이 책의 구조

이러한 목적을 달성하기 위해 이 책은 총 4부로 구성되어 있다. 1부에서는 음악중심 음악치료 이론의 정황을 설립하는 데 집중하였다. 2부에서는 음악중심 음악치료가 무엇인지 기술하고 그 기원을 상술하며, 많은 음악치료 접근법에서 그 적용 중 몇 가지를 탐색한다. 3부에서는 음악 이론들에 기초한 음악중심 음악치료의 철학적인 기반을 제공하며, 그리고 이것이 어떻게 음악치료에서 일반 이론을 위한 음악중심적인 사고에 적절한지를 논증한다. 4부에서는 일반적인 음악중심 음악치료 이론을 개략적으로 기술한다.

1부에서 1장과 2장은 음악치료에서 수많은 이론적인 이슈를 명백히 하고 과학의 본질, 이론의 본질에 어떤 배경을 제공하는 것을 주제로 한다. 어떤 독자들은 논리적이고 공적 책임이 있는 과학적 기반 위에 그 자체의 확립을 추구하는 전문직에서 일고의 가치가 없는 것으로서 음악중심적인 접근 전체를 분리시키는 것이라고 부추길지도 모른다. 1장은 음악중심적인 실행에 대한 중심 이론의 유형이 어떻게 음악치료에 대한 다른 접근들에서의 이론들보다 고유하게 다소간 과학적이고 이론적인지를 보여 줄 목적으로 과학 철학 안에서 몇몇 중심적인 이슈를 과제로 삼는다. 2장은 실제로 음악치료에서 사용된 다중 이론 방식을 논한 1장의 자료를 확립하고, 음악치료 문헌에서 나타나는 메타이론적인 용어들의 많은 관계들을 명확히 한다. 2장에서 일반이론에 대한 논의는 3부와 4부에 나오는 제언의 토대를 이루고 있는데, 그 제언은 음악중심적인 사고가 음악치료에서 일반이론의 풍부한 원천이라는 것이다.

2부에서 3장과 4장, 5장은 음악중심 음악치료의 일반적인 상세한 묘사를 제공한다. 결코 저자가 하지 않아야 하는 조언일지라도, 나는 과학적인 행위에 대한 다중적인 시각이 있다는 확신을 필요로 하지 않은 독자들에게, 그리고 3장을 읽기 시작하며 메타이론과 이론의 역할에 대한 논의에 흥미를 갖지 못하는 독자들에게 말할 것이다. 이것은 현대 음악치료사들의 실행과 믿음에서 그것의 표명과 그 아래에 놓인 가치로서, 음악중심적인 사고의 기원에 대해 안내할 것이다. 그러나 음악중심적인 사고에 대한 나의 전체적인 논의는 음악치료(3부에서 제시된)에서 일반이론을 위한 기초를 제공하는데, 1장과 2장의 이론을 따른 자료의 이해를 전제로 삼았다.

계속해서 2부의 6장과 7장은 많은 탁월한 음악치료 모델과 현대의 개념적 틀에서 음악중심적인 양상의 개관을 제공한다. 이 장은 다음의 두 가지 목적을 제공한다. 첫째, 음악중심성은 음악치료에서 어떤 특별한 접근법의 영역이 아니라는 것이고, 이는 음악치료 접근법들의 다양성에 현존하는 것을 보여 준다. 둘째, 이전 장에서 이론적으로 지지된, 그리고 특별한 접근법에서 명확하게 충족시켜 논의된 일반적인 믿음과 실행이 어떻게 진술되는지 보여 준다. 6장과 7장에서의 계획은 이해보다는 제시하는 것이 될 것이며, 다른 모델들의 음악중심성에 대한 완전한 논의를 제공하려는 시도는 아니다.

이 책에서 논하고 있는 입장은 음악중심 음악치료 이론이 음악이론에 철학적 기반을 가져야 한다는 것이다. 이러한 기반을 3부의 목적으로 하여 음악의 두 가지 관점을 소개하고 음악치료에 적용할 것이다. 스키마 이론과 주커칸들 음악이론이 그것이다. 8장과 9장에서는 각 이론을 설명하고 이를 음악치료에 적용해 볼 것이다. 10장에서는 두 이론이 지닌 명백한 모순을 해결하고, 이로써 단지 하나의 이론에 기초한 하나의 이론보다 더 강한 음악치료 실행에 일관성 있는 기반을 주고자 한다.

4부에서는 음악중심 음악치료 이론을 대략적으로 소개하고 있다. 동시에 어떻게 이러한 사고가 수많은 음악치료 영역, 작업 방법, 개념 틀에 적용할 수 있는 음악치료에서 일반이론을 도출하는 데 사용될 수 있는지에 관해서 살펴보고 있다. 그리고 일반이론에서 여러 가지 중요한 주제들을 음악중심적인 관점에서 논한다. 이것은 음악과 음악경험의 본질, 음악과 인간 정서와 표현 간의 관계, 음악의 의미 창출, 음악과 변형에 관한 것이다.

인간을 이해하기 위한 접근으로 알려진 스키마 이론 또는 은유이론은 3부와 4부에서 지배적인 역할을 한다. 이 이론의 실체는 철학자 Mark Johnson과 언어학자 George Lakoff(Lakoff & Johnson, 1980; Johnson, 1987; Lakoff & Johnson, 1999)의 작업에서 비롯되었고, 이 이론은 음악이론을 포함해서 여러 학문에 점차적으로 더 많은 영향을 주고 있다. 이 책의 3부와 4부에서 스키마 이론은 다음과 같이 세 가지 방법에 사용된다. 앞서 언급했듯이, ① 음악중심 이론을 발달시킨 음악이론의 역할을 제공한다. ② 인간의 인지와 의미 생성의 전반적인 관점을 통해 음악치료에서 일반이론으로서 음악중심적인 이론을 위한 이론적인 근거를 제공한다. ③ 4부에서는 이 이론의 여러 요소를 이용하여 음악중심적인 이론의 몇 가지 특별한 양상을 소개한다.

음악중심적인 사고의 기원: 예비적인 관찰

음악중심 음악치료에 대한 중심적인 개념은 출처의 다양성으로부터 유래한다. 음악중심적인 사고의 전개는 3장에서 더 상세히 논의되겠지만, 나는 음악중심적인 사고를 지지하는 중요한 역사적인 기원과 개념적인 것을 대략적으로 여기에 묘사하려고 한다.

독특한 음악적인 특질과 경험들은 중요한 임상적 요소로 음악중심 음악치료의 개념이다. 이 개념은 Paul Nordoff와 Clive Robbins(1965, 1971, 1977)*의 작업에서 유래되었다. 비록 그들이 명백히 이 용어를 사용하지 않았어도, 그들의 접근에 대한 중심적인 실행과 신념은 현재 작업에서 추론된 개념의 방식에서 모두 음악중심적이다. 또한 음악이 일차적

---

* 3장에서 논의되겠지만, 일찍이 어떤 음악치료사들은 음악 자체의 고유한 임상적 가치를 크게 강조하였다. 음악의 내적 과정과 구조에 대한 연구 부족은 음악중심적인 치료사들과 이러한 실행가들을 분명히 구별 짓는다.

인 임상적 요소로 음악치료 접근법을 발달시키는 데 비슷하게 동기를 부여해 온 Helen Bonny(1978a, 1978b, 1980, 2002)의 작업도 중요하다. 음악중심 음악치료 기원의 탐색은 Nordoff-Robbins 음악치료와 심상유도 음악치료의 중심적인 역할을 인식해야만 한다. 반면 Carolyn Kenny의 많은 출판물들은 음악치료 이론의 일반적인 질문들을 다루며, 그녀의 연구 『The Mythic Artery』(1982)는 음악중심 이론의 발전에 대한 중심적인 몇몇 견해를 소개하며 개척하려는 노력을 하였다. 현대 음악치료 문헌에서 주목을 받는 많은 개념들이 이 책에 처음으로 제시되었다.

음악중심적인 실행을 지지하는 3장의 두 가지 중심적인 개념은 John Dewey(1934)와 David Elliot(1995)의 저작에서 나왔다. 특별히 Dewey의 개념은 앞서 Nordoff-Robbins 접근(Aigen, 1995a; 1998)의 관점을 조명하는 것으로 사용되었다. 비록 이러한 주장을 지원하기 위해 인용한 음악치료사들의 실행에 대한 개관 혹은 출판된 참고문헌들이 없더라도, 5장에는 음악중심적인 접근법으로 특징지음으로써 내가 기술한 많은 실행과 신념들이 포함된다. 대신 나의 접근은 순수한 경험적인 것보다는 개념적인 방식에서 음악중심적인 작업을 정의하는 과업으로서 접근한 것이다. 나는 음악중심 음악치료를 위한 기반으로 제공할 수 있는 가치, 개념, 이론들과 개념적으로 일관된 음악치료사들의 실행과 신념을 분명히 하는 데 초점을 두었다.

5장의 많은 실행과 신념들은 음악치료사들 사이에서 공통적으로 논의된 것에 초점을 둔 것이다. 그들이 어느 정도 공통적인가? 어떤 엄격한 데이터 없이 말하는 것은 불가능하다. 나는 세 가지 다른 임상적인 배경에서 지난 20년간 음악치료를 실행해 왔다. 그리고 나는 미국에서 일한 것 외에 브라질, 일본, 호주, 뉴질랜드, 캐나다, 그리고 벨기에, 스페인, 독일, 영국, 덴마크, 이탈리아, 노르웨이 등 유럽 전 지역의 다양한 장소에서 대학과 협회에 참석했다. 어디를 가든, 내가 음악중심적인 접근의 일부분으로서 간주하고 있는 그 실행과 신념에 공감을 하는 사람들과 만날 수 있었다. 이러한 신념이 광범위한 지지자를 갖는다는 것은 나에게 의심할 나위 없다. 그들이 음악중심이라는 용어의 보호 아래 속하든지 아니든지는 이 책에 대한 반응에 의해 부분적으로 결정될 것이다.

음악중심성의 정의에 대한 논의

이 책을 완성하는 작업을 통해서 나는 음악중심이라는 용어가 사용될 수 있는 두 가지 방법을 이해하게 되었다. 어떤 치료사들에게 음악중심은 그들의 작업에서 중심적인 구성요소를 요약한 것으로 모든 것을 내포하여 이름 붙인 것이다. 음악중심이 되는 것은 그들 자신, 즉 그들의 정체성의 일부가 되는 것이다. 그것은 중재와 이론에서 음악적인 전문성을 상당량 다루는 것을 특징으로 하는 임상적인 실행에 반영된다.

또 다른 치료사들에게는 만약 그들이 음악중심적인 사고에 대립되거나 혹은 보완적인 것이 그들에게 더 이상 중요하지 않다는 다른 믿음을 가질지라도 음악중심이라는 용어는 정확히 그들의 실행과 사고의 양상을 묘사한다. 음악중심이 되는 것은 그들이 내부와 외부로 움직이는 태도를 갖는 것이다. 그것은 큰 존중감에서 음악이 중심적인 역할의 장소로, 혹은 음악과 음악적인 경험을 유지하는 것으로 임상적인 실행에 반영되는 것이다. 그러나 그것은 첫 번째 치료사 집단의 성격을 특징짓는 음악적인 전문성의 동일한 단계 없이 이행될 수 있다.

전자 집단의 사람들에게, 예컨대 음악중심적인 원리와 실행을 정신역동적인 개념들과 혼합하는 것은 이치에 맞지 않는다. 왜냐하면 그들은 개념적으로 양립할 수 없기 때문이다. 후자 집단의 사람들에게 구성개념의 이러한 융합은 양립하거나 혹은 그렇지 않을 것이다. 그러나 이것은 다음의 두 가지 이유로 양쪽의 사고방식을 사용하는 그들의 능력을 방해하지 않을 것이다. ① 어떤 사람에게 양립성에 대한 판단은 상황에 따라 결정되는 것이다. 따라서 그러한 실행가들은 선택을 할 수 있다. 예를 들어 그것이 임상적으로 정당한 근거를 가질 때 음악중심적인 입장에 존재하고, 그리고 그것이 임상적으로 정당한 근거를 가질 때 정신역동적인 입장에 존재하는 것이다. ② 음악중심적인 사고를 해석하는 다른 방법은 정신역동적인 과정과 구성개념이 그들의 음악적인 표명으로 작용되기 위해 정신역동적인 사고를 포함할 수 있다. 따라서 이러한 방식을 믿는 사람들에게 순수하게 음악적인 작업은 그 자체로 정신역동 치료의 한 형태로 작용된다.

이 책에서 나는 음악중심이 되기 위한 생각으로 더욱 알맞은 방식을 주장하는 것이 아니다. 이것은 각각의 실행가들이 만드는 개인적인 판단이다. 그러나 내가 모델, 이론, 실행 그리고 치료사에 대해 기술한 형용사로서 본문 도처에 음악중심이라는 용어를 사용한 것은 단지 일시적인 입장이 아니라 공식적인 정체성으로서 음악중심의 구성개념을 사용하는 데 대해 (비록 필요성은 아닐지라도) 가능성을 인정한다는 것을 말하는 것이다.

본문 도처에 인용된 예시에서 나의 목적은 음악중심적인 범위의 안과 밖에 있는 것으로써 특별한 개인들을 특징짓는 것이 아니다. 음악중심적인 믿음과 실행을 전체적으로 바라볼 때, 그들의 우세함을 받아들이는 실행가들은 아마도 음악중심 음악치료사로서 그들 자신을 묘사하는 데 편안함을 느낄 것이다. 그들 중 비교적 극히 소수의 사람들이 아마 이런 방식으로 그 자신을 인정하는 것을 선택하지 않을 것이다. 그러나 후자의 입장을 선택한다고 해도 음악중심적인 사고의 특별한 양상을 사용하거나 지지하는 것을 배제하지는 않는다.

또한 나의 목적은 음악중심에 따른 신념 혹은 실행의 특질을 제정하는 것이 아니다. 단지 이러한 용어를 해석하는 많은 방법에 따라 실행가들 사이에서 음악중심의 많은 단계적 변화가 있을 것이다. 음악중심이 되는 개념에 대해 동의하지 않는 음악치료사들이 내가 이런 식으로 증명하는 신념이나 실행을 분명히 사용할 것이라는 가능성은 있다. 이러한 실행가들에게, 나는 이러한 실행과 신념이 음악중심적인 사고를 배제하는 것이 아니라는 점을 강조하고자 한다. 그들은 분명히 다른 이론 이나 개념적 틀에 포함시킬 수 있다. 그러나 만약 이러한 주장의 전형이 만들어진다면, 나는 다른 이론이나 틀의 중요한 측면에 신념이나 실행을 연결하는 것이 중요하다고 믿는다.

이를테면 나는 감정적인 표현과 음악 사이의 관계를 논의한 본문의 몇 가지 경우에서, 그리고 정신역동 음악치료 접근에서 음악은 정서적인 카타르시스, 정서적인 자기표현, 개인적인 감정의 상징적인 표현의 수단으로 가장 자주 간주된다고 주장하였다. 나는 또한 음악중심적인 접근이 음악의 이러한 사용을 어떻게 적응하는지에 대해 말할 뿐 아니라 미적으로 만족을 주는 음악작품의 창조 혹은 리듬 그루브의 창조와 같이 치료적인 맥락에서 다른 음악의 사용을 통합시킨다.

정신분석 혹은 정신역동에 편향된 어떤 음악치료사들은 그들의 접근에 나의 특성을 나타내는 것을 받아들이지 않을지도 모르며, 다른 방식으로 음악의 사용을 주장할지도 모른다. 나의 초점은 만약 그들이 그렇게 하든지 하지 않든지 간에 그것은 다음과 같이 의견의 자유로운 표명을 구하는 문제일 것이다. ① 그것의 토대로서 개념적으로 일관된 방식에서 전통적인 심리분석적인 사고를 확장하거나, ② 기본적으로 정신분석적인 실행을 함으로써 절충주의 접근을 더욱 창조하는 것으로 음악중심적인 사고 혹은 실행을 통합하는 것이다. 만약 치료에서 미적 작품의 창조가 정신분석 이론과 일관된 방식으로 기술된다면, 나는 첫 번째 시나리오에서 그 조건을 받아들임으로 만족할 것이다. 만약 그렇지 않다면 두 번째 시나리오는 미적 결과물이나 음악적인 즐거움의 창조에 초점을 둔 경우가 음악치료에 대한 정신분석적인 접근의 견해로서 합리적이지 못하기 때문에 더 적절한 해설을 주장할 것이다.

일러두기

이 책의 전체적인 초점은 현존하는 임상적인 실행의 개념 틀과 음악중심 음악치료 이론을 지지하기 위한 일반적인 이론 틀을 제공하는 것이다. 이 책은 음악중심적인 실행, 중재, 또는 저술가들이 이 문제를 위해 참고할 수 있는 포괄적인 목록을 만들고 있는 것은 아니라는 점을 말하고 싶다. 나는 음악중심적인 작업이 무엇인지 상세히 묘사하기 위해, 그리고 이론적인 개념들에서 제공되는 골격에 살을 붙여 내용을 충실히 하기 위해 음악중심적인 실행의 충분한 예시를 공급하려고 시도하였다.

내가 충분히 강력하게 강조할 수 없는 것은 음악중심적인 모든 견해가 모든 중재 상황에서, 그리고 모든 음악치료 클라이언트를 위해 적용할 수 있다는 것을 지지하는 것이 아니라는 것이다. 치료사가 언제든지 활용할 수 있는 적절한 임상적인 입장은 본래의 모습으로 이행될 수 있고 클라이언트의 요구를 충족시켜 주는 것이다. 이것은 기정사실이다. 이 책의 요지는 음악중심적인 실행에 대해서라기보다, 전체적인 개념 틀로서 그것을 적용하는 치료사를 위한 것뿐 아니라 임상적으로 정당한 이유가 있을 때 그것에 정통하기를 선택한 사람에 대해서 이론적 근거를 제공하는 데 전념하고 있다.

지금 나의 일부에 대해 약간 털어놓을 시점이다. 독자들에게는 나 자신의 정체성이 음악중심적인 실행가가 되는 것이라는 점을 아는 게 중요하다. 이 책은 나에게 단지 학문적인 훈련이 아니다. 그보다 나 자신의 전문직업과 개인적인 정체성의 중심부에 있는 개념의 어떤 것을 탐구하는 것이다. 물론 이러한 입장은 이 책 속에 문자화된 모든 것에 영향을 주었고, 독자들에게는 이 이론적인 편애를 인식하고 있는 것이 확실히 중요하다.

사실 나는 음악을 감상하고 작곡하고 창작하는 것을 즐긴다는 것이 음악치료에서 모든 과정의 핵심이라고 생각한다. 나는 만약 음악치료사들이 함께한다면, 그리고 그들 자신이 서로서로 정말로 정당하다고 믿는다면, 나는 건강전문직으로부터 도입된 비음악적인 전문용어로 직업적인 대화를 치장해야 하는 실용적인 이유를 갖지 않으며, 이러한 경우 그들은 모두 합의할 것이다. 실용적이고 사회적인 이유를 너무 많이 갖는다는 것은 우리가 그것의 진실한 본질 속에 있는 것이 무엇인지 잊는 방식으로 음악치료 작업을 표현하지 못한다는 것이다.

그 소재에 대한 깊은 책임 때문에 나는 음악중심적인 사고가 음악치료에서 단지 주변적인 요소가 아니라는 것을 믿는다. 그보다 그것은 넓고 다양한 임상 적용들에서 효과적인 치료를 위한 기반에서 오는 것이다. 나는 이러한 관점이 클라이언트를 위해 얼마나 의미 있는 경험을 창조하고 중요하게 공헌하는지 보아 왔다. 그러므로 나는 가능한 음악치료 실행의 많은 영역에 확산시키기 위해 폭넓고 가능한 명확한 어구로 제시하는 데 전념하였다. 이 목적은 일반적인 음악치료 이론을 위한 토대로서 음악중심적인 사고를 제공하는 것으로 이 책에서 다루어지고 있다.

제 **1** 부

음악치료에서 음악중심적인 이론을 위한 배경

01

이론의 본질

 음악중심 음악치료에 관한 이 책이 과학적 이론의 본질로 탐구를 시작할 필요가 있는지에 대해 의문이 들 수 있다. 간단히 말해 이 책은 현대 음악치료의 이론적 특징과 그에 따른 실행들을 탐구하는 메타이론적인 관점을 갖는다. 또한 음악에 대한 개별적인 관계들과, 과학적 이론의 본질에 대한 다양한 견해에 대해 음악치료사들이 주장하고 동의하는 특별한 이론들이 반영되어 있다. 음악치료에서 어떤 특정 유형에 대해 논의하는 것은 동시에 과학적 이론의 본질과 기능에 대한 특별한 관점에 대해 논의하는 것이다. 따라서 일반적으로 이론에 내재된 관점을 고려하지 않고 음악치료에서 특정한 이론을 연구하는 것은 불가능하다.

 이미 언급하였듯이, 음악치료 실행이 음악치료 이론을 이끈다는 것은 특별히 음악중심 음악치료의 본질이다. 왜냐하면 그것은 선재한 이론에 기반을 두지 않기 때문이다. 임상가들은 음악이 클라이언트의 삶의 질을 어떻게 향상시키는지에 대한 실제적인 작업을 통해 임상을 발달시킨다. 일단 이 실행이 충분히 탁월하거나 성공적이면 그 실행이 왜 효과적인지에 대한 합리적인 설명을 제공하도록 이론을 발전시킨다. 뿐만 아니라 선구적인 음악치료 전문가들의 직관적 실행들은 음악치료에 기초가 되며 다른 사람들이 따르고 사용할 수 있는 원리로 변형되어 일반적인 지침들을 만들도록 이론을 발전시킨다.

이러한 일이 견고하게 입증된 과학적인 이론에 바탕을 두지 않는 실행은 신뢰할 수 없다고 믿는 이론가들에게는 불안감을 줄 수도 있다. 왜냐하면 그러한 유용성이 보통 의학적 처치를 받는 수준과 동일하게 확실하다고 증명될 수 없기 때문이다. 이러한 관점에서 이론이 실행을 확정해야만 한다.

그러나 현 저자를 포함해서 다른 실행가들과 이론가들은 과학적 본질에 대해 약간 다른 시각을 갖는데, 시간과 장소에 따라 바뀌는 특정한 실행을 고수하기보다는 체계적인 질문의 원리를 통해 더욱 정의되는 것으로 보는 것이다. 이러한 관점에서 음악치료의 효과성을 입증하는 서로 다른 방법이 인정되기 때문에 실행이 이론을 이끈다는 것은 문제될 것이 없다.

그러므로 1부에서 이론에 대한 논의는 음악중심적인 이론이 음악치료를 개념화할 때 반주지주의적이거나 반과학적인 것이 아니라는 것을 논증한다. 음악중심적인 사고는 음악치료 이론의 다른 유형을 대표하는 체계적인 조사보고와 엄격히 지적인 적용을 동일한 수준으로 필요로 하기 때문이다.

이 책에서 다룬 특별한 개념들은 비평에 개방되어 있으며, 한편으로는 심리치료의 중재 틀을 적용하는 실행가들과 음악중심적인 입장이 현실적으로 반이론적이며 윤리적인 차원에서 부주의하다고 믿는 실행가들로부터 비평을 받아 왔으며(Streeter, 1999), 음악치료가 점차 행동주의적, 신경학적 혹은 생리학적 용어로 운용되고 정의된다고 믿는 엄격히 과학적인 모델을 신봉하는 이론가들로부터도 비평받아 왔다(Taylor, 1997).

나는 이러한 서로 다른 차이들 중 몇몇이 한편으로 음악치료사들의 전문적 활동에 대한 협소한 시각을, 다른 한편으로는 과학적 이론의 본질에 대한 시각을 반영한다고 믿는다. 따라서 음악치료 이론에 대한 고찰을 시작함에 있어, 나는 여기서 기술된 관점이 다른 이론들보다 과학적, 윤리적, 전문적 혹은 학문적 면에서 더하거나 덜하지 않다는 것을 보이기 위해 과학이론의 다양한 개념에 대해 간단히 살펴보며 시작할 것이다. 이러한 방식으로, 경쟁적인 세계관에 대한 논쟁의 대리인으로서보다는 이러한 개념들이 그 자신만의 장점으로 참작되기를 바란다.

과학적 이론의 몇 가지 예시를 살펴볼 수 있겠는데, 첫 번째는 기체의 구성 물질이 입체의 분자운동으로 구성된다는 기체분자운동론이다. 주어진 부피의 기체 온도가 평균 분자운동으로 구성되어 있다는 것이며, 여기에서 부피가 감소하면 평균 분자운동은 증가되고 따라서 온도도 증가된다는 온도와 부피 간의 관계를 나타내는 법칙이 추론된다. 따라서 기체 물질의 특성은 이러한 이론으로 설명된다.

두 번째는 다윈의 자연선택에 의한 진화이론이다. 이 이론은 다음의 요소로 구성된다. ① 단일 종에서 개체들은 자원에 대해 경쟁한다. ② 생존이란 어떤 속성들을 선호한다. ③ 개체의 이러한 속성은 번성하여 후손에게 전수된다. ④ 종을 구성하는 개체 틀의 특성들은 새로운 종이 만들어질 때까지 시간의 흐름에 따라 변화할 것이다. 현재 생명의 다양성과 종의 멸종은 이러한 이론으로 설명된다.

마지막으로 프로이트의 성격이론을 살펴볼 것이다. 그는 본능, 자아, 초자아의 세 가지 자율적인 구조의 존재로 가정하였다. 그들의 활동은 리비도에 따라 자극되는데, 본능적인 성적 에너지인 리비도는 그 양이 유한하므로 이 세 가지 구조 사이에 경쟁이 일어난다. 개개의 행동은 본능적인 욕구들이 채워지지 않아서 야기되는 긴장을 해소하기 위해 동기부여된다. 퇴행, 억압, 투사 등의 다양한 심리적 메커니즘은 사람의 심리학적 평형상태를 유지시킨다. 이러한 구조들과 메커니즘은 병적 공포증과 신경증과 같은 병리적인 것뿐 아니라 일상에서의 행동들도 설명해 준다. 이 이론은 인간의 사고, 감정, 행동의 다양성을 설명하는데, 병리와 건강의 기능을 하나의 연속선상에 놓고 동일한 구조와 과정으로 설명한다.

과학에서 이론들은 다양한 공통적인 특성을 공유하는데, 많은 경우 위의 세 가지 예시로 나타난다. 과학 이론들은 원인적인 메커니즘을 제공함으로써 관찰된 현상을 설명하는데, 종종 관찰되지 않는 대상과 과정으로 구성된다. 그것들은 이미 알려진 과정과 특성이 모델 혹은 유추를 통해 복잡해져 잘 알려지지 않은 과정과 속성으로 투사된다. 다음을 참작해 보아라. ① 유한한 리비도에 대한 경쟁과 관련된 프로이트의 성격이론은 종의 개체 간의 자원에 관한 경쟁과 관련된 다윈의 이론과 유사하다. ② 다윈의 이론 그 자체는 애완동물이나 다른 가축들이 그렇듯이 독특한 특징을 나타내도록 지향하는 동물 번식 이론에 기반을 둔다. ③ 원자구조의 본질적 이론들은 태양계 모델에 기반을 두었다. 또한 이론은 실질적인 행위에 대한 안내를 한다. 마지막으로 이론은 다수의 복잡한 현상을 현실적인 질서 아래에 놓인 단일하고 공통된 과정으로 단순화한다.

또한 이론은 수많은 중요한 특질에 따라 차이가 있다. 첫째, 몇몇 이론들이 미래 사건을 예견하고 과거 사건을 설명할지라도, 다른 이론들은 오직 설명만을 제공한다. 지질학, 진화론적인 생물학, 심리학의 많은 부분이 해당되는데, 이들은 미래를 예측하기보다는 과거를 설명하는 데 더 합당하다. 둘째, 어떤 이론은 실제적 존재에 대한 사고의 본질에 관련되는 반면, 다른 이론은 발견적인 혹은 추정하는 기능을 한다. 셋째, 어떤 이론은 관찰을 통해 입증되거나 증명되는 반면, 다른 이론의 구조는 이러한 행위에 더욱 저항을 한다.

과학의 철학에서 논쟁이 되어 온 이러한 차이점에 근거한 과학 이론들과 관련하여 해결되지 않은 많은 문제가 있다. 첫째, 이론은 과학적으로 잘 설명되는 예측성을 제공해야만 하는가? 어떤 사람들은 과학적인 현상에서 공허한 예측기준을 만드는 이론의 무능성이 잘못이라고 믿는다. 예를 들어 100년간 받아들여진 자연선택의 진화이론이라도 새로운 생명형태가 미래에 진화할 것이라는 것을 예측할 수는 없다. 진화이론은 실험설계의 독립 변인 조정에 따른 것이 아니라 화석의 발견과 같은 것에서 확인되고 있다.

따라서 우리가 과학 이론의 필연성으로 예측력을 갖기 원한다면, 과학적으로 근거하고 있다는 일반 상식의 많은 과학적인 개념들이 위험에 놓일 것이다. 이 점에 대해 어떤 일치된 의견도 없으며, 그것은 특별한 이론의 일부분에 대한 예측력의 부족이 그 과학적 상태를 우선적으로 비난하는 것이 아니라는 것을 의미한다. 이는 생물학 혹은 인문과학이 아닌 자연과학에서 요구하는 예측이 있으며, 서로 다른 과학 이론에 다른 규칙들이 있다는 것으로 귀결될 수 있다. 그러나 만약 이러한 영역에 실제적으로 다른 규칙이 있다면 과학이라는 용어 아래에 그것들을 함께 묶기 위해서 서로 다른 과학들이 공통적이어야 한다는 점에 의문을 갖게 한다.

음악치료에서 이론의 어떤 유형은 실험 가능한 예측의 형태로 조작할 수 있기 때문에 논쟁 대상이 되었다. 이론의 조작 능력이 장점이 될 수 있는 반면, 앞서 논의한 대로 과학적인 상태, 더 넓게는 전체적인 실제적 가치 위에 명확하게 드러낼 방법이 없는 이론의 무능함에 대해 진술했다. 실용적인 사회적 이유 때문에 실험 가능한 이론의 생성을 선호한다고 할지라도, 이러한 이론은 더 이상 고유한 과학이기보다는 중재를 안내하거나 설명적인 기능만 하는 이론인 것이다.

이론의 본질을 설명하는 데 부딪치는 또 다른 중요한 문제는 이론적 본질의 존재론적인 상태와 관련된다. 이론에서 관련되는 구조, 메커니즘 그리고 과정은 실제 존재하는가? 혹은 단지 추정하는 장치들인가? 과학 이론의 현실주의자 시각은 이론적 본질이 실제로 존재하고, 과학자들은 추정하는 장치가 아니라 실제적 본질로서 이론을 가정한다고 주장한다.

현실주의자 시각은 이론들이 관찰되지 않을 것이라 생각되었지만 이후에 기술적인 진보를 통하여 관찰되었던 본질과 관련되어 온 과학의 역사에서는 많은 사례가 있다는 관점을 지지한다. 예를 들어 바이러스에 따른 질병의 전염 이론은 곤충에 따른 질병의 전염에 근거했다. 그들의 존재가 현미경의 발명 이전에 처음 제안되었을 때 바이러스는 너무 작아서 관찰할 수 없는 것으로 여겼다. 계속되는 기술의 진보는 바이러스의 존재를 입증하였다.

과학 철학에 반대되는 입장은 허구주의 또는 도구주의로 알려져 있다. 그것은 이론적인 독자성이 실제로 존재하지 않고 오로지 유용한 발견적 장치 혹은 사고를 돕는 개념에 근거한다. 이론이 실재를 정확히 나타내는지 묻는 것은 의미가 없다. 대신 이론이 얼마나 정확한 예측을 이끌어 내는지에 대한 질문만이 있다.

허구주의의 관점은 과학의 위기 기간에 지배하는 것으로 보인다. 예를 들면, 프톨레마이오스의 천문학 체계를 보면 매우 중요한 두 가지 고전적인 개념을 지향하고 있다. 지구는 우주의 중심에 있고 모든 천체의 움직임은 원형을 이룬다는 것이다. 프톨레마이오스는 행성의 움직임을 통해 관측된 사실들을 설명하기 위해 주전원(역자 주: 5행성이 지구를 중심으로 하는 대원 이외에 각자의 궤도에 한 점을 중심으로 회전하는 작은 원)의 존재를 가설로 발표하여 그 주장을 유지하였다. 프톨레마이오스 체계는 경쟁적인 이론들 가운데서 선택될 때 과학자들에게 지침이 되는 극도의 절약 관념을 거스르는 매우 성가시고 복잡한 것이 되었다. 프톨레마이오스 체계의 불합리성이 분명히 드러나면서, 추종자들은 그것이 실재를 의미하는 것이 아니라 오로지 행성의 위치를 계산하기 위한 의도된 방책이었다고 옹호하였다. 결국 행성이 타원형의 궤도로 움직인다는 사실을 증명한 케플러의 업적으로 대치되었다.

이보다 현대의 예를 물리학에서 찾아볼 수 있는데, 물리학에서 빛의 상태는 오랫동안 논쟁거리였다. 빛이 입자와 파동현상의 성질을 보인다는 사실은 빛이 무엇인지 결정하는 것이 무의미하다는 논쟁을 가져왔다. 그것은 서로 다른 상황에서 나타나는 빛의 특성에 대해 더 관심을 가져야만 했다. 이것은 실제의 특성을 표현함으로써 과학적인 모습을 포기하는 고전적인 허구주의의 자세다.

음악치료사들에게 더 가까운 예로는 행동학습이론이다. 넓은 의미로 행동주의는 과학 이론에서 허구주의 입장과 일치한다. 극단적인 행동주의는 행동을 설명하기 위해 정신적인 구조의 사용을 추방하면서 어떤 종류의 설명을 위한 책임을 피하였다. 비록 정신적인 것이 관찰되지 않는다는 사실 때문에 이론적으로만 관련이 있다는 사실을 무시한다고 해도, 정신적인 설명이 관찰되지 않는 실체라는 것 때문에 본래부터 비과학적인 것으로 간주되었다.

내가 행동주의 전략이 설명을 포기하도록 만들었다고 말한 이유는 환경적인 강화인자가 필연적으로 그들이 행한 행동의 원인(그 결과를 설명할 수 있기 위한)이 되지 못하기 때문이며, 강화인자는 행동에 우선하기보다는 뒤이어 따라온 것이고, 원인은 그것의 효과를 내었다고 할 수 없기 때문이다. 그리고 욕망과 같이 정신적인 상태를 야기하는 것은 행동의 원인으로서 자유의지를 고려하지 않는 행동적 프로그램을 위반하는 것이기 때문이다.

따라서 진실한 설명을 위한 탐색을 포기하였고 추구된 모든 것은 행동과 강화 사이의 상관관계의 확립이다. 그리고 나서 그 목적은 인간의 행동을 이해하거나 설명하기 위한 노력 없이 행동을 제어하거나 예측하게 된다.

과학 철학자들은 아직까지 이론들이 실제로 정당성이 입증되었는지 혹은 반증되었는지에 대해 전통적으로 의견의 일치를 얻지 못하고 있다. 만약 이론이 관찰되지 않는 실재 혹은 과정을 언급한다면 이론의 정확함을 증명하는 것이 무엇을 의미하는가? 만약 이론이 정확한 예측을 이끈다는 것을 의미한다면 예측을 허락하지 않는 이론들에 관해서는 어떻게 해야 하는가? 또한 이론은 측정할 수 있는 자료를 설명하는 대안적인 이론을 항상 형성할 수 있다. 대부분이 그렇게 하기를 희망하는 것은 관찰된 것과의 불일치를 증명하면서 특정한 이론이 그릇된 것이라는 것을 보여 주기 위한 것이다. 사실 Karl Popper와 같은 몇몇 과학 철학자들은 이론이란 결코 증명되는 것이 아니라 오직 그릇된 것임을 입증할 뿐이며, 과학의 역사는 정당성을 입증받은 일련의 이론들이 아니라 그릇된 것임이 입증된 일련의 이론이라고 논하였다.

이것은 어떻게 이론이 또 다른 이론을 대체하고, 과학적인 진보를 최대한 특징지을 수 있는가에 대한 의문을 갖게 한다. 이것이 순수한 합리적인 과정인가? 혹은 심리학적인, 사회적이고 역사적인, 그리고 다른 특성의 요소들이 작용하는 것인가? 이것은 20세기에 가장 많이 인용되고 가장 많이 오해받은 학자 중 한 사람인 Thomas Kuhn(1970)이 개척한 연구 영역이다.

Kuhn은 이론이 서로를 대체하는 방식에 특별히 관심을 가진 과학의 역사가였다. 그의 역사적인 조사연구는 그로 하여금 패러다임의 구성개념을 이루게 하였고, 과학의 역사에 처음으로 적용하였으며, 과학이 진행된 메커니즘으로 공표하였다. 용어에 대한 실제적인 의미에 대해 학자들 간에 큰 논쟁이 있었고, Kuhn 자신도 서로 다른 다양한 방식으로 사용하였다. 그러나 여기에서는 그러한 논쟁으로 들어가는 것 없이, Kuhn의 역사적인 조사연구에서 사회적인 요인들은 더 새로운 이론을 통해 하나의 이론을 대체하는 역할을 한다고 결론을 내었고, 경합하는 이론들 사이에서 결정하기 위해 과학자들이 내면화한 기준이 언어적으로 형식을 갖추지 못했다고 말하면 충분하다. 이 때문에 그는 과학 활동에 비합리적인 요소를 소개하는 것으로 비판받아 왔다.[1]

이러한 과학의 비합리적인 기초는 이론 선택을 인도하는 외적인 요인은 물론 세계적인 관점을 갖게 되는 이론들의 실제에서 나타나며, 따라서 숨겨진 방식으로 과학자들의 지각과 판단에 영향을 미친다. 여기서 우리

---

1) 그러나 Kuhn은 비록 공식화된 규칙에 기초하는 결정 과정이 정리되지 않았을지라도, 이론의 전개는 여전히 합리적인 기초를 갖는 방법을 진술하는 데 전력을 다하였으며, 그의 개념에 기초한 많은 과학 비평들을 부정하였다. 이후에 그의 학문적인 노력은 무언의 지식 형식을 응용하면서 예중하는 과학적인 본보기를 보이며 탐구해 나가는 데 영향을 미쳤다.

는 어떻게 이론이 발전하고 기능하는지 생각해 보자. 먼저 관찰과 경험은 이론에 우선한다. 예를 들어 Linnaeus는 모든 다양한 생명의 형태를 분류했고, 그의 작업이 선행되어 다윈의 성과가 가능하도록 하였다. 프로이트는 히스테리를 관찰했고 그것들의 기능을 설명하며 성격이론을 만들었다. 음악치료에서 우리는 음악을 연주하고, 클라이언트가 변하는 것을 본다. 더 건강해지나 음악적인 상호작용 밖에서 가능한 방식이 아닌 방법으로 작용하게 된다. 그렇다면 우리는 이것을 어떻게 설명해야 하는가?라는 질문을 우리 자신에게 하게 된다. 그 대답은 이론에 포함된다.

그렇다면 이론과 함께 관찰과 경험이 공존하는 전문적인 활동으로 이동해 보자. 우리의 이론은 인식의 초점을 어디에 두어야 할지 결정하도록 돕는 것에서 출발한다. 관찰과 경험은 우리가 지지하는 이론에 따라 영향을 받고, 그러한 것들은 다양한 방식으로 우리의 이론으로 형상화되어 관심을 갖게 한다. 이 단계에서 이론과 경험은 서로 다른 이론과 교류하고 이론은 경험에 따라 수정된다.

이 과정에서 세 번째 단계는 이론이 우리의 지각의 본질을 결정한다는 의미에서 관찰과 경험이 이론에 따라 결정될 때 발생한다. 우리는 이론이라는 말로 세계를 묘사하고 경험하기 시작한다. 그 구성요소는 너무 많아 그렇게 구분이 명확하지 않은 채로 우리의 사고 과정과 동일시된다. 우리는 더 감정적으로 이론의 현실과 실재를 포함하여 오직 그것을 지지하는 증거를 추구하며 동시에 반대되는 증거는 도외시한다. 우리의 이론은 추측일 뿐 아니라 세계관이 된다.

이러한 과정은 Kuhn(1970)의 용어를 통해 이해될 수 있다. 한 분야의 패러다임 이전 기간에서, 다수의 이론들은 지지자에 맞서기 위해 외부적인 분야로부터 가져온다. 결국 하나의 이론이 모든 다른 이론보다 주목받는 것으로 입증됨에 따라 단일한 패러다임이 확립된다. 단일성이 수립되고, 하나의 분야가 성숙하며, 전형적인 과학 활동을 할 수 있게 한다. 지식의 증가에 따라 그 이론의 다양한 예외적인 변칙들이 축적되면 결국 한계점에 도달하게 된다. 더 새로운 이론들은 설립된 이론에 대한 경쟁자로 나타난다. 경쟁하는 이론의 지지자들은 그들이 동의하는 공통된 기반을 가지고 있지 않기 때문에 서로를 과거라고 말한다. 실질적으로 충돌하는 것은 서로 다른 두 가지 세계관이다. 새로운 이론은 이전 이론의 신봉자들이 그 분야를 떠날 때 우세하게 확립되며 이것은 몇 년이 걸리는 과정이다.

음악치료 분야로 논의를 가져오며, 실제로 모든 인문과학을 위한 논쟁점으로서 한 가지 고려할 사항이 있다. 그들은 반드시 다중패러다임인 것인가? Kuhn은 전체에 대한 특정 과학이 아니라 하위 분야의 수준에서 작동하는 패러다임이라고 느꼈다는 것을 여기에서 언급하는 것이 중요하다. 이와 같이 실행의 형태가 너무 다양하기 때문에 음악치료 실행 전체를 위한 단일한 패러다임을 설립하려고 하는 것은 합당하지 않다. 그러나 예를 들어 음악심리치료 혹은 의학에서의 음악치료를 위한 패러다임의 확립을 추구하는 것은 합리적일 것이다. 그러나 여전히 다음의 의문이 남는다. 인문과학은 반드시 하나의 지배적인 이론의 설정 없이 동시에 경쟁하는 패러다임 아래에서 작동한다는 점에서 자연과학과 다른 것인가? 심리학의 예를 보면, 정신분석 이론은 행동주의 이론을 이끌었고, 행동주의 이론은 인본주의 이론을, 인본주의 이론은 초월적인 이론을 이끌며 발전했다. 비록 이들 각각은 그들이 지배하는 학문과 임상적 행위에 영향을 주더라도, 이러한 이론적인 틀 모두는 하나가 순수한 지배력을 확립하지 않은 채 공존하고 있다.

이러한 논점에 대한 답변은 차치하고, 이 책의 균형에 관련된 세 가지 주안점이 있다. 첫째, 모든 이론은 과학적이라는 주장을 지지할 만한 다양한 형태가 있다. 철학자들은 이론의 특성에 일치를 보이지 않으며 음악치료에서 어떤 유형의 이론에 대한 신봉자들은 그들의 노력으로 인식론적인 지원을 찾을 수 있다. 둘째, 모든 음악치료 실행을 위한 단일한 패러다임 혹은 기초이론을 위해 논쟁하는 것은 타당하지 않다. 만약 어떤 사람이 인문과학의 다중패러다임의 특성을 믿는다면, 서로 다른 이론들이 공존할 수 있다는 것이 분명해진다. 또한 다중패러다임 모델에 대해 동의하지 않는다면, 그것은 여전히 전체 분야를 위한 단일한 패러다임이나 이론의 종류를 위한 논쟁의 구성개념을 오용하는 것이다. 마지막으로, 이론은 실용적인 기능으로서 인간적인 구조양식이다.[2] 이러한 기능들은 다양하고, 음악치료사들의 전체적인 범위에 걸쳐서 변화한다. 양적인 효능으로 받아들여지지 않는다고 해서 어떤 임상적 이론을 비판하는 것은 타당하지 않다. 그들의 주된 기능은 그것이 필요하지 않기 때문이다.

음악치료에서 이론의 서로 다른 가치를 이해하려면 현재 음악치료 실행의 다양한 역할을 우선적으로 이해할 필요가 있다. 이는 특정한 경우와 관련되지 않는다는 관념적 기준에 대한 원칙보다는, 그것을 위해 신봉자들이 주장하는 기능에 기초한 이론을 이해(그리고 비평)하는 것이다. 이론은 실용적인 인간의 요구에 맞추기 위해 형성된 인간의 창조물이며 그들의 형식적이거나 논리적 구조보다는 이러한 요구에 맞추는 능력에 의해 더욱 평가된다. 2장은 음악치료에서 차지하는 다양한 이론의 목적에 대해 논의할 것이다.

<hr>

2) 이러한 언급이 허구주의적인 입장을 지지하는 것을 의미하지 않는다. 첫째, 이론이 외부적인 현실의 반영이든 아니든 간에, 이론은 여전히 인간적인 생각의 산물들이다. 둘째, 일반적인 의미에서 이론이란 설명하기 위해 만들어진 현상이라고 간주하기보다는 사회적인 효용을 갖는다.

02

음악치료 이론

이 장의 초점은 음악중심 이론이 어떤 입장에 적합한지 이해하기 위해 현대 음악치료에서 개발되고 진술되고 적용된 다양한 방식의 이론들에 대한 개념 틀을 논의하고 제공하는 데 있다. 따라서 메타이론적인 많은 주제를 제기하며 광범위하게 논의할 것이다.

첫 번째 단락에서는 이론이 음악치료에서 차지하는 다양한 역할에 대해 논의할 것이다. 이러한 다양한 이론의 효용을 고려할 때, 우리는 음악 중심 이론이 음악치료의 발전에서 이루어 낸 독특한 공헌을 좀 더 이해할 수 있다. 두 번째 단락에서는 이론이 유래된 정황에 기초하여 음악치료에서 다양한 이론의 형태를 범주화하기 위한 메타이론적인 틀을 면밀히 검토할 것이다. 세 번째 단락에서는 두 번째 단락에 제시된 개념적인 도식에 대한 것과 특히 음악중심 이론의 본질에 대한 질문과 관련한 많은 논점을 다룰 것이다.

현대 음악치료에서 이론의 역할

임상가들과 질적 연구가들을 위해 작용하는 이론은 치료방법의 평가에 우선적인 주안점을 두는 양적 연구방법의 연구자들의 것과는 다르다. 왜냐하면 임상적인 이론은 전통적인 연구 절차를 통하여 조작되고 입증되는 것에 저항할 수 있기 때문에, 임상적인 이론의 내용과 기능들은 이론을 주로 실험에 가설을 제공하는 기능으로 사용하는 연구자들에 의해 전형적으로 간과되어 왔다. 음악중심적인 접근은 임상가의 분야에서 탁월하기 때문에(그러나 배타적이지 않게), 주요 지지자들에 대한 가치를 평가하기 위해 이론의 다른 기능들의 일부를 검토하는 것은 중요하다.

치료를 위한 기초

음악치료는 하나의 전문직이다. 그리고 법학, 의학, 교육, 건축과 같이 전문적인 훈련과정은 학문적인 배경에 위치해 있다. 전문가들의 실행은 구체화된 암묵적인 지식, 그리고 형식을 갖춘 명시적인 지식을 수반한다. 구체화된 지식(embodied knowledge)은 우리의 행위에 내재된 지식으로 본래 언어로 말하기 어렵고, 주어진 환경에서 행동에 대한 규정으로 최소한의 형식화도 어려운 지식이다. 명시적인 지식(explicit knowledge)은 이론과 개념에 내재되어 있고 분명하게 형식화할 수 있다. 이론은 우리가 하는 것을 왜 하는지, 우리가 정말 왜 작업해야 하는지에 대한 설명을 제공한다.

이론의 현존은 인간 활동의 다른 영역으로부터 그 전문직을 구별 짓게 한다. 예술가와 장인의 지식은 그들의 행위와 그들이 매개체를 조정하는 방식에서 구체화된다. 주안점은 작업의 최종 산물의 결과에 있으며, 그들의 목적이 어떻게 달성되었는지에 대한 합리적인 이론의 실재는 그들이

하는 것에 필수적인 요소가 아니다. 다른 한편으로 외과의사, 건축가, 음악치료사 등과 같은 다른 종류의 전문가들은 행위 안에 내재된 지식의 유형을 가지며, 전문가의 책임감은 그들의 행위를 설명하는 합리적인 이론을 소유할 것을 요구한다.

그러나 이것은 이론이 조건화되어 형식을 갖춘 체계나 연상된 중재로 놓이게 되는 이론을 의미하지 않으며, 또는 순간의 행동을 위한 안내로서 제공하는 것을 의미하지도 않는다. 전문가들, 연구가들, 심지어 과학자들조차 형식화된 수학적 계산법의 수행으로 관리된다는 개념은 Thomas Kuhn(1977)과 Donald Schön(1983)과 같은 학자들에 의해 논박되어 왔다. 효용성 있는 이론(만약 그러한 것이 존재한다면)의 개념을 옹호하는 음악치료사들은 구체적인 지침을 제공하는 중재는 실행과 실례들이 드러나는 실제적인 경험을 통해, 다른 방법의 다양성을 통해 얻어지는 무언의 지식에 따라 실제적으로 제공되는 이론의 기능이라고 한다. 음악치료의 경우, 이것은 특별한 접근법을 시행하고 구현하는 사례연구를 포함할 것이다. 따라서 음악치료사의 전문적 지식에 대한 경험적인 요소가 있다고 말하는 것은 이론이 반드시 중재를 안내한다는 함축을 인정할 수 없는 것처럼 이론이 불필요하다는 것도 아니다.

그보다도 이론은 다양한 다른 기능들을 통해 치료를 위한 기초를 제공한다. 즉, 행동을 위한 사후 이론적 근거를 만든다. 그리고 주어진 영역에서 실행에 필요한 기술을 제시함으로써 학문적인 구성요소와 전문직 훈련프로그램을 구술한다. 또한 한 분야에서 실행가들 사이에 대화를 위한 공통된 언어를 만든다. 그리고 총체적인 세계관과 가치체계, 그리고 주어진 영역에서 중재를 정의하는 일련의 표준적 절차를 제공한다. 간단히 말해 이론은 중재를 위한 합리적인 기초를 제공함에 따라 실행자들의 전문적인 교육을 가능하게 한다. 이론은 직업을 정의하고 다른 사회적 관계의 형태로부터 구별 짓는 사회 구조의 필수적인 구성요소다. 이론은 음악치료사가 전문적인 행위를 하는 데 지지 틀로써 작용한다. 그러나 순간순간 행동에 대한 지침을 반드시 제공하지 않아도 이 모든 것을 할 수 있다.

실행가들의 기술과 지식의 진보 그리고 확장

앞서 언급했듯이, 임상가의 기술은 지식의 두 가지 유형의 상호작용으로부터 기인한다. 즉, 이론에서 형성될 수 있는 것(지적인 지식)과, 행위에서 구현된 혹은 Schön(1983)이 행위에서 반영된 것이라고 부른 것이다. 이론은 전문적인 일을 하는 데 마주치는 현상들을 경험하는 새로운 방식에 우리의 의식을 확장하고 우리를 개방함으로써 우리가 하는 것에 대한 지적인 이해를 높일 수 있다. 이러한 새로운 개념은 더 큰 효과에 적용될 수 있도록 우리의 임상 기술을 발전시키고 적응시키도록 작용한다.

이론은 다른 사람에게 통용될 수 있게 하기 위해 지적인 지식을 암호화한다. 전문적인 학습은 다음의 세 가지 방법으로 일어난다. 활동하는 것을 통해서, 활동하는 예시를 경험하면서(사례 연구), 그리고 행위의 반영을 통해서다. 반영은 의식과 인식을 확장시키고, 활동의 이론적 근거를 제공하고, 특정한 것에서 일반적인 것으로 그리고 일반적인 것에서 특정한 것으로 이동하기 위한 매개물을 제공한다.

예컨대, 사례 연구에서 구체화된 경우와 같이 임상적인 실행의 예시에서 일어나는 것을 고려해 보자. 대부분의 교육자들은 학생들에게 실제 예시를 통해 설명하는 것이 임상의 방법을 가르치는 본질이라는 데 의견의 일치를 보인다. 사례 연구를 통해 우리는 암묵적인 지식과 기술을 강화하는 데 공헌하는 지식의 비형식적인 측면을 내면화한다. 그러나 풍부한 전문적인 발전은 개념, 이론, 지침, 다른 추상적 개념의 실재를 요구한다. 이러한 추상적 개념은 우리가 장차 임상적인 상황에서 적용할 수 있는 일반적 원리를 체계화하도록 도와준다. 따라서 과정은 특정한 것(사례 연구)에서 일반적인 것(공식적 원리 혹은 이론적 구조)으로 이동하고, 특정한 것(우리가 특별하고 개별적인 방법에서 일반적인 원리를 적용하는 클라이언트)으로 되돌아온다. 이론은 이러한 지식의 이동을 중재한다.

연구에 대한 방향 안출

지식 형식화의 진보는 연구를 통해서 발생하며, 이론은 임상적인 실행에 필요한 암묵적인 지식이 형식적인 지식의 영역으로 들어가는 수단이 될 수 있다. 일반적으로 연구는 다음과 같이 세 가지 목적을 갖는데 모두 어떤 식으로든 이론과 연결된다. 즉, 서술적 기술, 이론 생성, 이론의 실험이다. 기술연구(descriptive study)에서는 이론이 흥미로운 현상과 그것이 어떻게 잘 포착되고 설명될 수 있는지 결정하도록 도움으로써 연구를 위한 전체적인 근거를 제공한다. 이론은 우리가 일반적인 주제를 발전시키고 연구에서 특별한 초점을 발전시키는 것을 도와준다. 이론은 질적 연구의 근거이론(grounded theory) 방법에서처럼, 자료를 발생시키고 조직하며 그 자료를 이론으로 구축하는 매우 특별한 방법으로서 연구 성과를 가져올 수 있다. 이러한 접근법에서, 이 이론은 이론의 최종 산출물을 나타내는 것만큼 연구에 대한 방향을 제공하지는 않는다.

다른 분야들과 연계 수립

학문 분야 간의 의사소통은 학문과 전문직의 수준에서 발생한다. 학문 영역에서, 음악치료사들은 음악학자, 민족음악학자, 음악교육자, 음악철학자들과 같이 음악에 관심을 가진 다른 사람들과 접촉할 수 있다. 이러한 의사소통은 음악치료사들에게 다른 영역에서의 이해와 경험을 풍부히 하면서 음악과 음악 실행의 모든 개념들에 효과를 나타내도록 허용한다.

임상 영역에서 음악치료사들은 미술치료사, 의사, 간호사, 심리치료사, 사회복지사, 교사, 언어치료사, 작업치료사와 같은 다른 다수의 전문적인 치료사들과 의사소통한다. 이러한 협력은 클라이언트를 돌보는 데 본질적인 구성요소다. 또한 이것은 특별히 음악치료 서비스를 전달하는 데 양적이고 질적인 영향을 미치는 입장에서, 음악치료에 대한 다른 영역을 교육할 수 있도록 도움을 준다.

이론은 이러한 협력에 필수적인 역할을 한다. 음악치료사들은 음악치료와 다른 전문가들이 제시한 응용의 영역에서 공통적인 개념과 이론들을 사용함으로써 다른 분야와 연계한다. 공통된 언어로 이야기하는 것은 다른 사람들이 음악치료를 이해하도록 돕는다. 또한 이론의 사용은 음악치료 실행의 지적인 세련과 원숙한 발전을 입증한다. 다른 사람들이 음악치료를 지지함으로써 존중하도록 하며, 이는 학문적이고 전문적인 협력을 위한 더 큰 동기를 제공한다.

🎵 음악치료 이론에 대한 개념 틀

음악치료 이론은 어디에 위치하는가? 음악중심적인 관점의 두 가지 견해

음악치료에서 음악중심 이론을 정의하고 설명하기 위하여, 우선적으로 질문의 적절한 범주 내에서 전체적인 음악치료의 상황을 맥락화하는 것이 필요하다. 이것은 보이는 것처럼 간단한 일이 아니다. 음악치료는 서로 다른 두 가지 영역의 인간 행위(예술과 건강)에 기원을 두고 있고, 많은 다른 관련 영역을 가지고 있기 때문이다. 따라서 다음의 논의에서 진술하듯이, 현대 상황에 매우 유동적이며 실용적인 구조로 어떤 특별한 도식을 제공할 것이다.

Brynjulf Stige(2002)는 음악치료 용어의 다양한 관련성을 정리하기 위해 중요한 작업을 많이 했으며 이 단락에서 토론은 그의 분석 덕분임을 고백한다. 그는 Bruscia(1998a)의 작업에 기초해서 네 가지 응용 영역을 확인하였다. "민속음악치료, 분야로서의 음악치료, 전문직으로의 음악치료, 전문적 실행으로서의 음악치료"다(p. 192). 민속음악치료는 근대 음악치료라는 직업 기반을 갖기에 앞서 음악을 통한 "건강과 복지 증진"(p. 192)을 지향하는 비전문적인 현대적 공동체들의 모든 실행을 포함한다. 분야로서의 음악치료는 "연구의 현장을 통해 확인된 학문의 분과, 탐구의 전통, 훈련된 강연"(p. 192)에 관련된다. 전문직으로서의 음악치료는 "어떤 지식체계의 정의에서 훈련을 요구하는 직업"(p. 192)이다. 전문적 실행으로서의 "음악치료는 건강과 복지 서비스에서 음악을 만드는 상호교류적인 과정의 행위다." 그러나 "연구, 교육, 저술, 상담, 슈퍼비전과 같은" 다른 직업적인 책임감을 포함하지 않는다(p. 193).

Stige는 또한 전문적 실행으로서의 음악치료에서 질병을 돌보는 것으로 사용되는 치료(therapy)라는 단어의 의미를 적절하지 않게 사용하는 많은 실행가들을 주시한다. 예를 들어 그는 음악치료사들의 활동이 "아동 건강센터에서는 건강 증진, 지역 센터에서는 교수법과 재활, 호스피스에서의 통증 경감"(p. 193)이라고 인용하고 있다. 비록 음악치료라는 용어를 언제 어디서나 사용하기 때문에 어떤 변화도 쉽게 일어나지 않는다는 것을 인정하더라도, 그는 건강음악학(health musicology, p. 191)이라는 용어가 음악치료의 이름을 대신하는 것이 일반적으로 실행의 모든 것을 더 잘 나타낸다고 하였다.[1]

이론은 우선적으로 분야(discipline)의 영역에 관련되고 전문적인 실행(practice)의 영역에 관련된다. 이론은 음악치료사들이 습득한 대부분의 지식체계로 구성되고, 그 이론의 용어는 대부분이 학문적 담화와 연구 활동의 큰 부분을 구성한다. 또한 이론은 사후의 방법이든, 혹은 중재를 위한 지침으로서 사용되든 음악치료의 실제적인 실행을 위한 의미 있는 정황을 제공한다. Stige는 음악치료 용어가 적어도 서로 다른 네 가지 관계

---

1) 흥미롭게도, 그녀의 음악치료 적용에 대한 개관을 요약하면서 Florence Tyson(1981)은 "만성 환자나 퇴행성 환자들의 음악패턴 양식화에 대한 음악학적인 방법"을 적용한 '정신음악학'으로서 알려진 접근을 논하였다(p. 21).

를 갖는다고 주장한다. 그리고 이론은 이런 영역들 중 최소한 두 가지에 관련된다. 그러므로 정황에 따른 영역에 대한 참고 없이 일반적으로 음악치료 이론의 위치를 정하는 것은 불가능하다.

그러나 전체적인 차원에서 우리가 음악치료 이론의 질문에 접근하기 전에 고려해야 할 더 기본적인 질문들이 있다. 고려해야 할 질문 중 한 가지는 음악치료가 더 정확하게 음악 전문직 분야인지, 건강 서비스 전문직 분야인지다. 나는 분야로서의 그리고 실행으로서의 음악치료를 분류하려고 애쓰는 현재의 패러독스를 설명하기 위해 사례 연구로서 미국에서의 상황을 사용할 것이다.[2] 음악치료 이론 그리고 음악중심 이론을 정하기 전에 일반적으로 음악치료의 위치를 정하려고 하는 것을 기억하기 바란다.

미국에서 대학 프로그램들은 대부분 학교, 행사계획, 음악학교 혹은 음악학부에 있고, 미국음악치료협회(American Music Therapy Association: AMTA)에서 승인한 모든 음악치료 프로그램들은 음악학교협회에 의해 인정되거나 확인될 것을 요구한다. 게다가 대학 교육과정의 45%는 음악 기초과목을 주제로 하고, 15%는 임상적인 기초를 다룬다. 이러한 사실들은 음악치료 분야가 음악연주, 음악교육, 음악작곡과 같은 분야를 포함하는 음악학습의 일반적인 범주 아래에 포함된다는 것을 나타낸다.

그러나 '음악치료가 무엇인가?'라는 질문에 AMTA는 "장애 혹은 질병을 가진 아동과 성인의 필요에 따라 건강상태를 최고로 활용함으로써 삶의 질을 향상시키는 데 음악을 사용하여 건강을 돌보고 전문적인 서비스를 제공하는 것이다."(AMTA, 2002, p. vi)라고 하였다. 이러한 답변은 음악치료사의 직업과 전문적인 실행의 측면을 나타내며 의사, 간호사, 의료기술자, 언어치료사, 물리치료사, 작업치료사들이 종사하는 건강 전문직의 영

---

2) 이것은 미국에서의 상황이 나머지 다른 나라에도 효과적으로 나타난다는 것이 아니라, 단지 다른 장소에서 비슷할 수 있는 딜레마를 설명하는 것이다.

역에서 직업의 위치를 분명하게 정하는 것으로 보인다.

겉으로 보기에 무엇이 모순되는 입장을 만들었으며, 이것은 현재의 논의에 어떤 영향을 주는가?

음악과 건강 등 두 분야의 기술과 지식이 결합하면서, 부분적으로 혼성적인 특성 때문에 적절하게 음악치료를 위치시키는 사회적인 혹은 학문적인 범주에 객관적인 기술(description)이 단일하지 못한 것같이 보인다. 우리는 학문적인 연구를 분리하는 그 범주들이 외적인 세계의 고유한 특성을 반영하기보다는 사람들에 의해 구성된다는 것을 강조하기 위해서, Alfred North Whitehead라는 철학자는 한때 "우주는 부분으로 나뉘어 있지 않다."라고 진술하였다(Kivy, 1989, p. 17). 그러나 음악치료사들이 자신들의 기술을 실행하는 병원, 클리닉, 학교, 교도소 그리고 다른 기관들이 있는 것처럼 대학들은 학과에 편성되어 있다. 대학은 음악치료 프로그램을 음악학과나 응용심리학과에 있도록 결정해야 한다. 병원은 음악치료를 레크리에이션 부서나 임상적인 부서에 속하도록 결정해야 한다. 전문직 협회는 대학이 승인하는 음악치료 프로그램이 음악학교 또는 상담 전문직을 위한 승인 체계의 표준을 만족시켜야만 하는지를 결정해야 한다. 이러한 기관의 선택들은 음악치료의 실제적인 실행을 반영하는 것만큼 많은 부분에 실용주의적, 사회적, 역사적 관심을 반영한다. 그러므로 음악치료 분야나 전문적 실행을 위치시키려는 어떤 시도는 변화와 개정에 대한 주제에 시험적인 것이 될 것이고, 심중에 구체적이고 실용적인 목적의 책임을 틀림없이 떠맡는다. 이는 모든 사회적 그리고 문화적 맥락에서 보편적인 진실이 될 것을 요구할 수 없으며, 틀림없이 음악치료 실행의 특성에 대한 여러 가지 개념들을 반영한다.

이 책에서 나의 실용적인 목적은 음악중심 음악치료 이론을 재문맥화하는 것이며, 전체로서의 음악치료에 대한 위치를 규정하려는 것이 아니다. 이러한 목적을 위해 음악치료에 적용된 이론의 다양한 출처를 조직화하는 방법을 고려한다.

〈표 1-1〉 음악치료 이론의 출처

생물학	신경학
	생리학
심리학	행동주의 이론
	상담
	심리치료/정신분석
	발달심리학
	성격이론
	인지심리학
사회학	
인류학	의식(ritual) 및 종교 연구
철학	언어철학
	미학
	의사소통 이론
교육학	
음악	음악학
	음악인류학
	음악철학
	음악이론
	음악심리학
	음악교육
	음악치료

　　이론체계를 이해하기 위한 목적으로, 나는 음악치료를 음악의 일반적인 범주 아래에 배치했다. 모든 사람이 이러한 배치에 다 동의하는 것은 아닐 것이다. 또한 이러한 구조가 다소 실용적이며 임의적이라는 것을 강조하고자 한다. 예를 들면, 내가 모두 음악의 범주에 넣었어도, 음악철학을 철학의 일반적인 표제 아래에 두거나, 음악심리학을 심리학의 표제 아래에 두어야 한다는 주장을 할 수 있다. 음악역사나 음악교육과 같은 분야들은 역사나 교육의 부문이라기보다 음악 부문에 속하는 반면, 음악철학 혹은 음악심리학과 같은 영역은 철학 또는 심리학 부분에 속할 수 있다는 것이 신기하다.

이렇게 서로 다른 가능성들이 현재 분류법의 모호한 특성을 드러낼지라도, 나는 이 방법으로 음악치료를 분류하는 것이 다른 방법보다 우수하다고 여전히 믿는다. 이 선택에 대한 세 가지 대안의 예를 들어 보자. 나의 논지는 이러한 대안적인 분류법에서 개념적인 어려움을 안다면 음악치료를 음악의 일부로 범주화하는 것의 이점이 더 명백할 것이라는 것이다.

첫째, 음악치료는 어느 영역에 더 속한다고 할 수 없이 본질적으로 혼성적인 영역에 있으며, 그보다 그 자신이 주요한 범주의 정당한 근거가 된다고 말할 수 있다. 이러한 입장과 관련한 두 가지 어려움이 있다. 하나는 음악인류학이나 음악철학과 같이, 이러한 주요 범주에 근거하는 다른 분야의 혼성적인 특성과 충분히 다른 음악치료의 혼성적 특성에 대한 개념을 지지해야 할 것이다. 하나는 음악치료가 주요 범주에 근거하려면 충분히 폭넓고 단일한 것이라고 논해야 할 것이다. 나는 이러한 논의를 설득력 있게 만들 수 있는 것이 아무것도 없다고 생각한다.

둘째, 음악치료는 생물학, 심리학, 교육과 같은 다른 주요한 범주에 속한다고 논할 수 있다. 음악치료 실행의 어떤 형태와 영역을 선택하고 이러한 음악치료의 하위영역이 다른 주요 범주들 중 하나에 속한다는 그럴듯한 논쟁은 분명히 가능하다. 그러나 그 논쟁은 오직 하위영역에서만 만들어진다는 사실과, 서로 다른 하위영역의 다양한 장소에서 만들어질 수 있다는 사실은, 이들 중 어떤 것도 다른 주요한 범주들 안에 정확하게 포함되므로, 전체적인 입장에서 볼 때 양쪽 다 음악치료에 반하는 것이다.

셋째, 어떤 하나의 영역에 위치할 수 있도록 하기 위해 음악치료 이론에 대한 어떤 일반적인 설명의 유형을 만드는 것은 불가능하다고 말할 수 있다. 이러한 시각에서 음악치료의 실행과 지식의 영역은 복합적인 일반적 범주에 넣기에는 너무 다양하다. 그러나 그것의 논리적인 결론을 받아들이기에는 나에게 극단적인 주장이며, 음악심리치료 혹은 의학으로서의 음악은 서로 함께하기보다는 각기 의학과 심리치료의 범주에 더 일치성을 갖는 것과 같이, 서로 다른 실행의 영역에서 우리가 합법적으로 음악치료라고 부를 수 있는 어떤 단일한 실체가 없다는 것을 말하는 것이다. 따라서 음악치료가 복합적인 범주를 요구한다고 말하는 것은 음악치료 존재에 반하는 주장이다.

음악중심적인 것이 공식적인 독자성을 갖기 위해 실행가들에게, 그것은 음악치료가 특별한 치료 수행의 방법이기보다는 더 큰 음악의 특별한 적용으로 생각하기 때문에 음악연구 분야의 전체적인 범주 내에 음악치료를 위치시키는 것이 더 타당할 것이다. 이론과 실행은 주로 음악적인 기초에 근거하며, 음악적인 경험은 주로 임상적인 초점에 근거한다.

음악중심성의 특성에 대한 이러한 입장은 음악치료 작업의 전형적인 초점을 포함하여 무엇이 더 적당한 음악연구에 속하는지에 대한 개념을 확장한다. 더욱이 이러한 입장은 음악연구의 다른 하위영역이 본래 음악치료에 좀 더 융통성 있게 만드는 방법으로 확장시키는 이론들을 창조한다는 인식에서 기인한다. 몇몇 예시는 Ansdell(1997)이 처음 진술한 '새로운 음악학'의 개념과, 이 책에 기술된 Elliot(1995)의 입장과 같이 음악교육으로부터 온 개념을 포함한다. 이러한 입장은 음악치료가 음악교육과 같은 학문과 차별화할 수 있는 건강 관련 측면에 중점을 두고 있다는 것을 부인하지 않는다. 그러나 건강 관련 측면 중점을 두는 것은 비본질적 방식으로 음악적인 경험에 놓여 있거나 혹은 음악 경험 없이 부과된 어떤 것이기보다는 음악적인 초점 안에 놓인 것으로 생각해야 한다. 건강과 자기계발을 증진시키는 음악에 고유한 측면이 있다는 사실은 음악치료, 음악교육, 민족음악학과 같은 다양한 영역에서 나온 이론들을 함께 끌어올 수 있는 개념인 것이다. 이것은 각 분야가 자신의 방식에서 인간 존재를 위한 음악의 일반적인 가치와 관련되며 음악이 인간 삶을 강화하는 방법이기 때문이다.

음악중심적인 치료사가 되기 위해서는 공식적인 정체성이 있는 것이 아니라, 오히려 정당한 근거를 가질 때 존재할 수 있다는 입장이다. 이는 해석상의 실체들이 음악적인 것을 포함하여 혼성적인 영역으로서 음악치료를 생각하는 것이 한층 더 당연한 것으로 보이나, 그러한 것에만 의지하여 정의되지는 않아야 한다. 이러한 입장은 음악치료가 본질적으로 혼성적인 전문직이며, 이론적인 기초는 음악적인 것과 혼성적인 특성을 반영하는 비음악적인 영역으로부터 동등하게 끌어내야 한다는 개념이 더욱 합당한 것으로 보인다.

요컨대, 음악중심성의 정체성을 가진 이론가에게 음악치료 이론은 반드시 음악연구로부터 나온 개념을 포함하고 음악과 음악경험에 대한 견해에 기반을 두어야만 한다. 인간 탐구에 대한 다른 영역의 개념은 활용될 수 있으나, 그것을 대체하거나 동등한 입장으로 만나기보다는 기본적으로 음악이론을 보완하는 방식이어야 한다. 반대로 유연한 입장을 가진 음악중심 이론가에게 음악치료 이론은 반드시 음악 학문과 다른 탐구 영역의 개념을 포함하며, 이것은 서로 다른 영역을 지배하지 않는 방식으로 행해져야만 한다. 그러나 두 가지 관점은 음악중심적인 실행이 〈표 1-1〉에서 음악 학문의 다양한 분야에서 제공하는 이론적인 지원의 형태를 요구한다는 인식을 공유한다.

이전 출판물(Aigen, 2003)에서 나는 음악치료 이론의 유형을 범주화하기 위해 세 가지로 나누어 제시했다. 재문맥화 이론, 가교이론, 고유이론이다. 이러한 이론 유형의 일련의 군집은 그 이론의 음악치료에 대한 기원과 특정한 정도에 따라 구별 지었다. 〈표 1-1〉에서 그 이론의 출처는 수직으로 제시된 반면, 〈표 1-2〉에서 이러한 이론의 유형들은 수평적인 차원에서 제시된다. 〈표 1-2〉에서 각 항은 그들이 위치해 있는 이론의 특별한 교선과 이론 유형에 따라 기술될 수 있는 개념을 포함하는 출판물의 예시를 들었다.

이론 유형을 분명히 하는 것은 그것들에 대한 우리의 개념화를 도울 수 있으며 그들 사이의 경계는 고정되기보다는 유연한 것이다. 이 점에 대해 나는 이론 유형들 사이의 관계들에 대해 Bruscia의 생각에 동의한다. 그는 "서로 배타적이지 않기 위해 이분화하거나 양극화하지 않고 서로 다른

〈표 1-2〉 음악치료 이론의 출처와 유형

	재문맥화 이론	가교이론	고유이론
생물학 신경학/생리학	Taylor, 1887 Erdonmez, 1993	Neugebauer & Aldridge, 1998	Aldridge, 1996
심리학 행동주의 이론 정신분석학 발달심리학 성격이론 인지심리학	Gaston, 1968 Madsen et al., 1964 Tyson, 1981	Priestley, 1994 Pavlicevic, 1997 Tyler, 1998 Jungaberle et al., 2001	
사회학	Hadsell, 1974		
인류학 의식 및 종교 연구		Kenny, 1982 Ruud, 1995	
철학 언어철학 미학 의사소통 이론	Stige, 1998 Lathom, 1971	Aigen, 1995a Ruud, 1987	
음악 음악학 음악인류학 음악철학 음악이론 음악심리학 음악교육 음악치료		Lee, 2003 Kenny, 1982 Aigen, 2003 Ruud, 1998 Aigen, 1995b	Pavlicevic, 1997 Lee, 1996 Nordoff- Robbins, 1997 Bruscia, 1995 Ansdell, 1995 Pavlicevic, 1997 Kenny, 1987 Aigen, 1998

유형들 사이에 명료한 경계를 제공한다……. 나는 그들로 하여금 대립되어야만 하는 것으로 나뉘는 특성을 믿지 않는다. 사실 그들은 본질까지 공유할 수 있다."(K. Bruscia, 2004년 8월 개인적 통신에서)는 것이 가능하다고 믿는다. 우리는 서로 중첩되는 지식의 범주로서 서로 다른 이론 유형을 생각해 볼 수 있다.

이론의 연속으로 이전 제시에서, 세 가지 다른 명칭을 특정한 이론과 이론적인 개념으로 기술했다. 이제 나는 고정된 서술적 묘사보다는 지식을 적용할 수 있는 좀 더 다른 방법으로 이론을 생각한다. 다른 말로 심리치료 혹은 민족음악학과 같은 영역에서 개념을 가져올 수 있고 그리고 재문맥화 이론, 가교이론 혹은 고유이론의 방식으로 그것을 사용할 수 있다. 그것의 현상적인 기원은 고유이론의 형태로부터 온 것이라는 것을 배제할 수 없다. 이것은 그 개념이 어떻게 사용되는가에 따라 결정되는 것이다.

재문맥화 이론(Recontextualized theory)은 정신분석, 신경학, 행동주의 이론과 같은 다른 분야의 견해에서 음악치료 과정과 현상을 기술하고 설명하는 것을 추구한다. 다른 분야에서 나온 구조는 음악치료에서 나온 것보다 더 기초적인 것으로 취급되기 때문에 종종 이러한 설명의 유형은 환원주의적이다.[3] 음악치료 현상은 도입된 용어로 완전히 재문맥화할 수 있을 때 충분히 설명된다는 것을 생각해야 한다. 매우 빈번히 이러한 이론 유형의 주장은 모든 음악치료 실행에 근본이 되는 하나의 단일한 기초 이론이 있어야 한다고 제언한다. 나는 납득할 만하게 기본이 되거나 재문맥화 이

---

3) 과학에는 관찰적인 환원과 이론적인 환원처럼 서로 다른 환원주의적인 실행들이 있다. 관찰적인 환원에서, 만약 심리학적인 상태를 신경학적인 상태로 변형시킬 수 있다면 관찰할 수 있는 실재와 관련된 용어는 더 기초적인 영역에서 나온 용어로 대체된다. 이론적인 환원은 관찰적인 용어를 대체하는 이론적인 실재로서 동일한 과정으로 구성된다. 과학적인 진보가 하나의 과학에서 다른 것으로의 환원으로 표증된다는 생각은, 예컨대 화학적인 것을 통해 생물학적인 과정을 설명하는 것 또는 생물학적인 것을 통해 심리학적인 과정을 설명하는 것은 일반적으로 철학자들 사이에서 신빙성을 상실케 한다.

론을 위한 논의를 찾을 수 없다. 현재 이러한 유형에 대해 논의한, 충분히 손질된 Taylor(1997)의 글을 독자들에게 인용한다.[4]

여기에 재문맥화된 이론의 사용을 반영하는 진술의 예들이 있다.

- 음악치료는 음악이 행동적인 강화의 효과적인 형태이기 때문에 작용한다.
- 음악치료는 음악이 무의식적인 기억 혹은 억압된 외상에 접근하는 것을 허용하기 때문에 작용한다.
- 음악치료는 음악적 진행에 수반된 신경학적인 메커니즘 활동 때문에 작용한다.

전문적인 의사소통의 형성에서, 재문맥화 이론은 그 개념이 음악치료 특수성을 가지고 있지 않기 때문에 만약 주요 지지자의 직업이 음악치료 전문직이 아니라면 가장 잘 활용할 것으로 보인다. 그들에게 친숙하지 않을 수도 있는 개념이나 경험들을 붙잡기 위해 다른 영역의 전문가들에게 요구하는 것은 없다. 더욱이 음악치료 프로그램을 위한 기금 확보와 같이 이러한 이론 유형을 사용하는 것에 실용적인 관심사가 있을 수 있으나, 음악치료 지지자를 위한 그 유용성은 더 제한될 수 있을 것이다.[5]

가교이론(Bridging theory)은 서로 다른 학문 분야로부터 온 용어와 구조

---

4) 그러나 Taylor는 "음악이 포함되도록 의도하지 않은 다른 중재 전략의 제휴를 통해서 이러한 분야를 정의하는"(1997, p. 4) 음악치료 접근법을 비판함에 따라 재문맥화 이론에는 동의하지 않을 것이다. 그러나 그는 "음악/두뇌 관계의 연구는 모든 음악치료 응용에 적용되는, 객관적으로 기초적인 영역이자 단일한 이론적인 틀로 설명하는 용어로서 음악의 치료적인 영향을 기술하는 수단을 제공한다."고 주장할 때처럼, 그리고 "음악치료의 전반적인 영역을 위한 탐구의 주요 관심의 초점은 두뇌에 있어야 한다."고 주장할 때처럼, 모든 음악치료 실행을 위한 생의학적인 기초를 추구하는 데서 음악치료 이론 위에 비고유적인 압박감에 처하게 된 것으로 보인다 (p. 18).

5) 음악치료 문제에 대해 Marcus(1994)의 서문에 대한 평론에서, Taylor(1997)는 음악중심적인 이론이 음악치료사들의 지지층에 더욱 적합한 반면 그가 옹호하는 음악치료의 생의학적 이론은 더욱 실용적인 것에 근거하고 있다는 의견에 동의하는 것으로 보인다. 음악중심적인 설명에 관하여, Taylor는 "만약 그러한 설명에 대한 유일한 지지자가 음악치료사들과 다른 음악가들이라면, 이것은 앞으로 나아가기 위한 실용적 철학 기반이 될 것이다."(p. 6)라고 말한다. 그러나 음

사이에 연결을 수립한다. 다른 영역으로부터 온 해석적인 구조는 음악치료의 특수성과 결합된다. 외부 개념은 음악 혹은 음악치료 특수성의 구성개념을 형성하기 위해 사용될 수 있으며 그 목적은 하나의 학문 분야의 구성개념이 어떤 다른 것보다 더 기본적이거나 중요하도록 만들지 않고 유추를 통해 조명하는 것이다. 여기에 몇 가지 예시가 있다.

첫째, 새로운 음악학 개념에서 현 저자의 관심, 그리고 음악치료에 대한 적용이 임상적인 음악 만들기와 비임상적인 음악 만들기(Aigen, 2002) 사이의 관련성에 대해 우리에게 알려 주는 것을 생각해 보자. 예를 들어 나는 재즈리듬 악절들의 상호작용을 분석하는 데 사용되어 왔던 생동적인 추동(vital drive)과 불일치한 관여(participatory discrepancies) (Keil, 1994a, 1994b, 1995)의 개념을 탐구해 왔다. 나는 재즈리듬 부분이 솔로이스트를 지지하는 방법과 음악치료사가 클라이언트의 표현을 지지하는 방법 사이에 유사성이 있다는 것을 주목해 왔다. 유사성과 차이점을 연구하는 것은 우리가 양쪽 과정을 다 개발하는 것이라 믿는다.

또 다른 동시대의 예로서 Pavlicevic(1997)은 역동적인 형태라는 개념을 논한다. 그녀는 자신의 개념[6]을 만드는 데 있어서, 철학과 유아 의사소통 이론으로부터 끌어낸다. 그러나 역동적인 형태는 오로지 음악의 임상적인 적용에서 나타난다는 것을 언급한다. 양쪽의 예시에서 구조는 음악치료 과정을 설명하는 독특한 방식으로 결합되고 적용된 다른 학문 분야로부터 나온다. 그러나 재문맥화 이론에서 하는 것처럼 다른 영역에서 빌려 온 구조 안에서 음악치료 과정을 완전히 다시 구성하려고 시도하지는 않

악치료사들은 의료적인 환경에서 일하기 위해 분투하고 있고 의료 전문직으로서 보상을 추구하기 때문에, 그는 "치료로서의 음악을 위한 분명하고 편만한 근거를 서술하는 것이 필요할 것이고, 기술적으로 익숙하고 의학적으로 변호할 수 있으며 이론적으로 흠이 없는 언어로 다른 의학 전문가들에게 명료하게 하려는 것이 필요할 것이다." (p. 6)라고 믿는다.

6) Pavlicevic은 직접 언급하지 않지만 공공연히 Daniel Stern의 작업을 참조한다. 그녀의 개념은 철학자 Susanne Langer(1942)가 명료화한 감정의 형태라는 개념에 동일하게 영향을 받은 듯 보인다.

는다.

가교이론을 채택하는 몇 가지 이유가 있다. Pavlicevic(1997)이 논한 것처럼, 다양한 분야들은 음악치료 현상에 대한 독특한 관점을 제공한다. 그리고 각각은 잠재적으로 풍성한 반면, 그들 중 어떤 것도 적절한 방법으로 음악치료에 잘 들어맞지 않는다. 가교이론의 사용은 음악치료에 대한 독특한 배려와 함께 아이디어를 적용하고 보충하기 위한 자주성을 보유하면서 다른 분야들과 다른 사상가들이 제공하는 이점을 취한다는 사실을 인정한다.

가교이론은 음악치료사에게나 다른 분야의 전문직과 학자들 모두에게 접근하기 쉬운 것이다. 후자의 견지에서 다른 분야의 언어 사용은 음악치료와 다른 전문직 간의 공통적인 대화 영역을 설립한다. 음악치료 전문적 구조들과 함께 차용된 개념을 보충함으로써 음악치료 진보에 기여할 수 있으나 그것은 다른 분야에 대해 그 연결을 유지하는 방식에서다. 또한 나는 다른 영역의 전문가들과 학자들이 가교이론에 대해 늘 긍정적으로 반응하는 것을 발견했다. 그들 자신의 구조를 증보하는 것은 그들 구조의 적용 영역을 확대하는 것인 반면, 동시에 음악치료 실행가들의 지식을 증명하는 것이며, 음악의 개념, 인간 본성, 그리고 일반적으로 인지적이고 정서적인 과정에 대한 이해를 할 수 있게 하는 고유한 공헌들을 증명하는 것이다.

고유이론(Indigenous theory)은 음악치료에 대해 기원적이며 전문적이다. 그 강조점은 모든 분야가 다른 영역으로부터 차용된 이론을 사용하면서 시작한다는 개념에 기반을 두고 있다. 개별적인 인간 탐구의 영역이 성숙함에 따라 실행가들은 적용되고 있는 현상을 주로 설명하기 위해 만들어진 고유이론을 창조하고 채택한다. 이론적인 근거의 기저는 모든 탐구의 영역에 유일한 특성이 있으며, 이론의 발달은 그 영역에서 독특한 문제를 설명하는 것을 점차 허용하는 방향으로 나아가는 것이다. Nordoff와 Robbins(1977)의 음악아동 개념은 고유한 구조의 좋은 예가 된다. 그것은 수년간에 걸쳐서 수백 명의 장애아동과 창시자의 경험을 설명하는 방식으로써 주장한다. 어떤 다른 곳으로부터 끌어낸 개념의 수정이 아니며, 그 행동을 발생시키는 것들 이외의 현상을 설명하려고 시도하지 않는다. 그것의 매우 특수한 본성 때문에, 그리고 그 특징이 종종 공유된 경험적 기반에 의거하기 때문에, 그리고 고유이론은 주요 지지자가 그 밖의 다른 음악치료사들일 때, 그리고 그 목적이 전문직의 선두에서 이론적인 개발을 진보시킬 때 가장 적당하다(Aigen, 1991a).

특별히 우리가 고유이론이 이미 존재하는 개념을 어떻게 사용하는지 고찰할 때, 그 기원의 영역보다는 어떻게 분류되어야만 하는 것인지 판단하여 적용된 개념이라고 일찍이 기술한 생각을 지원하기 위해 나는 몇 가지 주목하고자 한다.

예를 들어, Nordoff와 Robbins(1977)가 제시한 것처럼 음악아동의 개념은 Abraham Maslow의 자기실현 개념을 장애아동에게 적용한다는 그럴듯한 논지를 만들 수 있다. 그러나 그 독점적인 음악의 특성과 표명 때문에, Maslow와의 관련성에도 불구하고 음악아동은 고유한 음악중심적인 구조의 전형적인 예시가 된다. 그것은 다른 곳에 기원을 둔 요소들이 없어서가 아니라 그러한 요소들이 특별히 음악치료 실행의 음악 기반 개념을 발달시키고 사용하기 때문이다. 즉, 재문맥화 이론, 가교이론, 고유이론의 특징을 가장 나타내는 것을 밝히는 것은 단지 그 기원의 영역이 아니라 개념이 적용되는 방식이라는 것이 명백한 논지다.[7]

🎵 음악치료에서 메타이론적인 논점

음악치료 이론이 계속 성숙함에 따라 이론가들은 이러한 발전을 설명하고 그것에 영향을 주는 다양한 개념적인 도구들을 적용하고 있다. 여러

---

7) 그것을 사용하는 방식으로 이론을 특징화한다는 개념은 Kenneth Bruscia가 제시하였다.

가지 출판물에서 저자들은 음악치료 안에서 고유이론, 근거이론, 기초이론, 일반이론의 발달을 주장하고 있다. 때때로 이러한 용어들이 서로 다른 의미를 지닐지라도 이들 중 몇몇은 서로 바꾸어 사용된다. 여기에서는 음악치료 이론을 논의하는 데 이러한 용어 사용이 어떠한 명료성뿐만 아니라 일관성을 가져다주며, 다른 유형과의 관계에서 이러한 이론이 차지하는 위치를 논하면서 음악중심 이론에 대한 더 완전한 이해를 제공하고자 한다.

고유이론과 음악중심 이론

역사적으로 음악치료의 임상 과정은 정신분석과 행동학습이론과 같은 분야에서 차용된 이론을 통해 설명되었다. 차용된 이론의 비음악적인 사용은 어떤 이점을 갖는다. 분야 간 의사소통을 허용하는 것, 기존의 지식기반에 근거하여 형성되는 것, 의사들과 같이 음악치료사들을 돕는 위치에서 그들의 존중을 얻을 수 있는 것이다. 그러나 불리한 점도 있다. 비음악적인 현상을 설명하기 위해 개발된 사고의 범주에 대한 음악치료의 경험을 포함하는데 이는 왜곡하거나 부적절하게 표현될 수 있고, 이론이 무의식적인 여과기나 렌즈가 하는 것처럼 우리의 지각에 영향을 주기 때문에 우리로 하여금 음악치료 실행에서 중요하고 독특하게 특성 짓는 것을 지각하지 못하도록 한다. 그리고 그것은 이론적인 발달을 억제하는데, 만약 고유이론이 분야를 진보시킨다는 Kuhn의 역사적인 연구결과에 동의한다면 차용된 이론은 성숙해짐에 따라 분야는 과거로 가버리는 발달단계에 있다.

어떤 음악치료사들은 음악치료가 전문직으로서 발전하는 것이 이러한 이론을 개발하는 것이라는 믿음 때문에 주로 음악치료과정들을 설명하기 위해 개발된 고유이론을 옹호해 왔다(Aigen, 1991a). 이것은 관련성이 있으나 이 책의 주제인 음악중심 이론과 일치하지 않는다. 이 책의 저자를 포함한 음악치료사들은 고유이론과 음악중심 이론을 동일시하는 경향이 있는데, 그렇게 하는 실질적인 이유가 있더라도 두 개념은 동일하지 않은 어떤 차이점을 갖는다.

음악치료사들만이 그들의 실행의 중심에서 예술형식을 점유하는 이론으로 고유이론을 탐색하고 규명하는 것은 아니다. 표현예술치료사인 저술가 Sean McNiff(1981)는 예술과 접촉하는 인류의 일반적인 가치 탐구에서 두 가지가 다르지 않게 나타난다고 하였다. "심리치료에서 예술에 관한 문헌의 범위는 일반적으로 실행되는 공통적인 정신의학이라는 그 자체의 원리에 종속된다. 이러한 문헌은 파생된 것이며 원래의 것이 아니다. 오늘날 요구되는 것은 예술에 대한 역사적인 연속성으로부터 나오는 이론과 운용할 수 있는 접근법이다."(p. xi)

Gary Ansdell(1995)은 음악치료 특수성 이론의 창조를 지지할 뿐만 아니라 음악중심적인 사고로 고유이론을 동일시하는 유사한 관점을 주장한다. 음악치료에서 해석적인 이론의 다양한 출처를 논의하면서 그는 다음과 같이 말한다.

한편으로 다른 치료 이론들의 개념과 가치의 영향을 인정하는 것과 다른 한편으로 서로 다른 체계의 개념 용어에서 그 자체를 독점적으로 설명하는 음악치료 사이에는 차이점이 있다……. 주의해야 할 것은 어떤 접근이 사용되든지 치료의 음악적인 요소로부터 나와서 개념적인 체계로 이동하는 것에는 항상 위험이 있다(1995, p. 6).

여기에서 Ansdell은 가교이론의 잠재적인 공헌을 인정하는 반면, 재문맥화 이론을 비판한다. 방금 인용한 논의에서 Ansdell(1999a)은 "이 책의 중심적인 메시지는 음악치료를 위해 더욱 고유한 모델에 도전하고 탐색하는 것이며, 다른 이론적 모델을 배제하지 않으면서 음악 현상에 대한 깊은 연구를 드러내는 것"(p. 72)이라고 말했다.

음악치료 사건들에 음악학적인 지식들이 더욱 주목을 받는 한편, 또한 Ansdell은 순수한 음악학적인 지식은 순수한 심리학적인 지식만큼 부족하다는 것을 깨닫는다. 왜냐하면 "음악 외적인 이론은 '객체'(음악)를 생략하는 경향이 있는 반면, 음악학적인 것은 '주체'(연주가 혹은 감상자)를 생략하는 경향"(1995, p. 6)이 있기 때문이다. 음악치료가 "그 분야에 대한 고유성"(1995, p. 6)으로 이론적인 조망에 유익하다고 제안하면서, Ansdell은 고유이론의 발달을 명백히 지원하고 있다. 이에 대해 그는 Leslie Bunt(1994)를 인용한다. "우리는 음악치료 자체 학문 분야를 전개시키는 것으로부터 어떤 관점을 개발하기 시작한다……. 아마도 음악과 음악 과정에 대해 더 깊이 이해함으로써 우리는 음악치료 내에서 음악의 중심적인 입장을 다시 한 번 인식하기 때문에 시작할 것이다."(Ansdell, 1995, p. 6 인용)

고유이론과 음악중심 이론 사이에 개념적인 구별이 있을지라도 고유이론이 종종 음악중심적이라는 것은 사실이다. 왜냐하면 심리학, 심리치료, 신경학으로부터 차용된 이론에서 불충분하게 진술되는 것은 음악의 구체적인 특성과 음악의 기능이라는 가장 평범한 요소들 때문이다. 다른 것이 모두 동일하면, 차용된 이론으로서 음악에 대한 학문과 관련되지 않는 것보다는 무엇보다도 먼저 음악치료 실행으로 만들어진 이론이 더 큰 범위로 음악을 강조한다는 것은 당연하다. 다시 말해 Ansdell(1995)은 "우리는 음악치료에 대한 유일성을 발견하기 위해 음악에 대한 독특성을 찾아야만 한다."(p. x)고 웅변하였다.

Michael Thaut(2000) 역시 "다른 분야들로부터 온 이론과 모델"(p. 6)을 차용하는 것은 음악치료의 발달을 저해한다는 것에 동의한다. "의학과 심리학의 하위영역의 생존력으로 그 치료적인 방법을 장기간 수락하는 것"을 연결함으로써 음악치료는 "그 자신의 독립적인 토대의 추구를 무시하는 것"(p. 6)이다. 가장 중요한 부정적인 결과는 차용된 것들로서 음악치료의 해석적인 메커니즘을 미리 결정함으로써 "음악의 치료적인 효과는 진가를 인정받지 못하고 오해받는다." 그리고 음악치료는 그 때문에 "그 자신의 과학적이고 임상적인 토대"(p. 6)를 발전시키는 것으로부터 방해를 받고 다른 분야에 대해 상대적으로 이차적인 위치에 남게 되는 것이다.

음악치료의 기본적인 음악적 모델에서 Thaut는 음악 행위에서 근본적인 과정들에 기초해야 한다고 주장한다. 다시 말해 음악치료 이론은 비임상적인 이론의 적용 속에서 음악에 대해 알려진 것으로부터 도출되어야만 한다. 음악치료 연구와 이론에서 음악의 역할에 대한 Thaut의 입장을 요약하면 "다른 분야의 이론적인 모델과 연합하기 때문이 아니라 그것이 음악이기 때문에 어떻게 적용되는지 아는 것, 그리고 그것이 왜 치료적으로 기능하는지를 아는 것이 본질적인 것이다."(Clair, 2000, p. 46)는 것을 주장한다. 따라서 Thaut는 고유한 음악치료 이론이 무엇보다도 먼저 음악에 대해 알려진 고유한 속성에 기반을 두어야 한다는 것을 믿는 것으로 보인다. Thaut와 이 책 저자가 의견을 달리하는 것은 비음악적인 것과 치료적인 것에 대한 그의 동일시에 있으며, 전통적으로 그의 신념은 음악치료의 현장을 발달시키는 유일한 방법으로서 연구 성과를 정의하는 데 있다.

궁극적으로 고유한 음악치료가 반드시 음악에 대한 개념에 그 기초를 두는지에 대한 질문은 적절한 전문학교나 음악치료의 전문직 발상지가 고려되어야 하고, 고유한 것을 어떻게 정의 내리는가에 달려 있다. 내가 지지하는 입장은 절충안으로 인식하는 것을 사용한다.

음악치료가 음악학문 범주에 속한다고 주장하면서 나는 음악중심성이라는 더 강한 의미와 더 밀접하게 관련된 입장을 확보하고 있다. 이 입장에서 음악중심적이 되는 것은 음악치료 이론의 핵심에 음악에 대한 개념을 위치시키는 것을 의미한다. 반면, 메타이론에 대한 몇몇의 논평자들은 고유이론이 반드시 음악중심적(음악치료 실행이 본질적으로 음악 분야이기 때문)이라고 주장하는 것으로 이 입장을 확장할 수 있을지라도, 나는 더 이상 나아가지 않을 것이다. 대신 그것이 어디에 기원을 두고 있는가보다는 개념이 어떻게 사용되는가를 설명하는 것으로서 고유적이라는 명칭을 붙이는 전략은 비음악적인 영역의 탐구로부터 합법적인 고유이론으로 합병하기 위한 공간을 만드는 것이다. 〈표 1-2〉에서 참조한 David Aldridge (1996)의 출판물은 이러한 고유이론 유형의 좋은 예시다. 이러한 사고방식에서 고유이론은 반드시 음악중심적인 것은 아니다.

양자택일의 시각에서 음악치료는 그것의 본질적인 면에서 혼성적인 영역에 있다. 그렇다면 그 용어의 강한 의미에서 고유한 음악치료 이론은 음악중심적이 될 수 없다고 말할 수 있을지도 모른다. 왜냐하면 이 관점에서 보면 어떤 참된 고유이론 안에서 음악 관련 이론과 치료 관련 이론이 항상 동등한 균형을 이루어야 하기 때문이다. 그러나 만약 음악중심적이 되는 것이 음악치료 실행에 기본적인 요소로서 비음악적인 개념의 사용을 막는 것이 아님을 확언한다면, 그리고 그들이 음악에 대한 개념과 일치되는 것을 증명하는 한 보다 약한 의미의 음악중심적인 입장을 취할 수 있다. 요컨대, 보다 약한 의미의 음악중심을 합병하는 관점에서, 고유이론은 반드시 음악중심적인 것이 아니다. 그러나 음악중심적인 것을 배제하는 것도 아니다.

이러한 논점의 입장과 관계없이, 가장 유익한 역할이 무엇인지 고유이론을 개발하는 데서 다른 영역의 지식을 의식적으로 고려하는 것이 중요하다. 심지어 고유이론에 가장 관심을 가지고 있는 자로서, 나는 그 이론들이 데이터로부터 연역되는 것이 아니라 추론된다는 것을 인정한다. 이론은 지적인 진공상태에서 나오는 것이 아니다. 이론의 창조는 이전의 지식, 창조적인 사고, 직관, 응용 분야와의 친숙함 등의 결합에서 나온다. 이런 의미에서 이론을 창조하기 위한 이론이 필요하다. 왜냐하면 어떤 이론을 갖고 있지 않으면 우리는 자료를 모으고 분석하는 어떤 방침과 이론적인 근거를 갖지 못하기 때문이다. 이론이 없다면 모든 사실과 모든 관찰은 동등한 가치를 지니며, 우리는 관측하고 경험하는 것에 대한 상대적인 중요도를 할애하기 위한 지침을 가질 수 없다.

다른 분야로부터 온 개념은 고유이론을 발전시키는 데 유용성을 갖는다. 그들은 현장, 영향력, 에너지와 같은 개념들의 사용을 통해 고유이론을 위한 유추, 모델, 은유를 제공함으로써 고유이론에 대한 영감을 제공한다. 또한 다른 영역에서 온 개념은 자연적인 힘, 인간 존재에 대한 능력, 세계에서의 우리의 역할에 대한 이해가 가능하도록 우리의 의식을 확장한다. 음악치료의 근원적 이론들은 전통적으로 물리학, 인류학, 초개인적 심리학과 같이 다양한 분야로부터 도출하여 고찰하는 것으로 격려되어 왔다. 또한 드물지만 영역의 탐구로부터 온 이론은 특별히 여러 학문에 걸쳐 응용하는 음악치료사들의 이론과 실행 사이에서 자연적으로 조화를 이룰 때 음악치료로 변환할 수 있는 특별한 메커니즘을 제공한다.

다른 분야로부터 온 개념은 또한 고유이론 발전의 가교로 이바지한다. 모든 개념들은 심지어 고유한 것들도 어딘가에서 온다. 우리가 생각하는 모든 것은 우리가 읽는 것과 경험하는 것으로부터 영향을 받는다. 어떤 식으로든 이론적으로 생각하는 것을 배우지 않고 고유이론을 창조하는 것은 가능하지 않다. 또한 이것은 존재하는 이론에 대해 배우고 이론이 구체적으로 경험되는 적용법을 배움으로써 가장 잘 행해진다.

이론가와 이론의 발전은 예술가의 발전과 그렇게 다르지 않다. 예술가의 발전에는 이전에 존재해 있던 것을 숙달하는 것이 필요하다. 시각적인 예술가들은 여전히 위대한 대가들의 작품을 모사하면서 자신의 예술적인 재능을 개발하고, 재즈 연주가들은 위대한 즉흥연주가들의 독창곡을 학습한다. 아마도 이런 방식으로 개인의 발전은 공동체의 발전을 반복한다. 달리 말해 한 분야로서의 음악치료는 우선 음악치료사의 공동체가 고유이론을 발전시키기 전에 다른 영역의 개념을 숙련해야만 한다. 그리고 개인적인 음악치료사들은 차용된 이론을 이해하도록 학습하여 고유이론을 가장 잘 발전시킬 수 있다. 다른 분야로부터 온 개념은 결국 그들의 역할을 넘어서더라도 전문직업의 발달은 물론 전문가의 발전에 가치를 갖는다.

Mercédès Pavlicevic(2000)은 고유이론과 차용된 이론의 상대적 가치들을 논의하였다. 이전에 언급했듯이, 그녀는 서로 다른 분야들이 음악치료 현상에 대한 다양한 시각을 제공하고 각각의 시각은 잠재적으로 독특한 방식으로 풍성하게 해 준다고 말한다. 그럼에도 불구하고 그녀는 외부적인 시각들 중 어떤 것도 음악치료에 정확하게 맞지 않는 것에 대해 언급한다. 이것은 그녀로 하여금 이론의 출처와 그 응용 분야 사이에 본질적인 적합성이 있는지 고려하지 않고 분별없이 개념을 차용하는 음악치료 이론가들을 비판하게 하며, 다른 영역에서 이론을 차용하기를 거부하는 음악치료사들도 동일하게 비평하게 한다. 이는 이론의 차용이 그녀의 관점에서 음악치료와 다른 전문직간의 공통영역을 정의하거나, 본질적으로 다른 분야 사이에 공통적인 언어를 확립함으로써 대화와 협력을 촉진시키는 것과 같은 분명한 장점을 갖기 때문이다.

어떤 의미에서 Pavlicevic은 이것은 이론들 간에 가장 중요하게 구별되는 특징이 아니라고 말하면서 고유이론 대 차용된 이론의 논쟁에서 벗어나려고 한다. 대신 우리는 개념의 근원에 개의치 않고 이론이 음악치료사들의 실제적인 실행에 얼마나 밀접한가를 조사해야 한다. 그리고 우리는 실행으로부터 거리가 먼 것보다는 더욱 적절하고 충실한 이론에 가치를 두어야만 한다.

이것은 하찮은 염려가 아니다. 음악치료 임상가들은 음악치료에서 많은 연구를 추진하는 이론의 관련성 부족을 비평해 왔다(Aigen, 1991a). 그러므로 실행으로부터 직접 도출된 이론은 연구가와 임상가 사이의 분리에 가교를 놓도록 도울 수 있다. 궁극적으로 Pavlicevic은 의미란 다른 의미와 관련하여 창조되며, 음악치료 외부로부터 온 이론이 우리의 음악치료 지식을 풍성하게 할 수 있는 방법을 검토하기 위한 윤리적인 의무를 가진다고 믿는다. 동시에 우리는 음악치료에 대한 그 관련성을 지키기 위해 차용하기 원하는 영역에서 의미들이 구성되는 방식으로 검토한다.

고유이론과 근거이론

근거이론이라는 용어는 Barney Glaser와 Anselm Strauss(1967)가 개발한 것으로 특별한 질적 연구 접근법을 말한다. 그것은 또한 많은 질적 연구 접근에 따라 공유되는 일반적인 연구 실행을 참고한다. 근거이론은 어떤 다른 원천으로부터 도출된 것과는 반대로 특정한 연구에서 나온 것이다. 많은 질적 접근은 새로운 현상에 대한 연구에 착수하는데, 연구 설계, 자료 수집과 분석에 관련된 문헌으로부터 이론을 사용하기보다는 이론을 발생시키기 위해서 연구 과정 자체를 사용하는 것이 더 유익하다고 주장한다. 이는 그 자료에서 근거하는 이론이 응용 영역에 더 관련 있다고 믿는 것이다.

근거이론과 고유이론은 동일하지는 않지만 유사한 용어다. 근거이론은 특정한 연구에서 수집된 자료의 분석을 통해 나온 이론이다. 일단 이 이론은 그 본래적인 문맥으로부터 제거되거나 연구설계, 자료수집과 분석을 안내하기 위해 다른 연구에 적용된다면 그것은 더 이상 근거이론이 아니다. 만약 음악치료과정의 특별한 연구로부터 나온 것이라면 그것은 당연히 고유한 근거이론이다. 그러나 예를 들어, 현존하는 음악치료 문헌으로부터 도출된 것은 고유한 것이 될 수는 있어도 근거이론은 아니다. 이론의 근거성에 대한 판단은 항상 특정한 연구와의 관련 속에서 이루어진다. 이론의 고유성에 대한 판단은 항상 전체 분야와의 관련성에서 이루어진다.

기초이론과 일반이론

많은 음악치료 이론은 이론을 설명하기 위해 만들어진 현상에 대한 것과 주로 그것으로부터 도출된 영역에 관련된다. 예를 들어, 저명한 음악심리치료 이론가들인 Florence Tyson(1981) 또는 Mary Priestley(1975, 1994)의 개념을 고려해 보면, 특수교육의 목적을 위해 일하는 음악치료사들을 위해 직접적인 관련성이 있는지 분명하지 않다.

그러나 몇몇 이론가들은 방법, 접근 혹은 클라이언트에 상관없이 모든 음악치료 실행에 응용할 수 있는 기초이론을 수립하기 원한다(Taylor, 1997; Thaut, 2000; Madsen, Cotter, & Madsen, Jr., 1968). 이러한 신념의 자연적인 결과는, Thaut(2000)의 경우와 같이 모든 합리적인 음악치료 중재가 이러한 이론과 일관성 있게 되기를 몹시 바라는 것이다. 이것은 음악치료 실행을 더 과학적이고 더 책임 있는 것으로 만들기 위해 종종 논쟁한다. 그러나 이러한 입장은 실험적으로 증명하기 위한 것으로서 제한적인 실행 안에서 독점적이 될 수도 있다. 이렇게 함으로써 중증의 클라이언트에게 혜택을 주는 어떤 음악치료 접근법은 배제될 것이다. 왜냐하면 그들은 실험 조서를 통해 평가되는 것에 자신들을 내어 주지 않기 때문이다. 이것은 그 접근이 너무 개별화되어 있거나 그 혜택이 조작적으로 정의되기 때문일 것이다.

전통적으로 음악치료 실행을 위해 어떤 기초적인 견해에 맞서 오는 주장들이 있다. 이러한 개념 모두는 다른 영역으로부터 도출되었으며, 이 모두는 한계를 지닌 채 구축된 것으로 보인다.[8] 행동과학은 모든 음악이 인간의 행동이며, 음악치료사들은 항상 행동에 대해 연구하고 있고, 그 결과 음악치료과정의 기제는 행동학습이론의 메커니즘이다(Madsen et al., 1968). 그러나 어떤 음악치료사들은 활동적이고 수용적인 음악 기술과 민감성을 행동 원리들을 통해 설명하는 행동의 형태가 아니라 행동 안에서 사고력의 형태라고 여긴다.

Taylor(1997)[9]와 같은 신경 과학의 탁월함을 주장하는 사람들은 음악

---

8) 이전에 논의했듯이, Thaut(2999)는 모든 음악치료 이론이 "심리학, 물리학 그리고 음악행동의 신경학"(p. 12)에 대해 알려진 것에 기원을 두어야만 한다는 생각을 주장한다. 왜냐하면 자신의 메타이론적인 책임 때문에, Thaut는 음악적인 경험과 음악인류학과 같은 사회적인 분야에 대해 고려하는 것을 생략하였다. 추가적으로 이러한 입장은 외부 학문들이 음악치료 실행에 기초가 된다고 단정함에 따라 고유이론의 개발을 가로막는다.

9) 이 영역에서 Taylor(1997)의 견해는 다소 모순적인 것으로 나타난다. 한편, 그의 생의학적인 이

활동이 두뇌에서 일어나며, 두뇌 과학이 모든 음악치료 접근과 관련된다고 주장한다. 또한 그들은 신경학적인 구조와 화학적인 활동이 결국 음악치료과정을 설명할 수 있어야 한다고 말한다. 그러나 "신경학적인 메커니즘은 슬개골의 반사를 이끌어 내거나, 아름다운 일몰을 즐기거나, 교향곡을 감상하거나, 장미 향기를 맡거나 간에 동일하다."(Gaston, 1964, p. 1)는 사실은 마치 음악치료의 메커니즘을 이해하는 데 신경학적인 고찰과 무관하다는 논증으로 쉽게 사용될 수 있다.

인간 경험을 설명하기 위해 두뇌 과학을 살펴보는 것은 워드프로세싱 프로그램 작동법을 알기 위해 컴퓨터 회로배열을 조사하는 것과 같이 잘못된 것이다. 마치 하드웨어 없이 소프트웨어는 없기 때문에 하드웨어를 이해하는 것이 소프트웨어의 설명을 돕는다는 것을 의미하는 것이 아니다. 이것들은 더 기본적인 수준의 현상으로 축소할 수 없는 더 높은 조직적인 수준에 대한 부수현상을 가진 서로 다른 조직의 수준들이다.

정신역동 이론가들은 인간이 반드시 그들의 무의식에 영향을 받는다고 믿는다. 그러므로 모든 이론은 적용 영역에 상관없이 사고, 감정, 행동에 대한 무의식적인 영향을 설명해야만 한다. 정신역동성은 음악치료과정을 설명하기 위해 어떤 노력이 포함되어야 한다. 그러나 정신역동은 많은 이론 중 성격이론의 하나다. 한때 지배권을 가졌던 이론이라고 주장할지라도 오랫동안 효력이 없었다.

위에 진술한 것처럼 어떤 단일한 기초이론을 신봉함으로써 생기는 주요한 문제들 중의 하나는 음악치료 전문직 안에서 실행을 배타적으로 발

론은 "한 분야로서의 음악치료에 관련하여 진보되었을 수도 있는 어떤 다른 이론적인 혹은 철학적인 입장을 대신하거나 도외시하기 위하여" 의도된 것이 아니라고 말한다(p. 121). 그러나 모든 음악치료 실행을 위해서 오로지 정당한 기초로 자신의 이론을 주장하면서, 그는 생의학적인 연구로 변화될 수 없거나 일치하지 않는 실행의 형태를 배제하는 것으로 보인다. 따라서 Taylor가 그의 이론적인 입장을 일반이론이 여기서 기술되고 있는 방식과 더 일치된 것으로 볼지라도, 나의 견해는 그 보편적인 적용이 지시적이고 제한된 실행이라는 점에서 실제로 기초이론의 형태라는 것이다.

생시키는 경향이 있다는 것이다. 이것은 오로지 이러한 경향을 일으키기 쉬운 신경학적인 기반 혹은 행동적인 기반의 접근만을 말하는 것이 아니다. 예를 들어, 어떤 나라에서 음악치료는 주로 음악심리치료의 실행을 해 온다. 반대로 미국과 같은 다른 나라에서는 몇 가지 예를 들어 역사적으로 재활, 의학, 특수교육의 실행 영역들을 수용해 왔다. 그러나 음악심리치료는 영국과 같이 정신역동 접근이 우세한 나라에서 지배적인 틀로 전해져 왔기 때문에 이론 전문성 방식에서 합법적이고 유능한 음악치료 실행을 정의하는 경향이 증가하고 있다. 이것은 정신역동 구조와 절차를 사용하지 않으면 윤리적이고 유능한 실행의 구조들을 위반하는 상태가 된다. 따라서 오로지 유능한 슈퍼바이저는 감독 작업을 할 때 역전이의 고찰과 같은 과정을 사용할 수 있는 사람들이다. 이론 전문성 구조로부터 윤리적인 명령을 만드는 경향들은 음악치료 클라이언트들의 상이한 요구에 대해 다양한 접근을 하는 데 매우 적합하지 않은 극단의 동질적인 전문직으로 이끌 것이다. 그리고 이러한 경향은 결코 음악치료사들의 특별한 집단의 분야는 아니다.

비록 일반이론(general theory)과 기초이론(foundational theory)의 두 가지 용어가 호환성이 있는 것처럼 보여도 실제로는 음악치료 문헌에서 다른 방식으로 사용되어 왔다. 폭넓게 적용할 수 있는 이론을 만들고자 하는 충동은 많은 과학적인 노력의 중심 목표다. 예를 들어, 중력과 자기력을 합일시킨 아인슈타인의 중력이론에 대한 탐구와 이 행성의 다양한 생명 형태를 설명하기 위한 다윈의 진화론을 고려해 보자. 폭넓게 공식화된 이론의 개발은 일반적인 것과 독특한 것 사이의 균형을 확립하는 것으로 보인다. 그것은 특정하고 국부적인 상황에서 충분한 의미를 갖는 구체적인 것이어야 한다. 그리고 가능한 한 많은 상황들 안에서 충분히 관련성을 가질 만큼 광범위해야 한다.

과학철학의 문헌에서는 기초이론과 일반이론의 용어 사이에 어떤 차이를 발견하지 못했지만, 그 용어들은 음악치료에서 사용된 방법 사이에서 구분되어 발달되는 것으로 보인다. Taylor(1997)와 Thaut(2000) 등 몇몇 저자들은 그들이 광범위한 기반의 이론으로 개념화하는 방법을 기술하는 데 기초(foundational)라는 용어를 사용하고, Kenny(1996, 1997, 1999), Smeijsters(2003), 그리고 이 책 저자와 같은 다른 사람들은 일반(general)이라는 용어를 선택하여 설명한다.

개념적으로 기초이론은 실행과 실행의 개념화를 제한하는 한정적인 함축성을 가진 특수한 이론적 공약으로부터 시작하는 것으로 보인다. 이러한 이름의 의미와는 반대로 기초이론은 실행의 형태들이 적법한지를 제정하는 '하향식으로' 기능하는 것처럼 보인다. 모든 실행을 위한 기초로서 그 자신을 설정함으로써, 기초이론은 특정한 접근의 주도권을 이끌 수 있다.

한편, 일반이론을 주장하는 저술가들의 추진력은 실재하는 실행과 이론의 존재로부터 시작하고 이러한 다양성을 대통합 속으로 흡수한다. 이것은 작업이 '상향식으로' 작동하는 양식이다. 이는 일반이론 주창자들이 그들 자신의 이론적인 공약을 하지 않는다는 것을 말하는 것이 아니다. 일반이론의 개념 중심에 있는 포괄성은 적응적인 방식 안에서 관련성들을 끊임없이 확장하고 추진하기 위해 기능한다고 말하는 것이다.

나는 기초이론에 대해 세 가지 사항을 첨언하려고 한다. 첫째, 기초이론의 실효성을 믿는 사람들(반하여 내가 주장하고 있는 것이 분명하다는 것을 희망하는 바로서)은, 음악중심적인 것으로 기술되는 이론 체계가 어떤 다른 것들과 동등하다고 주장하는 것을 인정해야만 한다. 그것은 음악치료의 모든 적용에서 가장 우세한 공통성이 음악의 존재이며, 그 결과 음악 자체의 속성이 모든 음악치료의 기초가 되어야 한다는 주장일 수 있다.

둘째, 나는 모든 음악치료 적용을 위해 기초가 되는 어떤 영역에서 아무도 납득할 만한 주장을 확립하지 못했다는 것이 분명하다고 생각한다. 이러한 사실은 그들 중 어떤 것도 효력이 없다는 것이 아니라 대신에 기초는 모순되기보다는 보완적인 것으로 고려되어야 하는 것을 설명한다.

이것은 다양한 시각으로부터 실행가들 사이에서 상호 간의 존경으로 특징되는 견고하고 다양한, 통합된 전문직을 형성하는 것으로부터 실행의 다양성을 지원하는, 그리고 음악치료사들의 주의를 편향시키고 전문적인 경쟁과 분파를 만드는 것을 피하게 하는 유일한 관점이다. 일단 우리는 이론적 틀이 전체 학문에 걸친 실재가 아니라 응용의 하위영역으로 기능하는 것을 의미한다면, 그리고 과학, 치료, 인간 복지의 특성에 대한 다양한 개념들이 있다면, 우리는 전체로서의 사회가 단일한 세계관이나 가치체계를 고수함으로써 한정 짓는 것보다 많은 이질성을 가진 음악치료 전문직으로부터 더 유익을 볼 것이라는 사실을 인정하게 된다.

셋째, 기초이론을 사용하는 것 혹은 더 정확히 기초적인 방식의 이론을 사용하는 것은 아무것도 잘못된 것이 없다. 예를 들어, 음악치료의 어떤 실행가들은 역전이로 알려진 현상에 대한 믿음과 같이 그들 자신의 실행에 대해 기초적인 특정 정신역학의 믿음을 가질 수 있다. 이러한 현상은 클라이언트에 대한 치료사의 지각에 항상 영향을 미치는 현존하는 기초적인 믿음일 것이다. 문제는 이러한 특별한 믿음이 역전이로 알려진 이론적인 현상이 존재하지 않거나 그들의 일에 관련되지 않는 사람들의 행동을 설명하기 위해 그것의 근원을 넘어 일반적인 방식으로 적용할 때 발생한다.

따라서 우리는 기초이론과 일반이론 양쪽 다 도움이 된다는 것을 이해할 수 있다. 그러나 내가 주장하는 관점은 일반이론의 역할이 되어야 하는 것을 실행하고자 기초이론의 믿음을 사용하도록 개인들을 이끌어 두 이론을 혼란시킨다는 것이다. 그것들이 마치 앞에 기술한 음악치료에서 문제와 분파를 야기한 일반이론의 요소인 것처럼, 그들을 다루는 모습을 통하여 전체로서 음악치료의 영역에 대한 기초적인 믿음을 부과하려는 시도다.

Carolyn Kenny(1996)는 음악치료에서 일반적인 것과 독특한 것 사이의 긴장을 논의하며, 음악치료사들이 많은 이유로 독특한 것에 가치를 두

려는 것을 관찰한다. 즉, 우리는 우리에게 존재 이유를 부여하기 위해서
우리 전문직의 유일한 특성을 강조하기 원한다. 우리는 다른 곳에서 찾을
수 없는 어떤 것을 클라이언트들에게 주기 위해 그들에게 제공하는 경험
들이 독특한 것이기를 원한다. 우리는 클라이언트들이 그들의 진실한 본
성을 찾기 위해 그들의 유일한 자아가 되기를 원한다.

Kenny는 독특한 것과 일반적인 것의 균형에 대한 딜레마로부터 자유
로워지는 주요한 수단으로서 의식(consciousness)의 탐구를 제시한다. 의
식의 개념은 겉으로 보기에 공통적인 다차원적 경험(독특성)을 허락한다.
Kenny는 일반이론의 확립에 대하여 개방되고 융통성 있는 사고를 제안
한다. 그녀의 관점은 우선적으로 특별한 개념들을 위치시킨다는 점에서
독단적인 것도 아니고 기초적인 것도 아니다. 저항하려고 하는 사람들에
게조차 마음을 끄는 일반이론의 수립을 위해 가능한 길을 제시한다.

Kenny(1997)의 관점에서 개방된 일반이론은 다음과 같은 특성으로 구
성될 수 있다. 어떤 형태에서 표현을 고려하는 것, 영역과 자연계에 대한
연결을 고려하는 것, 주체가 되는 현역으로서 치료사를 인정하는 것, 설명
적인 구조에 반대되는 것으로서 가치의 역할을 통합시키는 것, 공동의 정
체성을 보유하는 것, 음악치료사의 표현을 가능한 한 광범위하게 포함하
는 것, 그리고 Kenny가 Ellen Dissanayake의 작품에서 차용한 구조로 '특
별한 것을 만드는 것'으로 일반성에 반대되는 여지를 고려하는 것이다.

이러한 특성들을 고려할 때 Kenny의 일반이론에 대한 사고의 의지와
정신은 기초이론에 대한 전형적인 이론적 근거와 반대되는 것이 분명하
다. Kenny의 동기부여는 확장된 시각으로 현존하는 실행의 다양한 형태
를 수용하는 포괄적인 것이다. 기초이론의 이전 개념들이 배타적인 실행
으로 이끌 수 있는 것으로서 구체적이고 편협하게 정의된 질문의 범위를
전제로 진행한다는 사실에서 보면, Kenny의 일반이론은 양식 모델들, 접
근법들, 그리고 다양한 문화들을 가로질러 연결하는 것을 강조함으로써
음악치료 이론은 진보할 것이다. "일반이론에서 우리는 서로 다른 방법

들, 다른 대상들, 다른 모델들을 이해하기 위해 우리가 도울 수 있는 일반적인 원리들을 살펴보려고 한다."(Kenny, 1999, p. 128) 일반이론의 창조는 음악치료를 위한 필요한 발전의 단계로서 제시되었다.

> 일반이론으로, 우리는 사건의 설계에서 우리의 독특한 자리를 확인할 수 있기 때문에 한 영역으로 지속할 수 있다. 우리는 클라이언트와의 직접적인 경험에서, 연구에서, 음악치료사들의 모임에서, 다른 분야들과의 협력에서 우리 자신의 용어로 우리의 정체성을 말할 수 있다(Kenny, 1997, p. 17).

Kenny(1999)는 점점 특성화됨으로써 종들이 살아남고 진화하며, 똑같은 것이 개인의 발전에도 사실인 것으로 관찰한다. 그녀는 특별한 미적인 요소들의 표명에 따라서가 아니라, 이러한 힘의 관련성에 따라서 미적이고 창조적인 표현을 정의 내리기 원한다. 음악치료에서 가장 일반적인 것은 우리가 개인으로서 할 수 있는 한 유일하게 되려고 하는 우리의 공통적인 동인인 것이다.

이렇게 역설적으로 보이는 깨달음이 Paul Nordoff와 Clive Robbins (Aigen, 1998)의 초창기 작업의 연구결과들과 일치한다. 비록 나는 여덟 명의 개인들의 발달 기저에 있는 양식을 찾기 위해 연구를 시작했지만, 그보다 Nordoff-Robbins 접근에서 정의 내린 것은 클라이언트의 개별적인 발달 경로를 증진시키기 위해 각각의 치료과정에서 음악이 사용된 독특한 방식이었다는 것을 발견하였다. 공통된 힘으로부터 독특한 본질을 뽑아 내는 것은 개인의 발달에 특성을 부여하는 것만큼 음악 작품에 특성을 부여하는 것으로 보인다. 그러므로 자기 개발을 위한 개인의 기질과 음악적인 발달을 다스리는 힘이 결합할 수 있는 정도는 어떤 일반적인 음악치료 이론의 중요한 부분이 될 것이다.

일반이론과 음악중심 음악치료

제3부에서는 음악치료에서 일반이론을 위한 기준으로서 음악중심 이론을 제시한다. 이러한 점에서 나는 일반이론의 좋은 후보가 되는 음악중심 이론의 어떤 양상을 언급할 것이다. 음악중심 음악치료사들의 가치, 신념, 개념, 실행이 중요한 만큼 음악중심 이론은 이러한 요소들로부터 발생되었다. 음악중심 이론이 합법적인 일반이론의 좋은 후보가 되기 때문에, 이 책의 나머지는 심중에 포괄적인 목적을 가지고 읽을 수 있을 것이다.

첫째, 이전에 언급하였듯이 음악의 사용은 음악치료 실행에서 각각의 적용과 모델 모두에게 확실히 보편적(universal)이다. 이러한 동일한 주장이 행동주의 음악치료, 신경학적 음악치료, 정신역동 음악치료에 대해 제기된 반면, 이들의 주장은 실제로 특별한 신념체계에 서명함으로써 거기에 의존한다. 이러한 책무는 음악치료에서 음악 과정의 보편성을 인정하는 데 필요한 것이 아니다.

둘째, 6장과 7장에서 음악중심적인 사고, 즉 분석적 음악치료, 공동체 음악치료, 미적 음악치료, 문화중심 음악치료, 심상유도 음악치료, Nordoff-Robbins 음악치료와 같은 많은 예시들이 다양한 음악치료 접근과 구조 틀로부터 제시되었다. 이러한 접근의 지지자들은 음악치료를 제공받는 모든 종류의 사람과 함께, 음악치료가 제공되는 모든 환경에서, 제시되는 음악(생음악, 녹음된 음악, 즉흥연주, 작곡된 음악, 연주음악)의 방식과, 모든 가능한 양식과 유형의 음악활동(감상, 연주, 작곡, 녹음, 연주)으로 음악치료가 발견된 모든 나라에서 제각기 일한다. 음악치료 모델, 환경, 문화의 다양한 배열에서 음악중심적인 신념과 실행의 존재, 그리고 이러한 다양한 맥락에 기저가 되는 공통성을 돋보이게 하는 능력은 음악중심적인 사고가 일반이론을 위한 주요한 기준과 만난다는 것을 암시한다.

마지막으로 음악중심적인 사고가 현재 사용되는 실행을 반영함으로써 나타나고 있는 방식은 그것이 폭넓고 일반적인 중요성을 지니고 있다는 것을 제안한다. 이것은 음악치료의 새로운 사고방식도 아니고 새로운 접근도 아니다. 무엇보다 많은 임상 음악치료사들의 실행과 신념으로 특징 지을 수 있는 포괄적인 용어다. 이런 방식으로, 그리고 음악에 대해 초점을 둠으로써, 음악중심 이론은 Kenny가 진실한 일반이론에 대한 본질적인 것으로서 단정한, 특이성과 넓은 적용 가능성의 보완적인 기준을 다룬다.

이 책에서 제시한 고유성과 음악중심의 양상들

이 책의 제3부와 제4부는 음악중심 이론의 제시와 전개를 다루고 있다. 나는 앞선 토론에 기초하여 이론의 상태를 어떻게 보는지 제안할 것이며 비록 이전 단락에서 시종일관 논의되기는 하였지만, 이 이론의 궁극적 상태는 결국 음악중심, 고유성, 심지어 음악치료에 대해 어떠한 정의를 선택하느냐에 달려 있기 때문에 무조건적으로 제공될 수는 없다.

이것은 고유한 것인가? 나의 믿음은 몇 가지 이유로 해서 이 이론이 고유하다는 것이다. 반면, 다른 분야로부터 끌어낸 개념이 있지만 나는 그 이론을 완전히 취하지 않았고 음악치료 실행에 그것을 강요하지 않았다. 대신 나의 전략은 독특한 방식으로 많은 분야에 대해, 그리고 음악치료 실행에 대해 고유한 관련성을 가지며 그들과 결합하는 것으로 개념을 종합해 왔다. 나의 관점은 음악중심 이론이 무엇보다 먼저 음악의 개념에 있어야 한다는 것이다. 그러나 이러한 음악의 개념은 그러한 방식으로 구성된 이론의 고유한 본질을 지지하는 음악치료 실행, 음악치료 전략에 의해 자체적으로 형성될 수 있다.

나의 전략은 두 가지 아주 다른 출처, 즉 빅터 주커칸들(Victor Zucker-kandl)의 이론과 스키마 이론으로부터 음악 이론의 다른 양상을 사용한다. 그러나 이러한 사고 체계에 들어맞게 하기 위해 음악치료 현상을 변경하려고 노력하지 않으며, 음악치료 현상을 축소시키거나 다른 개념적인 스키마 혹은 분석 수준을 통해 그들을 완전히 재해석함으로써 그것들과 다른 방향으로 설명하려고 노력하는 것도 아니다. 더욱이 음악치료 현상은 주어진 그리고 차용한 개념을 음악치료의 특성에 적응시키기 위해 조절되는 것으로 받아들여진다. 비록 많은 이론의 개념들이 다른 영역에 기원을 두고 있을지라도, 이렇게 차용된 개념은 고유하게 사용되고 있으며, 이러한 이유로 나는 이것을 고유이론이라고 생각한다.

음악중심성에 대한 두 가지 관점에 대해 고유이론에 맞는 다른 기준이 있다. 음악중심적이라는 강한 견해에서 이론은 고유해지기 위해 음악중심이 되는 것이 필연적이다. 때문에 이 사람들에게 이론의 고유적인 본질에 대한 판단은, 나중에 다루어질 문제이지만, 그것이 먼저 음악중심적인지를 결정하는 데 달려 있다.

보다 약한 음악중심성에 동의하는 사람에게 있어서, 이 이론은 음악에 대한 개념에서 강한 기반을 갖도록 하기에 충분하다. 만약 이러한 비음악적인 요소들이 음악치료 실행에서 일어난다면, 비음악적인 요소는 고유한 본질을 반드시 무효로 만들지는 않는다. 이러한 입장은 음악치료의 혼성적인 관점과 매우 밀접하게 일치된다. 음악치료의 혼성적인 관점이란 고유이론이 되기 위해서 이론에 음악적이고 비음악적인 성분이 있어야만 하는 것을 가리킨다. 혼성적인 관점에서, 본 연구에서 음악연구와 비음악적인 영역으로부터 나온 개념의 사용은 실제로 고유이론에 뛰어나게 알맞은 예시로 생각될 수도 있다.

그것은 음악중심적인가? 다시 말해 나는 이 질문에 대해 시험 삼아 '예'로 대답할 것이다. 음악중심 음악치료라고 표제를 붙인 이 책에 제시된 이론이 그 자체로 음악중심적이 아니라면 참으로 이상할 것이다. 실질적인 질문은 그 이론에서 비음악적 기반의 요소들이 사용되는 방식과 관련되며, 그 이론에서 그들의 기능이 음악중심성을 손상시키는지 혹은 그것을 보완하는지에 관련된다.

　이 이론의 우월성은 분명히 음악중심이다. 이것은 음악의 개념에 대한 기초, 중심적 역할에서 명확한 음악적 가치의 위치, 뮤지킹과 같은 음악철학의 개념 채용, 경험의 매개체로서의 음악 개념, 그리고 많은 음악중심적 실행과 신념을 설명하는 능력에서 보일 수 있다.

　음악중심 이론으로서 이 현상에 도전할 수 있는 하나의 요소는 스키마 이론이 사용되는 방식이다. 이것은 개념적으로 음악적인 것과 치료적인 기초를 반드시 별개로 하는 혼성적인 영역으로 음악치료의 개념을 믿는 사람에게는 문제되지 않는다. 이러한 개인들에게 음악중심적이라고 하는 것은 다른 비음악적인 믿음들과 공존할 수 있다는 믿음이다. 따라서 스키마 이론을 구체화하는 것과 같이 어떤 비음악적인 개념을 사용하는 것은, 이러한 비음악적인 사고가 개념적으로 음악중심적인 것과 일관되는 한 반드시 전체적인 이론의 음악중심성에 도전하는 것은 아닐 것이다.

　따라서 음악치료가 우선적으로 음악적인 기초에 의거하고 그것의 임상적인 가치가 음악적인 본질 내에서 발견될 수 있다고 믿는 개인들에게는, 마지막 질문은 그 이론이 이 용어의 강한 의미에서 음악중심적인지 아닌지에 관련이 있다. 다시 말해 이러한 주장이 실제 개인적으로 판단할 문제라고 인식하더라도 본 이론이 설득력이 있다는 점에서 음악중심적이 되는 시험을 통과한다는 것이 나의 생각이다.

　여기서 나의 신념은 스키마 이론의 두 가지 양상으로 시작한다. 첫 번째, 스키마 이론이 음악이론을 통해 음악치료로 들어오는 것은 최고의 가치를 지닌다는 것이다. 이것은 단지 역사적이거나 사회적인 사건 이상을 말한다. 스키마 이론이 이미 음악치료사들 사이에 그 가치를 입증해 왔다는 사실은 음악적인 과정과 현상을 조명하고 그와 일관되는 방식에서 음악치료에 적용될 수 있는 판단을 하는 데에 설명되어야 한다. 이는 스키마 이론이 원래 언어학의 영역에서 개발되었더라도, 음악이론 혹은 음악치료에서 쉽게 발달되어 왔다는 것을 시사한다.

이것을 음악에서 정신분석적인 해석의 적용과 대조해 보자. 정신분석적인 구조는 작곡과 음악 경험에 적용되어 온 반면, 이러한 연구들은 일반적으로 정신분석가에 의해 수행되었고, 주로 정신분석적인 사고를 갖는 사람들에게 관심의 대상이 되고 있으며, 음악에 대하여 그들의 기초적인 질문을 해명하는 연구로서, 일반적으로 음악이론가들에 의해 받아들여 온 것처럼 보이지 않는다. 따라서 음악중심 음악치료이론과 동등하게 양립할 수 있는 정신분석 원리의 역사적인 적용 사례를 만드는 것은 어렵지 않을 것이다. 음악이론가들이 스키마 이론을 사용하고 있다는 사실은 그 적용이 음악과 음악현상의 더 큰 지식을 얻기 위한 욕구에 따라 동기부여된 개념적 관련으로부터 직접 성장하는 것임을 암시한다.

두 번째, 스키마 이론은 특별한 지식체계일 뿐만 아니라 지식의 전략이다. 지식의 전략으로서, 그것은 우리로 하여금 임상적인 가치에 통찰력을 얻기 위해 음악치료과정을 구성하는 음악적인 경험에 대해 대화(음악치료사와 클라이언트)하는 방법을 검토하도록 해 준다. 이러한 전략은 스키마 이론이라는 수단의 도움으로 음악치료 경험의 음악적인 양상에 초점을 맞추면서 자유롭게 개방하도록 한다.

더욱이 음악치료사들이 이미 음악과 음악치료에 대해 말한 방식은 스키마 이론과 일관된 것으로 보일 것이다. 이런 방식에서 스키마 이론은 음악 경험을 본질적으로 비음악적인 경험의 양식으로 증류해 내도록 강요하기보다는 경험되는 것으로서 음악을 보존한다. 왜냐하면 스키마 이론은 본성적으로 음악 경험을 수용하기에 매우 적합한 것으로 보이기 때문에 음악치료에서 그 적용은 음악치료 이론에 대한 음악중심적인 접근을 손상시키는 것으로 보이지 않는다.

제 **2** 부

음악중심 이론과
실행의 본질

03 음악중심 음악치료의 기원과 토대

🎶 음악중심 음악치료는 무엇이며 어떻게 발전해 왔는가

  이 장에서 특별히 논의되고 있는 개념 구별은 치료에서의 음악(music in therapy)과 치료로서의 음악(music as therapy)의 다양한 개념으로 대표된다. 치료로서의 음악이라는 용어는 Paul Nordoff와 Clive Robbins(1965)가 처음 만들었다. 그것은 "치료로서의 음악 예술"(1965, p. 15)로 함께 일하고 있던 활동에서 선택한 표어로 등장한 것이며, 그들의 음악중심적인 신념에 대해 처음으로 분명하게 언급한 것이었다.[1] Helen Bonny(1978a)

---

[1] 치료로서의 음악의 예술(The Art of Music as Therapy)은 1963년부터 1965년에 집필한 Nordoff와 Robbins에 의해 미출간 원고의 제목으로 처음 사용되었다. 이 용어가 처음 출간된 책은 1965년 『장애아동을 위한 음악치료(Music Therapy for Handicapped Children: Investigations and Experiences)』이고, 1971년에 출간된 『장애아동을 위한 음악치료(Therapy in Music for Handicapped Children)』의 토대가 되었다. 그들의 용어인 음악에서

역시 치료로서의 음악(p. 2)이라는 용어를 사용했고 음악치료사들이 동경해야 하는 이상적인 것으로 내세웠다.

Kenneth Bruscia(1987)는 자신의 즉흥적 음악치료 모델에서 치료로서의 음악과 치료에서의 음악이라는 개념의 차이에 대해 조사하였다. 그는 다음과 같이 관찰하였다.

> 치료로서 사용될 때 음악은 클라이언트의 치료적 변화를 위한 주된 자극 혹은 반응의 매개물로 제공된다……. 치료로서의 음악에서 강조점은 치료 과정 및 관계를 돕는 치료사와 함께 음악에 직접적으로 관련 있는 클라이언트에게 주어진다……. (대조적으로) 치료에서 사용될 때 음악은 주된 혹은 단독의 치료적 동인이기보다 상호관계 혹은 다른 치료 양식을 통해 치료적 변화를 촉진하는 데 사용된다(p. 9).

Bruscia는 각각의 모델이 다른 하나를 넘어 임상적 지향 중의 하나라는 것을 강조하기는 했어도, 그가 연구한 모든 모델들이 치료에서의 그리고 치료로서의 음악을 사용했다고 관찰하였다. 각 접근의 적용 가능성을 결정하기 위한 기준은 "클라이언트가 언어적 중재의 접근이 어려울 때"뿐만 아니라 음악적 경험이 자기충족적인 치료적 경험이 될 때, "클라이언트가 음악을 통해 직접적인 치료적 성장을 달성할 때, 그리고 치료사와 개인적인 관계형성을 통한 언어적인 활동이 필요하지 않을 때"와 같이 비음악적인 영역의 결함에 관해 클라이언트의 필요를 반영하였다(p. 503).

음악중심 음악치료의 개념은 Bruscia가 초창기에 제시한 것으로 치료로서의 음악의 구조보다 그 적용의 범위가 더 광범위한 것이었다.[2] Bruscia

---

의 치료(therapy in music)는 E. Thayer Gaston(1968a)이 편집하여 잘 알려진 책 『*Music in Therapy*』의 제목을 고찰하여 바꾼 것으로 치료가 음악 안에 있다는 Nordoff-Robbins 접근법의 철학적 기반을 강조한다. 1971년에 출간된 책자를 소유하고 있는 독자라면 141쪽과 142쪽에서 치료로서의 음악(music as therapy)이라는 구절을 발견할 수 있을 것이다.

2) Bruscia의 공식적인 설명은 지난 17년 동안 의미 있게 발전되어 왔고 이러한 발전은 아래에서 논의된다. 그러나 그의 초창기 설명은 역사적으로 의미 있고 음악치료 문헌에 많이 알려져 있어

의 개념적인 해석은 즉흥적으로 음악을 사용하는 음악치료 접근법의 실행에서 그 차이들을 다소 명백히 하였다. 음악중심이라는 용어는 어쩌면 이론, 임상적 실행, 교육과 훈련에 대한 접근법, 연구에 대해 일제히 적용 가능한 것으로 제안한다.

임상 영역에서 이 용어는 기존의 작곡된 음악을 사용하는 심상유도 음악치료 실행가들이 어떻게 사용하는지를 고려해 볼 때 반드시 즉흥적 접근법을 위한 것만은 아니다.[3] 음악중심 치료를 하면 할수록 치료에서의 음악보다는 치료로서의 음악을 더욱 사용하는데, 그렇다면 두 개념 사이에는 강한 관련이 있다고 해도 지나치지 않다.

음악중심(music-centeredness)과 치료로서의 음악(music as therapy) 이 두 개념 사이의 차이점은 각각의 명칭 아래 적절하게 발생되는 이론과 해석을 고려할 때 더 분명해질 수 있다. 녹음된 음악을 특별히 선정하여 듣는 방법만을 통해 클라이언트의 면역체계 반응을 향상시킬 목적으로 신체적인 건강상태를 호전시키는 한 음악치료사의 경우를 생각해 보라. 이것은 음악을 듣는 것 외에 다른 중재가 없고, 클라이언트가 직접적으로 음악에 관련되어 있기 때문에 치료로서의 음악을 사용한 좋은 예가 된다. 그러나 생리적인 차원에서 음악 외적인 방식으로 임상적 원리를 짜맞추는 것은 음악적인 경험이 치료사의 노력에 대한 주된 초점이며 자기 정당화되는 음악중심적인 사고 측면과 반대되는 것이다.

초창기 공식화된 설명에서 Bruscia는 치료로서의 음악과 치료에서의 음악 사이를 구분하는 중요한 기준이 되는 것으로 그 결과의 소재에 대한 생각을 직접적으로 언급하지 않았다. 이것은 이후의 출판물들과 음악심리치료의 특별한 영역에 대해 이러한 개념들을 적용하는 것으로 변하였다.

서 이 논의에서는 초창기에 제시한 그의 견해로 시작할 것이며 이어서 이후 발전들을 구체화할 것이다.

3) 사실 Bruscia(2002) 자신은 음악치료에 속해 있는 심상유도 음악치료(GIM) 실행을 다른 영역에 속해 있는 GIM 실행과 구별하기 위한 기준을 전개하기 위해 GIM 실행에 대해 치료에서의 음악과 치료로서의 음악의 구성개념을 적용시킨다.

Bruscia(1998b)는 이러한 개념들을 더욱 발전시키고 다듬었다. 그는 다음과 같은 네 가지 차원으로 분명히 구분하였는데, 심리치료로서의 음악(music as psychotherapy), 음악중심 심리치료(music-centered psychotherapy), 심리치료에서의 음악(music in psychotherapy), 음악을 사용하는 언어 심리치료(verbal psychotherapy with music)로 매우 음악적인 것부터 언어적인 것까지 순차적으로 제시하였다.

그는 '심리치료로서의 음악'이 매우 음악적인 과정인 반면, '음악중심 심리치료'는 음악적 경험과 연합하여 언어화할 수 있는 것이라고 제시한다. 그러나 두 가지 수준에서 모두 Bruscia는 "음악적인 결과는 치료적인 결과를 요구한다."는 것으로 변형적인 치료라고 불렀다(p. 4). 이렇게 그는 관련 기준에 따라 결과의 소재를 분명히 하였다. 더욱이 변형적인 치료에서 "음악적 과정이 클라이언트의 개인적 과정이라는 사실"(p. 4)은, 이 책에서도 음악중심 음악치료 개념의 핵심 요소가 되는 것으로 생각된다.

따라서 이 책의 음악중심적인 사고에 대한 견해는 나중에 Bruscia의 공식적인 설명과 일치하는 것이 분명하다. 양쪽의 사고는 단지 음악이 클라이언트의 주된 반응형태가 아니며, 그러나 음악적 표현과 경험은 단지 활동을 통해서라기보다 치료사가 활동 중에 추구하는 실제적인 영역이라는 것이다.

내가 제시한 대로 음악중심 음악치료는 음악적 경험 혹은 음악적 해석이나 분석을 위한 언어의 사용을 요구하거나 막는 것이 아니다. 설사 요구되지 않더라도, 치료에 중요한 수단으로서 치료관계를 사용하는 음악중심적인 실행가에게 근본적으로 모순되는 것은 아니다. 그러므로 그들 사이에 강한 개념적인 연관성이 있을지라도, 음악중심 음악치료를 심리치료로서의 음악이나 음악중심 심리치료와 동등하게 생각하는 것은 적절하지 않다. 우선 이러한 두 가지 차원의 실행을 음악중심 음악치료의 개념과 연관시켜 변형적인 치료들로 넓게 범주화할지는 지금으로서 자유로운 표명을 구하는 질문이다.

음악치료에서 이론과 실행을 설명해 주는 음악중심이라는 용어는
1980년대 중반 Helen Bonny, Barbara Hesser, Carolyn Kenny가 설립
한 Bonny 재단: 음악중심치료연구소(The Bonny Foundation: An Institute for
Music-Centered Therapies)라는 이름으로 처음 출현하였다. 최근 이 용어
로 출간된 많은 책들로는 Bonny(1989), Warja(1994), Skaggs(1997)가 쓴
심상유도 음악치료에 관한 것들이 있다. 그 밖에 미국음악치료협회
(AAMT)의 특성을 설명하기 위해 용어를 사용한 Hesser(1992), 위에 언급
한 것처럼 음악이 관여하는 다른 세 가지 차원과 음악중심 심리치료를 구
분한 Bruscia(1998b), 클라이언트의 음악적인 표현을 독점적으로 집중화
하여 이 용어를 사용한 Nordoff-Robbins의 설명가 Aigen(1998), 음악치
료에서 음악과 심리적 사고 사이의 균형을 요구한 Streeter(1999)에 응답
하기 위해 이 용어를 사용한 Aigen(1999), 임상적 감독에 대해 음악중심
적인 접근의 다양한 측면을 열거한 Lee(2001), 이 책이 초점을 두고 있는
음악중심 음악치료의 원리를 논하기보다는 음악중심 음악치료의 특별한
유형에 대한 설명과 논의를 한 Lee(2003) 등이 있다. 그리고 포르투갈어
로 『Musicoterapia Musico-centrada(음악중심 음악치료)』라는 표제를
붙인 Brandalise(2001)가 있다.[4]

　그러나 그 의미를 추측했을 뿐 이 출판물들 중 어느 것도 음악중심이라
는 용어를 자세히 설명하지는 않는다. Lee(2003)조차 "음악중심이라는
것은 음악을 치료의 핵심으로 간주하는 것이다."라고 말하고 따로 정의하
지 않았다(p. 13). 마찬가지로 Carolyn Kenny는 Bonny 재단을 설명하기
위해 이 용어를 사용할 것을 생각해 낸다. 그것은 다음과 같이 정의되고

---

[4] 이 책에서 저자는 "음악은 자신이 가진 역동적인 특성으로, 구조와 형태로, 기쁨(그 용어의 임
　상적 본질)으로, '존재' 자체로 치료한다. 음악은 주된 치료사다. 음악치료사는 클라이언트와
　음악 안에서 창조적인 경험을 하도록 촉진시키는 사람이다."라고 제안한다(A. Brandalise,
　2004년 8월 개인적 통신에서). 나는 포르투갈어를 읽지 못하기 때문에 앞서 말한 설명들에서
　Brandalise의 책에 대해서 언급을 하지 않는다.

있다.

언어에 기초한 실행으로부터 이러한 치료들을 구분하기 위해, 치료의 근거로서 혹은 실행의 핵심 안에서 음악이 사용되는 치료라고 정의한다. 이것은 이 용어의 의미에 대해 우리가 나누었던 합의였다. 우리는 이러한 활동의 형태를 지지하기로 했다. 그리고 우리가 느꼈던 것, 이것이 본질이라고 간단하게 진술하였다(C. Kenny, 개인적 통신, 2002년 10월 15일).

음악중심적인 관점은 그 접근을 정의하는 공식적인 학설이나 일련의 신념이나 실행들이 없기 때문에 간단하게 나타내기가 어렵다. 나는 5장에서 많은 음악중심적인 실행가들의 사고와 임상적인 개요를 제공할 것이다. 비록 더 많은 개념과 임상들을 사용하고 더욱 음악중심적인 치료를 실행 할지라도, 제시되는 모든 요소에 다 찬동하는 사람은 없을 것이다.

『창조적 음악치료』에 관한 토의에서 Gary Ansdell은 음악치료에서 "음악은 그 자체로서 치료적인 작용을 한다."(1995, p. 5)라고 하였다. 나는 음악중심 음악치료에서 음악치료 과정의 메커니즘은 음악의 힘, 경험, 과정, 구조에 위치한다는 Ansdell의 진술을 현재 작업에 대한 중심적인 개념으로 확장시키려고 한다.

음악치료 과정의 메커니즘을 네 가지 범위로 구성한 이면에는 다음의 세 가지 목적이 있다.

(1) 음악중심적인 질문들 사이에서 음악치료 실행으로 조직화하고 구분 짓기 위한 스키마를 제공한다.
(2) 음악중심 이론을 만드는 데 잠재력으로 기여하는 관련 영역을 확인하도록 돕는다.
(3) 음악치료사들이 훌륭한 공헌을 하도록 만드는 음악에 대해 끊임없는 질문들이 증명되도록 돕는다.

이러한 네 가지 차원 및 분석 수준은 전통적으로 다음과 같은 탐구 분야와 상응한다. 음악치료의 잠재적인 메커니즘으로서 음악의 힘을 확인하면서 음악을 구성하는 음, 화성, 리듬, 음색의 요소들의 본질 혹은 그 존재론을 논의하는 음악철학자의 개념을 이용한다. 음악의 경험들을 확인하면서 음악의 연주, 작곡, 감상을 포함하는 음악적인 경험과 인지적인 작용을 연구한 심리학과 사회과학적인 연구의 자료를 통해 획득한다. 음악의 과정을 확인하면서 음악의 창작과 아울러 그것을 사용하는 사회적 정황을 포함하여 사회적 과정을 논하는 민족음악학, 사회학, 인류학 분야의 개념에 최대한 접근하여 획득한다. 음악의 구조와 형식을 확인하면서 음악이 어떻게 구성되어 있고 임상적 가치가 무엇인가에 대해 음악이론과 음악학에서 가져온다. 물론 단지 음악치료사들이 이러한 다른 분야에서 가져오는 음악치료 질문들은 이러한 영역뿐 아니라 끊임없는 질문에 대해 기여하는 잠재력을 가지고 있다.

　일반적으로 음악중심적인 개념은 〈표 1-2〉와 같이 음악의 일반적인 범주에 넣을 수 있다. 음악치료 실행의 형태는 그 핵심이 음악이어야 한다는 것이 나의 진실한 믿음이다. 비록 이러한 주안점이 양쪽으로부터 강한 논쟁거리가 된다는 것을 실감하고 있지만, 다른 방법으로는 보조 도구로서 음악을 동반한 심리치료 실행, 교육적인 실행, 의료적인 실행의 형태가 있고 혹은 다른 치료적, 교육적, 재활적 중재를 실행하고 있다.

　음악중심 이론은 음악적인 힘, 음악적인 경험, 음악적인 과정, 음악적인 구조가 음악치료 연구로부터 증명되고 또는 외부적 개념들이 음악치료 과정에 적용되어 확장된다는 점에서 고유한 것이다.[5] 그것은 음악치료 질문들이 다른 분야에서 생기는 질문들을 명백히 하거나 혹은 다른 영

---

5) 나는 여기에서 의도적으로 음악치료를 독특하다거나 특별하다고 말하지 않는다. 만약 음악치료가 그것의 효과성을 설명하는 데 본질적이고 다른 음악 영역에서도 유효한 요소가 있다면, 음악치료에 본질적이고 다른 음악 영역에서도 잘 공유할 수 있는 중요한 현상을 발견하는 것이 가능할 것이다.

역에서 발전되어 온 구조를 강화하는 구성체로 전개되는 정도까지 다른 분야에 기여할 것이다.

음악중심적인 사고는 Nordoff-Robbins 음악치료와 심상유도 음악치료와 같이 진보된 임상적인 모델의 실행가들에게 탁월해 보이듯이, 음악치료 전문직에서 중요한 조망을 갖는다. 많은 임상가들은 이와 같은 방식으로 일하고 많은 이론가들은 이와 같은 방식으로 생각한다. 왜냐하면 음악중심적인 태도는 특별한 모델이 아니기 때문에 음악치료에서 통합하는 기능을 할 수 있다.

Nordoff-Robbins 음악치료와 심상유도 음악치료와 같은 모델을 실행하는 실행가들은 반드시 똑같은 방식으로 음악중심적인 해석을 하지 않기 때문에 음악중심적인 사고에 대해서 다양한 의견을 갖는다. 모델들은 그들 사이에서 차이점보다는 그들 안에서 차이점을 갖는 방법으로 발전하고 있다. 이것은 제9회 세계음악치료학회의 논평을 기록한 Rudy Garred(2000)가 관찰한 것으로 설명할 수 있는데, 그는 서로 다른 임상적 모델의 실행가들 사이에서 거의 토론이 없었다는 것을 재고하면서, "사람들이 다른 음악치료사들을 향해 의견의 차이점을 주목하는 정도로 자신들의 모델을 대표하였다! 나에게 분명해진 것은 예상했던 가장 흥미로운 논쟁은 각 모델들 간에서보다는 각 모델 안에서 있을 거라는 것이었다."(p. 73)는 점을 주시하였다. 이것은 Nordoff-Robbins 음악치료와 심상유도 음악치료의 차이만큼 다른 접근을 하는 음악중심적인 실행가들이, 예를 들면 정신역동 이론에 의존하는 자신 모델 내의 동료 실행가들보다는 각기 다른 모델의 실행가들과 더욱 공통성을 갖는다는 주장과 일치한다.[6]

---

6) 다른 흥미로운 경향은 1990년대 후반 이후 치료사들(많은 Nordoff-Robbins 치료사들을 포함해서 분석적 음악치료 혹은 심상유도 음악치료의 훈련을 추구한)은 하나의 모델보다는 또 다른 모델들에 대해 심화된 훈련을 받기 시작했다는 것이다. 이것은 접근법 사이에서 철학적인 연속성이 강하게 잠재해 있다는 것을 암시한다.

음악중심 이론과 실행의 현존은 음악치료 전문가의 발전을 반영한다. 우선 그것은 음악학, 음악철학, 음악이론과 같은 영역에서 가져오고 교류하여 음악치료사들의 영역을 넓힌다. 왜냐하면 음악중심적인 태도는 특별한 음악 구조와 과정 안에서 음악치료의 효과성을 탐구하기 때문에 더 전문적인 음악적 중재가 된다. 음악중심 이론은 음, 리듬, 화성, 임상 음악의 구성요소 양식에 대한 이론적 근거와 효과를 설명해 줄 수 있는 잠재성을 가지고 있다. 다른 영역의 실행가들과 더 발전한 분야는 음악 중심 이론의 음악 전문성을 고려하는 지적인 설명과 그러한 설명과 만나는 결과로서 더 큰 존중으로 음악치료를 생각하도록 이끌었다는 것을 인정한다.

이러한 접근법은 오해를 가져올 수 있기 때문에 음악중심적인 사고가 음악치료의 역사적 발전을 계승하는 것을 보여 주는 구체적인 방법을 마련하는 것이 중요하다. 음악치료의 이론과 실행의 역사를 따르는 음악치료사들은 음악중심적인 사고의 발달이 일보 퇴보한다는 염려를 가질 수 있는데, 내가 음악중심적인 개념을 주장했을 때 만났던 감정이기도 하다.

음악치료 실행에 대한 초기의 이론적 근거가 음악중심이었다는 생각을 강력히 주장하는 것이 가능하다. 음악치료 이론의 발달에 대한 조사에서 Schneider, Unkefer 및 Gaston(1968)은 초기의 음악치료에서 "음악은 고유한 치유의 힘을 가지고 있다고 믿는 공통적인 사회적 신뢰가 있었고, 따라서 지금은 부적절하다고 생각되는 몇몇 실행들이 초기에 다소 받아들여졌고 때때로 추천되기도 하였다."(p. 3)라는 사실을 관찰한다. 이러한 초자연적인 치유들은 "음악치료사가 환자에게 접근하거나 음악을 사용한 방식에 대한 기술은 거의 없다."(p. 3)고 보고한다. 그리고 그것은 다른 활동의 치료들에서와 같이 "그것 자체(음악)를 통한 특별한 행위가 직접적인 치유의 힘이라고 과도하게 믿게 되었다."(p. 3)는 것이 한계점으로 보인다. 실체화할 수 없는 음악의 힘에 기인하는 치유에 대해 주장하기 때문에 문제가 된 것이다.

이러한 초자연적인 것이 의문시되었고 임상적인 과정을 설명할 수 있는 메커니즘도 없자 음악치료사들은 "음악행위를 덜 강조하고 상호교류적인 관계의 발전을 강조"(p. 3)하기 시작하였다. 따라서 그들은 "환자가 요구하는 대로 음악활동들을 탐닉하였고, 거의 준비되지 않은 채로 너무 많은 심리치료"(p. 3)에 관여하기 시작하였다. Schneider 등은 이 두 가지 극단이 음악의 사용과 교류적인 관계에 적절한 균형을 맞추기 위해 더 완전한 접근으로 융화되기 시작하였다고 말하고 있다.

음악중심적인 입장은 음악치료의 많은 주류적 사고에서 멀어져 있고 다소 음성적으로 발달한 것처럼 보인다. 이것은 부분적으로 Schneider 등(1968)의 설명에서 강조한 두 가지 임의적이고 잘못된 가정에서 기인한다. 첫째, 순수한 음악 과정과 경험의 임상적인 가치에 대한 강조 때문에, 음악중심적인 사고가 음악치료의 '초자연적인' 학파와 간접적으로 연결되어 왔으며, 따라서 이러한 방식의 사고는 불신받아 왔을 가능성이 있다.[7] 둘째, 다시 관련된 역사에 기인하여—이론적인 변천과정의 방식으로—음악중심적인 사고는 음악치료 이론에서 치료관계의 중요성에 부합하는 심리치료적인 사고에 반대하기 시작하였다. 그러나 음악치료 과정의 합리적인 설명에 대한 요구를 피하거나, 음악치료가 일어나는 상호교류(사회문화적인 또는 그에 관한) 맥락을 무시하는 고유한 음악중심적인 사고는 있을 수 없다.

왜냐하면 음악중심적인 접근은 음악 경험의 고유한 임상적인 가치를 강조하기 때문이며, 음악중심적인 실행은 치료실의 경계를 넘어서 음악 경험들이 창조되어 실행되기 때문이다. 다소 음악중심적인 시각은 음악치료사들이 정기적으로 환자연주를 준비하도록 요청받는 입장의 직업으로 돌아올 것이라고 느낄 수 있으며, 한편 심리치료적인 훈련 부족으로

---

7) 초기 초자연적인 학파는 결코 사라지지 않았다. 대신에 다양한 뉴에이지와 치유적인 접근으로 나타났는데, 그것의 대부분은 음악중심 이론에 대해 공감하는 Lisa Summer(1996)의 권위적인 연구에서 확실히 평판이 떨어졌다.

인해 클라이언트와 말하는 것이 금지될 수 있다.[8] 음악중심적인 태도는 음악치료의 후퇴를 가져온다는 믿음에 맞서기 위해 음악중심적인 실행가들은 다음의 사항들을 반드시 지켜야 한다. ① 가능한 한 직접적인 음악적 경험이 임상적으로 고유한 가치가 충분하도록 설명하고, ② 음악치료 서비스를 잘 받아들이도록 이러한 경험들의 의미가 음악중심 이론에 근거하여야 하며, ③ 치료로 작용되는 것이 무엇인지 분명하게 설명하고, ④ 음악중심적인 태도는 임상적인 전달 수단으로 지시적인 수행을 금하거나 혹은 클라이언트와 언어적 교류를 금하는 것이 아니다. 그보다 임상적인 교류는 세션 밖에서도 일어날 수 있고 언어가 항상 필요한 것은 아니라는 치료의 개념적인 모델을 제공한다고 강조한다. 음악중심적인 접근이 음악치료에서 중요한 발달 노선을 보여 주는 것이라고 말하려면 실행가들은 그 접근이 초반기로 후퇴하는 것처럼 그 특성이 잘못 기술되지 않도록 확실하게 하는 것이 중요하다.

후에 논하겠지만 음악중심적인 접근은 클라이언트의 경험과 동기를 반영하고 존중하는데, 그것은 클라이언트의 동기부여가 비음악적인 목적의 성취보다는 우선적으로 음악을 만드는 음악치료 경험에 가치를 두기 때문이다. 이런 방식으로 음악중심적인 접근은 비임상적인 것과 임상적인 음악 경험 사이에 연속성을 갖는다. 그들은 음악의 전문성과 독특성에서 동떨어진 목적을 성취하기 위한 도구로 음악을 사용하는 치료사이기 보다는 음악이 주는 고유한 혜택과 음악 경험을 기저로 하는 치료 내용을 주는 음악가로서의 음악치료사가 있다는 것을 강조한다.

---

8) 음악치료의 선구자인 Florence Tyson은 1950년대에 정신병원에서 일할 때 의료진으로부터 환자와 말하지 말도록 어떻게 명백한 경고를 받았는지에 대해 종종 말했다.

매개체로서의 음악: 음악중심 이론의 기초

많은 음악치료사들은 비음악적인 목적을 성취하기 위해 음악을 사용하는 것으로 음악치료를 정의하면서 음악교육, 음악 감상 혹은 음악공연과 구별한다. 치료 환경에 따라 목적은 다양하며 무수히 많을 수 있다. 대표적인 목적들은 충동을 억제하고, 사회적 기술을 강화하며, 감정적 표현을 증가시키고, 심리적인 갈등을 해결하고, 주의집중 향상과 같은 인지적인 기능을 향상시키는 것이며, 사회, 정서, 인지, 신체, 신경적 혹은 운동 영역의 수많은 목적들을 포함한다. 임상적인 이론을 위한 근거는 음악치료로 간주되는 특별한 음악 사용을 위해 음악적인 것과는 반드시 구별되어야 한다고 주장한다.

그러나 이러한 접근은 실제적인 음악 경험이 없어도 되는 것처럼 보인다. 이 음악은 단순히 비음악적인 목적, 목표, 경험을 성취하기 위한 도구가 되는 것이다. 이것은 행동주의 음악치료, 의료적인 음악치료, 그리고 정신역동에 기초한 음악치료의 형태에서 일반적인 현상으로 나타난다. Gary Ansdell(1995)은 많은 음악치료사들이 "음악치료에서 음악은…… 비음악적인 목적에 대한 수단이다."(p. 3)라고 주장할 거라는 것에 동의한다.

이러한 입장과 대조적으로 음악중심적인 연구의 목적은 음악에 대한 전문적이고 독창적인 경험과 표현을 달성하는 것이다. 이런 관점에서 임상적인 것과 음악적인 것은 분리될 수 없다. 음악적인 경험과 표현은 바로 치료의 목적이 되기 때문에 음악을 통해 달성하는 것은 다른 어떤 방법으로도 성취할 수 없다.

이러한 개념은 음악적인 경험과 표현이 고유하고 유익한 인간 활동이라는 것을 내포하며, 그것은 사람들이 치료를 하러 오는 이유에 대한 정당한 설명이다. 충동 억제, 표현력, 사회기술을 증가시키는 능력에 음악이 관여한다는 사실을 부정하는 것이 아니다. 그것은 단지 중재의 우선적인 소재가 아니라 이차적인 효과로 고려되어야 한다는 것이다. 그러므로 음악은 꼭 무엇을 성취하기 위한 도구가 아니다. David Elliot(1995)이 말한 뮤지킹(다음 장의 내용 참조)이 음악치료의 목적이다.

음악적인 목적이 음악치료의 정당한 초점이라는 생각은 음악치료의 수단과 목적을 융합한 것이다. 음악 경험은 John Dewey가 그의 미학 이론(Dewey, 1934)에서 사용한 용어라는 점에서 경험의 매개체로서 구성되는 것이다.[9]

예술의 공통적인 실체를 논하면서 Dewey는 특별한 예술 형태의 매개체로서 그 역할과 중요성에 대해 자세히 설명하였다. Dewey는 매개체(medium)라는 단어가 수단(means)이라는 단어처럼 중개(intermediary)라는 존재를 의미한다고 하였다. 양쪽 모두 중재하는 과정, 활동 혹은 무엇인가 일어나는 것의 실체를 가리킨다. 그러나 두 개념 사이에는 뚜렷한 차이가 있다.

모든 수단이 매개체는 아니다. 수단에는 두 가지 종류가 있다. 하나는 성취된 것에 대해 외부적인 것이고, 다른 하나는 그 속에 내재하여 결과를 산출하기 위해 응하는 것이다……. 우리가 그것들을 적절히 표현한다면, 외부적인 혹은 단순한 수단은 통상적으로 다른 것들이 대신할 수 있다는 것과 비슷하다……. 그러나 '매개체'라고 부르는 순간 그것은 결과에 포함되는 수단을 나타낸다(p. 197).

인간 활동은 그것을 이루는 매개체와 단순한 수단으로 나눌 수 있다. 매개체는 그 안에 있는 고유한 것을 추구하는 경험이고, 수단은 외부적인 결과에 대한 도구에 불과하다. Dewey는 학습의 예시를 통해 단순히 시

---

9) 창조적인 음악치료에 대한 Dewey의 미학 이론을 더욱 완벽히 적용한 것은 Aigen(1995a)의 내용이다. 음악치료에서 경험의 매개체로서 음악을 논한 Stige(2002)와 Garred(2001, 2004)도 참조하라.

험에 통과하기 위해 공부하는 학생과 도구적인 가치에서 떠나 학습의 의미를 찾는 학생을 비교하였다. 우리는 일을 위해 기차를 타고 어떤 장소에 가야만 하는 여행과 산에 오르기 위한 기쁨으로 여행을 하는 차이를 생각해 볼 수 있다. 전자에서 여행은 일을 하기 위한 목적에 대한 수단이고, 만약 일하는 장소에 즉각적으로 옮겨질 수 있다면 수단이 없이도 할 수 있다. 등산의 경우 그것 자체가 우리의 목적이자 동기이기 때문에 여행의 여정 없이 즐거이 등산한다는 것은 말이 되지 않는다.

음악중심적인 사고에서 음악은 경험의 매개체다. 음악은 필수 불가결한 것이다. 이런 관점에서 음악 경험은 일을 위한 여행보다는 산에 오르기 위한 여행과 유사하다. 마치 등산은 그것 자체가 여행이기 때문에 산에 오르는 여정이 없으면 안 되는 것처럼, 음악중심 작업은 음악 경험 없이는 이루어질 수 없다. 왜냐하면 그것 자체가 초점이기 때문이다. 그러므로 음악중심 이론은 수단과 목적이 동일한 것으로 여겨진다. 이것은 일반적으로 미적인 경험 안에서 그 경우가 되는 것과 유사하며—Dewey는 그것이 미학의 특징을 정의하는 것으로 믿는다—그리고 음악중심 이론에서 미학적인 관련성의 타당성을 도와주는 설명이다.[10]

Rudy Garred(2004)는 음악에 기반을 둔[11] 음악치료 이론이 경험적 매개체로서 음악을 이해하기를 요구하는 데 동의한다.

수단과 목적의 순수한 논리는 목적과 적용되는 수단 사이에서 어떤 내적인 관계를 전제조건으로 하지 않는다. 오히려 그들은 원칙적으로 따로 분리되어 있다. 이것은 다음의 질문을 갖게 하는데, 만약 당신이 그것 자체의 고유한 특

---

10) 심상유도 음악치료에서 뛰어난 미적 특성의 음악이 선택되었고, Nordoff-Robbins 연구에서 음악의 특성은 직접적으로 임상적인 과정과 관련이 있으며, Lee(2003)의 음악중심 접근은 미적 음악치료(Aesthetic Music Therapy)라고 불린다는 것을 생각해 보라.

11) 그는 음악중심(music-centered)이라는 용어보다 '음악에 기반을 둔'(music-based)이라는 용어를 선호한다.

성으로서 음악과 만나지 못한다면 당신은 실제로 충분한 혜택의 '효과'를 받을 수 있을까? 예를 들어, 전반적인 당신의 사회기술을 향상시키기 위해 결심하지 않을 것이며, 오케스트라나 합창단에 참가하지 않을 것이며, 이러한 활동에서 자신의 흥미를 돌아보지 않을 것이다. 당신은 이러한 것 중 어떤 것에 참여해도 그러한 유익을 받을 수 있을 것이다. 만약 당신이 실제로 음악 활동에 대해 그렇게 많은 것을 마음 쓰지 않는다면, 그것과 연관되어 충분히 긍정적인 이익을 경험하는 데 거의 제외될 수 있을 것이다. 순수하게 수단과 목적의 논리는 그 유익이 따르는 매개체의 특성에서 놓치게 되어 반대되는 대열에 놓이기 쉽다. 음악치료에서 클라이언트의 우선적인 동기는 음악활동 자체와 연관되며, 만일 그렇지 않다면 이러한 활동을 통해서 어떤 기능의 향상도 기대하기는 어려울 것이다(p. 124).

그러므로 Garred에게 그것은 음악치료 중재에 참여하는 데 대한 의지, 심지어 열망을 설명하는 음악치료 활동과 경험에 대한 클라이언트의 동기부여인 것이다. 음악에 대한 이러한 동기부여는 단지 치료에 클라이언트를 적극적으로 참여시키는 정도가 아니고 실제로 중요한 해석적인 특성의 범위를 포함하는 것이다. Garred의 생각은 음악치료에서 클라이언트의 경험이 근본적으로 음악적인 것이며, 이러한 사실은 치료 형태의 효과성에 대한 해석도 마련해야 한다는 것을 제안한다.

외적인 목적의 도구이기보다는 경험적인 매개체로서 음악치료에서 음악을 해석하는 복잡한 경험적 문제와 형식적 문제가 있다. 이러한 문제는 이 책에서 다양한 방법으로 제기되고 있으며, 나는 본문의 어느 쪽으로도 결정짓지 않고 후속연구의 토대를 위해 그것들을 어떻게 보는지 간략히 얘기하고자 한다.

첫째, 앞에 말한 것과 반대되는 것으로 음악적인 목적에 대한 수단으로서 음악을 사용할 수 있다는 것이다. 치료를 위한 음악 사용의 초점은 음악중심적인 사고와 일치하게 될 것이며, 따라서 음악중심적인 원리와 일치하기 위하여 경험의 매개체가 되기 위한 음악을 필요로 하지 않는다.

이러한 음악치료의 예로는 클라이언트가 모든 음악 경험에 둘러 싸여 좀 더 뜻 깊게 관련되는 수단으로 뮤지킹의 상태에 있을 때(그것 자체가 임상적으로 유익한 경험의 매개체일 때)다. Nordoff-Robbins 접근법에서 치료사가 경험적인 유익을 강화하기 위해 클라이언트의 음악적인 참여를 확대하고 발전시키며 구별 짓는 것들이 좋은 예가 된다. 이것은 임상적인 음악성의 예술로 불린다. 즉흥연주에서 발생하는 임상적인 음악 작업은 클라이언트를 위한 표현이며 기쁨의 매개체다. 동시에 강화된 표현성과 의사소통을 위한 음악 기술을 발달시키는 것을 의미한다.[12]

이 예시의 강조점은 엄밀히 말해 수단과 매개체가 양분되는 것이 아니라는 것이다. 그 개념에 대해 Dewey는 수단으로서의 기능과 매개체로서의 기능으로부터 어떤 것을 배제하지 않는다. 매개체는 무언가를 위한 매개물이다. 그것은 무언가 일어나게 하는 것을 통한 존재, 과정 혹은 본질이며 이런 면에서 수단과 비슷하다. 매개체로서 무엇을 규명하는 것은 공식적으로 수단의 개념을 분리시키는 것이 아니다. 그것은 수단 그 자체로 내적인 입장에 대한 수단 외적인 목적이 참작된다는 것이다.

예를 들어, 학습을 좋아하고 받아들이는 학생은 또한 높은 점수를 얻는 것도 바랄 것이다. 등산가는 산에서 걷는 것이 심폐 기능에 긍정적인 혜택이 있을 것이므로 기뻐할 것이다. 그러나 이러한 활동들이 경험의 매개체로 고려되는 이유는 이러한 이차적인 혜택 때문이다. 그것들이 유일한 것이거나 그 활동이 착수하게 되는 근본적인 이유가 아니다. 같은 방식으로 음악중심 음악치료는 본질적으로 비음악적이거나 음악 경험에 대해 남다른 방식으로 연결되지 않더라도 많은 영역에서 그 혜택을 줄 수 있다. 이러한 관찰은 등산이나 교육적인 예시에서 나타난 것 이상으로, 음악치료에서 경험의 매개체라는 음악의 기본적인 개념을 효력이 없게 만

---

12) 이것은 Aigen(1998)의 Martha 사례 연구에 초점을 맞춘 것으로, 특별히 112쪽에 나오는 기능적인 음악 기술의 발달에 대해 논의하고 있다.

들지는 않는다.

마치 치료 상황에서처럼 전문적 관계에 있는 두 집단이 있는데 잠시 교육적인 예를 들어 보겠다. 학습 상황은 순수한 수단으로 생각되는데, 교사에게는 생계를 위한 수단이고 학생에게는 더 나은 미래의 생계를 위해 준비시키는 것이다. 또는 교사는 내적인 만족을 얻기 위해 학생과 교류를 하고, 학생에게는 좋아하는 학문을 개발하는 노력의 일환이므로 이것을 경험의 매개체로서의 교류라고 생각할 수 있다. 위의 설명과 같이 이 상황은 학생의 관점에서도 수단 혹은 매개체로 경험될 것이다.

따라서 음악치료 상황에서 음악이 수단인지 혹은 매개체인지 생각하기 위해서는, 그 결정이 누구를 위한 것인지 상술해야만 한다. 음악치료사는 비음악적인 목적의 성취를 위한 수단으로 음악 경험을 생각하고 완전히 비음악중심의 접근을 하는 반면, 클라이언트 경험은 자기정당화를 위한 기쁨의 매개체로 생각할 수 있다. 이러한 상황에서 비음악중심적인 이론의 사용이 정당한 이유가 되는가?

해답은 당신이 이론의 역할을 어떻게 믿고 있는가에 달려 있다. 만약 그 모델이 그 상황을 얼마나 잘 설명하는가와 상관없이 치료사에게 관심을 높이는 정도라면 치료사의 해석과 클라이언트의 경험을 분리하여도 문제가 되지 않을 것이다. 한편, 당신이 실용적인, 인식론적인 혹은 전문적인 이유로 이론이 클라이언트의 경험과 맞아야 한다고 믿는다면 비음악중심적인 이론의 사용은 정당화될 수 없을 것이다.

이 책에서 나는 실용적이고 전문적인 이유와 인식론적인 이유로 분명히 후자의 입장을 옹호하고 있다. 인식론으로 말하면 나는 틀림없이 음악치료 과정이 연구 영역을 실제로 반영하는 이론을 동경하고 전통적인 과학적 특징을 충분히 공유한다고 생각한다. 전문가적인 입장에서 모든 것이 동등할 때, 나는 주로 학습을 돕는 장치로 작용을 하는 이론이기보다는 일반적으로 좀 더 효과적인 치료 실행을 이끄는 클라이언트의 경험을 정확히 나타내는 이론이라고 믿는다. 이는 만약 치료사가 오직 수단으로서 클라이언트와 음악적인 교류를 생각한다면 상호 영향을 주는 음악적인 특성은 사라지고 클라이언트 잠재적인 혜택을 모두 얻지 못하기 때문이다.

Nordoff-Robbins 음악치료의 예시로 돌아와서 우리는 공식적인 사실에서도 볼 수 있는데, 음악중심 접근에서 음악은 음악치료사의 마음에서도 나타나 있듯이 수단이 되는 것을 배제하지 않으며, 작용하는 목적은 음악적인 것으로 향한다. 그러나 이 경우에서도 클라이언트의 경험은 매개체로서의 음악이 된다. 결국 클라이언트를 위해 수단으로 작용한 음악 경험인지 아닌지는 회고해 보면 알 수 있으며, 현재 시행하는 많은 목적은 미래를 이끄는 것이 무엇인가가 아니라 경험의 매개체로서 음악이 인간에게 얼마나 중요한 가치를 갖는가를 설명하는 것이다. 좀 더 정확히 말하자면 음악중심 작업에서 그 경험이 클라이언트 미래에 주는 가치에 대해 치료사의 마음이 어떤 것이든지 간에 음악은 최소한 경험의 매개체가 되어야만 한다는 것이다.

요컨대, 나는 음악중심 작업에서 음악이 클라이언트의 경험을 위한 매개체가 된다는 생각을 여전히 유지하기 원한다. 그러나 장차 음악 경험을 발전시키는 방법으로 클라이언트의 음악에 부가적으로 도구적인 초점(도구로서 음악을 사용하는 의미)을 유지하는 치료사를 배제하는 것은 아니다.

앞서 말한 것에 대한 두 번째 반론으로는 매개체로서 음악을 사용하는 치료사일지라도 중요한 비음악적 임상 결과가 나올 수 있다. 그러므로 경험의 매개체로서 음악을 사용하는 음악중심 작업이 음악적인 목적이나 결과를 반드시 갖추어야 한다는 것은 잘못된 것이다. 이러한 이의는 다음 두 가지 질문의 검토를 필요로 한다. ① 치료의 결과가 의미하는 것은 무엇인가? ② 비음악적인 결과와 음악적인 결과의 차이는 무엇인가?

첫 번째 질문의 답으로 나는 매개체로서 사용되었을 때, 그 치료적인 가치는 음악과 클라이언트가 만났을 때 마주치는 동안 발생하는 것들이라고 주장하고 싶다. 희망했던 임상 결과는 음악과 관련된 클라이언트의 순간적인 감수성과 활동성에서 발견된다. 이는 목표로 하는 치료의 결과가 음악 경험을 하는 동안 발생하는 것을 의미한다. 매개체로서의 음악의 개념은 반드시 이러한 임상 결과의 특성을 수반한다. 다시 말해 이차적으로 나타나는 모든 혜택이 클라이언트의 음악 이외의 삶에서 발생하는 것은 아니다. 만약 치료 결과로서 이러한 것을 일일이 열거하기 원한다면, 나는 할 말이 없다. 그러나 임상적인 초점 때문에 음악적 혜택을 음악 경험 외부에 놓는다는 것은, 매개체로서의 음악에 대한 이해를 외부로 이동시키는 것이다.

그리고 이것은 일반적으로 예술과 같은 상황이다. 르누아르와 같은 예술가의 걸작품을 감상하면서 오후 한때를 보내는 것에서 얻어질 수 있는 결과는 실내 혹은 자연에서 자연광이 내는 신비와 아름다움의 진가에 대한 새로운 진가의 발견이다. 이것은 경험의 매개체로서 그의 예술적인 진가를 효력이 없게 만드는 것이 아니다. 우리가 작품에 그려진 빛의 광채를 감상하면서 우리의 삶에 영향을 주는 지적 통찰이 일어나기를 조급히 기다린다면 르누아르의 작품을 감상하지 못할 것이다. 반대로 그림을 즐겁게 감상하고 이차적으로 느끼는 감정들이 만약 다른 경험의 영역에 영향을 미치지 못한다고 해서 그 경험이 가치가 없다고 느끼지는 않을 것이다. 더욱이 그 경험이 박물관 외부의 세상에서 빛에 대한 감상의 일반화를 위한 수단으로서 어떤 도구적인 가치를 갖게 될 것이라는 것을 아는 것은 초기 미적 경험이 끝나기 전까지 불가능하다. 그러므로 관찰자의 예술적인 감상을 위한 동기가 외적인 결과에 대한 수단으로서 가치를 갖는다고 설명하는 것은 정당하지 못하다. 또한 임상에서의 음악 경험과 비임상에서의 음악 경험 사이에 차이가 있을지라도 그 경험이 자기정당성을 갖는 방법은 비슷하다.

치료에서 음악적인 결과와 비음악적인 결과의 차이에 대한 ②에 대해 나는 결코 만족스럽지 못한 두 가지 대답을 간단히 할 것이다. 우선 첫 번째로 음악 과정 중에 일어나는 모든 것들은 음악적인 결과로 정의한다. 다시 말해 음악을 정의하는 것이 어렵기 때문에 음악적인 결과를 정의하는 것도 어려울 것이다. 그러므로 음악적 관계에 있는 동안 활동적인 혹은 수용적인 음악적 관계에서 일어나는 것이 무엇이든 간에 음악적인 결과라고 정의할 수 있다.

음악을 하는 동안 대부분의 사람들(전부는 아니지만)은 비음악적인 것에 동의하는 많은 경험들이 있기 때문에 이 대답은 만족스럽지 못하다. 예를 들어, 치료사가 중요한 가족 구성원의 어린 시절 기억을 불러일으키는 특별한 음악을 연주하는 것을 생각해 보라. 클라이언트는 음악이 연주되는 동안 이러한 관계에 대해 치료사와 언어로 이야기한다. 이는 다른 방법으로도 유발시킬 수 있는 회상의 경험이라고 생각되므로 음악의 특별함은 아니다. 친숙한 냄새나 그림 또는 치료사의 이야기를 통해서도 기억을 불러일으킬 수 있다. 이러한 이유로 나는 그러한 경험 혹은 그와 비슷한 다른 경험들을 음악적인 것이라고 말하고 싶지 않다.

두 번째 대답은 음악적인 용어로 구체화할 수 있는 경험들은 음악적인 결과로 생각할 수 있다. 전형적인 예로 Nordoff-Robbins는 클라이언트의 템포 변화, 음역, 프레이징, 혹은 점차 음악적인 경험을 구별 지으며 풍부한 감수성을 가지고 참여하는 능력을 강화하는 데 중점을 둔다. 이러한 음악적인 묘사들에 대한 용어로 음악적인 결과를 상술하도록 요구하는 것은 우리의 질문에 대한 분명한 답이 될 것이다. 그러나 한편 이것은 많은 사람들이 음악적인 혹은 음악 경험의 범주에 속한다고 생각하는 어떤 경험들을 도외시할 수 있다.

이것은 이후 5장에서 토의될 것이며 창조적, 표현적, 미적, 공동체적, 초월적인 영역에서 음악과 관계 있는 본질적인 보상에 대해 광범위하게 다룰 것이다. 그 토론의 기본적인 전제는 음악중심적인 입장에서 벗어나지 않고, 이러한 차원 모두를 음악 경험의 본질로 명시하는 것이 가능하다는 것이다. 이 다섯 가지 영역에서 유력하고 임상적으로 관련된 경험들이 있다는 것이 음악 경험 그 자체에서라는 것으로 인정되었다. 이 논의는 음악 안에서 이러한 경험의 유형이 일반적인 경험들이 아니라 직접적으로 음악 안에서 그들의 근원에 관련된다는 것을 제시한다. 따라서 초월적인 경험은 명상이나 환각제 복용에서 얻어지는 것과는 다르다. 그것은 그 근거가 되는 특별한 음악의 특성과 관련된 특질로서 명확히 말해 음악적인 것이다. 그러므로 나는 음악적인 용어로 가장 잘 설명할 수 있든지 그렇지 않든지 간에 이러한 영역에서 음악 경험들을 주장하려고 한다.

이러한 경험 유형의 대부분은 사람과 음악과의 융합 또는 강력한 통합에서 발생한다. 이것은 심상유도 음악치료에서 상징적인 이동 경험을 통해 자기실현의 과정을 경험한 성인 클라이언트나 심한 장애아동의 발달 경로에서 좀 더 구체적인 관계성을 갖게 될 때 포함될 수 있다. 그러나 음악 자체로서 구체적으로 묘사되거나 경험되기보다는 음악과 함께 좀 더 깊이 동일시되는 경험이라고 믿는다. 이러한 점은 유추로 예시되는 것이 가장 좋을 것이다.

강으로서의 음악을 생각해 보라. 사람들은 완벽하게 강 외부에서 그 강을 관찰하면서 강둑에 앉아 있을 수 있다. 강의 속성이 분명히 보이므로 강과 같은 특징으로 설명하게 된다. 다른 잔물결의 패턴을 만드는 물 흐름의 속도와 장애물 같은 것들을 묘사할 수 있다. 강의 특징들은 사람들에게 매우 분명히 외부적인 것이기 때문에 뚜렷이 인지된다.

당신이 강 위의 카누에 있다고 상상해 보라. 지금 당신은 강과 함께 움직이고 어떤 면에서는 그것의 일부분이다. 위에 말한 것처럼 잔물결 같은 특징이 분명히 보이고 어떤 특징들은 그 흐름의 속도를 따라 운반되기 때문에 직접적으로 경험된다. 당신은 그 강과 함께 움직인다. 그래서 그것의 흐름은 아직 존재한다. 그러나 당신의 경험은 그 이상 완전한 것이 아니기 때문에 현상적인 경험과는 다르다. 강의 흐름은 다른 경험을 줄 수 있다. 그리고 당신의 관심은 이전에 가능하지 않았던 방식으로 강둑으로 이끌린다. 비록 그것은 강에 당신이 참여하면서 생긴 경험이지만 강의 경험은 아니다.

좀 더 상상을 도약시키면서 이제 당신 자신을 강으로 상상하라. 당신은 강의 흐름이 되고 잔물결이 되며 소용돌이와 움직임이 된다. 당신은 강을 제외하고 모든 것을 경험한다. 왜냐하면 지금 강은 당신이 둑, 바위, 태양과 같은 모든 것을 경험하게 한 전달수단이기 때문이다. 당신은 강이기 때문에 그 강을 경험할 수 없지만, 강이기 때문에 독특한 경험을 갖게 된다. 그것은 다른 어떤 경험과 다르며 오직 강과 같은 경험으로 묘사할 수 있다.

나는 음악과 융합되는 것 혹은 개인적인 정체성을 초월한 대부분의 강력한 음악 경험이 강의 예와 같이 발생하는 것이라고 제안하고 싶다. 음악 용어로 경험의 본질을 명확히 말하는 것은 더 이상 적절하거나 가능하지 않다. 완전히 음악 안에 있으면 외부적인 존재가 사라지며, 구체적인 매개변수는 경험자와 큰 관련성이 있는 것이 아니다. 그보다는 음악이 가장 중요하게 됨으로써 제공되는 경험이다. 음악에 대한 경험이 아니고 음악으로서 외부세계와 자기 자신을 경험하는 것이라고 말하는 것이 더 정확할 것이다.

나는 단지 비음악적인 용어가 경험의 특성을 가장 잘 전달한다고 해서 이것을 더 이상 음악 경험이 아니라고 말하고 싶지 않다. 왜냐하면 클라이언트 경험이 무엇이든지 간에 음악의 존재와 이러한 존재에 대한 특성의 결과를 필연적으로 동반하기 때문이다. 역설적으로 들릴지 모르지만, 음악적 매개변수는 사람의 의식에 자발적인 집중을 요하므로 최소한 클라이언트에게 중요한데, 그들이 음악과 융합하기 때문이다. 이러한 상황들은 치료사에게 매우 중요하며, 특별히 치료사가 음악에 대해 진행 중인 흐름을 총괄하는 활동 중에 그리고 즉흥연주에서 그렇다.

음악을 창조하는 것과 경험하는 것이 임상적인 목적으로 정당하다고 주장하는 것은 임상적인 음악의 특별한 특징들이 클라이언트의 요구와 어떻게 관련되는지 논의해야 된다는 것을 의미한다. 이러한 의무는 음악이 경험의 매개체로 사용되는 음악치료 접근에 고유한 것인데, Garred(2004)는 외부적인 수단으로 음악을 사용할 때는 그러한 의무를 갖지 않는 이유를 설명하고 논의하며 자신의 견해를 주장하였다.

　　만약 치료에서 음악의 사용이 미리 정의한 목적의 수단이 되는 것으로서 오로지 그 이유로 합당하다면, 그러한 음악은 다른 의미를 갖지 못하는 수단일 뿐이다. 수단 자체로는 특별한 중요성이 없다. 그 중요성은 음악의 사용을 통해 성취할 수 있는 것에 달려 있다. 음악이 오로지 다른 것들을 위한 목적으로 사용되는 도구적인 관점에서는 음악으로서 세력을 잃는다는 것을 생각해야 한다. 매개체의 독특한 특징은 이러한 위치에서 자발적으로 어떠한 부담도 안고 가지 않는다(p. 123).

　　음악치료에 대한 발전으로 한 단계 나아가 음악중심 이론의 존재를 묘사하면서, 우선 음악중심 이론가들의 근본적인 도전을 인정하는 것이 중요하다. 즉, 음악중심적인 개념과 일치하는 음악과 인간 복지의 관점을 명확히 하는 것이다. 그렇지 않으면 음악중심적인 접근은 뒷걸음질 치는 것으로 그려질 위험이 있다. 음악중심 이론과 실행의 선택이 다른 영역의 이론을 적용한다는 것에 대한 무능 혹은 저항감에서 나온 것이 아니라 관심사에 대한 주된 중요한 현상으로서 음악 자체를 바라보는 독특한 해석적인 능력을 인식하는 것부터라는 것은 아무리 강조해도 지나치지 않는다. 그러므로 넓은 의미에서 사람이 음악과 함께한다는 포괄적인 개념은 음악중심적인 임상적 틀의 중요한 구성요소다.

🎵 음악중심적인 실행의 핵심으로서의 뮤지킹

　　앞서 언급했듯이 음악중심적인 접근의 주된 초점은 Elliot(1995)이 정의한 대로 클라이언트를 뮤지킹 상태로 만드는 것이다.

　　활동하는 것은 단순히 움직이거나 행위를 보여 주는 것이 아니다. 활동하는 것은 의도한 결과를 얻기 위해 조절하고 신중하게 움직이는 것이다……. 음악적인 수행의 의미에서 뮤지킹은 의도적인 인간 행동의 특별한 형태다……. 음악을 수행하는 것은 신중하고 숙련되게 활동하는 것이다(p. 50).

음악은 단순히 우리가 알고 있는 정도가 아니다. 음악은 우리가 하는 그리고 행동을 안내하고, 지식의 특별한 형태로 구체화하는 것이다.[13]

이러한 관점에서 음악은 분명히 의식이 결여된 활동 안에서의 행동이 아니다. 그러므로 진정한 음악치료는 행동주의와 양립하지 않는다. 왜냐하면 만약 조건화된 것이 행동이라면, 그것은 행동적인 우연성의 대상이 되는 것으로 뮤지킹이 아니다. 뮤지킹은 지식의 활성화를 내포한다. 그러나 암묵적인 지식이며, "행동 안의 지식"(Schön, 1983)이다. 뮤지킹의 행위는 행동을 안내한다는 것을 암시한다. 그러므로 클라이언트가 단지 악기로 운동적인 혹은 감각적인 방법으로 교류하는 것이 아니라 뮤지킹을 하고 있다는 판단은 다른 방식으로 증명이 되지 않을 수 있는 인지적인 능력을 의미한다.

아마 이러한 점은 음악치료 예시에서 도움을 얻을 것이다. 피아노 흰 건반 위아래로 왔다 갔다 하며 연주하는 자폐아동을 생각해 보라. 확실히 음악적인 의미는 결여된 행동이며 강박행동이나 상동행동의 반영으로 보인다. 다른 한편, 이 아동과 함께 박자, 템포, 조성 그리고 화성의 구조를

---

13) Garred(2004, p. 271)는 뮤지킹(musicing)이라는 용어가 17세기 이래로 어떻게 사용되었는지 기록했지만, Elliot이 그것을 처음 사용한 당대 작가의 한 사람이었다. Garred는 Robert Walser가 1993년 그의 출판물에서 이 용어를 사용(k 철자로)했다는 것을 확인했다. 뮤지킹(Musicking)으로 바꾼 철자는 Christopher Small(1998)이 쓴 책의 제목이다. Elliot은 일찍이 1993년에 musicing에 관한 책을 출판했는데, Small은 Elliot이 사용한 용어나 책을 관련짓지 않는다. Small은 "음악은 첫째이며 으뜸가는 행동이다." (p. 9) "음악은 절대 어떤 사물이 아니고 사람들이 하는 행위이다." (p. 2)라고 설명하고 그 동사를 사용하면서 비슷한 의제를 갖는다. 여러 가지 면에서 두 용어는 다르다. 이 책에서 k자가 들어간 음악치료사의 인용들은 Small의 저술에서 가져온 것으로 이해되어야 한다(역주: 이 책에서 음악만들기를 뜻하는 'musicing' 과 'musicking' 은 '뮤지킹' 으로 번역하였음).

확립하는 치료사를 상상해 보라. 아동이 연주하는 일련의 음들은 변하지 않지만, 치료사가 음악에 기여해 온 그 구조의 몇몇 양상과·관련지으며 강조된 음과 악구들이 나타나는 잠재적인 변화를 탐지하는 아동을 상상해 보라. 즉, 아동은 초보 수준이기는 하나 어떤 면에서 음악적으로 의미있는 관계를 형성하고 있는 것이다.

만약 아동이 어떤 수준에서라도 뮤지킹 상태에 있다고 판단되면 클라이언트가 언어로 음악적인 지식을 분명히 말할 수 있든 없든, 그리고 클라이언트가 자각할 수 있든 아니든, 나는 지적인 관여가 필연적으로 수반되는 것이라고 주장할 것이다. 결국 음악치료 상황에서 음악에 대한 지식은 음악적인 지식보다 훨씬 덜 중요한 지식이다. 음악적인 지식은 홀로 혹은 다른 사람과 함께 음악적으로 관여하여 음악을 만드는 능력으로 이해된다. 자신이 아는 것도 표현하지 못하거나 혹은 그 지식의 소유 자체도 모를 정도로 무능하더라도 음악치료에서 관계를 가지며 존재감을 갖는 것이 불가능한 것은 아니다.

뮤지킹은 클라이언트에게 자기 본분을 다하도록 안내할 뿐 아니라 치료사에게도 그렇게 한다. 이것은 음악중심적인 실행을 하면 할수록 임상적인 음악활동을 안내하는 외부적인 이론이 덜 중요한 이유를 설명하는 것이다. 음악중심적인 실행에서 치료사는 음악의 지시를 따르는데, 음악의 창조는 그 안에서 구체화되는 풍부한 사고의 산물 자체라고 믿기 때문이다. 음악중심적인 입장은 반주지주의 혹은 반이론주의가 아니며, 지력의 과정들은 음악활동 안에 있는 것이다. 마치 치료사의 치료적인 생각이 음악적으로 일어나듯이 클라이언트에게도 "치료적인 소재는 여전히 음악적인 것 안에서 일어난다." (Ansdell, 1995, p. 4)

음악치료를 위해 암시하고 싶은 한 가지는 음악을 연주하는 것이 기계적인 반복적 암기 행동과 관련이 있다고 해서 단순히 음악을 만든다는 것은 결코 아니라는 것이다. 뮤지킹이 일어나고 있다는 판단은 지식, 의도, 의식이 존재한다는 것을 의미한다. 비록 이러한 특성이 언어적으로 표현되지 않더라도 말이다. 뮤지킹은 언어적인 형식화로 환원시킬 수 없는 것이 아니라 그 자체의 인식론에 기반을 둔 지식의 독특한 방법이기 때문이다.

Elliot의 관점에서 뮤지킹은 가장 가치 있는 인간 경험이다. 그는 자기성장, 자기인식, 즐거움이 음악을 만드는 주된 이유라고 믿는다. 그것들은 다른 모든 것들의 기초가 된다. 질서와 그 자신을 강화하고 인간다워지는 것이 목적인 활동으로 구성된 뮤지킹은 이러한 욕망을 반영하는 활동 안에서 관여하는 것이다. 우리는 자기개발을 향한 기본적인 욕구에 부합하는 활동들이 의미 있고 즐겁다는 것을 발견하게 된다.

자기개발은 생물학적 필요성 없이 주로 활동에서 온다. 몰입 경험(Csikszentmihalyi, 1990)은 특별히 더 복잡한 자기조직화를 이끈다. 몰입 경험은 목적지향적인 활동에서 우리의 의식력과 지식을 적용할 때 일어난다. 뮤지킹은 전형적인 몰입 경험이다.

뮤지킹의 구조는 음악이 일차적으로 자기개발을 위한 매개체로 존재하기 때문에 본질적으로 음악 경험이 합당한 임상적인 목적인 임상적 실행의 음악중심적인 개념을 지지한다. 음악을 만드는 가치에 대한 Elliot의 생각은 음악치료와 관련되는데, 때때로 임상적인 기술이 클라이언트가 뮤지킹 상태로 있는 장소를 만드는 데 사용되기 때문이다. 그것이 임상적인 이유는 비음악적인 기술을 진술해서가 아니라 음악가들이 비임상적인 상황에서 얻을 수 있는 동일한 뮤지킹 경험을 클라이언트에게 주기 위해 특정 장애를 우회하였기 때문이다. 이것이 음악치료인 것은 목적이 다르기 때문이 아니라—이것은 여전히 음악을 경험하고 만드는 것이다—뮤지킹 상태를 성취하도록 도와주는 것이기 때문이다.

Elliot은 "음악은 자기성장, 자기인식, 즐거움의 일차적인(필연적인 결과로서 독점이 아닌) 가치를 위해 명백히 그리고 은연중에 청각적 시간적 패턴을 구성하는 다양한 인간 경험"이라고 믿는다(1995, p. 128). 만약 우리가 음악치료에서 음악의 역할에 대한 정의로서 이것을 받아들인다면, 음악치료 음악은 음악을 대안적으로 사용하는 것이 아니라 아마도 단순히 자신의 관습, 방법, 기준, 상호작용의 대표적 패턴을 가진 음악적 특징이 될 것이다. 그리고 모든 음악 만들기가 작품을 팔거나 유명해지는 것처럼 다른 목적에 의해 숨겨져 있는 대신에 똑바로 드러나게 될 것이다.

음악중심 음악치료의 기초로서 음악이론의 필요성

메타이론적인 고찰을 통해 한 이론이 음악중심적인지 일반적인지를 말하는 것은 음악의 이론에 근거를 둔 정도를 말하는 것이다. 음악치료 이론이 음악이론에 기반을 두는 것은 견고한 토대와 더 광범위한 결합 그리고 더 큰 응용의 잠재적인 영역으로 들어가는 것이다.

성격이론이 심리치료 이론에 공헌하는 것만큼 음악은 음악중심 음악치료 이론에 공헌한다. 그러므로 음악중심 음악치료 이론이 음악의 개념에 의거해야 한다는 것은 언어적인 심리치료 이론이 신뢰할 만한 성격이론에 기초해야 한다는 말과 다를 바 없다. 심리학적 발전을 촉진하기 위해 심리학적인 중재를 할 때 그 해석상의 힘은 일반적인 심리 과정과 구조에 기반을 둔 처치 방법의 효과성으로 설명한 메커니즘일 때 획득된다. 마찬가지로 음악치료 이론과 실행은 신뢰할 수 있는 폭넓은 음악적인 개념에 근거해야 한다.

정신분석 성격이론의 결점은 그 공식적인 기원이 심리적으로 건강한 사람을 연구하기보다는 분석을 위해 충분히 심한 문제를 가진 사람의 경험을 기초로 한 것이었다. 정신분석 치료의 지주인 프로이트 성격심리학 이론은 심리적인 어려움으로 치료를 원했던, 확실히 적절한 방법으로 기능하지 못하는 대상이었기 때문에 문화적으로 특수한 집단의 연구에 기초한다. 프로이트의 성격심리학 모델과 그의 이론을 계승한 사람들은 기능적인 것보다는 역기능적인 면을 강조한다. 그것은 마치 인간 신체 기능이 어떠한지를 개개인의 질병에 대한 연구로부터 알아낸 것과 같다.

이것은 음악치료가 음악의 기초적인 양상을 조명하지 못한다거나 정신분석이 다른 영역에서 성격심리 과정을 적극적으로 나타내지 못한다고 말하는 것이 아니다. 확실히 음악치료와 심리치료는 저마다 음악과 성격심리에 대해 우리에게 많은 것을 가르쳐 주었다. 그리고 실제로 임상과 비임상의 사이에서 기본적인 연속성을 주장하는 것과 그리고 음악치료에서 음악 경험이 음악의 일반적인 개념과 관련된다는 생각을 지지하는 것이 음악중심적인 입장이다. 그러나 일련의 현상을 설명하는 메커니즘은 특별한 영역에서 활동하는 근원적인 존재와 개념적으로 조화를 이루어야 한다. 음악치료 이론의 중재는 확실히 음악의 개념에 입각한다는 점에서 더 강하고 더 일반적으로 적용할 수 있는 이론이 될 것이다.

♪ 비임상적인 배경에서 나온 음악이 음악치료의 기초가 될 수 있을까

음악중심 이론을 받아들이는 음악치료사와 다른 치료사들을 공식적으로 구별할 수 있는 쟁점의 하나는 음악치료에서 음악과 음악치료 밖에서 음악의 관계에 대한 그들의 신념이다. 음악심리치료 틀에서 좀 더 작업하는 임상가들은 음악의 두 유형 사이에 본질적인 그리고 주목할 만한 차이점이 있다고 주장한다. 예를 들어, 음악치료의 즉흥연주는 독특한 표현과정, 형식, 대화의 특징이 비임상적인 음악적 즉흥연주와 분명히 구별된다고 주장하였다. 다시 말해 음악치료의 즉흥연주는 임상적인— 의사소통의, 표현적인, 관계적인— 요구들을 반영하는 방법으로 발전하는 반면 비임상적인 즉흥연주는 순수한 음악적인 요구를 따른다고 하였다. 이러한 관점은 의사소통, 관계성 그리고 표현성이 음악적인 것과 다른 것으로 양분되어 있다는 것을 암시한다. 나아가 비음악적인 상황에서 음악이 어떻게 들려지고, 작곡되며, 즉흥적으로 되고, 수행되는지에 대한 음악치료의 관련성을 최소화한다.

이와 반대로 비임상적인 음악과 임상적인 음악 사이에 본질적인 연속성을 주장하는 음악치료사들이 있다. 이런 관점에서 임상과 비임상 음악 사이에 창작의 기능과 전후 관계에서 유사성들이 강조된다. Ansdell(2002)은 그의 공동체 음악치료의 탐구에서 임상과 비임상에서 음악 만들기의 내용과 목적의 유사성을 강조한다. Lee(2003)는 훌륭한 클래식 음악 작품의 음악학적 분석방법이 미학적 음악치료의 기초를 제공한다고 하였다. 이 책의 저자는 재즈 즉흥연주의 상호작용 과정이 어떻게 음악치료의 즉흥연주에서 중심적인 임상적 요소가 되는지 논의하였다(Aigen, 2002).

이 문제에 관한 경험적인 연구에서 Brown과 Pavlicevic(2006)은 맹인 평가자가 음악치료 즉흥연주와 비임상적인 즉흥연주를 구별하는 것을 발견하였다. 물론 그 결과를 설명할 수 있는 그들의 연구 설계와 관련되는 요인이지만 임상 음악과 비임상 음악이 근본적으로 다르다고 말할 수 있는 정확한 근거와 실제적이고 객관적인 차이가 인지되는 순간이 있다고 가정한다. 이러한 점 모두를 인정하더라도 그것은 음악 만들기 의제가 기본적인 방법에서 차이를 보인다는 점을 꼭 따라야 하는 것은 아니다. 임상과 비임상 음악을 구분하는 능력은, 예를 들어 재즈와 가믈란 음악을 구분하는 능력과 유사할 수 있다. 사람들은 다양한 악기연주자들 사이의 악기 연주, 음색, 리듬, 사용된 척도, 상호 교류 패턴에 집중한다. 그래서 단지 음악 만들기의 임상과 비임상의 형태는 고유하게 다를 것이라는 것 때문에, 이러한 차이들이 비임상 음악이 순수하게 음악적인 윤곽을 따라야 하는 반면 임상 음악은 비임상적 유형과 근본적으로 다르다는 것을 따라야 하는 것은 아니다.

Brown과 Pavlicevic(1996), 그리고 Pavlicevic(1997)은 음악치료 즉흥연주는 지속적인 상호교류, 상호 의사소통 차원에서 독특하고 비임상적인 즉흥연주는 상호교류와 의사소통보다는 음악적인 노선에 기초를 둔다고 논하였다. 다시 말해 음악치료 즉흥연주에서 그들은 서로가 연주하는 인간적인 관계의 윤곽을 개척해 나가는 음악을 듣고, 재즈 혹은 록 음악 같은 비임상적인 즉흥연주는 상호교류보다는 음악적인 중요성을 따른다는 것이다.

여기서 나는 독자로서뿐 아니라 나 자신의 경험으로 말하려고 한다. 이러한 이분법은 감상자로서 혹은 비음악적인 상황에서 즉흥연주한 연주자로서의 나의 경험과 부합되지 않는다. 음악가로서 나는 항상 다른 음악가와 교류하면서 소리를 분리하지 않는다. 그리고 결과적으로 음악은 언제나 음악을 창조하는 사람의 작품이거나 반영이며, 특별한 인간 교류이고, 서로 다른 구조적, 과정적, 경험적인 음악수준에서 발생하는 상호작용이다.

음악적인 수행은 다른 방식에서 감상될 수 있고, 이는 음악의 모든 현상학적인 탐구의 기본적인 지침이다. 사람들은 순수한 소리를 감상하거나 혹은 소리를 만드는 교류 양식으로 감상할 수 있다. 음악치료, 즉흥연주와 재즈 즉흥연주는 이러한 방식으로 각기 감상될 수 있다. 어떻게 듣는가에 따라서 소리가 되거나 상호교류 양식이 될 것이다. 재즈 콤보를 듣는 사람은 단지 순수한 소리만을 듣고 음악치료 즉흥연주를 듣는 사람은 오로지 음악적인 상호관계만을 듣는 것이 아니다. 감상의 두 가지 상황은 경험의 두 가지 영역에서 경험되어 만들어진다.

클라이언트와 음악을 만드는 치료사들은 결코 소리를 통한 치료관계를 걱정하지 않는다. 왜냐하면 이러한 관계는 음악 요소들에 따라 조정되기 때문이다. 치료사가 선택하는 악기, 조성, 음색, 화성, 템포는 임상적인 요구, 역동, 관계의 의사소통 양식뿐 아니라 클라이언트의 음악 표현에 따라 영향을 받는다. 재즈 그룹 연주자들의 본질도 마찬가지다. 그들이 연주하는 것은 서로를 들으며 조화를 이루는데, 누가 더 좋은 감상자이고 누가 더 이끄는지 혹은 뒤따르는지, 그리고 누가 더 동적인 성격인지를 포함하여 그들 사이의 역동적인 관계와 서로 다른 사람의 선호를 알게 된다. 사실 재즈는 음악에서 상호관계의 의사소통을 보여 주는 음악치료와 같다.

음악치료 즉흥연주에서 음악 안에서 상호교류적인 의사소통을 가질 뿐 아니라 음악적인 의사소통을 듣게 된다. 음악중심적인 실행과 이론의 경우 더욱 음악적인 중재와 연주 양식에서 음악적인 의사소통과 경험을 강조할 것이다. 이것은 앞서 기술한 Brown과 Pavlicevic(1996)의 연구에서 설명하고 있다. 그들은 치료사들이 연주할 때 다르게 연주할 것이라는 임상적인 선입견을 가지고 있었기 때문에 그들의 패널 구성원들이 다르게 들은 것은 당연하다. 만약 패널이 임상적인 음악 만들기가 비임상적인 음악 만들기와 기본적으로 차이가 없는 음악중심 치료사들이 연주하는 음악치료 즉흥연주의 예시를 들었다면, 패널 구성원들이 두 가지 형태의 음악을 구분하는 것은 어려웠을 것이다.[14]

유사하게 재즈 즉흥연주에서도 음악적인 의사소통과 상호교류적인 의사소통을 들을 수 있다. 예를 들어, 드럼 연주자는 2박에 대해 3박을 연주하고 피아니스트는 화성을 연장하며, 이들 모두 솔로이스트의 음의 연장과 리듬 프레이즈를 반영한다. 솔로이스트가 더 탐색하도록 자극하기 위해 드럼 연주자는 기대하는 것과는 달리 리듬을 일시 멈추었다 다시 진행하거나 피아니스트는 기대하지 않았던 화성적인 연장을 사용한다. 즉 재즈와 같이 비임상적인 형태에서 들을 수 있는 것처럼 음악치료에서 상호교류적인 의사소통과 음악적으로 모든 동일한 것들을 들을 수 있다. 무엇을 듣는가는 어떤 것에 관계를 짓는가 하는 감상자의 수준에 달려 있다. 임상적인 것과 비임상적인 것의 즉흥연주 접근법은 음악에서 상호교류적인 것을 구성하는 전자와 음악적인 의사소통으로 구성되는 후자로 구별

---

14) 이 점에 관한 간단한 일화가 있다. 2003년 가을 나는 작곡과 학생에게 음악치료에 대해 소개할 기회가 있었다. 임상적 설명을 위해 Lee(2003)의 오디오에서 발췌한 6곡을 선택하였다. 작품이 연주되면서 많은 학생들의 얼굴에는 마치 자신을 인식하는 듯 다소 당혹스러운 미소를 보였다. 곡이 끝난 후 그 반응에 대해 물었을 때 학생들은 임상적 음악치료가 자신들이 작곡한 곡과 구별하기 어려웠다고 설명하였다.

하지 않는다. 비록 이러한 전후 관계의 다른 유형이 맹인 평가자들이 구분하는 단서가 아니었다고 해도 말이다.

다방면의 음악치료사들이 비임상적인 음악의 연구로부터 온 지식을 사용해서 음악치료 과정을 어떻게 이끌어 가는지 보여 주었다. 음악치료에서 음악 감상, 임상적 즉흥연주의 음악적인 구조, 음악치료의 즉흥연주를 특징 짓는 사회적 교류 등은 음악학적인 구조를 통해 검토되었으며, 결과적으로 이러한 영역에 대한 우리의 지식은 증가하게 되었다.

게다가 창출하는 음악의 공통 양식을 소유하면서, 음악치료사들과 비임상적인 음악가들이 종사하는 감상의 유형은 아주 비슷해졌다. Ansdell(1995)은 그가 '연주하면서 듣기' 혹은 '사회적으로 듣기'로 사람들이 "음악 만들기의 활동적인 일부"가 될 때 일어나는 감상의 유형을 확인한다(p. 158). 이러한 감상의 유형은 "많은 비서구 형식의 음악 만들기의 중심적인 초점"이며, 그것은 또한 "가수와 반주자 또는 현악 4중주 멤버들 사이처럼 어떤 음악적인 관계의 중심"이 된다(p. 158). 음악치료사는 감상의 다른 유형에도 관여하지만, 이것은 음악치료사로서 우선적인 책임감이 있는, 그리고 임상적인 감상에서 다른 유형의 기초가 되는 음악가로서의 감상의 유형이다. Lee(2003)는 임상적인 즉흥연주에 대해 적용할 여섯 가지 수준의 감상을 확인하며 오직 하나만 치료과정에 유일한 요인으로 관련시켰다. 이런 방식으로 두 저자는 일반적인 음악 감상 기술이 음악치료사의 즉흥적인 숙련에 필수적이라고 생각하였다.

Pavlicevic(1997)은 음악치료 즉흥연주를 이해하는 데 중심적인 가치가 되는 것으로서 Dowling과 Harwood가 음악에 대해 기록한 **불변성**(invariants)의 개념을 확인한다.[15] 불변성은 음악이 다른 차원에서 변함에도 불구하고 하나의 차원에서 연속체를 제공하는 음악의 양상이다. 그 존

---

15) 이렇게 진술하면서 일찍이 특정한 개인이나 출판물에 이러한 명칭을 적용하기보다는 음악중심적이 되기 위한 특별한 개념으로 명칭하는 것이 더욱 유용하다고 말했다.

재는 음악이 고립되거나 관련 없는 비연속적 흐름보다는 '연속적으로 연결되는 사건'으로 듣는 능력을 촉진한다. 예를 들어 불변성은 하모니 또는 멜로디 악구에서 복잡하게 변함에도 불구하고 변함없이 지속하는 음악의 박(pulse)을 말한다. Pavlicevic은 "치료사와 클라이언트가 함께 불변성을 만드는 것으로서 충분히 상호 임상적인 즉흥연주"(p.70)가 어떻게 가능한지를 묘사하였다. 임상적인 즉흥연주에서 치료사가 해야 할 일의 많은 부분은 불변성의 개념을 통해 이해할 수 있는데, 그것은 치료사가 고립된 개인과 음악적인 의사소통을 만드는 방법과 심하게 혼란스러운 연주에 일관성을 가져오는 방법을 설명하는 것을 돕는다. 이러한 구조는 비임상적인 음악을 이해하는 데 본질적일 뿐 아니라 임상적인 음악을 이해하는 데도 유용하다.

음악치료 즉흥연주에 적용되어 왔던 비임상적인 창작을 묘사하는 인식론의 두 가지 개념은 불일치한 관여(Keil, 1994a, 1995)와 생동적인 추동(Keil, 1994b)이다.[16] 생동적인 추동(vital drive)은 재즈 리듬 부분이 어떻게 솔로이스트를 지지하고 격려하는지 생각해 볼 때 특별히 관련되는 그루브의 측면이다. 재즈 솔로이스트들의 서로 다른 유형들은 솔로이스트가 연주하는 방법에 기초해서 특별하게 솔로이스트를 지지하여 독특하게 특징 짓는 리듬의 다른 형태를 요구한다. 생동적인 추동을 창조하는 재즈 리듬 부분의 과제는 클라이언트와의 관계에서 치료사의 과제와 매우 비슷하다. 이것은 "그루브로 충분히 동일성을 지지하는 음악을 창조하는 것이며 또한 솔로를 따라 변화를 지속하고 솔로이스트의 기호에 맞추는 것이다."(Aigen, 2002, p. 103) Pavlicevic의 용어를 인용하면 치료사의 임무는 즉흥연주에서 불변성의 영역을 수립하는 반면, 여전히 클라이언트의 표현이 발달하는 방식으로 반응하도록 충분한 변화를 결합하는 것이다.

---

16) 양쪽 개념은 오로지 Aigen(2002)에 있는 음악치료에 적용되었다.

Keil의 불일치한 관여(participatory discrepancy)는 동일성과 다름의 이러한 균형 혹은 정확성과 느슨한 조정의 균형이 모든 음악 만들기의 진수라고 주장한다. Keil은 "개인적으로 그리고 사회적으로 가치 있다고 할 때 음악은 오로지 음악학과의 표준화와 학과과정의 문명화된 세계관과 관련해서 '음이 맞지 않는'과 '박자가 맞지 않은' 것일 따름이어야 한다."고 말한다(Keil, 1995, p. 4). 나아가 "음악의 힘은 그것의 불일치한 관여에 있고 기본적으로 순서진행적인 것과 조직적인 것의 두 가지 종류가 있다."(Keil, 1994a, p. 96) 순서진행적인 불일치는 아프리카계 쿠바 음악 집단 연주자들이 시간적인 유니슨에서 정확한 리듬 패턴으로 두드리다가 일시적으로 서로 정확히 맞추지 않고 좀 더 느슨한 조정으로 연주하는 것이다. 조직적인 불일치는 음악의 특별한 형태의 특징적인 양식으로 실수하는 것이 아니라 정확한 튜닝에서 벗어난 연주법이다.

Keil의 사고에 대한 주된 공헌은 "생동적이고 활동적인 훌륭한 음악의 창조는 서로 완벽한 튜닝과 정확한 시간적인 사건을 연계하는 음악가의 능력에서 나오는 것이 아니다……. 음악은 우리 독립성을 보존하는 독특한 방식에서 다른 사람과 연결하는 능력에 따라 창조된다."는 방법을 증명한 것이다(Aigen, 2002, pp. 53-54). Ruud(1998)는 Paul Nordoff와 Clive Robbins의 특수아동 치료에서 나타난 방법을 관찰하며 불일치한 관여는 음악치료 즉흥연주 이해와 관련된다는 것을 처음으로 제시했다. Ruud의 관찰력은 불일치한 관여가 재즈나 록 음악과 같이 인식할 수 있는 형식에서 발생하는 즉흥연주이든 아니든 간에 음악치료 즉흥연주에 적용되는 현상의 부류라는 사실을 증명한다.

뮤지킹, 연주하면서 듣기, 음악적인 불변성, 생동적인 추동, 불일치한 관여, 그리고 비임상적인 음악 형태에 대한 임상적인 관련성으로의 탐구는 음악치료 과정의 본질적인 양상을 조명해 온 것으로 현 단락의 소제목에 있는 질문의 대답에 완전히 '네!'라는것을 말한다. 음악치료사와 그들의 클라이언트는 함께 음악을 만들고 감상한다. 그리고 이러한 개념의 출처는 그 개념이 적용되는 음악치료 상황과 일치하는 중요한 영역일 때 음악치료가 효과적으로 적용되기 위해서 음악연구의 다른 영역으로부터 구성해야 할 선험적인 개념론이나 방법론적인 이유는 없다.

음악 만들기는 사람들을 즐겁게 하기 위해서, 종교적인 의식으로, 치료의 매개체로서 사회의 다양한 정황에서 일어난다. 그러나 음악은 치료이기 이전에 우선적으로 음악이어야 한다. 음악의 본질 위에 음악중심 이론들과 그 탁월성을 인정하는 치료에서 그것의 역할과 일반적인 음악의 힘, 경험, 작용, 구조들, 그리고 그들은 뮤지킹이 발생하는 특별한 사회적 상황의 결과로 일어나는 이차적인 속성보다는 이러한 근본적인 속성 안에서 임상 효과를 수립하는 것을 추구한다.

음악치료의 경우 치료사와 클라이언트 개념에서 제시된 사회적인 역할은 음악치료에서 나와 음악적으로 변환된 경험들을 고려한 유력한 지지 조직으로서 의학적인 그리고 심리치료적인 틀의 기능으로 도입되어 온 것이다. 그러나 음악중심적인 사고의 토대는 "사회 구조를 합법화하는 구성요소들은 변화의 행위자인 자신은 아니다."(Aigen, 1991a, p. 245)라는 것이다.

○4 음악중심 음악치료에서 뮤지킹에 대한 주요 가치

　Ruud(1988)는 어떤 대가를 치르더라도 외부적인 틀을 적용하면서까지 음악치료사들이 과학적인 분야에서 더 큰 신뢰성을 얻으려고 얼마나 노력하는지 관찰하였다. "이론의 형이상학 혹은 이상주의 형태"(p. 34)를 포기하면서 음악치료사들은 음악을 다른 유형의 학자와 전문가 양식에 포함시키면서 가장 중요한 문제들의 일부를 양도하였다.

　음악치료의 **전문성**과 더불어 음악치료의 과학을 만드는 데 일상생활에서 음악의 일반적 가치와 역할에 대한 질문은 음악교육자와 음악철학자뿐만 아니라 음악업계에 넘겨 주었다. 음악치료로서 음악의 개념은 많은 과학적인 신뢰를 얻었지만, 삼라만상과 관련을 맺고 살아가는 방식에 대한 정보의 중요한 근원으로서 음악을 이용하고 지식을 추구하는 장으로서의 역사적으로 중요한 역할을 잃었다(p. 34).

　음악중심적인 실행에서 음악은 예술형태 이상으로 의사소통을 위한 수단이며 치료를 위한 전달수단이기까지 하다. 그것은 음악치료 실행의 기초를 이루는 특별한 가치를 구현하면서 다른 사람과 함께 존재하는 방식이다. 음악중심적인 관점은 음악의 본질과 인간에 대한 음악의 의미로 인간 연구를 진행하는 데 공헌하기 위해 책임감을 가지고 음악치료를 교화하는 것이다. 이러한 목적을 위해 현재의 논의는 음악중심적인 실행이 어떻게 특별히 음악적인 가치에 근거를 두는지에 초점을 맞출 것이다.

가치를 포함하는 논의는 어렵다. 첫째, 가치라는 용어는 현재 서로 다른 많은 용도를 가지고 다른 뜻을 함축하고 있어 혼란스러운 용어다. 원래 물질적인 의미로서 어떤 사물의 가치를 묘사할 때, "미, 진실, 정의 혹은 선함"과 관련이 없었다(Frankena, 1967, p. 229). 철학에서 담화의 발달은 가치의 의미에서 '좋게 되고자 하는 생각 혹은 욕망'과 같이 실행과 신념을 가리키기에 이르렀으므로, 연구에서 이들 두 범위가 연결되었다. 따라서 우리는 "높이 평가하는, 좋아하는, 소중한 혹은 중히 여기는" 것을 말한다(p. 230). 이것은 여기에서 사용되는 그 용어의 의미이기도 하다.

둘째, 가치에 대한 논의는 현재의 지적인 담화에서 특별한 위치를 차지한다. 포스트모던의 지적인 전통의 도덕적 상대주의는 모든 가치를 지역과 문화에 속박하였다. 개념적으로 그리고 정치적으로 시간적인, 지리적인, 혹은 문화적인 경계를 가로질러 가치를 적용하는 것은 위법이었다. 그렇게 하는 것은 전제주의 혹은 보편주의(특별한 가치를 논의하는 것은 절대적인 도덕 혹은 보편적인 존재가 되는 것을 말함)의 예가 되는 것으로 생각하였고, 작가가 지적인 전략에 이러한 죄책감을 갖는 것은 논쟁이 만들어지는 장점을 고려해야 하는 것 없이, 무의식적으로 옹호되는 처지로 불명예스럽게 보이는 것으로 여겼다.

그러나 포스트모더니즘을 지지하는 많은 작가나 포스트모더니즘 밖에서 성장하는 지적 신분들은 권한이 박탈된 사회계층의 권한 부여, 지적인 작업의 재귀, 문화적 및 개인적 차이에 대한 관대한 관용, 그리고 정치적, 교육적, 예술적 활동무대를 포함한 그들 자신의 어떤 가치의 보편적인 적용을 위한 논쟁에 대해 달가워하지 않는 것은 아니었다. 개개인은 지적인 자유 민주정치의 과정과 같이 역사적으로 한층 선험적인 가치를 위해 논쟁하는 사람들을 비판하는 똑같은 문화 제국주의의 예가 될 수도 있다는 것을 실감하지 않은 채 이러한 입장을 취한다. 그리고 예를 들어 질적 연구가들은 권한을 빼앗긴 사회 집단 구성원이 더 우세한 사회 집단으로부터 온 연구자들에 의해 자각을 고조시킬 필요가 있다는 입장을 취할 때, 적극적인 연구자는 문화적인 도용의 행위로부터 상업적인 혹은 정치적인 이득을 이끌어 낸 자로서 문화 제국주의와 같은 유형의 죄책감을 갖게 될 것이다.

이 책에서는 이러한 토의가 더 이상 필요하지 않지만, 특별한 가치에 기초한 그들 자신 때문에, 가치에 대한 논의를 억압하기 위해 당대 지성들이 사용한 주된 주장의 일부가 자가당착이라는 것을 아는 것은 중요하다. 따라서 위에 기술한 의미에서 다소 절대주의자 혹은 보편주의자로 보이는 음악적 가치에 대한 간단한 토론에 나는 독자들의 관심이 있기 바란다. 이러한 판단을 위해 어떤 가치들이 그것들의 적용에서 보편성에 가깝다는 증거가 있을 때 나는 그러한 주장이 꼭 범죄가 아니라는 경고와 함께 죄를 변론한다.

Paul Nordoff와 Clive Robbins(1971)는 그들의 일을 동기화한 가치에 대해 부끄러워하지 않았고, 음악은 개인의 삶을 능가하는 가치를 구체화할 수 있는 반면, 동시에 이러한 삶을 풍성하게 표현한다는 그들의 믿음을 거리낌없이 연설하였다.

장애아동에게는 인간성에 대한 어떤 깊은 욕구가 남아 있다……. 어느 정도는 모든 아동에게도 있지만 장애아동에게는 매일 매일의 더 큰 표면적인 욕구들 때문에 더 드러난다……. 치료에 대한 접근은…… 보편적인 일상에서 개인이 운용해야 할 중요성의 범위를 넘어 확대된다. 보편적인 인간성은 어떤 일시적인 규준보다 훨씬 크다. 보편적인 인간 원리 안에서 개인적인 발전과 인간적인 해방감을 목적으로 하는 치료는 오로지 정상화를 위한 목적보다 더 효과적이다. 보편적인 가치는 어떤 국가나 문화에 따라 제한된 가치를 초월한다. 보편적인 가치는 음악 안에 존속한다. 이것이 특수아동의 삶에서 음악이 매우 중요해지는 이유다(p. 56).

인간다움에 대한 깊은 욕구라는 말에서, Nordoff와 Robbins는 장애아동에게 전형적으로 채워지지 않는 보편적인 인간 욕구가 있다는 가능성을 제기한다. 이것들은 문화와 개인의 역사를 넘어서는 욕구이며 음악은 문화의 차이와 개개인의 차이를 초월하기 때문에 특유의 형태로 만날 준비를 하고 있다. Nordoff와 Robbins에게 음악치료의 초점으로서 장애아동의 정상화에 대한 생각은 그들의 태생적인 관점에서, 다른 한편으로 음악치료에서 변화되는 삶으로 지대한 경험에 놓일 수 있다는 필요 이상의 한도와 관련하는 것에서 희망이 없고 제한적인 것이었다. 음악은 다른 사람과의 음악적인 관계를 통해 자기 발전의 보편적인 욕구의 표현을 담을 수 있기 때문에 그 효과성의 근원은 문화를 초월하여 관련된다. 이러한 믿음은 여러 나라에서 온 장애아동들과 함께한 수천 시간의 임상적 경험에서 입증되었는데, 그들은 들어 본 적 없는 낯선 문화의 음악 형태에 긍정적으로 반응하였다.

Ruud조차도 음악치료의 문화 상황에 대한 중요성에 대해 종종 기록하였으며, 문화적 관심사에 민감할 뿐 아니라 문화적 고찰의 중요성을 강조하는 음악치료의 선구자 중 한 사람으로 인식되었다. 그러므로 그가 음악이 누군가를 문화 너머로 데려올 수 있다는 보완적인 방식에 대해 말할 때 그것은 큰 영향력으로 다가온다.

정의하기 어려운 미학적 본성 때문에 또는 때때로 단지 소리의 존재 때문에, 음악 경험은 음악에서 문화적으로 그리고 언어적으로 규정된 코드를 초월할 수 있다. 음악의 다의적인 본질은 때때로 우리에게 몸과 의식의 밝혀지지 않은 영역을 열게 해 준다. 이러한 자각의 증가는…… 세상과 만나는 것을 통해서…… 새로운 범주들을 구성하도록 우리를 돕는다. 그리고 만일 이러한 자각의 증가가 마음과 몸뿐 아니라 자연—사회, 문화 그리고 세계 공동체의 장소뿐만 아니라―과 우리의 관계에 대한 새로운 자각을 포함한다면, 음악 경험이 개인의 변화를 이끌 수도 있다는 희망이 있다(Ruud, 1988, p. 37).

자아의 발전(그리고 치료 안에서의 진보)은 문화와의 관계를 발전시킬 뿐 아니라 그것을 초월하는 것을 수반한다. 그것은 부분적으로 문화적인 인공산물이기 때문에 음악은 그들의 문화와 관련하여 개인성을 가져오는데 필수적인 역할을 할 수 있다. 이러한 유형의 작업에서 지역의 음악적인 가치와 방법적 특성에 대해 인식하는 것은 필수적이다.

그러나 인간 문화에서 음악의 편재성은 문화를 넘어서서 존재하는 음악의 초월적인 측면이 있다는 것 또한 제시한다. 그 초월적인 특징은 이러한 자기실현을 방해할 때 문화의 제약을 넘어 누군가를 움직이는 데 도움을 주는 데 이용된다. 나는 초월적인 영역들 중 하나가 음악적인 가치의 영역에 존재한다는 것을 제안한다.

🎵 음악적인 가치의 개념

음악중심적인 실행가들이 일반적인 음악의 개념에 반드시 동의하는 것은 아니며, 음악적인 양식의 범위를 모두 사용하는 집단이다. 그들은 아마도 음악적 가치에 대해 꽤 다른 생각을 가질 것이다. 그러나 나는 그들이 공유하는 것이 인간으로서, 음악가로서, 그리고 음악치료사로서 그들의 개인적인 정체성의 핵심에 있는 가치들 사이에 깊은 관련이 있다는 것을 제안한다.[1]

---

1) 아마 좀 더 정확히 말하면 '음악중심적인 실행가와 음악중심적인 입장을 채택하는 사람들'이다. 나는 이 책 전반에서 이 어색한 문구의 반복을 피하고 양쪽 집단에 위치한 음악중심적인 실행가라는 용어를 사용할 것이다. 가치에 대해 앞서 말한 주장들은 분명히 후자보다 전자의 집단에 더 특정적이라는 것은 분명하다.

특정한 음악적 가치의 논의로 이동하기 전에 나는 다음과 같은 소견을 진술하려고 한다. 첫째, 나는 이러한 가치가 음악에 대해 혹은 음악중심 음악치료사들에게 독특한 것이라고 주장하는 것이 아니다. 그들은 음악에 대해 독특할지라도 오직 경험적인 조사가 그들의 독특성을 결정할 수 있다. 둘째, 모든 음악중심 음악치료사들이 이러한 믿음에 모두 동의할 것이라고 말하는 것은 아니다. 그보다 나의 의도는 음악중심 음악치료사들의 다양한 음악적 가치를 받아들이는 유형의 몇몇 예시를 논의하는 것이다. 이러한 방식으로 가치를 묘사하는 나의 취지는 음악중심 음악치료사들의 치료적인 접근이 음악의 인간적 실행에 대한 내재적 가치를 받아들이고 반영한다는 사실을 강조하는 것이다. 셋째, 종합적인 것이라고 주장하는 것은 아니며 아래에서 논의되지 않은 음악적인 가치의 다른 유형이 있을 수 있다. 나는 특별히 음악치료와 관련된 것으로 보이는 가치를 논의하기로 선택하였다.

이 장은 뮤지킹에 절대 필요한 구성요소인 가치에 초점을 둔다. 음악은 다양한 현상으로 구성된 보편적인 실행이며, 그래서 여러 다양한 문화에서 유래한다는 독자들의 생각에 동감하나, 그러한 음악적 가치들이 있다는 주장을 입증하기는 너무 어렵다. 게다가 설령 어떤 지역 문화에 음악적인 가치가 있다 하더라도, 음악적인 문화의 다양성으로 문화마다 전부 비슷하지는 않을 것이다. 그러나 만약 문화를 가로질러 존재하는 그런 음악이 있다면, 만약 다수의 여러 가지 징후에서 이러한 현상에 대한 어떤 불변의 특징이 있다면, 뮤지킹으로 필요시된 확실히 일반적인 가치라는 공통성으로 제안하는 것은 불합리한 것이 아니다. 달리 말해 다른 사람과 함께 음악을 하는 것은 특별한 믿음과 실행을 요구하고 반영하는 것이다. 함께 음악을 하는 사람들이 요구하는 것과, 그리고 이러한 요구들이 서로 다른 음악치료 접근을 지지할 수 있는 보다 넓은 가치 체계 안으로 일치시킬 수 있는 방법을 검토하는 것은 보람 있는 일이다.

보편적인 가치의 가능성을 인식하는 것은 그들 밑에 잠재해 있는 믿음으로부터 표면적인 행동을 분리할 때 비판에 더 잘 견딜 수 있다. 예를 들면, 어떤 문화에서는 식사 후 트림을 하는 것이 주인에게 무례하고 실례되는 행동이지만 다른 나라에서는 주인을 치하하는 것으로 여긴다. 만약 단지 행동의 표면만을 바라본다면 그 예절은 보편적이지 않은 것이 분명하다고 여길 것이다. 그러나 보편적이라는 것은 그 주인에게 존경과 경의를 표하라는 명령이다. 이러한 특정한 가치를 표현하는 방식은 의미 있게 다양할 수 있으나 그러나 그 가치 밑에 있는 보편성에 대항하여 논쟁하지는 않는다.

같은 방식으로 음악적인 실행들의 다양성은 어떤 보편적인(또는 최소한 일반적으로 널리 퍼진) 음악적 가치가 되고 있는 가능성에 대해 논쟁하지 않는다. Mary Louise Serafine(1998)은 문화를 가로질러 음악에 적용되는 보편적인 인지 과정을 제시한 음악 이론을 제안했다. 그녀의 과정은 어떤 것도 음의 구조 혹은 화성 종지, 구체적인 방법적 요소 등에 대해 언급한 것이 없다. 대신에 그것들은 양식(patterning), 프레이징, 관련된 반복, 그리고 추상적인 속성과 같은 일반적인 과정이다. Serafine은 이문화(異文化) 간의 보편적인 측면에 근거해서 음악의 지각과 음악의 산물에 충분히 유사성이 있다고 증명하였다.

한편 serafine의 인지적인 과정과 현재 음악적 가치와는 초점을 둔 것이 다르지만, 표면적인 특성보다는 기본적인 음악 조직의 수준에서 처리한다는 것을 제공하여 밝혀낸 보편적인 유사성은 비슷한 신념에 기초한다. 이러한 방식으로 이 장의 구성은 클라이언트와 함께하는 음악치료를 강조한다. 우리는 뮤지킹의 활동에서 고유한 가치를 살펴보고 특별히 뮤지킹의 경험을 더 풍부하고 만족스럽게 이끄는 것들에 주목할 것이다.

🎵 뮤지킹은 침묵에 대한 이해를 요구한다

음악가들은 소리의 예술적인 창조에 골똘히 집중하기 때문에 우리는 음악의 구성요소로서 침묵이 얼마나 중요한지 잊게 된다. 침묵은 음악적인 수행에서 여러 수준으로 나타난다. 구성의 넓은 단계에서 침묵은 지휘자가 지휘봉을 올릴 때, 그리고 음악의 시작을 기다릴 때, 긴 작품의 악장 사이의 중간 휴지에서 나타난다. 반대로 침묵은 작은 분석의 단계에서도 볼 수 있는데, 리듬 부분의 구성원들(타악기 연주자, 베이스 연주자들)이 그들의 악기연주를 잠시 중단하는 독특한 방법에 의해 창조되는 음악적 그루브에서 발견되며, 침묵이 남겨지면 완전히 소리를 비우거나 밴드의 다른 사람에 의해 채워진다. Gillian Stephens Langdon(1995)은 "만약 주의 깊게 음악의 작품을 연구한다면 음악의 힘을 창조하는 음, 리듬, 화성들이 간단하지 않다는 것을 발견한다. 그것은 쉼표와 휴지-침묵들이다. 이것은 음악치료의 세션과 같다."(p. 66)라고 기록했다.

음악성의 높은 단계는 침묵의 잠재력을 인정하며 침묵의 이해를 통합시킨다. 재즈와 블루스 음악 양식에서 뛰어난 즉흥연주자들은 대부분 그들의 독특한 프레이징의 연주법으로 잘 알려져 있는데, 그들의 연주법에서 침묵의 지점은 그들이 연주하는 음악적 성격을 정의하는 데 필수적이다. Count Basie, Miles Davis, 그리고 B. B. King과 같은 재즈와 블루스 음악가들은 그들의 프레이징과 결합된 침묵들의 서로 보완적인 측면을 통하여 음악의 장르를 정의했다. 그리고 재즈 즉흥그룹이든 현악 사중주든 간에, 예컨대 음악에서의 침묵은 그들의 창작에서 그들의 취지와 협동의 공유된 감지로부터 와야만 한다. 그루브를 만드는 것 혹은 함께 악구를 표현하는 능력은 공유된 침묵이 단순히 소리의 부재가 아니라 음악적인 접속의 수단이라는 것을 인지하는 것과 관련이 있다.

음악가와 음악중심 음악치료사가 되는 것은 침묵에 대한 이해와 관심을 장려하는 것이다. 침묵은 아무것도 하지 않는 지점, 감수성, 기다림, 인내의 지점이다. 음악에서 침묵의 가치를 인정하는 학습은 이러한 특성의 가치를 배우는 것을 의미한다. Gillian Stephens Langdon(1995)은 " '침묵 속에 있기' (sitting in silence)에서 치료사는 더 깊은 단계에서 클라이언트를 위한 공간을 만들기 시작한다."(p. 67) Langdon은 이러한 침묵에서 안락함을 느끼는 것을 아는 데 대하여, 그리고 비임상적인 음악가로서 공유된 침묵이 어떻게 "고립의 반대편에 있는 연결의 장소"(p. 67)일 수 있는지 이해하는 것에 대하여 저술했다. 반면, Langdon은 침묵은 세션의 시작임을 인정하지만, 그것은 "매우 움직임이 있는"(p. 67) 즉흥연주의 끝맺음에 발생하는 침묵이 더 전형적이다. 이러한 순간들에서 그녀는 언어적으로 경험하는 과정에 대한 유혹에 저항한다. 그보다 클라이언트와 그녀를 허용하는 것은 그것을 따르는 침묵을 방해하지 않음으로써 음악을 통해 만들어진 공간에 충분히 거하게 한다. 이런 식으로 침묵 자체는 그 경험적인 과정의 수단이 된다. 그 경험 중 몇몇은 음악에 대한 클라이언트의 정서 반응의 본질로 언어적 질문에 의해 방해받을 것이다.

음악작품 시작에 앞선 침묵이거나 혹은 응답하도록 클라이언트를 초대하는 치료사의 연주에서 두 박의 짧은 쉼이거나, 침묵은 참여하도록 안내한다. 알맞은 장소에 자리한 적절한 침묵은 클라이언트의 음악성을 음악적인 중재로 충분히 고취시키도록 일깨운다. 예를 들면, Joseph Piccinnini(2001)는 소절의 최초의 박은 채워진 공간이기 때문에 음악적인 참여를 청하는 제공으로서, 소절의 두 번째와 네 번째 박을 강조하는 로큰롤 음악의 백비트 방법에 대해 논의했다. 그에게 백비트의 본질은 음악의 이러한 양식의 임상적인 효과성을 설명하도록 돕는다.

🎵 뮤지킹은 듣기를 요구한다

다른 사람과의 뮤지킹은 다른 사람에 대해 집중해서 듣는 것을 뜻하며, 그 듣기를 반영하는 방식으로 응답하는 것이다. 이러한 주의력은 다른 사람과 소리를 시작하기 위해 항상 밖으로 향하게 된다. 이것은 재즈 즉흥연주 그룹, 현악 사중주, 음악치료 그룹, 어떤 목적으로 음악을 함께 연주하는 사람들의 모임에서 적용된다. 그것은 다른 사람에게 신중하게 주의 집중하기를 요구하는 협력적인 뮤지킹에 대한 부인할 수 없는 진리 중 하나다. 음악의 특질은 그것을 만드는 사람들의 듣기 기술과 직접적으로 관련된다.

뮤지킹의 고유성은 다른 사람에 대한 깊은 존중을 반영하는 초점이 밖으로 향해 있는 것이다. 많은 음악치료사들이 듣기의 중요성에 대해 저술해 오고 있다. Gary Ansdell(1995)은 듣기의 서로 다른 유형을 확인했고 '연주하며 듣기'가 음악치료사의 즉흥연주에 얼마나 중요한지 관찰해 왔다. Dorit Amir(1995)는 "우리 역할을 위해 듣기는 탁월해야 한다……. 듣기는 클라이언트의 내부와 외부의 음악과 연결될 때, 그것은 삶의 정신을 일깨우는 잠재력을 가진다."(p. 55)고 말했다. 음악치료사 Nancy McMaster의 시(1995, pp. 72-73)를 인용해 보면 듣기의 가치를 감동적으로 표현하고 있다.

듣기에 대한 놀랄 만한 것이 있다
우리의 존재 전체가 조화로울 때
경험의 영역으로 들어가는 모든 것이 공명되기 위해.

관계 안에서 발견 안에서의 감흥으로
이러한 듣기는 개방 상태를 요구한다.
신뢰하는, 그러나 순간적인 그러한 장소가 있다.

'모든 삼라만상에서'

음악가가 되는 것은 함께 음악을 하는 사람들을 존경하고 관심을 구체적으로 표현하는 것인데, 예우하고 중시하고 그들의 소리에 반응하는 방식으로 반영하는 것이다. 이렇게 다른 사람을 배려하는 것은 뮤지킹하기위해 절대 필요한 것이며 음악중심 음악치료사는 그들의 클라이언트를 듣는 방법에 대한 기초를 형성한다. 그것은 그들에게 전반적으로 존경의 느낌을 주기 위한 템플릿을 형성한다. 반주자와 같이 뛰어난 음악가의 듣기 형태는 임상적인 상황으로 곧바로 이동하여 클라이언트에게 중요한 혜택을 준다. Gary Ansdell(1995)은 이 점을 설명하는 임상적인 일화를 보고한다.

한 클라이언트는 나와 함께 즉흥연주를 할 때 그녀가 '반향(resonance)을 얻는 것'이라고 부르는 것을 어떻게 경험했는지 나에게 말했다. 그녀는 독일어로 옮겼고 나는 아마도 '반응'(response)을 의미하는 것으로 생각했다. 그러나 그녀는 마치 벨 소리같이 유지되는 그녀 자신의 소리를 듣는 의미에서 '반향'을 의미한다고 했다. 그녀는 '나는 삶이 항상 지금 같기를 바라요—마치 반향을 얻는 것처럼!'이라며, 그녀는 마치 들려지는 것처럼 자신의 소리를 들었다(p. 159).

그녀는 마치 들려지는 것처럼 자신의 소리를 들었다. 클라이언트의 이러한 표현은 중요하다. 그녀는 단순히 들려지는 것처럼 자신의 소리를 들은 것이 아니라 그것을 들은 것이다. 음악중심 음악치료사가 행하는 듣기의 유형은 비슷한 단계에서 깨닫는 것을 배우는 클라이언트에게 직접적으로 전달되며 의미 있는 경험을 갖게 된다. 클라이언트에게 임상적인 과정은 음악가들이 하는 것처럼 듣기 능력을 그들 안에서 발전시키는 것과 관련 있으며, 그렇게 함으로써 의미의 새로운 원천에 접근하고 다른 사람과 연결된다.

뮤지킹은 공동체로 개인을 통합시킨다

솔로 연주자 외에 비임상적인 뮤지킹의 모든 형태는 그룹 창작에서 개인의 공헌도 조절을 요구한다. 솔로 연주라도 전형적으로 공공의 창작과 기대를 구체화하는 음악 형식이나 작곡이 있다.[2] 음악가들을 위한 모든 유형의 도전은 개인적으로 만족하는 방식과 창작된 것을 함께 강화하는 방식으로 음악을 연주하는 것이다. 이러한 방식으로 다른 사람과 함께 음악을 연주하는 것은 사회 구조 안에서 개인적인 만족을 성취하기 위해 모든 인간에게 주어진 도전의 소우주다.

음악가들이 참여해서 함께 조정하는 과정은 그룹 창작에서 단순히 개인의 감수성과 표현을 억제하는 것이 아니다. 그들의 특별한 음악 양식의 정점에 있는 것으로서 인식되는 음악가들의 컬렉션은 다른 사람을 넘어서는 하나의 고지가 아니라 그들의 개인적이고 공동적인 정체성의 균형을 나타내는 것이다. 베를린 필하모니 현악 파트와 Duke Ellington의 색소폰 파트, 혹은 The Band와 같은 록밴드의 보컬 하모니 같은 존재를 생각해 보라. 개인적인 소리들은 뚜렷이 나타나면서 남다른 독자성으로 그들 각각은 동등하게 전체적으로 소리를 결합하는 방식으로 잘 알려져 있다. 뮤지킹의 높은 단계는 공동체의 표현으로 콘서트에 존재하는 개인적인 표현에서 개인의 악기 혹은 목소리가 기교 있게 섞이는 것을 뜻한다. 기교가 뛰어날 때 표현의 두 가지 형태는 다른 것이 하나와 경쟁하는 것이 아니라 완전하게 보완하는 것이다.

음악치료 세션의 음악적인 전체구성은 한쪽에서는 완전히 음악적인 자유로, 다른 한쪽은 음악적인 자유가 없는 것으로 특징되며 넓은 범위를

---

2) 물론 이러한 설명에 대해 연주하는 재즈피아니스트 Cecil Taylor와 같은 예외가 있는데, 그의 연주는 독주, 자유 형식, 무조의 즉흥연주를 구성할 수 있다.

가로지르며 변화한다. 이 연속체의 앞끝에서 클라이언트는 음악을 통해 자발적인 사운딩에 참여하도록 격려받으면서 음악치료의 어떤 정신역동적인 형태에 놓여 있다. 이러한 접근에서는 즉흥연주가 격려됨은 물론 음악치료의 다른 형태에서 피할 수도 있는 즉흥연주의 음악 형식이 장려되기도 한다. 이러한 작업의 형태는 우선 개인적인 표현의 가치를 토대로 한다. 이 연속체의 뒤끝에는 드럼서클과 같이 매우 구조화된 활동에 있는데 여기서 클라이언트는 악기, 음악 요소, 프레이징 혹은 다이내믹 단계의 선택이 주어지지 않으며, 이들 모두는 치료사인 촉진자가 조정한다. 이러한 직업 형태는 주로 공동의 응집력 가치를 토대로 한다.

Gary Ansdell(1995)은 오로지 자기표현에만 초점을 둔 사람이 얼마나 음악치료 그룹즉흥연주에 기여할 수 없는지 논했다. 왜냐하면 이러한 개인은 "그들 자신의 행동과 감정의 환상에 올가미가 되기 때문이다."(p. 125) 공유된 작품의 창작은 "순수하게 자기표현적인 충동의 금지"(p. 125)를 뜻한다. 다른 사람과 함께 음악을 하는 능력은 그가 기술한 제약의 형태를 발달시킴으로써 다른 사람과 연합하여 듣는 지점에서 시작한다는 Ansdell의 말은 정확하다. 그러나 그룹 뮤지킹 기술은 이것이 시작일 뿐이다. 그들은 그룹 음악에 대한 공헌이 자기표현의 행위가 되는 상태까지를 넘어서 움직인다. 그룹 창작과 개인적인 표현 사이의 이분법은 개인이 그룹창작의 공헌에서 그의 존재감을 실현할 때 초월할 수 있다. 금지는 더 이상 요구되지 않는다. 왜냐하면 개인의 표현은 그룹음악에 대한 공헌에서 분명히 나타나기 때문이다. 다른 사람과의 음악에 대해 제약의 필요성은 속박으로 느껴지지 않는다.

Barbara Hesser(1995)는 그룹 음악치료와 다른 사회적인 존재들의 유형에 직면한 비슷한 도전들에 대해 설명하였다.

사람의 요구가 항상 어떤 관계나 그룹에 합류한다는 것은 불가능하다. 그룹의 단일성을 유지하고 자신의 요구들이 여전히 작용하기 위한 방법을 찾는 것은 그룹 구성원에 대한 도전이다. 이 같은 도전은 대부분의 그룹과 공동체에 적용될 수 있다. 그룹 구성원들 사이에 조화와 부조화의 균형을 찾아내는 것 이 음악치료 과정의 목적이다……. 조화와 부조화는 아름답고 깊이 만족하는 방식으로 함께 엮어 가는 것이다……. 이러한 조화를 발견하는 것은 고도로 발달한 성숙한 집단과 기꺼이 듣기를 즐겨 하는 각각의 개인, 그리고 그들이 사용해 왔던 음악보다는 새로운 종류를 받아들이는 것을 요구하는 것에서 가 능하다(p. 49).

마치 뮤지킹이 긴장과 해방, 협화와 불협화에 대한 힘의 균형을 수반하 듯이 창조적인 음악의 상호교류는 긴장과 불협화에 대해 비슷한 관리를 요구한다. 일단 긴장, 불협화, 다름의 특성들은 음악가 그룹의 음악으로 병합될 수 있고, 치료에서 혹은 다른 곳에서 그 그룹은 예술적이고 개인 적인 성취를 실현하기 위한 환경이 된다.

뮤지킹의 진보된 형태는 그룹과 개인의 필요에 대한 상호 간의 존중과 이러한 양극성을 초월하는 것을 보여 준다. 이러한 상태는 운동경기, 정 치, 과학의 영역과 같이 인간 공공의 성취의 최고 장점으로 특징 지어진 다. 이러한 인간 성취의 모든 영역에 개인과 그룹의 욕구가 혼합되어 있 다. 뮤지킹은 최고의 인간을 특징짓는 사회적 삶에 대한 접근의 구현을 제공한다. 주로 공공의 예술적인 성취로서 그룹 음악치료 음악을 강조함 으로써 음악중심 음악치료사들은 적극적으로 이러한 인간사회의 핵심 가 치를 구현한다.

🎵 뮤지킹은 감정에 빠지는 것을 뜻한다

음악의 절정경험을 묘사하는 것은 음악가로서 감정에 빠지는 형태를 언급하는 것이다. 일반적으로 음악가는 음악에 대해 의식적인 행동을 통 해 창작을 하기보다 그러한 것 없이 되는 어떤 것이라고 말한다. 마치 자신들이 음악을 통해 연주되는 것 같이 음악가가 느끼는 것처럼 적극적인 행동을 하도록 수반하는 행위로서 뮤지킹의 감각이 있다. Helen Bonny와 Mary Priestley는 경험의 그러한 유형 양쪽을 논의했는데, 비록 이전에는 그러한 경험이 음악치료사가 되는 동기가 되어 왔지만, 이후에는 분명히 그들의 특성에 대하여 양면가치의 감정들을 갖는 것으로 나타난다.[3]

이러한 경험의 공통적인 특징은 의식적이고 적극적인 노력을 통해서가 아니라, 놓아주는 것 그리고 경험 없이 오는 개방성을 장려하는 것을 통해서 오는 것으로 보인다. 감정에 빠지는 것은 뮤지킹의 가장 강력한 순간에 대한 본질이라는 인식이 있다. 이러한 순간들은 사람이 직업을 창조하고, 음악적 정체성과 전체적인 삶을 만드는 소재인식의 핵심이 된다.

여기에서 감정에 빠지는 것과 놓아주기는 인간적이고 예술적 성취에 대해 강력한 수단이라는 가치가 있다. 이러한 가치는 임상적인 작업을 하는 음악을 강조하는 방식으로, 그리고 때때로 음악치료사가 '음악의 방식에서 벗어나서' 할 수 있는 가장 좋은 방식으로 음악중심 음악치료에 반영된다(D. Gormley의 개인적 통신에서, 1990년 5월 1일).

🎵 뮤지킹은 숙련에 대한 존중을 장려한다

소크라테스가 죽기 전날 밤에 열린 영혼 불멸에 대한 위대한 대화 Phaedo는, 철학자의 음악과 관련된 부분에서 주목할 만한 고백으로 시작한다. 소크라테스의 친구는 투옥 중 마지막 며칠 동안 하필이면 음악을 시작하였다는 현재 아테네에 돌고 있는 소문에 대해 그에게 묻고 있다. 그 대답으로 소크라테스는 자신의 일생을 통하여, "음악을 만들어라. 그리고 그 일을 해라."라고 말하는 목소리에서 꿈을 갖게 되었다고 반복해서 말했다. 최근까지 그는 정말로

---

3) Helen Bonny의 직관 경험과 Mary Priestly의 경험에 대해 논의한 6장을 보라.

그 고백을 받아들이지 않을 수 없었다고 했다. 그의 재판이 있은 후 소크라테스는 그 고백을 너무 가볍게 받아들이지는 않았는지 의심하기 시작했다. 따라서 사형집행 마지막 며칠 동안 아폴로에게 찬미가를 작곡하고 이솝우화 약간을 노래 구절로 바꾸는 데 전념하였다……. 그는 음악의 힘에 대해 감사와 존경의 마지막 제스처를 한 것이다. 그가 죽기 전에 최소한 한 번은 노래로 소리를 높인 것이다.

– 음악가 Victor Zuckerkandl

음악성은 집중력, 창조성, 음악적 지식과 같은 정신적인 능력은 물론 소근육과 대근육 운동기술의 신체적 능력을 포함한다. 양쪽 기술 모두 뮤지킹에 대한 필수적인 요소이고 두 기술의 통합은 음악가의 훈련에 핵심이 된다. 신체적인 기술과 예술적인 감수성을 융합한다는 것은 음악이 예술인 것만큼 숙련된 기술이라는 것이다. 사람의 악기인 신체적인 면을 숙달시키기 위해 많은 시간을 보내지 않고는 높은 가치의 음악성이 생길 수 없다. 결과적으로 음악가들은 숙련된 기술의 가치를 높이 인정하게 된다. 그 기술에는 오랜 시간 고독한 연습시간을 보내기, 몇 년 혹은 몇십 년, 심지어 일생 동안 완벽한 수공의 기술 숙달을 위한 헌신, 숙련가가 되기 위한 개인의 표식으로 기본적 감각에서 미묘한 변화에 대한 감지 등이 있다.

저널리즘, 법학 그리고 언어적인 심리치료와 같은 전문직은 언어 영역에서 혹은 사고 영역에서 충분히 일어난다. 그러한 노력에서 도구들에 대한 실제적인 신체적 조정은 없다. 의학, 건축(설계, 그림, 모델의 창조성에서), 음악치료와 같은 전문적 지식은 신체적인 활동과 도구들을 통하여 중재된다. 이러한 영역에 있는 개인들은 다른 전문직에서 나타나지 않는 실제적인 신체적 적응의 감지가 발달한다.

음악중심 음악치료사들은 그들의 일에서 이러한 숙련의 가치를 내면화한다. 그것은 클라이언트에게도 전달될 가치다. 장인정신과 관련있는 이러한 작업의 가치는 음악치료 활동의 다양성에서 나타날 수 있는데, 예를 들어 연주하거나 녹화할 음악작품을 작곡하거나 배우는 동안 시간을 연장하여 작업할 때다. 뮤지킹에 포함된 실제적인 작업과 숙련을 위한 책임과 사랑은 음악중심적인 틀에서 임상적인 음악치료 과정의 중요한 구성요소다. 뮤지킹에 대한 사랑은 그것을 실현해 나가며 작업에 들이는 많은 시간에 대한 존중을 가져온다. 음악중심 치료사들은 음악을 연주하는 데 사용되는 숙련된 기술에 대한 존중을 구체화하고, 운동적인, 인지적인, 표현적인 그리고 사회적인 다양한 방해물을 극복하는 데 사용하려고 클라이언트를 동기화하는 요인으로써 그것을 사용한다.

소리를 숙련하는 것 또는 그 본질의 어떤 숙련에 대한 헌신은 모두에게 다가오는 죽음에 직면해 삶을 어떻게 살아야 하는지에 대한 실존적인 진술이다. 우리 모두는 언젠가 죽게 되지만, 이 사실이 그들의 숙련된 기술을 향상시키는 데 끊임없이 노력을 하는 음악가들을 막지는 못한다. 소크라테스의 임박한 죽음도 그를 멈추게 하지는 못했다. 마찬가지로 대부분의 음악치료 클라이언트는 음악치료에서 그 활동들의 성과가 음악가처럼 상업적이거나 직업적인 성공을 성취할 수 없을지라도, 이것이 연주가, 작곡가 또는 감상자로서 그들의 음악성에 대한 개인적인 보상이 허용되지 않는 이유가 되는 것은 아니다.

이렇게 격려함으로써, 사람이 그들의 시간을 의미 있게 보내는 방법을 만들고, 다른 사람들과 함께 가꾸어 가는 소리는 우리가 참여하는 것에서 최고로 고귀하고 숭고하며 가장 즐거운 활동이라는 생각을 지원하는 것이다. 이는 숙련가로서의 음악가들은 숙련에 대한 작업이 동시에 치료의 주요한 초점이 될 수 있는 그들 자신에 대한 작업이라는 것을 이해하기 때문이다.

🎵 음악은 관계를 만든다

음악은 인간의 정신을 연결하는 조직과 같다. 청중 사이에서, 음악가 사이에서, 그리고 연주자와 청중 구성원들 사이에서 관계를 만들어 낸다. 음악은 문화 내부를 결속시킬 뿐 아니라 문화를 가로질러 관계를 만든다. 그것은 서로 다른 수준의 사회경제적 상태와 다른 인생을 살아온 사람들을 협력하게 하여 사회에 평등한 현상을 제공할 수 있다.

뮤지킹은 내적인 가치를 갖는 것이기 때문에 사기를 높이는 경험에 입각하여 자신의 문화를 창조한다. 이런 식으로 정치적, 종교적 혹은 문화적 영역에서 불화를 일으키는 부정적인 결과를 완화시키는 강력한 도구가 될 수 있다. 음악은 개인으로서의 그들 그리고 전체로서의 사회를 위해 일반적으로 유익한 방식으로 사람들과 함께한다는 것이 진부하거나 너무 뻔하다고 할지 모르나, 그것이 진실이 아니라는 것을 의미하는 것은 아니다.

사람을 연결시키는 음악의 본질은 음악치료에서 음악을 사용하기 위한 분명한 함축적 의미를 갖는다. 그것의 개인 내에서뿐 아니라 치료사와 클라이언트 사이, 클라이언트 사이, 그리고 클라이언트와 치료 밖 삶의 사람들 사이에서의 관계를 가능하게 한다. 공동체 음악치료(Pavlicevic & Ansdell, 2004)와 문화중심 음악치료(Stige, 2002)의 중심 개념 중 하나는 음악치료사들이 이미 사회에 참여함으로써 그 존재 안에서 변화의 전형적인 수준에 참가하고 있다는 것이다. 음악치료는 인간의 사회적인 삶의 다른 영역에서부터 분리되어 닫힌 공간에서 일어나는 오로지 사적이고 내밀한 상황을 넘어서서 움직이는 것이다. 음악치료사들은 전통적인 클라이언트를 공동체로 통합하는 것뿐만 아니라 공동체 자체로 연결을 진척시키는 더 넓은 사회 조직의 수준에서 의식적으로 중재하는 것이다. 음악의 연결시키는 힘은 이러한 노력을 직접적으로 지원한다.

화가는 스튜디오에서 혼자 작업한다. 작가는 그의 사무실 책상에 혼자 앉고, 작곡가의 일조차 고독한 특징을 가지고 있다. 그러나 음악가의 일은 우선적으로 사람을 연결하는 현장에서 발생한다. 음악중심 음악치료사들은 인간 관계에 이러한 가치를 두고 음악을 통해 직접적으로 구체화하며 의식적으로 신중히 음악치료에 대한 접근을 쌓아올린다.

05 음악중심 음악치료의 이론적 근거와 실행 그리고 적용

Wittgenstein이 "말할 수 없는 것은 침묵해야만 한다."라고 기록한 것은 잘못이었다. 전혀 그렇지 않다. 우리는 말할 수 없는 것에 대해 노래를 할 수 있다.

– Victor Zuckerkandl

한때 나는 챈트와 북소리가 의미하는 것에 대해 환자에게 의문을 가졌었다. 훌륭한 치료사라면 누구나 그렇듯이, 나는 질문을 하는 다른 방법들을 발견하였고 우선 그 의미를 직접적으로 물었다. 그는 자신도 모른다고 대답하면서 그냥 하고 나면 좋은 느낌이 든다고 하였다. 나는 더 자세히 물었다. "지금 그것이 당신에게 어떤 의미이고 어떻게 느끼는지 말로 표현해 주시겠어요?" 그러자 그 그룹의 다른 환자가 나를 밖으로 불러냈다. "선생님, 만약 그가 말할 수 있다면 그는 노래하지 않았을 거예요."

– Carolyn Kenny

음악중심적인 실행은 음악중심적인 사고와 가치들 그리고 이론들에 기초한다. 이 장에서 논의하는 음악중심적인 사고의 관점은 실행과 이론으로 명백하게 보여 준다. 아마 이들 모두에 동의하는 실행가 혹은 이론가들은 없을 것이며, 이 관점은 나의 관찰과 독서, 그리고 동료 음악치료사와의 논의에서 비롯된 것이다. 이 주제의 목록은 철저하거나 완벽한 것이 아니며, 그보다는 음악치료 실행에 대한 음악중심적 형태의 핵심으로 개념의 유형을 예증하는 것으로 제공된다.

🎵 음악 안에서 클라이언트의 경험이 우선이다

많은 음악치료 클라이언트들은 음악을 만들려는 욕구에 우선적으로 동기화되어 있다. 이러한 인식은 음악중심적인 접근의 중요한 출발점이 된다. 우리는 피아노 연주를 좋아하는 자폐아동, 랩을 하는 행동장애가 있는 청소년 집단을 생각해 보거나, 젊은 시절의 노래를 부른 알츠하이머 질병을 가진 노년 여성 등의 경우(독자는 무수히 많은 사람들을 포함할 수 있음) 클라이언트의 우선적인 동기의 전제는 음악에 참여[1] 하는 것이며, 어떤 비음악적인 임상적 목적을 성취하는 것이 아니다. 각각의 경우에 음악 만들기의 이면에 있는 동기는 비임상적 영역에서 음악을 만드는 과정의 동기와 다르지 않다는 것을 전제한다.

물론 비음악적인 목적의 성취에 근거를 둔 클라이언트들도 많이 있다. 또는 말기환자와 같은 다른 형태의 임상 제공에 대해 음악치료의 일차적인 혜택이 음악적인 범위가 아닐 수도 있다. 그렇지 않다면 합리적으로 논할 사람은 아무도 없을 것이다. 여기서 중요한 초점은 음악치료를 원하는 클라이언트는 우선적으로 음악에 참여하는 것이며, 음악중심적인 입

---

1) 나는 음악에 대해 듣기, 연주하기, 작곡하기를 포함하여 참여(participate)라는 용어를 쓸 것이다.

장은 받아들이기에 가장 적절한 것이 될 수 있다.

이것은 음악치료사가 자신들의 어려운 점에 대해 비판력이 없이 단순하게 클라이언트의 관점을 받아들여야 한다고 말하는 것이 아니다. 우선적으로 음악에 참여하기 위한 음악치료 사용에 대한 욕구는 클라이언트 한계의 반영일 수 있다. 예를 들어, 나는 적절히 받아야 할 정신과 치료를 인정하지 않는 편집증을 가진 사람들을 만나게 되었다. 그들은 음악치료 세션이 음악수업이 되기를 원하고 음악치료사를 음악교사로 생각하였다. 이러한 몇몇 개인들에게 비교적 완전한 음악중심적인 입장의 채택은 임상적으로 정당하며, 반면 다른 입장을 가진 사람들에게는 공모 혹은 부정의 형식이 될 수 있으므로 금기시되었다. 사실 정당하거나 혹은 다른 치료적 입장을 가진 상황을 설명하는 음악치료사들을 위해 해야 할 중요한 일이 남아 있다. 그것은 치료사 자신의 임상적 입장으로 음악치료에 참여하기 위해 이론적인 근거 위에서 클라이언트의 견해를 통합하여 최고의 방법을 결정하려는 음악치료사의 책임이다. 이는 음악치료사가 클라이언트 개개인에게 최고의 방식으로서 접근법의 범위를 가로질러 활동할 수 있는 중요한 이유다.

그것은 또한 다른 방식에서 실행하는 것이 아니라 완전히 음악중심적인 사고를 적용하려는 음악치료사에게 합당하다. 이는 치료사의 접근에 대해 토론에 참여할 수 있는 클라이언트와 취할 더 적절한 입장일 수 있으며, 이렇게 함으로써 음악중심적인 틀에서 그들의 개인적인 목적과 일치하는지 결정할 수 있다.

🎵 음악적인 목적이 임상적인 목적이다

순수하게 음악적인 임상적 목적의 사용은, 이 목적을 클라이언트가 명백히 진술하든지 클라이언트의 행위, 감정, 표현을 통해 암묵적으로 전달하든지 간에 클라이언트의 안(agenda)과 잘 들어맞을 때 적법하다. 이것은 임상 경험에 대한 클라이언트의 관점을 깊이 존중하는 것의 반영 그이상은 아니며, 또한 다른 방식으로 소통할 수 있지만 클라이언트가 선택할 수 없는 상황을 위해 기회를 만드는 것이다. 자신의 선택을 직접적으로 전달할 수 없는 클라이언트들을 위해 음악치료사는 클라이언트의 동기가 언제 음악적인 참여를 향하는지 결정하는 데 개인적인 판단을 사용하는 것이 중요하다.

음악중심적인 관점은 순수하게 음악적인 용어로 임상적인 목적을 표현할 권리가 있다. 이것은 비음악적 영역에서 발생할 수 있는 변화를 부인하는 것이 아니며 혹은 이러한 비음악적 변화가 음악치료사의 주된 초점이 될 수도 있다. 그것은 단지 비교적 순수하게 음악중심적인 방식으로 실행할 때를 말하는 것이고, 음악적인 표현과 경험을 위해 능력을 발달시키고 강화하는 것을 추구할 때다. 다른 영역으로의 변화는 음악에 대한 클라이언트 중재의 이차적인 결과로 종종 발생한다. 그러나 이러한 변화는 그들이 환영하는 만큼 일차 과정에 수반되는 것들로 보이나 그것이 정당한 이유가 되는 것은 아니다.

이러한 사고방식의 출발점은 음악이 독특하고 필연적인 방식으로 인간 삶을 풍부하게 한다는 것이다. 음악치료는 특별한 적응이 필요한 사람에게 뮤지킹의 기회를 제공한다. 장애인이나 치료 욕구를 가진 사람들을 위한 음악의 기능들은 다른 일반인을 위한 것과 동일하다. 그것은 음악치료가 음악연주 혹은 음악교육과 구별 짓고 음악치료사의 숙련된 기술로 구성되는 음악적인 상태에 도달하는 것을 의미한다. 이런 관점에서 음악치료가 신체적, 인지적, 사회적인 또는 감정적 이유에 기인하든지 간에, 음악치료는 뮤지킹이 그들 자신의 상황을 창조하지 못하는 사람을 위해 일어날 수 있는 특별한 상황을 만드는 것으로 보인다.

이러한 관점에서 최우선적인 임상적 목적은 사람들이 그들의 삶이 풍부해지는 방식으로 음악과 음악 경험을 가져오게 하는 것이다. 그들은 결과적으로 변할 수 있다—그들의 성격적인 구조, 다른 사람과 관련을 맺는 방식, 자신을 표현하는 능력, 자아상, 그리고 삶의 목적의식 등이 다른 것들 속에서 변할 수 있다. 그러나 이것들은 음악 경험에 연루되는 이차적인 결과들이다. 중재의 소재는 음악적 활동, 느낌, 사고, 존재감의 능력이며, 중재의 도구는 음악이다. 그 효과는 처음부터 끝까지 자신의 존재감으로 발산한다. 그러나 그 효과가 발산하는 특별한 영역은 음악의 형태, 치료사가 연주하는 방법, 클라이언트의 이전 경험, 클라이언트의 음악적 선호도, 그리고 클라이언트가 필요로 하는 범위에 의해 결정된다. 음악치료사의 역할은 필요로 하는 범위를 분별하고 이러한 필요로 하는 범위와 만나게 되는 음악 경험을 만드는 것이다.

🎵 음악 안에서 클라이언트의 참여를 강화하는 것이 주요 초점이다

음악에 참여하는 음악치료 클라이언트는 수용적이고 표현적이다. 즉, 그들은 음악을 연주하고 감상하며 또한 음악을 연주하는 동시에 감상한다. 뮤지킹은 음악에 대해 표현적이고 수용적인 관계에서 발생하는데, 모두 임상적인 면에서 적합한 영역이다. 심상유도 음악치료와 같이 수용적인 감수성은 음악치료 접근에서 가장 중요한 위치에 있는 것이 분명하다. 그러나 Nordoff-Robbins 작업에서와 같이 클라이언트의 적극적인 음악 만들기가 주요 초점인 모델에서도 핵심이 된다(Ansdell, 1995; Aigen, 1998).

수용적인 혹은 표현적인 음악성에 대해 말하든지 아니든지 간에 상관없이 음악중심적인 접근에서는 임상적인 과정과 음악적인 과정이 일치한다. 음악 과정은 임상 과정이기 때문이다—어떤 면에서 순전히 임상적 상호교류에 대한 음악적인 묘사는 자기정당성을 갖는 임상적 사건이 될 수 있다. 치료사의 우선적인 초점은 클라이언트의 음악 경험이 심화되고 식별하는 공식적인 전략인 것이다. 치료는 다양성, 복잡성, 깊이, 아름다움, 진기함, 자발성 그리고 음악적 표현의 정직함에 있다. 음악 안에서 이러한 자기 자신의 경험들은 더 충만한 자기감과 본질적인 인간의 욕구와 만나는 것에 기여한다(Ramsey, 2002).

🎵 개인적인 과정과 음악적 발달의 집합점

음악중심적인 사고에서 임상적인 중재를 언어적으로 일일이 열거하거나 음악적인 해석을 찾을 필요는 없다. 대신에 전체적인 임상적 과정은 치료사의 음악적인 사고에 포함되어야 한다. 임상적으로 지시받은 음악 만들기는 본래 치료적이기 때문이며, 진행 중인 치료적 음악 경험을 안내하는 음악적 사고의 영역을 떠날 필요는 없다. 음악적인 요소—예를 들어 박자, 멜로디 변주, 표현적인 요소들의 도입, 리듬 그루브—가 동시에 클라이언트의 경험이기 때문에 음악 작품을 전개하는 방법은 클라이언트의 개인적인 과정이 된다.

Bruscia(1998b)는 클라이언트에게 주는 영향력의 관점에서 이러한 이슈를 생각한다. 그는 "경험적인 변화에 목적을 둔 음악 심리치료의 형태" 혹은 변형적인 치료 그리고 "언어적으로 중재된 인식에 목적을 둔 음악 심리치료" 혹은 내관치료 사이를 구별하였다(p. 3). 음악중심 심리치료에서, "음악 경험은 그것 자체로서 치료적으로 변형적이고 완전하다." 왜냐하면 "음악적 과정은 사실 클라이언트의 개인적 과정이다." 그리고 그 "과정과 결과는 분리할 수 없다."(p. 4)

음악과 함께 융합하는, 혹은 클라이언트의 일부가 음악이 되어 가는 경험—또는 덜 극적으로 음악과 함께하는 강한 일체감의 발달—은 임상적인 초점의 부산물이나 기분전환이 아니고 임상적인 초점을 나타내는 것이다. 새로운 경험으로 사람을 맞아들이고 개방시키는 의식과 경계의 확장은 음악과 함께하지 않으면 불가능할 것이다. 음악적이 되는 사람이라는 점에서 음, 음색, 리듬으로 특징되는 다이내믹의 모든 음악적 과정은 클라이언트가 사용하는 경험이 되는 것이다. 예를 들면, 신체적 결함이 있는 클라이언트는 움직임을 경험할 수 있다. 감정적으로 제한을 받는 클라이언트는 음악의 화성적인 요소가 가져다주는 감정적 표현의 다양성을 경험한다. 두려움을 가진 클라이언트는 멜로디 혹은 리듬의 힘 등의 표현을 통해 대담함을 경험할 수 있다. 고립된 클라이언트는 리듬 그루브에 참여하면서 다른 사람과 사귈 수 있다. 모든 클라이언트는 능동적인 즉흥연주이든, 미리 구성된 수용적인 감상을 통해서든, 음악적 발달의 중심부에 놓인 변형을 위한 가능성을 경험할 수 있다.

반면 음악중심적인 실행가들은 임상적인 가치를 포함시키는 음악적 과정을 생각하는 Lecourt(1988)와 Streeter(1999) 등의 작가들에게 비판을 받아 왔으나, 이러한 입장에는 분명한 이론적 근거가 있다. Nordoff-Robbins 접근의 예를 들면 다음과 같다.

음악중심적인 실행의 특권은 통합된 실체로서 클라이언트와 치료사가 합동하여 만든 음악을 이해할 때 주어진다. 치료사가 음악으로 클라이언트와의 연결을 유지하려는 노력을 하고, 이러한 연결을 지키기 위해 순간에서 순간으로 그것을 조정한다……. 치료사의 음악 본질은 클라이언트에게 발생하는 정보의 합법적인 근원이다. 왜냐하면 이 음악은 적극적이든지 혹은 경험적이든지 그것에 참여하려는 클라이언트의 능력의 결과로서 행하는 형태를 취하기 때문이다(Aigen, 2001, p. 23).

음악의 특성이 음악중심적인 작업에서 그렇게 중요한 이유는 음악적인 과정이 개인적인 과정이며, 지력 혹은 최소한의 경험이기 때문이다. 음악은 이러한 것을 스스로 말할 수 없는 클라이언트를 위해 임상적인 경험의 본질로 들어가도록 하는 통찰을 줄 수 있다. 클라이언트가 경험을 특별히 기술하는 방식을 통해 조정되지 않는 방식으로 그렇게 할 수 있다.

🎵 음악적 참여에 대한 본질적인 보상

음악중심적인 작업에서 음악은 다른 행동을 유인하는 데 사용되는 것이 아니다. 사고와 감정의 통찰을 위한 수단으로 주로 사용되는 것도 아니다. 그보다는 음악 경험의 고유한 보상에 의지하는데, 그러한 보상은 음악적인 활동과 경험에 대한 클라이언트의 동기를 제공한다. 강조점은 음악의 창조적, 표현적, 미적, 공동적 그리고 초월적인 곳에 있다. 이들은 비음악적인 영역에서 안녕감을 고취하고, 의미와 목적을 가지고 그들과 함께하는 것들을 제공하고, 중심적인 요소로서 음악 표현을 가진 자아상을 만드는 본질적인 음악 경험의 영역이다. 이러한 경험들에는 음악을 통한 독특한 방법으로 접근할 수 있으며, 그리고 음악치료의 많은 클라이언트들에게 다가가는 유일한 방식이다.

창조적인 차원

클라이언트의 창조적인 능력을 자극하는 것은 음악중심적인 접근에 대한 본질이다. 창조적인 과정은 사람을 움츠러들게 하는 우울증과 자포자기와 같은 감정을 상쇄할 수 있도록 삶에 관여하여 나타난다. 창조력(creativity)과 창조(creation) 사이의 연결을 탐색하는 것은 이것이 왜 그렇게 될 수 있는지에 대한 설명을 돕는다.

모든 창조적인 행위는 그 세계의 창조 원형이 있고 그 안에 우리의 존재가 있다. 매우 단순하게는, 창조를 받아들이는 것 그리고 창조적인 행동은 삶을 받아들이는 것이다. 대조적으로 극한 감정적인 요구의 징후—우울증, 고립 그리고 자살 성향—는 삶의 거부와 같이 보인다. 내적 건강은 이러한 관점에서 신체적인 건강과 분리되지 않는다. 확실히 우리는 우울증인 사람이 자살에 이르는 것을 볼 수 있다……. 이러한 심한 문제로 분투하는 개인들에게, 우리는 창조적인 활동에 관심을 갖는 것이 삶을 발전시키고 유지하는 것에서 그들의 많은 숨겨진 투입이 분명히 나타나는 것을 볼 수 있다. 창조적인 행위의 약속으로 특별히 음악은 치료적이다. 왜냐하면 창조를 받아들이고 개인적인 능력의 발달을 위해 접근할 수 있을 뿐 아니라 현장을 제공하며, 그것 자체가 삶이기 때문이다(Aigen, 1991b, p. 94).

창조적인 과정은 음악중심적인 접근에서 많은 방법으로 자극시킬 수 있다. 음악을 듣거나 연주하기, 즉흥적 혹은 작곡된 음악, 노래 부르기, 혹은 순수하게 악기 연주하기를 통해서다. 그러나 이러한 것들이 공통적으로 갖는 것은 경험에 대한 임상적 가치가 종종 클라이언트의 창조적인 능력이 활성화되고 관여되며, 의도적인 뮤지킹이 나타나는 정도에 달려 있음을 인정하고 있다는 것이다. 반면, 다른 음악치료 이론들은 어떤 다른 차원에서 효과적인 변화를 위한 수단으로써 창조성을 활성화하는 것으로 이해할 수 있으나, 음악중심적인 접근은 창조력이 삶을 강화하는 능력을 반드시 수반하기 때문에 이러한 자극이 임상적인 초점으로 적법하다는 것을 인정한다.

표현적인 과정

표현적인 과정을 통해 우리는 인간 감정에 좀 더 친숙한 접촉을 하게 된다. 일반적으로 음악심리치료 접근에서 음악은 두려움 때문이거나 혹은 그들이 의식하지 않고 있기 때문에, 클라이언트에게 억눌려 있는 느낌과 감정을 표현한다고 가정한다. 그러나 두 경우 모두에서 가정하고 있는 것은, 음악치료 환경에서 음악과 정서 사이에서 주요한 관계는 의식하든 그렇지 않든 간에 음악이 클라이언트에게 나타나는 현재 감정의 징후를 촉진시킨다는 것이다.

이런 식으로 음악치료에서 정신역동적인 치료의 많은 설명들은 음악과 감정 사이의 관계를 논한 미학에서 온 전통적인 표현이론과 일치한다.[2] 이 이론의 모든 형태는 여러 가지 개념으로 구성되었는데, 음악의 기능은 살아온 느낌, 기분, 감정에서 일깨워지는 것들이다. 그래서 작곡가와 음악가는 그들이 경험해 온 감정을 표현하는 적절한 소리 형태를 찾으며, 감상자와 음악가가 이러한 소리 형태를 듣거나 연주할 때 그들은 음악의 원작자가 느꼈던 원래의 감정을 경험한다.

음악치료에서 정신역동적인 적용의 지배는 무의식이든 의식이든 간에 음악의 주된 역할이 개인적 감정을 표현하거나 상징하는 것이라고 강조한다.[3] 그러므로 대부분 임상적으로 관련된 음악의 매개변수는 그 안에서 구체적으로 표현되는 개인적인 감정이다. 음악-감정 관계에서 음악치료의 전통적인 사고와 표현이론 사이에는 비음악적인 것에서 생긴 감정경험에 음악의 우선적인 중요성을 둔다는 양쪽 관점이 일치한다.

표현이론의 기본적인 결점은 음악이 그것의 가치를 주는 요소—그 경험은 작곡가가 감상자에게 전달하는 것이다—는 음악 그 자체로부터 분리되어 있다. 음악은 감상자에게 비음악적인 경험을 일깨우는 순수한 도구 혹은 수단이 된다. 이것은 음악과 함께한다는 것이 음악을 만들지 않아도 경험할 수 있다는 것을 내포한다. 왜냐하면 작곡가는 그것을 음악적으로 표현하기 이전에 소유했거나 비음악적인 형태에서 무의식적으로 존재하였기 때문이다. 이것은 음악이 함유하고 있는 감정적인 메시지가 아니라면, 실제로 음악을 듣는 데 대한 경험이 아니라 음악에 귀 기울이는 사람이라는 것을 함축하기 때문에 문제가 있다. 이것은 대부분의 사람들

---

2) Peter Kivy의 이론(다음 페이지에 소개됨)의 일반적인 주제와 적용은 12장에서 상세히 설명한다.
3) 나는 이것이 정신역동적인 문헌의 개인적인 인상이고, 종합적인 경험적 조사로 실체화해 온 것이 아니라는 것을 강조한다. 반면에 어떤 독자는 이러한 인상에 동의할 수 있고, 다른 사람들은 부정확한 묘사로 생각할 수 있다. 이것이 본질이 아니라는 현대의 공식적인 표현은 더 있을 수 있으나 만약 보편적으로 정확한 것이 아니라면, 나는 대략적으로 설명하는 입장에 있다.

의 음악 경험과 조화되는 것으로 보이지 않는다.

음악중심적인 관점으로부터, 음악의 실제적인 경험을 최소화하는 시각은 음악치료 과정의 메커니즘을 설명하기에 부적절하다. 그 음악은 단지 수단 혹은 메시지 전달자로 축소되고, 음악의 고유한 속성과 관련되지 않는다. 그러므로 음악과 인간 감정 사이의 관계에 대한 더 확장적인 시각은 음악중심적인 관점에서 요구된다.

Peter Kivy(1989, 1990)는 음악 안에서 감정의 역할을 보존하기 원하는 음악미학자로서 표현이론의 부적당한 점에 희생당하지 않는 방식으로 저술한다. Kivy는 표현하는 것과 표현되는 것 사이의 철학적인 구별을 이용한다. 그의 『*Sound Sentiment*』(1989) 본문을 보면 세인트 버나드 개(Saint Bernard dog)의 초상이 있다. Kivy는 화를 직접적으로 표현하듯 자신의 주먹을 꼭 쥔 동안, 세인트 버나드의 얼굴에는 슬픔이 표현되는 것을 관찰하였다. 표현한다는 것은 내적인 상태와 의사소통하고 있는 의식을 내포한다. 표현된다는 것은 그 사물의 물리적인 특성과 사람들이 감정을 표현할 때 갖는 신체적인 특성 사이에 표면적인 관계가 있다는 것을 의미한다. 그래서 세인트 버나드의 일그러진 표정은 슬픔으로 표현되었으며, 그것이 우리가 슬플 때의 표정과 닮아 있기 때문이다. 그러나 개의 감정적인 슬픔을 의미하는 것이 아니라 세인트 버나드의 얼굴이 슬픔의 표현이라는 것을 말하는 것이다.

Kivy는 음악이 감정을 표현하는 것과 감정이 표현되는 것 양쪽 다 있음을 인정한다. 음악에 감정이 표현될 때 슬픔과 같은 특징은 음악의 특성이며 감상자에게 그렇게 하도록 하는 음악의 힘이 아니다. 음악중심 이론에서는 때로 음악이 감정을 표현하며 음악치료에서 음악은 감정이 표현될 수 있음을 인정하였다. 그것은 확실히 치료사의 음악 사용에 대해 이해하는 Nordoff-Robbins 접근에 해당되며 Paul Nordoff의 "우리는 음악에서 표현을 매우 적게 사용한다. 우리는 임상적으로 음악 안에서 표현적인 요소를 사용한다."라는 관찰에 기초한다(Aigen, 1996, p. 11).[4]

다양한 감정과 느낌을 표현하는 창조적인 음악은 여러 가지 이유로 고유한 치료법이다. 우선 그것은 특정한 내적인 원인과 관련해서 실제로 그 감정을 겪어 보지 않고 더욱 거리를 둔 방식 안에서 감정의 경험을 얻을 수 있다는 것을 의미한다. 슬픔, 화, 사랑 그리고 친숙함과 같은 것들을 표현하는 음악 안에서 창조하기와 현존하기는 이러한 감정에 문제가 있을 수 있는 실제적인 경험을 가진 사람들에게 풍부한 감정적 경험을 가져온다.

따라서 음악치료에서 음악은 특정한 시간에 특별한 사람에게 반드시 자기표현적인 특별한 감정이 되어야 할 필요성 없이 인간 감정을 연결해 준다. 그것은 경험되는 감정으로 보편적인 것이다. 다양한 경험 안으로 클라이언트를 데려오는 것은 음악이 보편적인 수준에서 그들에게 인간 감정의 경험을 제공하는 것으로 좀 더 충만한 인간이 되도록 도와주는 감정의 표현이다. 이러한 보완은 음악의 자기표현적인 측면이다. 게다가 감정의 경험에 문제가 있는 사람에게, 감정의 음악적 표현을 경험하게 하는 것은 특정한 원인을 가지고 특정한 감정에 연결하는 것이 아니기 때문에 덜 위협적인 방식으로 감정의 경험에 포함되는 에너지 형태로 순응하도록 돕는다.

미적인 차원

음악중심적인 사고는 미적 경험이 인간 욕구의 심리적인 본질이라는 것을 인식한다. 그것은 많은 인간 활동의 이해에서 높이 동기화되는 욕구다. 우리는 우리의 삶에서 미에 동조한다. 그리고 미의 창조와 경험에 대한 욕구는 그 출현을 위한 환경을 만드는 행위로 우리를 자극한다. 음악중심적인 사고는 음악치료에서 음악의 미적 특성이 임상적 과정에서 부수적으로 일어나는 것이 아니라 이러한 과정의 본질이라는 것을 인식

---

4) Nordoff는 필요시 그것을 임상적으로 지시하기 위해 음악적인 표현에서 습관적인 표현을 피하는 데 대해 치료사에게 그 필요성을 언급하였다. 일찍이 Nordoff-Robbins에서 음악 안에서 개인적 표현의 역할에 대해 논의를 한다. Aigen(1998)을 보라.

한다.

음악의 미적 특성은 다양한데 그 일부를 들자면, 그것의 민감성, 표현성, 확신, 단순성, 복잡성, 미, 진기함, 일관성, 리듬적 응집성 그리고 표현력의 특성과 관련된다. 이러한 특성이 증가되는 창조적인 음악은 클라이언트의 욕구가 이러한 방식에서 만나게 된 것을 인식할 때 임상적인 목적으로 정당해진다. 예를 들어, 그룹 즉흥연주에서 미적인 가치로 음악을 창조하는 능력은 서로 다른 사람의 것을 듣고, 다른 사람의 음악적 기여도에 알맞은 음악적 방식으로 반응하는 그룹 구성원 각자의 능력에 확실히 의존한다. 과잉 행동을 하는 아동 그룹에서, 우리는 다른 사람에 대해 듣는 능력과 자신의 충동을 절제하는 것과 같이 사회적 기능의 영역에서 비음악적인 목적을 성취하는 것을 볼 수 있다. 그러나 위에 논의한 것처럼 임상적인 목적은 통합된 그룹음악의 창조다. 충동조절이 증가하는 것은 주된 임상 목적인 음악 창조에 대한 이차적인 결과다. 이것은 부질없는 것을 꼬치꼬치 따지고 들자는 것이 아니다. 왜냐하면 미적으로 즐거운 음악의 창조에 치료사가 집중하기 때문에, 클라이언트의 사회적인 행동을 통제하기보다는 공동적인 음악 작품에 기여하는 공동의 음악가로서 클라이언트와 치료사에게 문제가 될 수 있는 행동적인 통제를 피하고 전체적인 치료 과정으로 초점을 옮긴다.

이는 음악중심적인 실행이 미적으로 탁월하게 즐거운 음악을 만드는 데 집중한다거나 공동적인 혹은 표현적인 것과 같은 음악 경험의 어떤 다른 차원이 중요하다고 말하는 것이 아니다. 때로는 음악의 어떤 다른 측면에서 보다 우수한 경험을 하는 도구로써, 그리고 그것 자체로 목적을 이루는 음악치료에서 음악적 재료들의 특질을 말하는 것이다. 결국 비음악적인 영역에서 음악가는 미적 가치로 음악을 창조하도록 독려된다. 음악중심적인 실행은 비임상적인 영역에서 사람을 동기화시키는 것이 음악치료 상황에서 클라이언트의 욕구로 활성화되는 미적 음악의 경험과 동일한 욕구임을 인식한다. 그리고 그것은 비슷한 동기부여 기능을 수행한다.

공동체의 차원

개인에게 제공하는 음악의 공동체 창작은 그들 자신보다 더 넓은 무엇인가에 참여하는 느낌인 것이다. 이러한 소속감은 주된 인간 욕구이며 잘 발달된 자기정체성의 중요한 구성요소다. 대부분의 사람에게 이러한 욕구는 가족, 종교, 종족, 인종 혹은 한 민족의 일부분으로 만나게 된다. 그러나 많은 음악치료 클라이언트는 극한 고립을 경험한다. 즉, 정신질환자, 자폐아동, 후천성 면역 결핍증(HIV/AIDS), 노인질환, 뇌졸중 등이다. 따라서 그들의 공동체 경험의 욕구는 더욱 심해지는 반면, 그들의 장애는 이러한 경험의 성취를 매우 어렵게 만든다.

음악의 공동체 차원은 두 가지 측면이 있다. 하나는 음악적 특성이 아닌 사회화와 좀 더 관련되는 것이고 다른 하나는 음악적 특성인 커뮤니타스(communitas)의 독특한 인식과 관련된다. 그들을 제한하는 조건 때문에 음악치료 클라이언트는 종종 어떤 건설적인 방법으로 다른 사람들과 함께하는 기회가 제한된다. 여기에는 시설에 거주하는 노인병 환자, 말을 사용하지 않는 자폐청소년, 좀처럼 집 밖을 나서기 어려운 정신분열병 환자들이 해당된다. 함께 음악을 만드는 것은 유일한 방법의 하나이며 때로는 최선책으로 제공되는데, 다른 사람과 건설적인 활동에 의미 있게 참여할 수 있다. 이러한 사람을 위해 그룹음악 만들기는 그 자신이 정당화될 수 있는데, 이는 함께하는 창조적인 음악활동의 요구가 흔히 임상적인 상태를 특징짓는 고립을 넘어서 감동을 수반하기 때문이다.

다른 사람과 함께하는 바로 그 경험이 사회적 관계를 경험하는 특별한 방식인 커뮤니타스의 경험이다. 관습을 헤쳐 나가고 환자들 사이에 강한 동료애가 발생하는 것과 같이 사회적 과정들의 어떤 형태로, Victor Turner(1966)는 커뮤니타스라는 용어를 사용했다.

개인과 집단에서 사회적인 삶은 크고 작은 성공적인 경험, 커뮤니타스와 구조, 동질성과 이질성, 같음과 다름을 포함한 상호적인 과정의 한 형태다…… 각 개인의 삶의 경험은 구조와 커뮤니타스 그리고 상황과 변화를 교차하며 포함한다(p. 97).

Turner는 문화의 반대편에 대비되는 것으로 커뮤니타스를 기술하였고, 구조에 대한 강조로 정의하였다.[5]

　자발적인 커뮤니타스는 정서로 풍부히 가득 차 있고 주로 만족스러운 것이다. '구조' 안에서 삶은 사실적인 어려움들로 가득 채워진다. 해야만 하는 결정들, 집단의 소망과 욕구로 희생되는 성향들 그리고 어떤 개인적인 대가를 압도하는 신체적이고 사회적인 장애물들이다. 자발적인 커뮤니타스는 그것에 대해 '마술적인' 것이다. 본질적으로 끊임없는 힘의 느낌이 그 안에 있다…… 만약 주기적으로 재생시키는 커뮤니타스의 심연에 빠져들게 하는 것이 아니라면 구조적인 행위는 즉석에서 무미건조하고 기계적이 된다(p. 139).

커뮤니타스의 느낌은 삶에서 목적의식의 중요한 요소이며 의식(ritual), 위기, 운동 노력들, 그리고 종교적 실행과 같이 어떤 많은 인간 활동들을 통해 발생한다. 그러나 사회적 활동의 어떤 형태로부터 그들을 제한하는 어떤 반사경으로서 다양한 이유 때문에 많은 음악치료 클라이언트들은 음악치료 세션을 제외하고는 커뮤니타스 경험의 기회를 갖지 못한다. 음악치료는 확실히 그들이 음악적인 커뮤티타스를 경험하는 주요한 장소다. 이것은 일반적인 상황뿐 아니라 많은 음악치료 클라이언트가 그들 자

---

5) Carolyn Kenny(2002)는 Richard Grimes의 작품에서 자극받은 의식(ritual) 비평에 대한 부분을 논하였다. 그리고 그녀는 "의식의 형태는 구조와 반(anti)구조 사이에서 갈등하는 매개체를 위한 단순한 수단이 아니라는 것을 주장한다."는 Catherine Bell의 말을 확인하였다(p. 166). 그녀는 다른 분야에서 도입된 커뮤니타스 같은 개념의 비평들을 감지하는 중요성을 주장하며 나아간다. 비록 나는 음악치료에서 구조, 자유 그리고 전통의 매개체의 이해에 유용한 Turner의 구조를 발견하였지만, 나는 커뮤니타스가 의식(ritual)의 기능이나 심지어 가장 중요한 기능까지 이루게 한다는 뜻으로 말하는 것은 아니다.

신 안에서 발견하는 욕구를 악화시키는 상태에서도 창조하고, 유지하고, 자기인식을 강화한다는 점에서 음악과 음악 경험의 역할이 중요한 이유 중의 하나가 된다.

음악중심적인 사고는 다른 사람과 함께 음악을 연주하는 것이 창조적인 커뮤니타스의 으뜸가는 방법이라는 것을 인정한다. 그리고 음악적인 커뮤니타스는 다양한 방식으로 참여하는 사람들에게 유익을 주는 독특한 특질을 갖는다. 그러한 강력한 이유 중의 하나는 경험적인 수준에서 상당수 일제히 작용하기 때문이다. 이타적인 노력들로 좀 더 좋은 특성을 위한 자기희생, 영적이고 종교적인 실행의 초월적이고 희열에 넘치는 경험들, 운동 노력의 시간적 특성을 통해 개인과 집단을 위한 정밀한 협응, 예술적 노력으로 특성을 나타내는 미적 결과물의 집단 창조, 기술의 응용을 포함한 실행적인 특성을 갖는 즐거운 집단경험이다. 음악적인 커뮤니타스는 많은 경로를 통해 시작하고 도달하기 때문에 매우 영향력이 있다. 이들 대부분은 전형적으로 커뮤니타스의 감정을 인도하는 인간 활동의 다른 형태로서, 그것만 따로 분리해서 생각한다면 다만 활성화되는 것이다. 이것은 왜 그렇게 강한 유대감을 발전시키며 함께 음악적인 커뮤니타스를 경험하는지에 대한 이유를 설명하는 것이고, 이런 경험이 커뮤니타스 감정을 발달시키는 것에 초점을 맞춘 음악치료사들에게 본질적인 임상적 도구가 되는 이유다.

인간 발달에서 커뮤니타스의 중요성 때문에 커뮤니타스를 확립하는 것은 그 자체로 정당한 임상적 초점이 될 수 있다. 또한 다른 임상적 목적을 성취하기 위한 수단으로 사용될 뿐 아니라 강력한 동기를 부여하는 힘이기 때문이다. 발달지체인 남성 Lloyd와 함께 대중적 이디엄을 사용하는 임상적 즉흥연주 연구(Aigen, 2002)에서, 나는 다른 사람과 함께 더욱 사회적으로 되기 위해 그를 동기화시킬 뿐 아니라 동시에 그의 자기감을 강화시키는 방식으로, 본질적인 임상적 역할에 대해 그와 두 명의 음악치료사 연주로 형성된 밴드와 함께 어떻게 일체감을 갖는지 논의하였다.

다소 역설적이지만 결국 탐색, 위험 부담, 자발성 그리고 예측할 수 없는 감정 영역으로 움직이며 그 자체로 정의된 밴드는 그 정체성에 대한 모든 부분이다. 따라서 Lloyd의 안정, 안심, 자기감 그리고 연속성은 자신의 본질 안에서 변형, 진기함 그리고 비예측성을 위한 능력을 갖는다. 밴드 그 자체로서 Llyod를 위한 개인적인 의미를 얻을 때, 그는 그 존재의 방식과 가치를 내면화하기 시작하였고, 특별히 이러한 것들은 그의 병리와 장애에 도전하는 것이었다. 그 밴드와의 일체감을 통해 우리는 그가 사회적인 그리고 심리적인 기능을 강화하고 건강을 증진시키는 새로운 자기감을 확립하기를 희망하였다. 공동체 경험에 대한 그의 기본적인 욕구는 두려움과 저항감을 극복하는 데 가담하는 것이었다(Aigen, 2002, p. 86).

마치 음악치료사가 그들의 임상적 및 비임상적 음악 경험들로부터 영향을 받아 자기정체성을 만드는 것같이, 같은 맥락으로 음악치료 클라이언트들은 그들의 음악적 경험들과 그에 따라 형성된 관계에 영향을 받아 자기감을 구성하는 것으로 참여한다. 음악적인 커뮤니타스는 강력한 힘이 될 수 있고, 자아상과 세상 안에서 그것을 행하는 경험의 방식 안에서 깊이 변화되어 활기를 띠게 하는 능력을 갖기 때문이다.

초월적인 차원

이전에 논의한 음악적인 경험의 네 가지 측면—창조적, 표현적, 미학적, 공동체—은 아마도 본질인 반면, 제각기 초월적인 요소가 있으며, 음악치료 실행의 다른 초월적인 차원은 이러한 경험의 범주에 포괄되지 않는 것이 있다. 음악은 의식과 인식 안에서 의미 있게 변화되어 통합하거나 혹은 자기 자신을 넘어서는 경험들을 포함하는 초월적인 경험의 범주들을 만든다. 마치 커뮤니타스 영역과 마찬가지로, 일반적으로는 음악에서 그리고 구체적으로는 음악치료 상황에서 이러한 경험들의 본질과 다양성은 경험적인 질문이기도 하다. 나는 이러한 각각의 범주들이 음악치료사가 이용하고 매일 다른 클라이언트와 함께 창조하기를 추구하는 특정한 음악적인 표징을 갖는다고 믿는다.

비록 이러한 범주들에 대한 광범위한 논의는 이 책의 범위 밖이지만, 그것은 음악치료에 독특할 수 있는 것 때문이라고 말할 수 있는 초월적인 경험의 차원이 있다. 음악 경험의 초월적인 차원은 다른 접촉의 형태로는 관계 수립이 불가능하거나 극히 제한을 받을 수 있는 클라이언트와 연결을 수립할 수 있다는 것을 뜻한다.

어떤 음악치료 클라이언트는 정상적인 의식 상태와는 거리가 먼 경험적인 세상에 존재한다. 예를 들면, 자폐아동, 치매로 고생하는 사람, 코마 환자 그리고 심한 정신분열병 환자 등이다. 음악적인 상호작용은 음악치료사와 이러한 사람들 사이에 만나는 장소를 만들고, 이는 개인이 다른 사람과 함께하는 유일한 형태의 접촉이 될 수 있다. 음악은 의미 있는 접촉이 불가능하다고 생각되는 사람이 만나도록 경험적인 세상을 수립할 수 있다. 이러한 음악의 사용은 사실 일찍이 음악적인 세상 만들기에 대해 논의한 Nordoff-Robbins의 역사적인 연구에서 나타난다(Aigen, 1998).

인간 정신의 개념에서 믿음을 보전하는 사람들에게는 인간 정신이 서로 접촉하거나 관련을 갖는 초월적인 영역이 있다고 믿는 것은 당연하다. 더 심리적인 관점에서 일하는 사람들—영적인 혹은 신비적인 것을 명백히 반대하는—은 이 책의 논의에서 종종 언급해 왔던 구성체, 인간 경험의 차원에 대해 생각할 수 있다. 그 개념은 음악을 통한 인간 존재는 서로 다른 사람의 현존을 인식하고, 음악이 아니고서는 가능하지 않다는 방식으로 교류한다는 것이다. 음악은 다른 영역에서 소용되지 못할 때 존재하는 인간 자각을 위해 이용할 수 있는 대안적인 경험 범위를 제공하기 때문에 존재 사이에 접촉을 확립하는 수단이 된다.

비록 이러한 대안적인 기능이 음악과 관련되는 것을 통해 초월적인 만남일 때 종종 야기된다고 해도, 음악적인 만남은 임상적 목적으로 정당하고 음악적인 만남보다 다른 것을 이루기 위한 도구로서 다시 구성되어야 할 필요가 없다. Ansdell(1995)에 의해 기술된 혼수상태환자 Dagmar Gustorff의 작업을 생각하라. 거기에는 "생을 되찾도록" 한 음악 안에서 일어났던 존재의 만남이 있다(p. 64). 여기서 음악적인 만남은 비음악적인 시사점의 최고의 심오함을 가졌다. 즉, 그것은 사람의 생명을 구했다! 아마도 아직 그러한 깊은 결과로 이끌지 못한 음악적 만남의 순간들이 많이 있을 것이다. 그럼에도 불구하고 어떤 클라이언트는 어떤 수많은 이유로 고립된 상태에서 살 수 있기 때문에, 음악중심적인 관점은 합법적이고 자기정당성을 갖는 임상적 목적으로서 음악 경험의 초월적인 차원을 통한 실존의 만남을 포함한다.

창조적, 표현적, 심미적, 공동체의 그리고 초월적인 영역에서 음악치료의 혜택에 대한 이전의 논의에 관해 몇 가지를 말하겠다. 음악중심적인 사고에서 일차적인 임상적 유익은 음악적인 경험과 표현이라는 음악중심 음악치료의 핵심 개념에 반박하는 인간 경험의 차원에서 혜택을 일일이 열거하든 하지 않든 간에 의문을 갖는 것은 당연하다. 달리 말해 비음악적인 목적에 대한 수단으로서 음악의 도구적인 사용을 설명하는 내가, 겉으로는 비음악적인 영역의 혜택을 말하는 것 때문에 일찍이 음악이 비음악적인 목적에 대한 수단보다는 경험의 매개체로서 사용되는 음악중심 접근법을 주장한 것에 모순되는가?

이것은 숙고해야 할 심각한 도전들이다. 이러한 이의에 관련이 있는 그리고 겉으로 비음악적인 혜택을 열거하는 것이 음악중심적인 사고의 기본적 전제에 모순되지 않는다는 사고를 지지하는 수많은 관찰들이 있다.

본질적인 만족

Elliot(1995)은 자신의 음악교육철학에서 비슷한 도전을 제기하고 있다. Elliot은 미적 교육으로서 음악교육의 지배적인 개념을 거절한다. 그것은 음악교육이 음악에 대해 독특하지 않은 일반화된 미적 감각을 발전시키는 수단으로 정당화하기 때문이다. 그가 이전에 논의했던 뮤지킹 개념은 Mikhail Csikszentmihalyi(1990)가 기술한 대로 몰입경험의 범주에 음악을 위치시켰다.

최적경험 또는 몰입경험은 스포츠와 예술과 같이 의지와 기술의 적용을 포함하는 수많은 인간 활동들에서 기인할 수 있다. 그들의 공통적인 요소는 그들이 그 자신의 발전을 야기하는 것이다. 우리가 우리 자신을 투자할 때다.

생물학적 그리고 사회적 만족을 위한 목적에만 근거하여 배타적이지 않고자 하며, "우리는 자아에 나타나는 구조들을 이끌게 되는 새로운 경험에 대해 의식을 개방한다(Csikszentmihalyi & Csikszentmihalyi, Elliot에서 인용)." 우리의 동기부여는 어떤 물질의 보상이 아니다. 우리의 동기부여는 목적지향적인 행동에서 효과적으로 우리의 의식적인 힘과 지식들을 적용할 때 발생하는 향유(enjoyment) 혹은 '몰입(flow)'이다. 향유, 그것은 자기성장을 위해 정서적으로 수반되는 것이다(Elliot, 1995, p. 114).

Elliot은 현재의 논의에서 없어서는 안 될 즐거움(pleasure)과 향유(enjoyment) 사이의 차이를 논의한다. 생물학적 그리고 사회적 욕구들을 만족시키는 것은 즐거움을 야기하는 반면, 그것은 오로지 향유로 귀착되는 자기성장 활동들이다. "즐거움은 의식적인 노력이 적거나 없어도 발생한다. 향유는 발생할 수 없다. 즐거움은 뇌에서 전기적으로 그리고 화학적으로 자극될 수 없으며 향유는 그렇지 않다."(p. 115) 더욱이 몰입을 특징으로 하는 활동과 자기성장으로 이끄는 활동들은 물질적인 보상이 아니라 자신을 위한 것(원문에서 강조)의 의미로 오히려 그들 자신을 위한 것이다. Elliot은 다음과 같은 활동들로부터 오는 몰입경험을 주장한다.

본질적으로 보상이란 우리가 모든 실생활에 전적으로 관련되지 않는 절대적인 혹은 순수한 '본질적인' 것을 의미하지 않는다……. 개인적으로 어떻게 해야 하는지 아는 것을 함으로써 사람이 도전과 만나는 행위에서 경험하는 자기성장과 향유보다 더욱 실용적이고, 더욱 유용하고, 더욱 흥미로운 것은 무엇일까?(p. 118)

이런 식으로 Elliot은 자신을 위해 어떤 것을 하는 것으로서, 고유한 가치를 위해, 자신의 목적을 위해 무엇을 하는 것을 정의했다. 비록 비평가들이 이러한 일체화의 유형에 지적인 책략이라고 의심할 수 있어도 여기에서 이야기하는 것보다 훨씬 더 세부적인 Elliot의 논증은 최소 한도에서 매우 암시적이며 이 책의 저자에게 매우 확신을 준다. 그리고 현 논의와 분명히 관련된다. 만약 음악치료에서 뮤지킹의 어떤 형태가 몰입경험으로서 확인될 수 있다면, 그리고 만약 우리가 어떤 것을 말할 때 우리가 의미하는 것이 자신을 위한 것이라는 것이 Elliot의 주장이라면, 그것은 그 자신의 목적을 위해 행해진 것이며, 따라서 그 매개체로서 음악의 개념은 음악중심적인 사고의 중심 요소로서 보존될 수 있다. Elliot의 연구에서 보여 주는 것은 음악중심 음악치료사들은 일차적인 목적으로 음악 경험과 표현을 향해 일할 수 있다는 것을 말하는 것이며, 우리는 이러한 경험들이 자신을 발전시키는 행위를 시작하는 데 있어서 모든 사람들의 일차적인 관심으로부터 등을 돌리는 것이라고 말하지 않는다. 음악에 대한 Elliot의 관점은 음악의 실용적인 가치를 두려고 음악의 영역 밖으로 나갈 필요가 없다는 통찰을 제공하는 것이다

경험의 범주

Elliot(1995)은 Csikszentmihalyi가 설명한 몰입 혹은 최적 경험으로서 음악 경험이 경험의 폭넓은 종류의 한 부분이 되는 것으로 규명하였다. 운동경기와 예술적인 수행에서 발생할 수 있는 경험의 다른 유형으로 그 특

성을 공유함에도 불구하고 Elliot은 그들을 진보하게 하는 특정한 상황 때문에, 그리고 "그들의 인지적이고 정서적인 특질들, 그들이 지속하는 동안 느끼는 방식…… 다른 방식과 상당히 다른…… 예술적 경험" 때문에 독특하게 되는 음악 경험을 생각한다(p. 126).

비슷한 방식으로 우리는 음악 안에서 일반적인 경험 형태의 한 부분으로서 창조적, 표현적, 심미적, 공동체의 그리고 초월적인 경험들을 바라본다. 우리는 이러한 경험의 다섯 가지 영역이 인간 존재를 위해 필수적이며, 음악치료사는 자신들을 위해 그것들을 만들지 못하는 사람들에게 이것들을 제공하는 것에 대해 논할 수 있다. 그러나 한편 이러한 것들이 혼자서는 음악이 될 수 없는 넓은 부류 안에 포함된 경험들을 만드는 데 음악을 사용하기 때문에 우리는 매개체로서 음악의 개념을 위반할 것인지의 문제에 직면하게 된다. 이것이 우리가 비음악적인 목적을 위해 음악을 사용한다는 사실을 의미하는가?

다시 말해 Elliot에 따르면 음악치료사가 하는 일은 음악적인 창조성, 음악적인 표현성, 음악적인 미, 음악적인 커뮤니타스, 그리고 음악적인 초월적 경험이 발생하는 상황을 만드는 것이라고 논하였다. 그래서 음악적인 커뮤니타스 동안, 예컨대 공동체 경험에 대한 넓은 부류의 한 부분이 될 수 있으며, 이것은 넓은 부류의 다른 구성원으로부터 구분 짓는 독특한 특징을 갖는다는 것이다. 그리고 뮤지킹을 통하는 것 말고는 다른 음악적인 커뮤니타스의 경험을 제공하는 방법이 없다는 생각 때문에, 우리가 다섯 가지 경험의 영역에 초점을 둘 때 우리는 비음악적인 목적으로 음악을 사용하지는 않을 것이다. Elliot(1995)은 다음과 같이 말했다.

뮤지킹과 음악 감상에서 경험되는 것에 따라 자기성장, 자기지식 그리고 몰입의 본성과 특질은 음악 전체의 실행에 대해 그리고 다양한 종류의 뮤지킹, 감상, 음악적 도전이 생기는 특정한 실행을 하는 데에 독특하다. 따라서 음악 만들기, 음악 감상, 그리고 이러한 행위의 특별한 형태로 결과되는 것들은 자기성장, 자기지식, 몰입 그리고 자존감에 대해 독특한 근원을 갖는다(p. 128).

이것은 학설이다. 음악적인 커뮤니타스의 본질이 무엇인가에 대한 것으로, 그것이 음악치료에서 어떻게 발생하는 것인지, 만약 그것이 커뮤니타스의 경험의 다른 유형으로부터 본질적인 방식과 다르다면 어떤 방식인가에 따른 경험적인 질문이다. 이러한 사고 방법에 내재하는 것은 감상자이거나 음악가이든 혹은 치료사이거나 클라이언트이든 사람들은 음악과 음악치료에 대해 커뮤니타스의 다른 형태와 표현으로 대용할 수 없는 음악적 커뮤니타스와 음악적인 표현에 대한 기본적인 필요를 갖는다. 이런 방식으로 음악중심적인 전제는 보존되고, 음악 그 자체가 제공되기 때문에 사람들은 무엇보다 음악에 관여하는 것이며, 다른 수단을 통해 획득할 수 있는 일반화된 경험의 유형으로 제공되는 것 때문이 아니다. 이것은 몇몇 사람이 일종의 모든 비음악적인 이유 때문에 뮤지킹에 관여하지 않는다고 말하는 것이 아니다. 이는 비음악적인 경험을 이루기 위해 사용되는 음악을 증명하는 것이 아니라 음악이 발생시키는 경험의 범주들을 규명하는 것을 생각하는 것이다.

🎵 음악적 과정의 경험이 치료다

클라이언트 경험과 과정이 관련된다고 해서 유일한 음악중심적인 사고라고 할 수 없으며, 거기에는 어떤 방법의 과정이 치료적이기 때문에 이러한 관계들에 대해 어떤 독특한 차원이 있다. 통찰 중심의 작업에서는 임상적인 결과가 이전에 의식하지 못했던 사고와 느낌을 인식함으로써 구현된다. 행동주의 음악치료에서는 새로운 행동 안에서 그 결과가 명백하다. 반대로 음악중심적인 사고에서 클라이언트의 결과는 치료의 결과에서 성취되는 것이 아니고, 임상적 과정 자체 안에서 전개되는 것이다.

개인이 뮤지킹에 있는 동안의 방식이 임상적인 결과다. 그러므로 치료의
목적이 일반적으로 세상에 대해 반응하는 개인의 특성 혹은 능력 안에서
일반적이고 영구적인 변화로서 이해될 때, 치료의 목적은 반드시 성장 혹
은 변화는 아니다. 오히려 오직 뮤지킹일 때만 나타날 수 있는 자신의 잠
재적인 기술, 능력, 기능 그리고 경험들이 불러일으켜지는 것이다. 이것
은 음악적 기능이 비음악적인 부분으로 일반화될 필요가 없다거나 혹은
치료실 밖에서 임상적인 작업이 가치있게 고려되어야 한다고 이후에 토
론되는 논리적 귀결이다. 왜냐하면 수용적이든 적극적이든 뮤지킹 활동
은 그 자체로 자기 정당화되는 치료적인 활동이기 때문이다.

　이렇게 음악을 잘 받아들이는 능력을 강조하는 것은 중요한 일이다. 음
악중심적인 기반 위에 세워진 두 가지 음악치료 모델인 Nordoff-Robbins
음악치료와 심상유도 음악치료를 생각해 보면, 하나는 적극적인 음악 경
험을 강조하고 있는 반면, 다른 하나는 완전히 수용적인 경험 내에서 일어
나는 것으로 완전히 상반된다. 그러나 양쪽 다 음악중심적인 방법으로 설
명할 수 있는 실행이다. 음악중심적인 사고는 하나의 특별한 모델이 아니
고 음악을 사용하는 방식에 대한 것 혹은 클라이언트가 기능하는 특정한
수준에 대한 것이다. Nordoff-Robbins 접근에서 강조한 클라이언트의 역
할이 적극적인 음악 만들기이지만, 적극적인 음악만들기의 한 부분이거나
혹은 클라이언트가 듣도록 계획하여 연주된 음악일 때처럼 고립된 것이든
클라이언트의 수용적인 음악 능력에 초점을 둘 때가 여러 번 있다(Aigen,
1998).

　음악치료에서 나타나는 활동적인 능력들이 중요하게 주목되는 한편,
수용 능력의 활성화도 동등하게 중요하다. 클라이언트가 인간 경험들의
다양한 유형에 대해 내적인 장벽을 가질 때, 치료받는 동안 클라이언트가
그 자신에게 경험을 허용할 수 있다는 것은 클라이언트가 무엇을 할 수
있다는 것만큼 중요하다. 동시에 만족할 만한 경험의 기회를 제공하는 것
은 음악치료사가 클라이언트에게 제공하는 것 중 가장 중요한 것이다.

🎵 중재는 음악적 속성에 의해 인도된다

음악중심적인 작업에서 임상적인 중재는 각 상황과 사람에게 알맞은 음악적인 선택의 특정 형태를 취한다. 개인의 특성을 부여하는 치료적인 접근은 뮤지킹을 만드는 본질인 것이다. 이것은 음악적인 과정과 개인적인 과정의 집합점이 있다는 생각의 결과다. 왜냐하면 음악의 특성은 아주 밀접하게 클라이언트의 임상적인 과정을 명백히 보여 주고 그리고 어떤 식으로든 그 과정 안에 있기 때문에, 그것은 치료사가 클라이언트의 필요와 표현에 따라 음악을 만들기 위한 본질인 것이다. 이는 음악중심적인 실행가들이 그토록 주의 깊게 임상적인 음악을 분석하는 주된 이유인 것이며, 우선적으로 음악과 임상적인 과정 사이의 연결을 확립하는 것이다.

비록 음악적 과정이 비음악적인 이론적 근거를 요구하지 않을지라도, 음악치료 과정을 설명하는 데 말을 사용한다는 것은 여전히 중요하다. 이것은 다양한 영역에서 사실인데, 클라이언트와 가족 구성원 간의 의사소통에, 문서와 설명회 같은 전문적인 의사소통에, 공적인 장소에서 음악치료를 설명하거나 음악치료 서비스에 대해 감독할 수 있는 행정가의 위치인 경우에 중요하다. 그러나 말을 사용해 음악치료 과정의 본질을 소통하려는 실용적인 요구를 가진다는 사실은 음악적인 기초를 가진 과정의 특징이 온당치 않거나 근거가 충분하지 못하다는 것을 의미하는 것이 아니다. 그것은 단지 음악치료 담화에 대해 인식하는 것이 중요하다는 것을 의미하는 것이며(Ansdell, 1999b), 음악치료 과정과 목적을 우리의 언어로 묘사한다는 것은 서술적 묘사이지 현상 그 자체가 아니라는 것을 깨닫는 것이 중요하다는 것을 의미한다. 우리가 그것에 대해 의사소통하는 수단으로 그 과정의 본질을 무심코 규명하는 함정을 피한다는 것은 중요하다.

임상적인 음악은 다양한 영감으로부터 얻어지며 음악중심적 임상가들 사이에서 다양한 목적을 위해 사용된다. 즉, 클라이언트의 외면 혹은 잠재해 있는 감정을 반영하기 위해, 개인적 특성이나 세상에 대한 클라이언트의 태도를 명백히 하기 위해, 클라이언트의 신체적인 움직임, 호흡, 자세의 결합을 위해, 클라이언트의 음악 표현의 구조를 위해, 보다 큰 분화로 이러한 표현들을 끌어내기 위해, 음악의 공동창작에 클라이언트를 연결하기 위해, 클라이언트가 참여하도록 초대하기 위해, 클라이언트가 장애물, 공포, 불안감을 극복하도록 도전하기 위해 사용된다. 단지 음악 안에서 이러한 것들이 일어나도록 만드는 것이 치료사의 목적은 아니다. 그보다 성공적인 중재는 특정한 음악적인 선택에 따라 결정된다. 중재 혹은 전략의 성공을 결정하는 것은 음악의 객관적인 특성[6] 그리고 클라이언트와 치료적 관계의 독특한 특질 사이의 상호작용이다.

이러한 믿음은 Nordoff-Robbins 접근에서 반영된다. 예를 들면, 치료사와 클라이언트 사이의 임상적 즉흥연주에 대한 상세한 설명에 주의를 기울이는 것이다. 이러한 작업은 서로 다른 음악 인터벌(interval)에 대한 개념에 기초하는데, 화성으로 혹은 선율로 사용되더라도 긴장과 이완의 형태를 전달한다. 인터벌의 방식은 그 간격이 펜타토닉, 다이아토닉(diatonic) 혹은 홀톤(whole-tone) 음악에서 사용될 때와 같이 서로 다른 다양한 맥락에서 경험할 수 있다. 그러나 그 배경의 영향은 인터벌이 그 자신의 정체성을 갖는다는 것이며, 단지 그 곡이 여러 가지 맥락에서 다른 의미를 갖는다는 것은 그 곡이 특정한 것(즉, 가변성, 독자성)을 갖는다는 것이다.

음악의 객관적인 특성이라는 주제가 논의되었을 때 모든 음악중심적인 실행가들은 두 가지 전통적인 부분의 논의에 동의하지 않을 것이다. 어떤 사람은 음악적인 긴장과 해결을 음악적 요소의 특성이라고 믿는 반면, 다른 사람들은 음악을 통해 자극되는 순수한 심리 현상으로 이해할 수 있다. 이러한 생각에 대해 어떤 사람은 문화를 가로지르는 것이라고 믿을

6) Nordoff-Robbins 접근과 관련된 음악적 특성의 개념에 대한 Aigen(1998)의 논의를 보라.

수 있고, 다른 사람들은 문화적으로 특정한 판단이라는 것을 주장한다. 그러나 임상적인 중재에서 음악적 속성의 특수한 본성이라는 믿음은 이러한 토론의 두 가지 부분 중 어느 쪽 관점이든 수용한다.

　동시에 이러한 생각은 수용적인 혹은 적극적인 음악치료 접근법뿐 아니라 즉흥연주나 작곡된 음악에 관련될 수 있다. 즉흥연주 음악치료에서 음악적 요소에 의해 치료사가 선택할 넓은 공간이 있다는 것은 분명하다. 이러한 가운데 치료사는 작곡을 하지만 접촉, 음색, 템포, 그리고 목소리의 화음을 만드는 방법과 사용할 자리바꿈의 종류에 의해 무수한 음악적인 선택을 해야 하는 상황이다. 녹음된 음악을 선택할 때조차 치료사는 음악적 긴장과 이완의 특별한 패턴으로 이루어진 특정 녹음된 음악 혹은 작곡된 곡을 선택하는 심상유도 음악치료일 때와 같이 이러한 부분에서 암묵적인 결정을 하고 있다. 각 경우에는 공통 기반이 있으며 거기에는 무엇이 연주되었고 또 어떻게 연주되었는지에 대해서 음악적 속성의 특수한 본성을 인지하는 것이다. 음악은 단지 매우 다양한 욕구와 선호도를 가진 클라이언트에게 일반화된 방식으로 사용되는 일반적 블랙박스가 아니다.[7] 그리고 그 음악적인 선택은 임상적 의도에 의해 논의될 수 있다.

　선택과 결정의 용어를 사용하는 것이 치료사의 뮤지킹은 항상(혹은 일반적이라도) 의식적이고 형식화된 의도에 따라 안내된다는 의미는 아니다. 즉흥연주에서 연주에 앞서 매번 하나의 음에 대해 생각하는 것은 불가능할 것이다. 그 과정은 너무 많이 빨리 지나간다. 즉흥연주 음악치료는 일련의 명확하고 구체적인 지침과 규칙으로 축소시킬 수 없는 예술이다. 많은 경우 음악치료사의 음악적 중재 이면의 요소는 오로지 세션 이후의 분석으로부터 재구성될 수 있다.

---

7) 블랙박스라는 용어는 무정형의 입력-출력 장치를 의미하는데 그 구체적인 특징은 사소한, 관련이 없는, 결정할 수 없는 것을 뜻한다.

🎵 자율적인 임상적 힘으로서의 음악

음악치료의 다양한 적용에서, 적용이 음악중심적이라는 것과는 별도로 음악은 전형적으로 치료사라는 개인에게 맡겨진 역할을 필요로 한다. 이것은 음악이 클라이언트를 반영하고 성장시키는 음악심리치료 영역에서도, 음악의 리듬 측면이 운동 활동을 강화하는 데 대해 치료사의 권고를 대신할 수 있는 재활 음악치료에서도 사실이다.

그러나 음악중심적인 작업에 대해 특별한 음악치료사의 역할을 취하는 음악의 방식이 있다. 이러한 작업의 방식에서 음악의 특정한 내적 역동성과 과정은, 다른 방법으로는 더 문제가 되거나 위협적이거나 도전적이 될 수 있는 치료과정을 의식적으로 객관화하곤 한다. 치료과정의 요구가 더 까다로울 때 음악 그 자체가 받아들여지고, 이는 클라이언트의 안전한 안식처로서 치료사와 클라이언트 간의 관계를 보호한다. 치료사와 클라이언트의 동맹은 음악에 내포된 도전들을 만나면서 클라이언트에 의해 발생하며, 클라이언트의 일부분에 의미있는 발전으로 나타나 이겨낼 때 도전한다. 음악은 활동성을 가지고 작곡된 음악이나 즉흥연주된 음악으로 작업하여 사용될 수 있고 혹은 수용적인 음악만들기 그리고 정신역동 안에서 혹은 더욱 전체적인 음악중심적인 틀의 방식으로 사용될 수 있다.

기능적 운동 혹은 인지적 기술의 범위에서 작업하는 클라이언트를 위해, 치료사는 필요한 영역에서 클라이언트에 대해 도전의 자세를 체득하는 작곡을 선택할 수 있다. 예를 들어, 과잉행동을 보이는 아동에게 느린 템포를 요구하는 곡을 연주하도록 하거나, 집중력 또는 충동조절이 필요한 청소년에게 음악적인 휴지가 있는 곡을 연주하도록 요구할 수 있다. 이러한 계획은 클라이언트가 어떤 제한된 범위를 극복하도록 요구하는 작곡으로서 작품을 연주하는 것이다. 왜냐하면 이렇게 구성된 작품을 적절히 실행함으로써 본질적인 만족을 제공하는 것이 주안점이며, 클라이언트에게 제기된 도전은 치료사보다는 음악에 의해 제기된 것이기 때문이다.

이러한 방식으로 사용되는 작곡은 단지 특별한 작곡이 아니다. 음악의 특별한 양식은 그들 자신의 타고난 방식으로 음악적 도전들을 전달한다. 예컨대, 그루브의 즐겁고 만족스러운 경험을 창조하는 데 템포의 일관성을 요구하며, 음악의 어떤 대중적 양식은 클라이언트에게 운동적 혹은 인지적 요구의 범위에서 매우 도전이 될 수 있다. 그러나 그 방식을 깨닫는 데 대한 내적인 자극은 장애 부분을 극복할 수 있도록 클라이언트에게 동기를 부여한다. 그리고 그것은 클라이언트가 치료사에 의해 지나치게 도전받거나 강요될 때 나타날 수 있는, 잠재적으로 문제가 되는 역동적인 관계의 활성화를 수반하지 않고 이것을 할 수 있다(Aigen, 2001, 2002).

여기서 치료사의 즉흥적인 기술은 중요하다. 이를테면 만약 치료사가 음악을 마음대로 시작하고 멈추는 클라이언트와 함께 충동 조절을 발전시키기 위해 즉흥연주를 한다면, 시작하기와 멈추기에 대한 기본적인 음악의 결함은 음악과 클라이언트를 지시하고 조절해야 하는 사람이 치료사라는 것을 의미한다. 이러한 상황은 클라이언트의 저항감을 일정 부분 고조시키는 것 같기도 하다. 그러나 시작하기와 멈추기가 음악적으로 상호작용적 기초를 가지고 있을 때, 운동적인, 감정적인 그리고 주의 깊은 요구는 치료사로부터 나오는 것이기보다는 음악 안에 존재하는 것으로 파악된다. 이것은 록음악 혹은 재즈음악에서 발생하는 것처럼 양식적으로 적절한 방식 안에서 즉흥연주를 하거나 또는 음악적인 완전한 상호교류를 갖는 동시에 클라이언트에게 적절한 도전을 제기하게 하는 치료사와 클라이언트 사이의 자발적인 음악 형태를 만들도록 함으로써 이루어진다.

더 나아가, 이러한 방식으로 음악을 사용하는 것은 임상적인 환경에서 즉흥연주하거나 작곡하도록 하는 지침으로서 치료사에게 제공된다. 예를 들면, 다양한 이유로 치료사는 시간을 증가시키기 위해 클라이언트가 음악적인 참여를 지속하도록 도울 수 있다. 이러한 것을 하는 한 가지 방식은 작곡을 하거나 즉흥연주를 하는 음악적인 선택을 하는 것이며, 너무 때이른 음악적인 결말 혹은 종지를 나타내지 않는 것이다. 즉, 화음의 자리바꿈, 거짓종지, 프레이즈의 마지막 음이 동시에 다음의 첫 음이 되는 멜로디를 사용하고, 으뜸음에서 끝나지 않은 멜로디 주제들을 사용한다. 이러한 방식의 사고는 치료사가 임상적인 전략을 직접적으로 강화하는 특별한 음악적 요소를 사용하는 것이다.

음악과 함께 그리고 음악에 대해 사고하는 이러한 방식은 적극적인 음악치료 접근법을 제한하지 않는다. 심상유도 음악치료의 실행에서 음악은 치료관계에서 좀 더 도전적인 측면을 가정할 수 있는 자율적인 실체로 사용되기도 한다. Lisa Summer(1998)는 음악이 잠재적으로 문제가 될 수 있는 전이적 투사를 떠맡고, 다른 한편으로는 치료사에게 놓일 수 있는 순수한 음악 전이에 대한 현상을 논하였다(6장 참조). 음악은 이러한 중요한 기능을 추정할 수 있고, 따라서 치료사—클라이언트 동맹을 유지하는 것은 심상유도 음악치료에서 사용되는 음악 재료의 작품 구성에 대한 특정한 내적 작업을 통하여 설명된다.

🎵 음악 분석은 임상적 과정을 강조한다

치료사가 중재하는 음악적인 특성들은 치료사의 이론적 근거와 임상적 효과성에 직접 관련되기 때문에 음악중심적인 작업은 진행하고 있는 임상적인 작업의 구성요소뿐 아니라 연구를 통한 회고에서도 임상 음악의 음악적 분석을 중요한 것으로 강조한다. 치료에서 음악이 창조되고 사용되는 의미와 임상적인 중요성은 그것의 화성, 리듬, 이에 따라 파생된 음계로 연결된다고 간주한다. 이것은 클라이언트의 음악 작품뿐 아니라 음악에 대한 클라이언트의 수용적인 경험에서도 사실이다.

이전에 논의된 것처럼 더 풍부한 음악 경험을 향해 작업하는 것은 종종 음악중심적인 작업에 초점을 맞추는 것이며, 경험이 풍부해진다는 것은 클라이언트의 독창력이 나타나게 되고, 점차 식별력이 생기고 결속되며, 표현하게 되는 음악에 참여하게 되는 것이다. 특별한 음악적인 상호교류 혹은 표현적인 행위의 임상적 가치는 클라이언트의 음악적 표현에서 또는 클라이언트가 잘 받아들이고 참여하는 음악 안에서 미묘한 변화나 극적인 변화가 나타나는 것으로서 상세한 음악적 분석을 통해 가장 잘 드러난다.

이러한 분석에 대한 필요성은 Nordoff-Robbins 접근법에서 각 세션의 녹화와 이후의 음악적 분석에 대한 이론적인 근거의 중요한 부분이 된다. 음악의 모든 매개변수는 임상적인 중요성을 갖는다. Nordoff와 Robbins (1977년 출판)에서 진단평가의 세 가지 척도는 음악활동 안에서 음악적인 반응, 음악적 의사소통 그리고 클라이언트-치료사 관계의 특성을 평가하는 데 사용된다. 연구는 음악적인 편곡을 바탕으로 음악적인 분석을 수행하고 필사하는 것을 통해서도 이루어진다. 비록 Carl Bergstrøm-Nielsen(1993)이 음악의 다른 비전통적인 양식과 전위 예술가를 위해 본래 설계된 도식적 기보법이 어떻게 사용되었는지 진술하기도 했지만, 이 편곡은 표준적인 기보법(Lee, 1992, 2000)을 통해 가장 자주 이루어졌다.

더욱이 분석적 음악치료에서 더 새로운 접근들은 진단평가에서 음악적 매개 변수들을 검토하여 통합시키기도 한다. Benedikte Scheiby(2002)는 리듬, 멜로디, 화성, 템포, 프레이징, 주제, 다이내믹, 악기 선택의 사용을 기술하며, 특별히 재활시설에 그들을 적용할 수 있는 것을 기술한다. 그리고 Juliane Kowski(2002)는 분석적 음악치료 기법이 언어 능력이 낮은 클라이언트와 의사소통을 수립하는 데 어떻게 사용될 수 있는지 조사한다. 치료사와 클라이언트의 피아노 연주와 노래 부르기에 대한 음악적인 기보법은 클라이언트의 수많은 능력들을 설명하는 데 사용된다. 이러한 능력에는 리듬적인 초청과 반응에 관계하는 능력, 템포를 유지하는 능력, 크레센도 그리고 아첼레란도의 의도적인 사용, 치료사의 화성 반주에 맞추어 피아노 음을 연주하는 능력이 포함된다. 분석적인 음악치료 틀 안에서 음악 매개변수는 클라이언트의 의사소통과 상호관계를 평가하는 데 사용된다.

음악의 구체적인 특질들에 대한 이해를 가장 강조하는 두 가지 음악치료 접근은 Nordoff-Robbins 음악치료와 심상유도 음악치료다. Nordoff-Robbins 접근법에서 임상적인 음악성에 대한 본질은 특정한 음악적 선택이 특별한 임상적 기능을 갖도록 형식, 음계, 선법, 이디엄의 폭넓은 다양성에서 음악을 연주하는 능력이다. 그 선택이 의식적으로 도달된 결정의 결과이든 순간의 창조적 직관이든 관계없이 그 작업의 기본적인 이론은 선택의 효과성이 선택한 음악의 특정한 성격과 어떻게 관련이 있는지 제시한다. 그래서 만약 일본의 오음계가 사용되면, 예컨대 중재로서의 효과성은 그 양식에 대해 고유하게 특징적인 화성 관계와 음계를 구성하는 인터벌의 관계와 관련될 것이다.

같은 맥락으로 심상유도 음악치료의 실행가가 중재하는 음악 작품은 역시 그들의 음악적 특성에 주의를 기울여서 선택된다. 반면, 음악 작품을 통해 일깨워지는 심상은 주제에 근거하여 녹음된 프로그램의 창조와 개개 작품의 선택이 본질적인 기준이며, 그것은 직접적으로 심상을 도출해 낸 형태로 연결한 그 작품의 음악적인 속성인 것이다. Helen Bonny(1978b)는 그것이 "음악적 자극의 효과성을 결정짓도록 돕는 선택과 함께 음악적인 특질"(p. 23)이라고 제안하였다. 이들은 "심상유도 음악치료에서 강하게 영향력을 가진 것으로 보이는 음악 안에서의 다양성"(p. 26)이다.

따라서 그것들의 차이만큼 이러한 두 가지 음악중심적인 모델은 그 모델의 기본적인 중재에서 그 음악을 구성하는 구체적인 특성의 관련성을 공유한다. 흥미롭게 양쪽 모델에서, 실행가들은 그들의 음악적 중재를 형성하는 것에서 자신의 창조적인 임상적 직관으로 관여하는 것에 고무된 반면 직관적으로 선택한 음악적 요소의 임상적 특징에 대한 회고적 이해를 얻는 데에 여전히 강조점을 두고 있다.

치료는 연주와 작품에 초점을 두어 결합한다

여러 가지 이유로 음악중심 음악치료사들은 심리치료 세션의 전통적인 틀 밖에서 활동하는 자신들을 발견한다. 왜냐하면 음악이 치료에서 사용되는 방법과 치료 밖에서 사용되는 방식 사이에 연속성이 있기 때문이며, 비임상적인 상황에서 경험된 음악이 임상적인 상황으로 전이되는 것은 당연하기 때문이다. 따라서 음악중심적인 실행가들은 그들의 작업 안에 연주의 측면을 통합시키는 것이 유용하다는 것을 종종 발견한다.

때때로 이러한 연주는 기관의 환경에서 사적으로 비일비재하게 발생한다. 또 어떤 때에는 연주가 공적인 영역으로 발전하며 치료사의 참여나 참여 없이 발생한다.[8] 인간에게 있는 음악의 충동은 그 성취에 도달하기 위해 대중 공연을 요구할 수 있다. 이것은 비임상적인 환경에서도 자연스러운 것으로 받아들여진다.

음악중심적인 사고는 음악의 힘을 설명하는 충동과 치료에서 대중 공연을 희망하도록 이끄는 환경으로 사람들을 격려하고 동기화하는 방식이 동일하다는 것을 당연하게 인정한다. 몇몇 치료사들은 여기에 그들의 전문적인 활동의 경계로 끌어당기는 반면, 다른 음악치료사들은 더 공적인 영역으로 그들의 전문적인 역할을 확장하고 이러한 실행의 확장을 수용하기 위한 이론적인 틀을 창조하는데, 이에 대한 많은 부분을 Pavlicevic과 Ansdell(2004)이 설명하고 있다.

더욱이 음악치료 세션에서 만들어지는 녹화들은 때때로 공개적으로 사용할 수 있도록 구성된다. 다시 말해 실제적인 치료 세션이 녹화되기도 하고 연구에 수반하는 부가물로 사용되며, 평소에 그 녹화는 세션에서 임

---

8) 기관에서부터 일반적인 영역까지 다른 단계로 사용하는 음악치료로서 연주의 세 가지 예를 들은 Aigen(2004)을 보라.

상적인 효과에 대해 초점을 두는 창작의 대상이 될 수 있다.

임상적인 음악과 임상적으로 영감을 받은 음악을 공적인 영역으로 가져오는 것은 음악중심적인 사고의 핵심에 있는 매개체로서 음악의 개념을 반영하며, 음악이 비음악적인 결과를 위한 도구로 주로 사용된다면 음악은 부차적인 관심일 뿐이다. 그러나 음악이 매개체일 때, 거기에는 언어적으로 전달하지 못하는 임상적으로 대단히 중요한 본질적인 측면이 있다. 음악을 경험하는 것은 그 의미를 전달하기 위한 필수적인 것이다. 대개의 비임상적인 음악과 같이 그 의미와 중요성은 그것을 경험하는 범위에서 그 소리 안으로 들어간다. 그리고 음악에 포함된 경험이 임상적이기보다는 본질적으로 음악적인 경험이기 때문에, 비임상적 음악 경험이 가지고 있는 동일한 자극도 임상적인 음악 경험에 적합하도록 가져올 수 있다.

🎵 언어적인 과정의 요구는 음악 경험을 수반하지 않는다

음악 경험은 임상 사건에 자신을 포함시킬 수 있기 때문에 음악중심 이론은 클라이언트와의 세션에서 이러한 경험에 언어적인 혹은 다른 인지적인 과정의 관여를 필요로 하지 않는다. 이것은 다양한 전문적인 포럼에서의 논의로 확장되는데, 거기서 음악중심적인 실행가들은 다른 분야나 심리치료의 형식들이 음악의 본질적인 특성을 왜곡할 수 있다는 점에서 이론뿐인 용어로 음악 경험을 해석할 수 있다고 주장한다. 이것은 클라이언트의 언어 능력과 관계 없이 맞는 사실이다. 이 사실을 뒷받침하는 것은 예컨대 Nordoff-Robbins 접근법이 언어적인 통찰을 얻는 방식을 사용하지 않고 발달하였다는 점이다. 왜냐하면 그 접근에서 초기 클라이언트에게 볼 수 있는 것은 언어도 아니고 언어화된 통찰의 유익을 수용할 수 있는 것도 아니기 때문이다.

음악치료사가 볼 수 있는 많은 클라이언트들은, 예를 들면, 선택적인 함묵이 있는 자폐아동 그리고 실어증 환자들처럼 언어가 없거나 언어 능력에 심각한 손상을 입고 있다. 확실히 클라이언트의 광범위한 유형에서 증명된 것처럼 치료는 언어적인 통찰 없이 가능하며 또는 언어적인 수단을 통해 경험의 의미를 확장한다는 것이 음악치료사들 사이에 널리 퍼진 믿음이다. 음악중심적인 입장은 모든 사람들의 경험에서 이러한 가능성을 인정하는 것이며, 단지 언어 없이 그렇게 한다는 것은 아니다.

음악 경험에 수반되는 언어화의 필요성에 대한 논점과 관련해 임상가들 사이에 넓은 스펙트럼이 있다.[9] 어떤 사람들은 언어가 음악적인 경험의 영향을 감소시키거나 혹은 임상적인 중요성이 없기 때문에 결코 필요하지 않다고 믿는다. 다른 사람들은 클라이언트의 필요가 구술되어야 하므로 때때로 필요하다고 믿는다. 그리고 어떤 사람들은 여전히 언어가 필요시될지라도 음악적 경험의 해석보다는 언어적인 임상적 상호교류의 양식이 있는 것을 믿는다. 이러한 모든 믿음은 얼마간 음악중심적인 태도를 반영하는데, 언어화된 통찰력이 임상적인 유익이 되기 위해 음악 경험으로 발달되어야 한다는 것을 지지하는 입장과 이러한 태도에 반대하는 입장이 있다.

이론가이든 아니든 간에 언어화는 음악치료에서 음악의 기능적인 관점에 필수적으로 관련될 수 있다고 생각한다. 예를 들어, Mary Priestley (1994)는 "음악가로서, '단어에 너무 정확한'이라고 말한 멘델스존처럼 분석적 음악치료사는 그 자신의 숨겨진 의미의 치료적인 양자관계에 따

---

9) 특별히 음악중심적인 입장에 반대하는 견해를 가진 Streeter(1999)를 보라. Aigen(1999), Ansdell(1999a), Brown(1999), Pavlicevic(1999)은 『British Journal of Music Therapy』, 13(2)에서 그녀의 글에 대해 네 가지 답변들을 한다. 또한 흥미롭게도 Kowski(2002)는 음악중심적인 실행을 음악치료 모델의 범위로 특징 짓는 개념을 지지하면서, 언어 능력이 갖는 클라이언트와 함께 분석적 음악치료를 사용하는 방법을 논하였다.

라 음악이 창조하도록 허락하는 유혹의 고통을 겪는다."는 것을 인정한다
(p. 135). 그녀는 세션에 언어와 음악적인 부분이 인위적으로 나뉘게 되거
나, 세션의 언어적인 부분이 음악을 통한 느낌의 내용이 없거나, 혹은 음
악이 언어적 탐구의 더 깊은 내용 없이 남겨지기도 하는데, 이러한 실행
을 적용하는 것은 위험하다고 믿는다.

Priestley에 따르면 음악의 의미는 단어로 표현되어야만 한다. 왜냐하
면 "음악을 통한 긴장의 카타르시스 방출은 그 감정에 대해 아는 바 없이
일시적으로 경감시키며, 말로 이해하지 않고는 그 긴장이 다시 상승할 것
이다."(p. 135)

만약 음악치료에서 음악이 긴장의 카타르시스 방출이나 억눌리거나 다
른 무의식의 감정들을 표현하는 데 사용되는 것을 믿는다면, 이러한 이론
적인 해석은 당연하다. 언어의 필요성에 대한 논쟁은 음악의 특별한 개념
에 관련된다.[10]

그러나 음악의 이러한 개념은 음악중심 음악치료사들이 반드시 동의하
는 것이 아니다. 비록 방출이 그 안에서 발생한다 해도, 음악치료에서 창
조된 음악은 본래 방출의 형태로 여기지 않는다. 그보다 일반적으로 공동
체적, 미적 그리고 문화적인 현상, 고유한 임상적 가치를 지닌 창조물로
더욱 생각한다. 따라서 음악중심적인 실행가들이 음악후 언어화에 필연
적으로 관여하지 않는 이유는 음악치료에서 주로 카타르시스의 형태가
아닌 음악적 경험을 믿기 때문이다. 이러한 관점에서 뮤지킹의 과정은 근
본적으로 카타르시스와 감정 방출, 혹은 억눌리고 무의식적 감정의 상징
이나 표현 중 하나가 아니기 때문이며, 그리고 언어화는 합법적인 치료가

---

10) 하나의 출처에 기초하여 전체적인 접근법을 판단하는 것은 문제가 될 수 있다. 비록 Mary
Priestley가 분석적 음악치료의 창설자이지만, 그 접근법의 많은 현대 실행가들은 Priestley의
초창기 공식화를 넘어 새로운 방향으로 확장해 발전시켰다. 따라서 앞서 말한 것들은 언어의
필요성에 대한 관점을 어떻게 예중하는가 하는 것이 모든 분석적 음악치료 실행에 대해 기술
하는 것이라기보다는 음악치료 안에서 음악의 본질에 대한 관점으로 연결하는 것으로 이해해
야 한다.

되기 위해 음악 경험이 요구되지 않는다.

치료적인 관계는 음악적인 관계다

음악중심 이론은 그들의 일에 접근할 때 음악적으로 생각하는 것에 대해 임상가들을 자유롭게 하며, 음악가로서 최고이며 으뜸이라고 생각하라고 그들을 격려한다. 그것은 음악의 힘과 음악의 구조가 지향하는 방향을 통해 인간의 삶을 강화하는 방법을 발견하도록 격려한다.

두 음악가의 만남을 뜻하는 치료사-클라이언트 관계의 중요성은 이러한 관점에서 강조된다. 그것은 음악에 대한 사랑을 공유하는 것에 기반을 둔 독특한 치료적인 관계의 확립을 촉진하며, 치료적인 만남은 우선 일종의 음악가 대 음악가의 관계다. 이것은 자폐아동과 같이 정상적으로 관계확립이 가능하지 않은 편집증 환자나 약물남용의 희생자로 매우 의심되는 환자에게 관계를 확립하고 치료사와 클라이언트 사이의 장벽을 초월할 수 있다. 치료적인 만남은 기본적으로 두 음악가(musicians) 혹은 두 음악가(musicers) 사이에 상호적인 관계확립을 지원하고 치료사와 클라이언트 사이가 평등하다는 사실에 강조점을 두고 있다. 치료사와 클라이언트는 음악의 동일한 힘과 특성으로부터 영향을 받는다. 이러한 방식으로 음악중심적인 사고는 어떤 인본주의적인 개념과 심리치료의 초월적인 접근법과 서로 연계된다.

음악적인 관계에서 치료사가 클라이언트에게 주는 메시지는 나는 당신을 바꾸기 위해, 당신을 고치기 위해, 통제하기 위해, 낫게 하기 위해 여기에 있다기보다는 나는 당신이 음악 만드는 것을 돕기 위해 여기에 있다는 것이다. 클라이언트가 직면한 요구는 음악 창조에 대한 갈망에 의해 수반되는 내적인 욕구다. 달리 말하자면 그 욕구는 음악에 대한 욕구다. 만약 필요하다 해도 치료사가 지시하거나, 지나친 요구를 하거나, 혹은 대립하는 것을 의미하지 않는다. 그것은 이러한 도전들에 대한 클라이언트의 반응이 개인 내적 혹은 상호교류적인 역동성에 의해 결정될 가능성이 적다는 것을 의미한다. 그러면 클라이언트는 뮤지킹의 욕구와 만나 그것의 유익을 얻는 데 더 자유로워진다.

🎵 음악중심적인 사고는 전체를 포용한다

과학에서 환원적인 분석은 서로에 관하여 그들이 어떻게 기능하는지 연구하고 그것들을 부분으로 쪼갬으로써 현상들을 이해하려고 시도한다.[11] 정신역동적인 해석과 성격 모델은 성격 구성요소의 상호작용에 근거한 개인의 행위와 경험을 설명하려고 시도한다는 점에서 환원적이다. 행동주의적인 해석에서 복잡한 행동은 그들의 기본원칙을 구성하는 좀더 단순한 행동으로 분석된다는 점에서 비슷한 개념적인 토대에 있다. 비록 그 타당성은 입증할 수 없는 형이상학적 믿음에 기초하고 있더라도, 현상에 대한 과학적인 설명은 그것의 구조를 분명히 표현할 수 있을 때 이루어진다는 개념이며, 이러한 개념은 설명을 중단할 시점을 결정할 수 있는 기준이 된다. 그러므로 그것은 이론화하는 하나의 가능한 유형을 구체적으로 나타낼 뿐이다.

음악중심적인 사고는 임상적인 음악을 개인 전체의 수준에서 발생하는 현상으로 여기며, 그것은 가장 잘 이해되는 유기체의 수준에 관련해서다. 완전하고 통합된 존재로서 개인적인 출발을 갖는 성격이론은 자아, 내적 아동 혹은 뉴런보다는 사람의 고유성에 대한 욕구, 창조에 대한 욕구로부터 나타나는 미적 과정을 이해하는 것과 더욱 일치되는 것으로 보인다.

이것은 음악치료 과정이 병리 혹은 장애의 범주에서 분석을 위한 관련

---

11) 이 논의는 Aigen(1991a)에서 다루었다.

적 차원을 제공하지 않는다는 조망이 따라온다. 전체론적인 입장에서, 그들이 건강하든 혹은 파괴적이든, 성격 구성성분의 상호작용에 대해 음악적인 표현을 축소시키기 위한 이론적 근거는 없다. 음악중심적인 실행가는 정신분열증, 자폐증, 알츠하이머 병 혹은 다른 사람이 위탁하는 장애를 치료하지 못한다. 대신에 다양하고 보편적인 인간 필요에서 개인과 함께 음악적으로 관여하는 방법을 발견함으로써 그들의 작업을 개념화한다. 이것은 의미 있는 인간관계를 필요로 하고, 사명 혹은 직업으로 할 만한 가치가 있으며, 삶에서 존재에 관한 목적의식을 가지며, 이러한 욕구와 만나기 위해 다른 사람들과 표현적으로 관계하는 능력을 포함한다. 이러한 맥락에서 David Ramsey(2002)의 연구는 "필수적인 인간 경험"(p. 125)의 7가지 범주를 나타냈다. 그것은 실어증 클라이언트와의 음악치료에서 "노력, 능력, 좌절, 유머, 우애, 자기주장, 공동체"로 그 특성을 나타냈다(p. 129).

　정신병적, 정서적, 인지적 그리고 운동적인 장애들은 이러한 필요와 만나는 방식에서 장애물일 수 있으며, 단지 덜 심한 비병리적인 요인일 수 있다. 확장하면 음악중심적인 작업은 이들이 장애에 의해 내몰린 혹은 특수한 집단이 아니라는 생각이다. 사실, 음악중심적인 작업 안에서 기능의 넓은 범위에 걸쳐 사람들과 함께하는 음악치료 과정의 본질은 매우 비슷한 것처럼 보인다. 인간욕구는 무능하게 하는 환경과 같은 것보다는 작업의 과정을 지시하는 것에서 더욱더 상응하는 요소로 나타난다.

　음악을 경험하고 창조하는 데 대한 욕구는 본능적인 인간의 욕망이며, 다른 충동, 필요, 결핍에 따라 환원되거나 해석될 때 더 이해되는 것은 아니다. 음악은 본질적인 특성들 때문에 인간 복지에 대한 근본이다. 음악치료 과정이 심리적인, 행동적인, 신경적인 수준이든 아니든 간에, 그것은 더 기본적인 어떤 것의 반영 혹은 상징으로 보이지는 않는다. 그러나 관심의 실제적인 현상이다. 치료적인 관계는 음악적으로 형성되고, 개인내적 그리고 상호교류적인 갈등은 음악적으로 표현되고 해결된다. 이것은 갈등과 감정이 음악적으로 표현된다거나, 이원적인 혹은 환원주의적 접근법이 더 진실일 수 있다는 의미가 아니다. 그보다 음악중심적인 관점에서, 클라이언트와 치료사가 그들의 표현으로 묶이게 되어 일체감이 발생하는 동일시의 과정이라고 말하는 것이 더 정확할 것이다. 음악적인 발전은 개인적인 발전이다.

그것은 인간이 전체적인 존재로 중히 여기게 될 뿐 아니라 음악 자체를 이러한 방식으로 살피게 되는 것이다. 음악치료에서 음악의 가치는 그것의 요소를 따로 분리하여 보는 것이 아니라 음악 경험의 전체적인 의미와 중요성이라는 관점으로 보는 것이다. Ansdell(1995)은 "그것은 활기를 주는 것이며 나뉘지 않은 전체로서의 음악이다—사람에게 생명과 유창함과 편안함을 주는 것이라고 말할 수 있는 것…… 리듬, 멜로디와 프레이징의 '해결'은 본질적으로 단순히 함께 음악을 만든다는 기초적인 사실에 대한 산출물이다."라고 말하면서 이러한 입장을 주장한다(p. 86).

Ansdell이 음악이 그 요소로 축소될 때 관련되는 두 가지 입장을 관찰한 것처럼, 그것은 "파킨슨 병을 위한 리듬, 천식환자를 위한 프레이징 기법 등"(p. 86)을 처방하는 환원주의적 중재 철학에 대한 얕은 보조일 뿐이다. 음악 경험이 그것의 전체성 안에서 보존된다는 방식과 음악치료에서 인간은 비슷하게 간주된다는 방식 사이에 논리적인 연결이 있다. 음악중심적인 입장의 음악치료는 환경, 임상적인 필요 혹은 결함을 다루는 데 대한 음악 요소를 사용하기보다는 그것을 소유하는 내적인 보상을 위해 인간에 대한 음악의 전체적인 현상을 가져오는 것으로 생각된다.

🎵 일반화에 대한 대안적 견해

다음에 논의하게 될 음악중심적인 사고는 반드시 음악중심적 사고와 연결되지 않을 수도 있다. 결국 그것은 음악중심적인 방법으로 작용할 수 있다고 추정하는 것이 타당할 것이다. 그러나 여전히 치료 세션 밖의 일반화나 다른 영역에 대한 기능의 정도로 결정되는 치료적인 성공이나 가치의 전통적인 개념으로 보일 수도 있다.

이러한 질문에 착수하며 나는 실제로 요청되는 두 가지 질문으로 우선 나누어 보려고 한다. 일반화에 대한 대부분의 논의에서 이러한 두 가지 질문은 통상적으로 서로 구별되지 않는다. 이것은 치료 세션에서 음악치료사가 긍정적인 변화를 보이는 클라이언트를 논의할 때 혼란을 초래할 수 있다.

① 첫째 질문은 치료실에서 나타난 변화가 클라이언트 생활의 다른 부분으로 입증되는 정도에 대한 것이다. 즉, 세션에서 입증된 변화가 무엇이든지 간에 세션 밖에서도 보이는가? 만약 세션 밖에서 음악 기능을 본다면, 이것은 이러한 질문의 대답에 정당한 탐구 영역이 될 수 있을 것이다.

또한 첫 번째와 다른 두 번째 질문이 있다. ② 음악에서 보이는 변화들이 다른 기능의 영역에서 어느 정도까지 입증되는가? 다시 말해 음악 기능에서 변화되는 결과에 따라 향상된 기능이 운동적, 인지적, 감정적, 신체적, 생리적, 신경적 혹은 의사소통적 차원에서 어떻게 기능하는가?

따라서 질문의 답에 대해 일반화의 두 가지 차원이 있다. 질문 ①의 답에서는 세션 내에서의 음악 기능이 동시에 클라이언트의 세션 밖에서의 음악 기능으로 어떻게 향상되는지 논의하는 것이 적당할 것이다. 이것을 제1유형의 일반화라고 부르기로 하자. 이것은 기능의 일반화에 대한 형태일 것이다. 왜냐하면 세션 내에서의 변화는 세션 밖에서 보였기 때문이다. 질문 ②에서는 세션 내와 밖에서 클라이언트의 비음악적인 기능이 어떻게 변화되는지 논의하는 것이 적절할 것이다. 이것도 기능의 일반화의 한 형태가 될 것이다. 왜냐하면 음악 기능의 변화는 그 평가가 만들어진 특별한 문화적 배경—세션 내에서 혹은 세션 밖—에도 불구하고 기능의 다른 영역에서 기능하는 것으로 보이기 때문이다. 이것을 제2유형의 일반화라고 부르기로 하자.

대부분의 사람들은 음악치료 세션에서 일어나는 발달의 일반화에 대해 질문할 때 질문 ①과 ②를 혼합하여 묻는다. 그들은 치료 세션에서 변화들(음악적인)이 얼마나 잘 이루어지는가에 대해 알기 원하는 것은 세션 밖 기능의 영역(비음악적인)에서 보이는 것이며, 제3유형의 일반화라고 부를 것이다. 사실, 많은 사람들이 제3유형의 일반화는 음악치료의 가치를 평가하는 것에서 실제로 합리적이라고 믿으며, 나의 제1유형과 2유형에 대한 논의는 다소 비현실적이거나 비실용적이다.

그러나 만약 우리가 언어치료 혹은 물리치료 등을 생각하면, 이러한 일반화에 대한 유형은 전혀 비현실적으로 보이지 않는다. 언어치료사와 물리치료사는 세션에서 보이는 언어와 운동기능이 세션 밖에서 일반회되어 얼마나 잘 향상되는지 알기 원하는 제1유형의 일반화에 확실히 관심을 갖게 될 것이다. 클라이언트에 대해 전체적인 관점을 갖는 치료사는 아마도 제2유형의 일반화에 관심을 가질 것이며, 세션 내에서와 밖에서 언어와 운동 기능이 클라이언트 기능의 다른 영역, 예를 들어, 감정적인 영역에 어떻게 영향을 미치는지 알기를 원한다. 그렇다면 다른 전문가들에게 완전히 합당하게 보이는 질문이 음악치료에 적용될 때 일반화의 개념에 대한 왜곡과 같이 보이는 이유는 무엇일까?

언어치료사와 물리치료사에게 그들의 중재 매개체—언어와 근운동—는 중재의 도구이면서 동시에 변화가 추구되는 영역이다. 언어치료사는 언어 기능을 강화하기 위해 언어를 통해 중재하며, 물리치료사는 운동조절을 강화하기 위해 신체 조정과 동작을 통해 중재한다. 그러나 음악치료사의 전통적인 개념은 다르다. 음악치료사가 기능의 다른 영역에 영향을 미치기 위해 음악을 통하여 중재한다고 말하는 것에는 목적과 수단이 분리되어 있다.

음악중심적인 실행가에게 뮤지킹은 본질적인 인간 활동으로 생각되며, 그러한 참여는 독특하고 가치 있는 보상을 가져다준다. 따라서 언어치료와 같이 수단과 목적이 일치하는 중재의 적법한 형태로서 여겨지는 제 1

유형의 일반화와 제 2유형의 일반화는 음악치료에서 일반화의 합당한 형태로 여겨진다. 음악중심적인 실행가에게, 만약 클라이언트에게 그 세션 안에서의 음악적인 발달이 세션 밖에서의 음악적인 발달에서 나타난다면 이것은 임상적인 결과와 성공적인 일반화의 예시로 적당할 것이다. 왜냐하면 음악중심적인 실행가는 음악적인 참여와 경험을 중하게 여기기 때문이다.[12]

이러한 추론의 노선에 반대할 수 있는 것은 클라이언트가 언어 혹은 운동 능력의 문제로 언어치료와 물리치료에 오는 반면, 음악치료 클라이언트는 음악적인 문제로 오지 않는다는 것이다. 따라서 중재 매개체와 변화의 분야가 언어치료나 물리치료에서 동일하다는 사실이 음악치료에서는 비슷한 입장을 취하지 않는다는 것을 뒷받침한다.

음악치료 클라이언트가 음악치료에 오는 이유에 대해 생각해 보자. 왜? 라는 질문은 복잡한 철학적인 논점으로 악명 높다. 만약 예를 들어, 케네디 대통령이 살해당한 이유에 대해 우리가 질문을 하면, 그들의 개념 수준에서 매우 여러 가지 질문에 대한 많은 답이 있다. 대답의 형태가 얼마나 많이 다른가를 생각하는 것은 대답이 다르다는 것이 아니라 이러한 질문이 가능하다는 것이다. 이러한 질문은 다음과 같다. ① 총을 발사한 사람의 순수한 신체적인 묘사, 그리고 그것의 이유가 되는 필연적 결과인 신체적 손상, ② 당시의 정치적인 힘과 사회적 불안에 대한 묘사 그리고 특별한 관점의 상징으로서 케네디의 역할, ③ 정신이상 총기휴대자의 심리 및 일대기에 대한 상세묘사, ④ 미국 정치 역사에서 폭력의 역할에 대한 묘사다. 분명히 이러한 각각의 분석 수준은—신체적, 사회적, 심리적, 역사적인 조건을 다루면서—왜? 라는 질문에 답을 한다.

사람들이 음악치료에 오는 이유는 왜인가? 적법한 답을 제공하는 데 대

---

12) 더 나아가 수단과 목적에 대한 논의에 대해서, 그리고 음악치료 실행을 정의하는 문제와의 관계에 대해서는 Stige(2002, pp. 190-191)와 Garred(2001, 2004)를 보라.

해 비슷하게 다양한 방법들이 있다. 물론 어떤 사람들은 비음악적인 문제를 다루기 위해 자신의 선택에 따라 온다. 이것은 심리적으로 손상되지 않은 사람과 특별히 심리치료적인 구조의 문제를 다루기 원하는 사람, 혹은 자아실현의 과정에 참여하기 원하는 사람들을 나타내는 것으로 보인다.

그러나 많은 음악치료 클라이언트들은 단지 이렇게 묘사된 이유와 방식으로 음악치료에서 그들 자신의 참여를 시작하려고 하지 않는다. 이것에는 모든 아동이 포함되며 모든 연령의 발달지체, 치매, 심한 정신적 혼란 혹은 의사소통을 막는 의학적이고 신체적 손상을 가진 모든 사람이 포함될 것이다. 이렇게 질문해 보자. "이러한 사람들이 왜 음악치료에 있는가?"

여기에 몇몇 전형적인 대답이 있다. 즉, 부모들은 어떻게든지 아동을 돕게 될 것이라고 생각한다. 행정가는 그의 책임하에 부모와 클라이언트들이 음악으로부터 유익을 받을 것이라고 생각한다. 음악치료는 치료팀 혹은 학교위원회와 같이 클라이언트보다 다른 사람이 세운 치료계획의 일부분이다. 음악치료 클라이언트를 대신하여 결정하는 이러한 개인들 모두에게, 음악치료에 사람을 포함시키기 위한 그들의 이론적인 근거는 확실히 치료의 매개물 밖에서 얻는 범위를 포함하는 것이 될 것이다.

그러나 음악중심적인 사고는 음악치료가 클라이언트에 경험되는 것에 따라 그리고 기술(description)의 수준에 기초를 둔 음악치료를 위해 설명적인 모델을 형성함으로써 특별히 음악치료의 본질적인 보상에 초점을 맞춘다.[13] 왜 다른 것들을 두려워하는 자폐아동이 음악치료 세션에는 기꺼이 들어오는가? 왜 치매에 걸려 위축된 환자가 음악 만들기에 적극적으로 참여하는가? 왜 정신분열증 여인이 음악치료 세션을 위해 일주일에 한 번씩 집을 나서는가? 왜 약물남용으로 정신과에 입원 중인 환자가 다른

---

13) 비록 그러한 생각에 대한 출판물이 몇몇 있지만, 음악적인 목적으로 음악치료에 오는 클라이언트의 생각은 단지 이 책 저자의 엉뚱한 생각이 아니다. 그럼에도 불구하고 이러한 상황은 급속히 변하고 있다. 예를 들어, Procter(2004)는 "새로운 발견, 더욱 건강한 음악과의 관계"(p. 224)로 클라이언트의 음악치료 과정을 묘사한다.

치료 영역에 적극적으로 참여하지 않으면서 기꺼이 음악치료 세션에 참여하는가?

나의 제언은 이러한 모든 사람들이 음악을 위해 음악치료에 온다는 것이다. 음악은 그들 안에서 끌어내는 것이고, 그들을 동기화시키는 것이다. 이는 그들이 삶의 다른 영역에서 하는 것보다 더 충만하고 건강해지는 방식에서 각기 기능하는 방법을 설명하는 것이다. 그것은 음악치료에서 그들의 존재의 이유가 되는 뮤지킹에 참여하기 위한 기회다. 그렇다면 만약 음악적인 문제로서 음악을 하는 기회 결핍을 정의한다면, 그들은 음악적인 문제로 음악치료에 온다고 말하게 되며, 지금 말한 것처럼 언어치료와 물리치료와 같은 맥락이 될 것이다.

🎵 기능의 일반화는 음악치료를 평가하는 데 필요한 기준이 아니다

음악중심적인 이해로 일반화 특성에 대한 어떤 사고를 확인하면서, 나는 비음악적인 영역으로 직접적인 음악 기능의 일반화보다는 여기에서 한 단계 더 나아가 음악중심적인 실행가들의 임상적인 초점이 어떤 것이 될 수 있는지 그 방법을 논의하고 싶다. 비록 이것이 다시 경험적인 질문일지라도, 뮤지킹의 결과로 생긴 자아의 강화는 종종 다른 영역에서도 나타난다는 것이 사실일 것이다. 그러나 음악중심적인 관점에서 이러한 부분은 중재의 소재도 아니고 직접적으로 추구하는 진보의 영역도 아니다. 뮤지킹에서 우리는 다른 영역에서 클라이언트가 할 수 있는 것을 넘어서 기능하는 것을 빈번히 본다. 그러나 일반화의 부재—세션 밖에서의 다른 음악적인 부분인 즉 제1유형이나 비음악적인 부분인 제2유형—은 두 가지에 대한 치료 중재의 가치를 평가하는 데 불리할 것으로 간주되는 것은 아니다.

오직 일반화의 제3유형에 관심 있는 사람들을 위해—즉, 세션 밖의 비음악적인 부분에 대한 음악적인 발달에 대한 일반화—일반화의 질문은 되돌아온다. 의미 있는 질문은 왜 일반화를 하지 않는가?가 아니다. 그보다 다른 것들은 같은 잠재력을 일깨우는 방법에서 클라이언트와 구조적인 비음악적 환경에 관련할 수 있는가?다. 달리 말해 일반화의 부족은 치료의 결핍으로 보이지 않지만, 음악치료사의 기술과 민감성을 일깨우는 데 개인과 다른 환경의 무능함으로 본다.

뮤지킹은 본질적인 인간 활동과 같은 것으로 간주되기 때문에 음악중심적인 실행가는 때때로 클라이언트의 행동과 음악 경험, 그리고 음악치료 세션에서 자신과 타인을 자기 정당화할 수 있도록 받아들일 수 있다. 음악적인 기능이든 다른 기능의 부분이든 세션 내에서든 밖이든 간에 직접 얻게 되는 기능의 변화는 없다. 음악에서 클라이언트 자신의 경험은 외부의 어떤 것에 기초하여 정당화될 필요 없이 기본적인 인간 수준에서 매우 중요하게 될 것이다.

이러한 생각은 예술이 외적인 만족 때문이 아니라 그들 안에서 자기 정당화하는 참여를 가져오므로 사회에 있는 예술을 생각해 볼 때 그렇게 급진적인 것이 아니다. 많은 다른 주장들이 예술에 대한 공적인 지원에 도전장을 낸다 해도, 인간 기능의 비예술적인 부분을 강화하는 예술형식이 이들과 함께 연루되는 방법을 자세히 증명할 수 없기 때문에 시민교향악단이나 미술박물관의 가치를 질문하는 사람은 아무도 없다. 음악중심적인 입장에서 장애인을 위한 음악의 예술적 역할은 기본적으로 비장애인을 위한 역할과 다른 것으로 볼 수 없다. 이러한 이유로 음악에 참여하는 것은 임상적인 환경의 밖에서 비음악적인 원리가 아닌 것을 요구한다. 그렇다면 이는 임상적인 환경 안에서도 비음악적인 원리가 아닌 것을 요구하게 될 것이다.

이것은 비음악적인 기능의 범위나 환경에서 변화를 환영하지 않는다고 말하는 것은 아니며, 심지어 음악중심적인 실행가들도 이후에 변화를 추구한다. 사실, Nordoff-Robbins 접근의 음악중심적인 중요한 측면이 어떤 것인지에 대해 1장에서 논의한 것에 의하면, 음악적인 발전은 자신의 발전이고, 사람이 음악적인 존재로 변화되는 것은 더 건강해지는 발전을 위한 템플릿이 될 수 있다. 이러한 변화는 중재 형태로서 음악치료의 성공을 평가하는 데 대한 가장 중요하고 단일한 기준으로서 특권이 아니라는 것을 말하는 것이다. 위에 기술한 예를 확장하면, 의사소통과 신체적인 기능의 결함 때문에 언어치료사 혹은 물리치료사에게 가는 사실에 대해 질문하는 사람은 아무도 없다. 어떤 면에서 상상 이상으로, 음악중심적인 사고는 음악치료에 오는 합당한 이유가 자신의 삶에 음악이 부족하기 때문이라는 생각을 지지할 수 있다.

06 음악치료 모델에서 음악중심적인 사고

이 장은 두 가지 목적을 가지고 있다. 첫째, 음악중심성을 정의 내리는 측면을 집중적으로 조명해 보고자 어떤 특정한 음악중심적인 개념과 이론들을 논의하려고 한다. 둘째, 음악중심적인 구조들이 여러 가지 음악치료 접근법에서 발견되는 것을 보여 줌으로써 음악중심적인 사고가 어떤 특정한 모델의 독점적인 소유가 아니라는 일반적인 논제를 지지하려고 한다.[1] 따라서 나는 그들이 시작한 음악치료의 모델에 일치하는 개념들과 이론들의 제안으로 편성하였다.

주안점은 일찍이 음악치료의 독자적인 모델들이 각각 모델 간의 차이점보다는 모델 내의 차이점이 더 커져서 매우 다양해지고 분화되고 있다는 것이다. 사실, 모델들은 이렇게 비슷한 방식으로 분화되고 있다. 예를

---

1) 이것은 음악중심적인 사고가 오로지 공인된 모델에서 실행하는 치료사들이 증명한 것을 말하는 것이 아니다. 특별한 모델과 동일시하지 않는 음악중심적인 신념과 실행에 찬성하는 음악치료사들이 더 많이 있거나 더 이상 없을 수 있다. 그리고 또한 그들의 실행이 음악중심이라는 점에서 특정한 모델 내의 실행가들 사이에 더 큰 차이점이 있을 것이다.

들어 그들 자신 모델 내의 다른 실행가들보다는 상호 간에 더 많은 공통점을 갖는데 심상유도 음악치료, 정신분석 음악치료, Nordoff-Robbins 음악치료 접근의 음악중심적인 실행가들에게서 찾을 수 있다. 음악치료의 전문직은 여전히 이전의 입장들이 그 의미를 전달하는 상황에서 재개념화를 통하여 나아가고 있으나 임상가의 치료적인 틀이 주어지는 지식으로 전체적인 내용을 말하는 것은 아니다. 그러므로 음악중심적인 개념이 그들의 독자적인 명확한 표현으로 그리고 어떤 현대적 적용이라는 점에서 음악치료 실행의 몇몇 모델들과 관련짓는 방법을 논의하는 것은 유용할 것이다.

각 접근법의 설명과 분석은 이해하는 것보다는 제안적인 것이다. 몇몇 중심적인 개념과 실행들은 그것들을 음악중심적으로 만드는 요소들에 주목하도록 논의된다. 그러나 접근의 완전한 개요나 그들의 주요 특성을 제공하도록 애쓴 것은 아니다.

🎵 분석적 음악치료

비록 우리가 만든 모델의 명칭이 다른 것을 가리킬지는 몰라도, Mary Priestley의 분석적 음악치료(Analytical Music Therapy: AMT)는 음악중심적인 원리와 매우 일치하는 개념적인 기초에 근거한다. 이들의 원리는 음악치료 과정의 세 가지 범위로 논의된다. ① 인간 정서의 음악적인 본성과 치료사의 역할과의 연결, ② 음악 요소의 임상적인 역할, ③ 초월적인 경험에 대한 매개물로서의 음악이다.

비록 AMT가 전체성에서 볼 때 분명히 음악중심적인 접근이 아니더라도, Priestley는 종종 퇴행과 승화의 과정을 통해 음악의 임상과 기능을 설명하고 호소함으로써 고전적인 정신분석적 관점보다 더 넓은 음악의 인식을 갖는 것이 분명하다. 무엇보다 그녀는 음악의 광범위한 기반과 인

간 존재를 위한 음악의 중요성을 갖는다. "소화를 하고 숨을 쉬고 잠을 자
는" 인간 삶에 대한 본질로서 음악을 고려하는 "내적인 음악"의 개념이
다(Priestley, 1975, p. 199). "멜로디는 사람의 영혼에 존재한다. 그 영혼은
참으로 음악가의 연주에서 되풀이된다." (Steiner, Priestley, 1975, p. 199 인
용) 몇몇 독자들은 그녀가 Rudolf Steiner를 인용하는 것에 대해 놀랄지
도 모른다. 이렇게 그녀는 인간으로서 우리의 존재 중심에 음악이 있다고
믿는 것을 어느 정도 알리는데, 어떤 사람은 Nordoff-Robbins 접근법과
더 결부 짓기도 한다.

　음악과 치료적인 관계는 치료과정에서 각기 필수적인 역할을 한다.
AMT에서 "클라이언트와 치료사의 관계는 음악을 통해 치료적인 변화의
효과적인 수단이 된다. 음악은 관계를 통해 효과적인 변화의 대리자가 된
다."(Bruscia, 1987, p. 157) 변화의 대리자로서 음악 자체를 인식함으로
써, Priestley는 분명히 음악중심적인 사고의 중요한 측면을 포착하였다.

　이런 방식으로 그녀는 개인의 한계를 초월한 그리고 음악중심적인 개
념을 인정하며 음악치료의 전통적인 생각으로부터 더 멀어진 반면,
Priestley는 음악치료에서 미적 경험의 중심적인 역할을 인정한 미국 음
악치료의 선구자 E. Thayer Gaston이 보인 것과 비슷한 경향을 보인다.
그러나 아직 이것은 체계적이고 전문적인 실행의 범위 밖이었다고 믿었
다(Aigen, 1991a). 아마도 음악중심적인 개념의 발달에서, 우리는 주로 그
시초부터 음악치료의 일부가 되어 온 경험들과 개념들을 위해 전문적인
대화에서 역할을 개척하는 데 종사하였으나, 그들이 전통적인 사고에 도
전하는 방식 때문에 따로 제쳐 놓고 추진되어 왔다. 확실히 Priestley는
다음과 같이 자신의 일을 기술하면서 이 개념을 받아들인다. "오늘날의
매우 훈련받은 의료인의 백색 가운과 다른 시기의 샤먼과 북치는 치유자
의 남루한 모피 사이에서 어디론가 힘껏 헤치고 나아간다. 우리는 양쪽
모두에게 큰 은혜를 입고 있다." (1975, p. 264)

인간 감정의 음악적 본성과 치료사의 역할

Priestley(1975)의 구성개념을 보면, "내적인 음악은 어떤 사람의 사고 구조 뒤에 있는 감정적인 상태를 압도한다."(p. 199) 그리고 그것은 모든 사람의 행위에서 분명히 나타난다. 각 개인의 내적인 음악의 본성은 "습관적인 태도, 과거 사건에 대한 감정적인 반응, 미래에 대한 기대로부터 오는 표현되지 않은 감정"에 따라 결정된다(p. 200). 사람들의 내적인 음악은 다른 사람에 대해 그것의 효과를 결정하고, 그들의 사회적인 관계 모두에 의미 있게 영향을 미친다. 이런 관점에서 우리의 가장 깊은 곳의 존재는 우리의 모든 상호작용을 통하여 세상에서 음악적으로 표현된다.

왜냐하면 우리는 이렇게 본질적으로 음악적인 존재이기 때문이며, Priestley(1975)는 최초로 본질적으로 음악적이라고 말한 두 가지 음악치료사의 기능을 설명하였다. 그것은 "마디점(nodal point)"(p. 195)과 "공명현(sympathetic string)"(p. 196)이다. 마치 악기의 마디점은 너트나 기타의 브리지처럼 나머지 다른 부분이 진동하고 만족스러운 소리를 내기 위해 진동하지 않는 지점이다. 치료사의 침묵은 클라이언트가 자신들의 감정으로 충분히 진동하며 나아가게 해 준다. 클라이언트가 자신의 내적, 감정적인 실재를 표현하도록 허용해 주는 고정된 마디점으로서 그것은 치료사의 침묵과 존재적 성격이다.

마디점의 개념과 대조되는 것은 "직접적으로 활로 긋거나 퉁기지 않는…… 그러나 그 음을 풍부하게 진동시키는"(p. 196) 공명현으로서의 치료사의 개념이다. 치료사는 클라이언트에게 표현되지 않은 감정을 진동시킬 수 있고, 어떤 것은 치료사의 음악과 단어를 통해 클라이언트의 인식에 떠오르도록 할 수 있다. "존재하기 위해 생동감을 허락하는"(p. 196) 것으로서 클라이언트에게 아직 표현되지 않는 클라이언트 존재의 측면을 진동시키는 이러한 능력은 생의 초기에 다른 사람에 의해 부정되어 온 것일 수 있다.

N

이러한 개념에 대한 Priestley의 제안은 단지 은유적인 감각 이상을 의
미한 것이 분명하다. 그녀는 치료사의 기능이 공명현과 같거나, 우리의 감
정적인 삶이 음악과 같다고 말하지 않는다. 그녀의 접근에서 음악치료를
위한 기본적인 원리의 하나는 우리가 기본적으로 음악적인 존재가 되는
것, 우리의 감정적인 삶이 본질적으로 음악적인 기질을 갖는 것, 그럼으로
써 음악이 우리의 삶에 더 큰 만족감을 얻기 위해 내부 장애물을 다루는
훌륭하고 적절한 수단인 것이 분명하다. 반면, 그녀의 특정한 기술은 정신
분석적인 사고에서 끌어낸 것으로 보이지만, Priestley의 음악과 인간 본
성에 대한 기본적인 관점은 음악중심 이론의 어떤 국면과 완전히 일치하
는 그녀의 최초 개념으로 진행하는 확실한 발달 노선을 허락한다.

음악의 요소

Mary Priestley는 음악적인 소재와 그것들의 임상적인 기능에 대해서
광범위하게 기록하지 않았다. 그러나 이러한 주제에 대한 그녀의 저술에
서 모순적인 사고가 표현되었더라도, 음악에 대한 그녀의 신념은 음악중
심적인 사고의 전제와 일치한다는 것이 그녀의 저술에 진술되어 있다. 예
를 들어, 그녀는 "멜로디의 패턴은 그 작곡가의 인생 경험으로부터 만들
어진다. 그것들은 깊은 내적인 의미를 가진다." (Priestley, 1975, p. 214)는
것을 관찰한다. 그녀는 외관상 효과를 보이지 않는 3세 뇌수종 환자를 위
해 '장조로 재미있는 작은 곡'을 연주한 일화에 대해 자세하게 열거한다.
그러나 그녀가 단조로 연주하였을 때, 그녀는 "그의 눈이 나를 찾았고 그
의 작은 몸 전체가 민감한 관심을 표현하였다……. 우리는 음악에서 표현
한 경험을 함께 나누었다." (p. 214)고 하였다.

흥미롭게도 Paul Nordoff는 음악치료에서 바로 그 첫 번째 소년과의
매우 유사한 경험을 보고하였다. 그는 중국 오음계(음계의 근음, 2도, 4도,
5도, 6도로 구성)를 연주하는 동안 만족하고 평온한 것으로 보였다.

Nordoff가 일본 오음계(근음, 단2도, 완전4도, 5도, 단6도)로 음을 바꾸었을 때, 소년은 울음으로 응답하였다. Nordoff는 두 가지의 음계를 번갈아서 연주하며 그때마다 같은 반응을 관찰하였다.

이러한 독창적인 경험은 서로 다른 음계, 형식, 이디엄이 갖는 본질적인 특성을 인식하면서 Nordoff-Robbins 접근법의 기초가 되는 동기가 되었다. 이러한 특성은 음악이 유래된 그 문화의 세계관을 반영하고, 음악치료 과정의 일부는 클라이언트의 욕구와 기질에 기초하고, 서로 다른 음악적 양식으로 상호작용하는 방법으로, 치료사가 특정한 클라이언트와 함께 가장 효과적인 음악을 발견하는 것을 뜻한다.

Priestley는 연주의 조성을 설명하는 것은 음악의 특성이 어떤 차원에서 그녀의 임상적인 중재를 이해하는 것과 관련된다고 믿는다. 다시 말해 그녀는 부분적으로 음악 자체가 임상적인 중재의 일부분인 것을 인정한다. 음악을 통하여 치료사가 행하는 경우뿐 아니라 때때로 음악 그 자체가 중재인 것이다. 이러한 음악중심적인 개념을 그녀의 진술에서 상세히 부연하고 있다.

나는 즉흥연주에서 특별히 유용하다는 것을 발견한 4가지 양식이 있다. 도리안 음계…… 에올리안 음계…… 피아노에서 검은 건반의 펜타토닉 음계, A, B, C, D$^\#$, E, F, G$^\#$, A로 진행하는 이스턴 음계다. 나에게 처음 둘은 평화, 수락, 연속성의 특성을 갖는다. 펜타토닉 음계는 쾌활하고 순종하며, 그리고 반음이 없기 때문에 연주자들은 불협화음을 만들지 않으면서 즉흥연주를 함께 할 수 있다……. 이스턴 음계는 통제된 격앙의 통쾌한 풍미를 주며 으뜸음과 속화음을 가지고 지속적인 저음부로 사용될 수 있다(p. 214).

Priestley는 이러한 개념을 마치 음악적인 처방전처럼 제시하지 않았다. 대신에 그녀는 치료사들이 사용하는 음악적인 소재가 임상적으로 사용될 때 중히 여겨야 하는 고유한 특성이라는 생각을 강조하고 있다.

대조적으로 즉흥연주 구조를 논의하면서 Priestley는 12마디 블루스 형

식, 2부형식, 3부형식 혹은 론도형식이든 간에 즉흥연주에서 보통 비임
상적인 음악형식은 도입하지 않는다고 말한다. 왜냐하면 그러한 형식은
그녀가 치료에서 작용하는 소재의 구성요소가 되는 무의식적인 내용으로
부터 클라이언트를 멀어지도록 하기 때문이다. 예외적인 것은 억압적인
초자아가 감정의 비구조화된 표현을 막는 클라이언트에게 일어난다. 이
러한 클라이언트를 위해 "일정한 음계나 양식으로 연주하는 것"은 억압
을 완화하고 "이전에는 참을 수 없었던 감정을 표현"하도록 해 준다(p.
131). 요컨대, Priestley는 그녀의 음악적인 즉흥연주가 형식적인 내용들
에 대해 어느 정도 주의집중하게 하는 반면, 때때로 이것은 사람들에게
사용되는 고유한 특성 때문에 어떤 때는 음악형식이 클라이언트의 방어
기제를 편향시키는 구조를 제공하는 원인이 된다. 전자는 음악중심적인
사고와 일치하는 것으로 보이는 반면, 후자는 그렇지 않다.

수용적이고 창조적인 경험

Mary Priestley(1994)는 최근의 가장 주요한 출판물에 "말로 표현할 수
없는(The ineffable)"으로 에세이의 표제를 정하기로 하였다. 이는 그녀가
초월적인 아름다움의 음악 경험들을 위해 표제를 붙이기 위해 시도한 것
이다.[2] 이는 그녀의 깊은 양면 가치의 반영으로서 책의 결말에 이러한 에
세이를 배치한 것으로 해석할 수 있다. 한편으로는 그것이 책의 완성에
명예로운 장소가 되고, 다른 한편으로는 Priestley가 책 뒤에 그러한 사고
를 숨겨둔 것처럼 보일 수도 있다. 실제로 그녀는 다시 부상하는 음악 유
형의 가능성을 파괴하는 위험이 흐르고 그렇게 하려는 감정 때문에 "이
후기를 쓰면서 매우 겁이 났다." 뿐만 아니라 "연주자의 생동적인 무언가

---

2) Susan Hadley(2002)는 이것을 Priestley의 이론 틀의 독특한 초월적인 양상이 되는 것으로 생
   각하였다.

를 파괴하는" 것일 거라고 말하면서 그녀의 양면가치를 표현한다(p. 319). 이러한 음악이 묘사된 방법은 다음과 같다.

때때로 치료사와 환자가 즉흥연주를 할 때, 치료적인 결합을 시작하기 위하여 음악이 그 특성을 바꾸기 시작하는 순간이 온다. 치료사는 음악이 그 두 사람보다 더 커지게 되는 것을 느낄 수 있고 그때 그는 음악이 그를 연주하는 것으로 느낀다. 사실, 그가 연주자가 되기보다는 도구가 되는 것으로 느낀다……. 두 연주자는 강하게 연합되나 음악에 의해 가려져 있다. 하나는 그렇게 변화된 경험에서 나오는 것이고, 하나는 억제하면서 어떤 것을 잃게 되며, 더욱 크고 폭넓은 존재의 감정을 얻는다……. 이것은 영원한 현재 속에서 "수용적이고 창조적인 경험"(RCE: Receptive Creative Experience)이 일어난다 (pp. 320-321).

비록 RCE가 그녀의 이론에서 아무 역할을 하지 못한 것으로 보일지라도, 그것은 아주 심오하고 미묘한 차이에 따른 반추로 Priestley의 상상력을 붙잡은 것으로 보인다. 그녀는 이러한 경험이 어떻게 개인 또는 그룹 환경에서 발생하는지 논하며 RCE들의 서로 다른 유형이 있다고 논한다. 몇몇은 더 강렬하고 완전한 반면, 다른 것은 "기쁨이 떠오르며 거대한 동요"로써 "열광적인 감정"으로 특성지어진다(p. 323).

이러한 묘사로 비추어 보아 Priestley가 이러한 경험에 대해서 클라이언트들과 결코 말하지 않는다고 한 것이 신기하다. 대신 "음악이 그것을 말했다. 더 무엇이 필요한가?"라고 주장하면서, 그녀는 "당신이 그 마법에 접촉한다면, 당신은 음악이 갖는 매우 귀중한 섬세함에 경의를 표하게 된다. 하지만 그 침묵은 다채롭다."(p. 323)라며 진술을 계속한다. 그녀는 "좋은 치료를 발생시키는 필수적인 방법이 아니라 즉흥연주의 결과물로서."(p. 324) RCE를 생각한다. 마지막으로 Priestley는 융의 용어로 RCE를 고려하는 것이 가능하고, 융이 아니무스와 아니마를 결합한 것을 기술하며 비슷한 감정을 가졌다고 말하지만, REC는 융의 구조에 완전히 포착되지 않는 매력적인 특성을 갖는다는 생각을 함에 따라 융의 구조는 그녀에게 절대로 충분하지 않다는 것이 분명하다.

Priestly는 그녀의 전체적인 틀과 조화되지 않는 음악 경험을 가졌던 방식과 이러한 경험들을 다루고 묘사했던 방식은 음악치료사들에게 분명히 역사적인 관심사다. 이 책에서 더욱 두드러진 관찰은 임상적인 가치를 갖기 위해 언어적인 과정 혹은 해석을 요구하지 않는 음악치료에는 초월적인 음악 경험들이 있다는 그녀의 인식이다. 그들의 가치는 친숙함과 기쁨이 요구된 경험을 제공하는 방식 안에서 이루어지며 또한 "감정은 반응되어지고 공명되기 때문에" 치료사와 클라이언트 사이에 개인의 마음속에서 생기는 기능으로 "정상적인 조절 과정"의 일부분이 되는 것이다(p. 324). 그 뛰어난 본성 안에서, 말로 표현하지 않는 속에서, 특히 음악적인 본성 속에서, RCE는 분명히 이전 AMT의 개념을 확장한 음악중심적인 개념이다.

음악중심적인 실행가들을 위한 중요한 차이점은 더욱 임상적인 초점의 부산물이 되기보다는 RCE(Priestley 용어에 따름)를 창조하는 것이 중요한 임상적인 초점이 될 수 있다는 것이다. 더욱이 적극적으로 그러한 경험을 창조하는 것을 추구하는 치료사들에게, 그리고 그러한 경험들이 그들의 전체 임상적인 틀에서 너무 이질적이지 않은 사람들에게, 클라이언트와의 이런 경험은 부정적인 중재가 될 수도 있다는 두려움이 적어질 수 있다. 사실, 치료사들이 임상적 또는 비임상적인 환경에서 그러한 강력한 경험들을 가질 때, 그들은 그들의 삶과 전체적인 자아감에 그러한 경험들을 통합하도록 클라이언트를 돕는 논의를 하는 것이 보다 나을 것이다.

심상유도 음악치료

심상유도 음악치료(GIM)를 발전시키면서 Helen Bonny의 가장 중요한 동기 중 하나는 그녀가 바이올린을 연주하는 동안 갖게 된 통찰력 있는 경험이었다. 그 경험이 자연스레 발전하면서 음악치료에서 그녀의 직업적인 영감은 "나에게 일어났던 변화들을 일으키기 위해 사람들의 삶에 음악을 불어넣을 수 있는 방법을 찾는"(2002a, p. 7) 것이었다. 이러한 음악적인 절정경험의 유형은 확실히 치료 환경에 제한되지 않는 것으로서 분명히 GIM 실행의 중심이다. 비임상적인 음악 경험들의 특성을 묘사하는 음악적인 과정을 사용하면서, 그리고 그것의 작업 도구와 변형의 대리자로서 비임상적인 음악의 사용을 통해, 분명히 GIM은 음악중심적인 사고의 어떤 기본적인 특성을 예증한다.

치료로서의 음악

GIM 접근이 치료로서 음악의 개념 안에 강한 뿌리를 가지고 있다는 점에서 3장에서 설명한 음악중심적인 측면과 일치한다. 첫 번째로 완성된 GIM의 출판물에서 Helen Bonny(1978a)는 그것은 "다른 현존하는 기법들보다 '치료로서의 음악' 모델에 더 밀접하기"(p. 2) 때문에 음악치료사들에게 이러한 접근의 탐구를 생각하도록 촉구하였다. 그녀는 "음악이 갖는 강력한 연상의 효과는 대부분 언어적인 치료적 수행으로 지시된 패키지에 맞게 축소된다."는 사실을 애석해 하며, 음악이 "주된 치료 형태로서"(p. 3) 사용되는 것을 통하여 GIM 사용을 격려한다.

Bonny(1978a)는 이러한 독창적인 작업에서 종종 음악의 임상적인 효과성에 대해 언급한다. 그녀는 다음을 관찰한다.

존재의 단일화와 전체적인 자아감을 만들어 내는 GIM에 내재하는 과정들은, 음악 그 자체를 통해 그들의 목적을 향하여 움직인다……. 음악 자체에 내재하는 창조성은 유도된 감상자에게 창조적인 추진력으로 의사소통하는 것같이 보인다(pp. 46-47).

이것은 Bonny가 현재 제시하는 음악중심적인 사고의 모든 중요한 측면에 동의한다는 말이 아니다. 그녀는 GIM의 유익이 심상을 자극하거나 개인적인 문제를 해결하는 것과 같이 음악이 비음악적인 결과를 향하는 수단으로서 사용될 수 있다는 것을 인정하는 것으로 논의했다. 주안점은 음악중심적인 개념과 일치하는 GIM 실행의 개념 틀에 어떤 중심적인 견해가 있다는 것이다. 나의 추측으로는, 비록 Bonny가 그것을 직접적으로 진술하지 않았지만, 때때로 음악이 GIM에서 비음악적인 결과(상상력을 자극하는 혹은 개인적인 갈등을 해결하는 것같이)로 향하는 수단으로 사용되며, 어떤 때는 음악이 더 충만한 인간이 되려는 것 외의 목적을 갖지 않고 경험의 매개물로서 사용되는 것에 동의할 것이다. 음악이 때때로 이러한 방식에 매개체로 작용한다는 사실은 만약 누군가 그렇게 하기로 한다면 GIM이 음악중심적인 틀 안에서 완전히 실행될 수 있다는 것을 제시한다.

GIM 녹음에서 비임상적인 음악의 사용

Nordoff-Robbins 음악치료와 분석적 음악치료와 같은 음악치료 모델은 거의 독점적으로 치료를 위해서 혹은 치료 안에서 창출된 음악을 사용하나, GIM은 오로지 비임상적인 목적을 위해 만들어진 음악을 사용한다.[3] 이것은 순수하게 음악적인 이유로 창조된 음악이 치료에서 사용하

---

3) 이러한 진술은 절대적인 것이 아니라 상대적인 감각에서 그런 것이다. 어떤 사람은 음악적인 음계, 형식, 이디엄들의 사용을 강조하는 것으로, Nordoff-Robbins 실행가는 비임상적인 음악을 사용하는 것으로, 그리고 어떤 분석적 음악치료사들은 세션에서 작곡된 음악 사용을 강조하는 것이라고 주장할 수 있다.

는 가장 강력하고 심오한 현상과 영향력을 포함하는 것을 의미하기 때문
에 현 논의에서 중요하게 고려할 사항이다. GIM의 임상적인 음악 경험들
의 특성은 이전에 기록된 것보다 더 강하게 비임상적인 음악 감상하기 경
험들과 유사하다는 것을 제시한다.

임상적인 그리고 비임상적인 음악 방법의 차이가 무엇인지에 대한 질
문은 어떤 음악적인 상호작용 패턴을 따르는 것에서 비임상적인 즉흥연
주와 임상적인 즉흥연주를 구분할 수 있다고 결론을 내린 Brown과
Pavlicevic(1996)이 Nordoff-Robbins 음악치료의 상황에서 탐구해 왔다.
이 실행 모델 내에 차이점을 강조하기 위해, 또 다른 Nordoff-Robbins
실행가인 Colin Lee(1996)는 음악이 "치료적인 관계의 표현으로서뿐만
아니라 음악 그 자체로서의 음악으로"(p. 10) 양쪽 다 들을 수 있도록 하
기 위해 책에 콤팩트디스크를 포함시켰다. Nordoff-Robbins 공동체에
서, 이 토론은 임상과 비임상음악과 음악 경험들 사이에서 유사성을 논하
는 실행가들이 더욱 음악중심적인 접근이 되는 방식으로 틀을 잡았다. 반
면, 두 가지 사이에서 본질적인 차이를 논하는 사람들은—음악의 구조적
인 요소로서, 음악적인 상호작용의 패턴으로 생각하든지, 혹은 음악 경험
에서 고유한 차이점으로 생각하든지 간에—덜 음악중심이 될 것으로 생
각된다.

반면에 나는 GIM 공동체에서 이러한 문제를 제기하는 출판물들을 알
지 못하나, 그것은 본질적으로 비임상적인 도구를 어떻게 그렇게 강하게
임상적으로 사용할 수 있는지에 대해 중요한 개념적인 탐구가 있는 것으
로 보인다. 나는 이렇게 나 자신이 분석에 착수할 정도로 GIM 자격을 가
지고 있지 않지만, 음악중심적인 사고의 어떤 측면의 적용이 이 상황을
설명하는 데 성공할 것이라는 것을 말하려는 것이다.

만약 임상음악과 비임상음악 경험들이 차이를 보인다는 현 음악 경험
보다 오히려 지지하는 상황이 사실이라면, 이것은 비임상적인 음악이 왜
그러한 임상 가치를 갖는지를 설명하는 하나의 요소가 될 수 있을 것이

다. 이러한 관점에서 치료사의 예술은 특별한 음악 경험이 일어나게 하는 상황을 만드는 데 있으며, 근본적으로 음악 사용은 비임상적인 상황에서 사용하는 방법과 다르지 않다. 이것은 뮤지킹의 개념을 위한 원리로 강화되며, 그 자신을 위한 음악은 그 자체의 목적을 위한 음악인 것이다. 따라서 GIM 실행에서 비음악적인 뮤지킹의 본질적인 기능 중 하나는 의도적인 방식에서 가장 돋보이게 되는 존재다. 더욱이 음악 그 자체의 방법으로 음악적인 갈등의 음조 해결을 통해 개인적인 갈등들을 해결하는 것은 음악적인 과정과 개인적인 과정이 일치하는 훌륭한 예시를 제공하는 것이다.

움직임으로서의 음악

GIM 실행을 위한 기초의 설립에서 Bonny(1978b)는 Susanne Langer (1942)와 Leonard Meyer(1956)의 작업을 인용하였는데, 그녀는 "아마 우리 시대의 음악에 대해 가장 심오한 철학적 사상가"(p. 22)로 생각한 빅터 주커칸들(Victor Zuckerkandl)을 가장 높이 칭송하였다. 움직임으로서의 음악의 개념은 일찍이 GIM 실행의 본질적인 기초로서 제시되었고 그 자체가 직접적으로 인용된 빅터 주커칸들로부터 나온 것이다. "음악적 음은 힘의 전달자다…… 음악을 듣는 것은 힘의 활동을 듣는 것을 의미한다."(Zuckerkandl, Bonny, 1978b, p. 14 인용)

Bonny는 "페이지 위에 기록된 하나의 음 혹은 일련의 음들에 대해 운동적인 것은 없다."(1978, p. 14)는 것을 관찰한다. 그리고 음악에서 움직임이 어떻게 존재하는지, 이러한 운동감각으로부터 도출된 것이 어떤 의미인지 음의 동적인 특성에 대한 주커칸들의 생각을 적용한다. 주커칸들의 관점에서 조성의 근음에 대한 그들의 다양한 관계 때문에 서로 다른 음계는 여러 가지 동적인 특성을 갖는다. 그들은 서로 다른 힘의 정도로 서로 다른 방향들을 가리킨다.

Bonny는 어떻게 "음 안에서 고유한 완성을 향한 욕망은 전체성을 향한 인간의 분투와 비슷한가"(1978, p. 16)를 주목하면서 이러한 현상과 GIM 사이를 연결한다. 이것은 분명히 음악중심적인 사고의 표명인데, 음악적인 발전과 개인적인 발전이 한 점으로 집합하는 것을 말한다. 비록 Bonny는 이 점에 대해 더 자세히 들어가지 않았지만, 그녀는 인간 존재감을 갖게 하는 음악의 큰 매력을 부분적으로 설명하는 데 이러한 개념을 제시하였다. 그녀는 우리가 음악을 보다 많이 이해하도록 도움을 주는 것에 관심을 갖지 않았다. 따라서 그녀의 사고는 주커칸들의 범위를 넘어서 서로 다른 다양한 음악중심 실행들을 위한 기초를 쌓았다.

GIM 프로그램에서 음악의 역할과 요소

GIM에서 음악이 구조화되고 정렬되는 것과 그것을 임상적으로 사용하는 것 사이에 분명한 연결점이 있다. 이들은 우선 정서적인 요소가 나타나고 음악적으로 변환되는 방식으로 관계한다. 고전음악은 이런 방법 때문에 사용된다.

> 기분 혹은 느낌이 나타나면 음악이 마지막에 해결에 이르기 전에 복잡한 전개 부분의 사용을 통하여 의미 있게 변한다. 화성의 종류와 멜로디의 복잡성(또는 긴장)은 그들의 내적인 세계의 깊은 내용들로 자기 자신을 개방하는 사람에게 도움이 된다(Bonny, 2002, p. 181).

따라서 음악이 전개되는 윤곽은 클라이언트의 내적인 경험의 윤곽과 직접적으로 연결된다.

작곡에서 음악적인 특질들을 배치하는 방법의 전형은 "내적 형태"라고 불리는 감상자의 정서적인 반응에 영향을 미친다(1978b, p. 24). Bonny는 GIM에서 감상자의 과정에 영향을 미치는 가장 두드러진 변인인 "음고,

리듬과 템포, 목소리와 악기 양식, 멜로디와 화성, 음색"(p. 26)의 중요성
을 위해, 그것의 임상적인 효과성과 목록의 파악에서 음악의 심리역동적
관점을 넘어서기 원한다.

이렇게 음악 요소에 초점을 두는 것은 음악중심적인 사고에서 음악적
인 분석이 임상적인 과정으로 통찰을 제공하는 일반적인 개념과 주커칸
들의 관심과 일치한다. 그러나 현 단락에서 정보를 위한 우선적인 출처로
구성한 간략한 연구서에서, Bonny는 이러한 영역에 아주 세부적으로 들
어가지 않았고 주커칸들의 개념에 GIM 과정에 대한 그녀의 생각을 연결
하지도 않았다. 대신 그녀는 음악 조정에 따라 포함된 음악에서 더 전통
적이고 관련있는 의미들에 초점을 맞추었다.

예를 들어, 음악 작품을 분석하면서 그녀가 사용한 중요한 차원의 하나
는 지정된 작품에서 우세한 음의 범위 혹은 방향이었다. 이 영역에서 그
녀의 결론은 다음의 방식으로 GIM 과정에 연결되었다.

> 높고 낮음의 의미는 서양 문화의 가치체계와 복잡하게 결합되어 있다. '높
> 은(High)'은 사회적 체계에서 상승되는 '오르다' 혹은 '높아지다'이며, 좋은
> 느낌으로 '어떤 것의 정상' '높아지고 들어올린' ……을 의미한다. 종교 의식
> 의 음악에서 높은 음으로 노래하는 여성의 목소리 사용은 서양에서 탁월한 경
> 험을 의미하는 것으로 가장 일반적으로 '높은' 종교적 상태를 의미할 것이다
> (1978b, p. 27).

음악 요소의 중요성은 음악이 감상자에 의해 음악으로 떠오르게 된 관
련있는 의미들에 의해 어느 정도 결정된다. 주커칸들과 관련하여 Bonny
는 GIM 과정을 이해하는 중요한 현상으로서 음의 역동적 힘을 규명하였
다. 그녀의 초창기 개념은 음악의 특성에 근거하였으나 아마 더욱 전통적
이면서 다른 방향으로 향했다. 그러나 그 토대는 그녀가 GIM에서 감상자
의 경험에 기초를 이루는 음악적인 메커니즘을 고려하면서 더 충분히 음

악중심적인 GIM 이론의 초기 사고에 두었다.

연주의 선택: 미적 차원

GIM 프로그램은 전통적인 서양 고전에서 다양한 모든 시기의 가장 위대한 음악으로부터 구성되었다. 비록 이러한 초기 형태에서 음악의 미적 가치에 대한 논의는 없었지만, 그 음악의 선택에 따라 미적 경험에 대한 강조가 내재되어 있다. 비록 개념적이기보다 꽤 우연적인 혹은 역사적인 이유일지라도, 작곡가의 모든 심중에 놓인 미적 경험이 전혀 논의되지 않은 것은 약간의 호기심 이상이다. 그럼에도 불구하고 GIM 프로그램을 구성하는 음악의 선택을 통해 GIM 과정의 일부로서 클라이언트에게 미적 경험들을 제공하며 암시적으로 강조하고 있다는 것은 분명하다.

Bonny는 어떻게 특별한 작품의 연주를 선택하였는지에 대해 어떤 통찰력을 제공한다. 그녀의 유일하고 가장 중요한 기준은 "가장 밀접한 작곡가의 느낌에서 '벗어난'"(1978b, p. 58) 연주가 지정된다는 것이다. 그녀는 "깊은 느낌의 반응으로 활성화하는" 연주에 관해 감상자들 사이에 교감이 있고, 그리고 그들은 "음악 내부로 들어가서 그것이 가는 곳이라면 어디든지 따라 흐르는" 것으로 연주자의 능력에 의해 특정지어진다고 말한다(p. 58). 아마도 이러한 연주들은 GIM 감상자에게 안내자의 지침과 병행하기 때문에 GIM에서 가장 효과적이다. 그것은 "음악 내부에 있으면 당신이 가고자 하는 곳 어디든지 당신을 데려갈 것이다."(p. 58)라는 것이다. 음악 경험에서 이러한 완전한 몰입은 음악중심적인 사고의 중요한 부분이며, GIM 과정에서 음악의 중심적인 역할을 전한다.

GIM에서 중심적인 힘으로서의 음악

Helen Bonny(2002c)는 "심상유도 음악치료는 음악의 본질적인 가치와 음악의 특질이 감동적인 평정과 변화를 목적으로 개별적 자아에 스며들도록 허용해 주는 것을 의미한다."(p. 187)고 기록하였다. 그것의 본질적인 특질이라는 관점에서 음악의 임상적인 가치를 논하며, Bonny는 음악의 메커니즘에서 음악치료의 메커니즘을 추구하는 음악중심 프로그램의 연결을 수립하며, 또한 이러한 작업에서 음악의 핵심적인 역할을 증명하고 있다.

Lisa Summer(1998)는 GIM에서 "음악은—사람의 안내가 아닌—주된 변형의 도구다……. 그것은 치료사가 아니라, 주된 치료적 대리자인 음악이다."(pp. 431-432)라는 것에 동의한다. GIM에서 클라이언트는 의식이 변화되어, "개인 정체성의 경계가 느슨해지는" 경험을 하고 "음악과 함께 '하나'가 될" 수 있다(Summer, 1992, p. 50). 경계가 느슨해지는 것에 따라 촉진된 감수성은 감상자가 "음악의 구조와 유사해져서 유익한 자기실현의 과정과 조화"되도록 허용한다(Summer, 1992, p. 50). 따라서 그것은 단지 음악이 클라이언트의 발전을 위한 촉매가 아니라, 오히려 음악적 발달을 진행하는 뚜렷한 윤곽은 클라이언트의 개인적 발달의 본성과 직접적으로 관련된다.[4]

음악은 변화의 주된 대리자일 뿐 아니라, 클라이언트의 주된 관계는 음악에 대한 것이다. 클라이언트—음악 관계의 중요성은 그 접근법에 대해 우연히 일어나는 것이 아니라는 것이다. 그것은 GIM 세션이 구조화되고 인도되는 방식으로 영향을 미치는 어떤 것이다.

치료사의 주된 역할에서 음악이 위치하는 중요성은 "음악은 클라이언트를 양육한다. 그 때문에 그의 전이를 위한 객체로 봉사한다."는 것이다(p. 434). Summer는 이것을 "치료적인 과정에서 본질적인 치료적 작용을 제공하는 음악의 치료적인 관계"로 이루어져 있는 "순수한 음악적 전이"

---

4) 이러한 생각은 '자아발달로서 음악적 발달'에 관한 다음 단락에서 논의한 Nordoff-Robbins 접근과 직접적인 유사성을 갖는다.

라고 정의한다(p. 434).

순수한 음악적 전이를 사용하는 데 많은 유익한 점이 있다. 클라이언트는 치료사와의 관계에 의존하기보다는 그 자신에서 비롯하는 것으로 임상적인 이익을 경험하도록 클라이언트에게 허용하고 더 쉽게 분리되도록 하여 치료적 과정의 시초에 더 큰 자율성이 주어진다. 음악에서 표현의 모호성은 매우 중립적인 치료사가 객관화한 전이 반응을 일깨우는 것보다 더 중립적일 수 있다는 것을 의미한다. 왜냐하면 음악은 클라이언트의 전이를 취할 수 있는 곳이고, 치료사에게 놓인 전이보다 적기 때문이며, 치료사의 일부분에 놓인 역전이 반응을 최소화할 수 있기 때문이다. 음악의 "복잡하고 다차원적인 본성"은 클라이언트가 "과거에 각기 다른 사람과 관련 맺은 상황 혹은 몇 가지 단편들에 대한 몇몇의 이종의 감정들을 동시에 경험할 수 있게 한다"는 것을 의미한다(p. 440). 마지막으로 음악적인 주제들이 투사적인 전이를 취할 때, 그 방식은 "분리되었던 내적 경험의 단편들을 통합하는 데 클라이언트에게 모델로서 제공"(p. 440)되며 수정되거나 다른 방법으로 변형된다.

GIM 실행에 대해 중추적인 수많은 많은 음악중심 원리들은 Summer의 저술에 설명되어 있다. 음악은 주요한 변화의 대리자다. 음악은 잠재적으로 문제가 있는 역동성을 객관화하기 위한 자동적인 실재로서 클라이언트의 발전을 촉진시킨다. 또한 음악적인 주제의 통합은 정신의 다른 양상을 통합하는 것을 촉진시킴에 따라 분명히 개인적인 발달과 음악적인 발달의 일치가 있다. 요컨대, Summer는 "정신역동적인 전이의 이론적 틀"을 가지고 GIM을 규명하였을지라도(p. 432), 음악중심 음악치료의 중요한 양상에 갈등의 언질을 준 것은 아무것도 없다.

🎵 Nordoff-Robbins 음악치료

Nordoff-Robbins 음악치료는 본래 음악중심적인 치료다. 이제까지 논의된 모든 음악중심적인 작업과 이론의 특성은 그 창시자 Paul Nordoff와 Clive Robbins의 작업으로 다양한 단계에서 적용될 수 있다. 더욱이 이론의 일관된 본체로서 음악중심적인 사고를 발전시키는 나의 관심의 배후에는 가장 중요한 힘이 되었던 이 모델에서 연구가로서 그리고 임상가로서 일하는 나의 경험이 있었다.

이것이 Nordoff-Robbins 작업에서 명백해질 수 있는 음악중심적인 사고의 최초 사례가 될지라도, 분명히 음악치료에서 다른 모델과 실행가들에게 영향을 주는 범위를 넘어선다. 그러므로 음악중심적인 사고는 여러 다른 형태의 음악치료 모델과 실행에 영향을 주기에 충분히 폭이 넓다. 또한 Nordoff-Robbins 보호 아래 실행의 넓은 범위가 있다. 반면, 전체성으로서 그 모델이 음악중심적인 것이라 하여도 그 모델 내의 다양한 실행가들은 의학과 심리치료 이론들이 그들의 실행에서 통합되고 관련되는 방법과 범위에 따라 바뀐다. 음악중심적인 사고를 Nordoff-Robbins 실행가들에게만 한정짓지 않는 것과 마찬가지로, Nordoff-Robbins 실행가들은 음악중심적인 방법으로만 사고하도록 제한하는 것도 아니다.

이 단락은 Nordoff-Robbins 접근의 음악중심성 관점을 이해하기 위한 것이 아니다. 그보다 Nordoff-Robbins 작업에서 세 가지 구성개념의 유형을 개괄하는 것으로 조사되었다. Nordoff와 Robbins가 제시한 본래 구성개념이 검토되었다. 그리고 나서 그들 연구의 공적인 학문으로부터 나온 몇몇 음악중심적인 개념이 묘사되었다. 그리고 몇몇 현대 개념들은 Nordoff-Robbins 전통이 검토된 것에서 다른 이론가들이 연구한 것으로 검토되었다. Nordoff와 Robbins 연구의 기초를 이루는 몇몇 음악중심적인 이론을 더 잘 이해하기 위해 독자들은 Ansdell(1995), Aigen(1998),

Turry(2001)와 같은 출판물들에 의해 안내받을 수 있다.

음악아동

음악치료에서 최초의 음악중심적인 개념은 Nordoff와 Robbins(1977)가 처음 제안한 음악아동이다. 음악 사용에 정통한 융통성 있는 개념으로서, 현재의 관심과 질문들이 어떻게 관련되는지 보여 주며 새롭게 그것을 다시 조사하는 데 유익이 있을 것이다.

음악아동은 Nordoff와 Robbins의 작업에 중심적인 개념이고, 『창조적 음악치료(Creative Music Therapy)』의 많은 부분에 생생하게 표현되어 있다. 음악아동은 다음과 같이 설명되어 있다.

음악아동은 음악 경험에 반응하는 모든 아동 안에 있는 실재이며, 의미심장하고 매력 있는, 음악을 기억하고, 음악적인 표현의 어떤 형식을 즐기는 것을 발견한다. 그러므로 음악아동은 각 아동에게 타고난 개별적인 음악성이다. 이 용어는 음악적인 감수성의 보편성과 관련이 있다─질서에 대한 복잡한 감수성의 유산 그리고 음과 리듬적인 움직임의 관계다. 그것은 의심할 나위 없이 각 아동의 음악적 반응성에 대한 인격적인 중요성이기도 하다…… 음악아동의 용어는 아동이 자기-관여의 의미 있는 범위에서 이러한 능력들을 사용하도록 자극될 수 있듯이, 자아구성의 중심부가 될 수 있는 수용적이고 인지적이며 표현적인 능력들의 조직을 의미한다(Nordoff & Robbins, 1977, pp. 1-2).

이 책에 대해 중심적인 관련을 갖는 음악아동의 세 가지 중요한 양상이 있다. 음악의 타고난 본성, 그 보편성 그리고 인격발달이 군집을 이룰 수 있도록 하는 중심점으로서의 역할이다.

음악이 인간의 본성을 채워 주는 본질적인 것이 아니라면 사람은 왜 다른 사람들과 함께 음악에 대한 성향을 가진 인간으로 태어났을까? 우리는 주된 양육자와 결속하려는 성향과 언어적인 대화를 배우려는 템플릿으로서 선천적인 심리적 무리들이다. 이들 모두는 분명히 생존을 위해 가치 있는 활동들이며, 언어적으로 다른 사람과 관계하는 것을 가리키며, 또한 부모-아이의 관계 수립은 인간 존재로서 갖게 되는 본질적인 경험들이다. 음악의 선천적인 실제는 본질적인 인간 활동이며, 이러한 것 없이 우리는 인간으로서 보다 완전하지 못하다는 것을 시사한다. 만약 그렇다면 음악 경험의 사고는 본질적인 인간 경험을 제공하기 때문에 임상적인 초점으로서 그리고 경험의 매개체로서 정당하다. 음악을 창조하고 반응하는 경향의 보편성은 뮤지킹이 오로지 훈련된 음악가들을 위해 남겨진 것이 아니라 생의 단계 혹은 기능하는 역량과 상관없이 모든 사람들이 이용 가능하도록 만들어져야 한다는 것이다.

음악치료사들은 수용언어나 표현언어, 또는 양쪽 다 박탈된 더 많은 장애를 가진 사람들과 함께하는 것이 사실이다. 이는 발달지체 아동, 여러 가지 유형의 뇌손상, 혼수상태 환자, 진행성 치매 형태를 가진 다양한 개인들이 포함된다. 그러나 음악아동의 보편성은 다른 부분의 손상과 상관없이 어떤 형태 안에서 음악에 대한 기회가 이러한 개인들 모두에게 존재한다고 생각한다. 때때로 음악치료 경험들은 다른 부분에서 기술을 발달시키는 것으로 사용되곤 한다. 그러나 그러한 일반화가 아니라고 하더라도, 음악아동의 보편성은 뮤지킹이 그들 삶의 어떤 다른 영역에서 기능이 향상되는 정도와 상관없이, 모든 사람이 음악에 대한 기회를 갖는 것이 가치가 있다는 것을 말한다. 음악치료 중재는 성공적인 것으로 간주되기 위해 반드시 다른 기능의 부분으로 일반화해야만 할 필요가 없다는 생각은 음악성의 보편성으로 지지된다.

음악아동은 개인의 본질적인 본성으로부터 분리되어 있는 인간 내적인 삶 주변의 일부분이 아니다. 뮤지킹이 문화에 대한 의미 만들기 행동의 중심부에 있는 것과 마찬가지로, 그것은 정서, 인지, 표현, 신체에 대한 관련을 통합하는 행위로서 개인적인 존재의 중심부다. 비록 이러한 모든 것들이 인간 발달을 위한 절대적인 중추라 해도, 그들은 어떤 임의의 방식으로 채워질 수 있는 공허한 범주가 아니다. 그보다는 음악아동의 개념에 따라 음악은 인격 발달을 위한 기본적인 템플릿이 제공되는 것으로 기능하는 모든 영역을 묶어 주는 독특한 방법이다.

자아발달로서의 음악 발달

자기실현의 템플릿으로서 제공한 음악참여의 방식은 Paul Nordoff와 Clive Robbins가 함께 착수하여 제일 처음으로 확장한 치료의 과정에서 설명되었다. 미출간 원고에서 Nordoff와 Robbins는 자아의 발달에서 음악적인 상호작용의 역할을 우선 논의하였다.

> 이것은 그의 반응하는 능력이 발달하고 음악적인 의사소통이 증대함에 따라, 그에게 긍정적이고 독자적인 경험을 유지하고 통합하는 민감한 조직으로서 치료과정의 특징을 나타낸다. 일련의 기능적인 통합을 달성하고 발견하는 것에서, 그리고 소통적인 경험들을 직접적으로 실감하며, 그는 자기 자신을 발견하고 자각한다. 이러한 치료 상태에서 그는 음악적인 자아가 발달한다ㅡ그의 인격에서 음악적으로 조직화되고 민감한 기저로 자신의 본질적인 모양이 되는 것을 느낀다(Nordoff & Robbins, Aigen, 1998, pp. 72-73 인용).

그것은 인격을 발달시키는 핵심이며 우선적으로 인지적, 정서적, 신체적 측면을 통합하는 음악적인 자아다. 음악적인 자아와 음악적인 기술은 자아(self)의 주변에 존재하고 그러고 나서 임상적으로 유익하기 위해 개인의 핵심부로 흡수되는 것을 요구하는 것으로 보이지는 않는다. 대신에 그것은 핵심에 존재하며, 이것으로부터 방출되는 기능과 인식의 다른 부분에 존재하는 음악적 자아다. 음악활동을 함으로써, 치료사는 개인의 가장 중심적인 면에 직접적으로 함께한다. 이것은 뮤지킹 그 자체가 정당한 임상적 초점이 되기 위해 다른 영역으로 일반화나 변환을 요구하는 것이 아닌 본질적인 인간 활동으로서 전적으로 음악중심적인 믿음을 말하는 것이다.

　음악적 자아의 발달은 "지향점, 새로운 중심, 더 발달된 인격 주위에서 그 자체로 군집을 형성한다."(Aigen, 1998, p. 144) Nordoff와 Robbins 의 작업은 행동적인 징후에 집중하지 않는다. 왜냐하면 행동은 내적인 역동성, 구조, 힘, 개인 존재의 한계로 보이기 때문이다. 이 개념은 단순히 행동을 바꾸는 것이 아니라 "더 건강해지는 구조의 형성을 위해…… 대안의 '청사진'을 제공하는"(p. 144) 것이다. 음악중심적인 접근은 음악 그 자체가 더 새롭고 건강한 자아의 발달을 위한 모델을 제공한다는 사실을 보여 준다. "많은 DNA 법칙처럼 충분히 기능하는 신체적인 본체의 구조를 위해 계획하며, 음악의 법칙이 충분히 기능하는 정신적인 존재와 함께 감정적이고 인지적인 발달을 위해 자연스럽게 발생하는 우리의 성향을 정렬시켜 준다."(p. 144)

　Nordoff-Robbins 접근법에서 음악은 고유한 특성을 소유한 것으로 간주되며, 그것의 음과 리듬적인 구성 요소에 존재하는 움직임의 힘과 기동력 같은 것으로 보인다. 이러한 음악의 본질적인 요소와 인간의 발달과정 사이의 자연스러운 일치는 그 관계가 우연적인 것이 아니라는 것을 말한다. 뮤지킹의 본질적인 기능은 개인의 발달을 촉진시키는 것이다. 음악에 내재된 힘의 방식은 Nordoff-Robbins 작업에서 임상적인 목적을 정의한 것이며, 음악중심 음악치료로서 그 특징을 부여하는 주요한 이유 중의 하나다.

음악적인 세계 설립하기

　음악은 살아가고 조화하기 위한 거대한 세계다. 우리가 어떤 개인 안에서 그들을 보는 것처럼 우리가 다양한 병리와 만날 수 있다는 것을 생각하는 유일한 세계다.

-Paul Nordoff

음악치료 문헌에서 음악은 언어, 은유, 대표적인 상징으로 생각되어 왔으며, 이러한 현상의 유형을 연구하기 위해 개발된 개념적인 도구로 분석되어 왔다. Nordoff와 Robbins에서 음악은 소통의 매개체로 사용되지만, 그 접근은 클라이언트가 살게 될 대안적인 경험 세계를 수립하는 데 음악을 사용하기 위해 그 이상의 힘을 낸다.

대안적인 경험 세계로서 음악의 개념은 극심하게 고립된 클라이언트가 어떻게 음악을 통하여 인간관계의 세계로 들어갈 수 있는지를 보여 줌으로써 Nordoff와 Robbins의 경험을 통해 고무된 부분이었다.

> 그들 생활의 경험과 해석으로 통찰력을 얻기 어려운 삶을 사는 아동들이 있다. 이러한 아동들은…… 정상적인 삶의 어떤 형식과 양식들 혹은 표현들에서 자기 것으로 흡수할 수 없고, 평상시 생활의 상황에서 의미를 찾을 수 없다. 그들의 깊은 소외는 그들에게 소통할 수 있는 인간 감정의 경험으로 혼을 불어넣는 것을 차단한다. 그들의 지배적인 감정상태는 그들이 살기 위해 운명지어진 비호의적인 조망의 이미지를 불러낸다. 어떤 사람은 격렬한 폭풍우 한복판에 살 수 있고, 어떤 사람은 싸늘한 불모지에 있을 수 있다. 또 다른 사람은 위안이 없는 사막의 황량한 곳에서 혼자 걸을 수도 있다. 그런 아동을 위해 음악은 진기한 것이 될 수 있고, 환기되고 통합되는 것이다. 그것은 그에게 다른 조망을 주고, 그 자신 존재의 한계보다 그 이상을 찾게 할 것이다(Nordoff & Robbins, 1971, p. 55).

많은 장애를 가진 사람들은 인간의 사회적인 세계를 만드는 특성들을 이용할 수 없다. 계획된 행동, 감정적인 자기표현, 인간관계들은 다른 사람과 가까워지는 우리 일상의 모든 양상들이다. 그러나 각 클라이언트에게 독특한 음악적인 세계 수립을 통하여 인간생활의 필요한 경험들을 그들에게 나누어 줄 수 있다. 마치 음악은 인간 존재의 전형적인 사회적 세계와 장애를 가진 개인들의 극심하게 고립되고 개별화된 세계 사이에서 매개의 국면을 수립할 수 있다는 것이다.

일찍이 Nordoff와 Robbins의 임상적인 연구에서 클라이언트들은 음악의 외부에서는 가능하지 않은 성장을 이루었다. 이것은 "만연하는 내적 갈등을 통해 작용한다. 또 하나는 비음악적인 상황에서 그들에게 부과된 장벽들로 구속받지 않는 음악에서 작용했다. 새로운 가치체계와 자아상이 만들어졌다."(Aigen, 1998, p. 266)는 능력을 뜻한다. 이러한 클라이언트의 경험 세계는 그들의 음악치료 세션이 음악의 독특한 언어에 따라 특성화되어 들어갈 때 시작한다. 그러나 또한 그 자신의 "가치체계, 인식론, 정신적인 신념체계, 원리체계"(p. 266)에 따라 특징 지어진다. 극심하게 고립된 개인들은 치료 세션 환경이 음악 세계의 생각으로 표현됨에 따라 가장 넓고 가능한 용어로 표현될 때 더욱 명료해지기 때문에 깊어진 그들의 장애 영역을 초월할 수 있다.

활기 띠기

Gary Ansdell(1995)은 치료적인 적용에서 중요한 요인으로 음악의 활기 띠기(quickening) 특성의 개념을 소개하였다.[5] 그는 음악이 어떻게 신체적으로 그리고 감정적으로 움직이도록 작용하고 이러한 움직임의 두 가지 형태가 친밀하게 연관되어 있는지 관찰한다. 활기 띠기는 "새로운 삶을 주는 것" 혹은 "에너지를 주는 것"으로 정의되었고, Ansdell은 음악이 어떻게 "신체는 물론 정신에 그것의 생동감과 동기부여"를 하는지 제시하는 데 이 용어를 사용하고 있다(p. 81).

Ansdell은 음악이 우리를 감정적으로 움직이게 함으로써 신체적으로 움직이게 한다고 강조한다. 이것은 활기 띠기 현상이 순수하게 신체적인 과정을 통해서 단지 신체의 기계적인 활성화를 주는 것이 아니기 때문에

---

5) Ansdell은 용어 사용의 영감을 주는 철학자 Immanuel Kant와 신경학자이며 저술가 Oliver Sacks를 신뢰한다.

중요하다. 대신 음악은 정신을 활성화하여 신체를 움직이도록 한다. 왜냐하면 "시간 안에서 형상을 움직임으로써 음악과 신체 양쪽 모두 자신들을 조직화하는 방법 사이의 기본적인 유사성"(p. 83)이 있기 때문에, 장애가 움직임을 약하게 할 때, 신체는 "흐름, 연속성, 조화, 목적과 방향"(p. 83)과 같은 음악적인 움직임의 특성들을 취하여 어떤 범위에 대해 회복할 수 있도록 한다.

이러한 특성은 음악의 속성들이며 오로지 단순한 음 하나가 아니다. 이것은 Ansdell이 주안점을 갖는 핵심이다. 그것은 음악의 치료적 가치를 결정하는 속성(흐름, 연속성 등)을 소유한 음악적인 현상이다. 이 개념은 예를 들어, 파킨슨병으로 고통받는 환자가 음악에 참여할 때 어떻게 움직임에서 더 큰 흐름 혹은 연속성을 습득할 수 있는지 이해하기 위해, 그 사람이 참여한 멜로디와 리듬의 흐름과 결합을 기대해야 한다는 것이다.

그것은 활기 띠기에 대한 Ansdell의 생각을 지지하는 빅터 주커칸들의 음악이론이다. 주커칸들에게, 음악에서 그의 가르침과 움직임에 동의한 Paul Nordoff 생각은 사실이다. "내가 음악과 함께 움직이며 음을 들으면서 나는 나 자신의 움직임으로 그들의 움직임을 경험한다. 움직임에서 음을 듣는 것은 그들과 함께 움직이는 것이다."(Zuckerkandl, Ansdell, p. 85 인용) 따라서 활동적이고 감수성이 풍부한 음악은 움직임을 경험하는 것이다.

"의지의 침식"은 "장애나 질병의 치명적인 양상"(p. 87)의 하나로서 Ansdell이 확인하였으며, 음악은 이렇게 낙담시키는 결과를 가장 직접적으로 극복하도록 의지를 활성화하는 데 있다. 그러나 Ansdell이 강조하듯이, 이러한 음악의 측면은 순수하게 심리학적인 자극 그 이상이다. 음악의 실제적인 선물은 "단지 신체뿐 아니라 정신에 생명을 불어넣는 설명할 수 없는 힘—행동하고 싶어 하는 사람, 반응하고 싶어 하는 사람, 창조하고 싶어 하는 사람에게 자극을 주는 것"(p. 87)이다.

주커칸들의 음악학의 개념으로부터 나온 Ansdell의 방식과 임상적인 음악치료의 예시들에 적용한 방식은 음악중심적인 치료의 전형적인 예시다. 그것은 음악의 본질을 이해하는 데 가장 중요한 것이며 음악치료 이론을 설명하는 핵심이 되는 현상이다.

정체성으로서 음악

의료적 상황에서 창조적인 음악치료 적용에 관한 연구로 자극받은 David Aldridge(1989)는 "음악 형식과 생물학적인 구조 사이에 상호관련성"(p. 91)이 있다는 생각을 제안하였다. 사람의 정체성은 "세상에서 끊임없이 작곡되는 음악적인 형태"로 생각된다. 따라서 사람을 이해하는 데 효과적인 은유는 " '기계적' 인 것보다는 '조화를 이루는' 것이다."(p. 91)

Aldridge는 사람이 음악처럼 통합된 전체로 고려할 때 가장 잘 이해된다는 것을 주장한다. 사람은 단지 "뼈와 피"로 구성되어 있을 뿐만 아니라 "패턴, 리듬, 멜로디 윤곽과 관련된 음악적인 존재"(p. 93)로 여겨진다. 음악과 개개인 모두 복잡한 것과 복잡한 리듬패턴을 함께 엮어 맞추면서 조정되는 것에 의존한다. 이것은 음악에서 자명한 일이고 또한 신체적이고 사회적인 기능을 갖는 개인에게도 틀림이 없다. 신체적인 작용에서 문제들은 "음이 맞지 않거나 박자가 맞지 않는"(p. 95) 것으로 개념화할 수 있다. 음악적인 형태와 생물학적인 형태 사이의 유질동상(類質同像)은 그의 정체성에 대한 초상화로서 클라이언트의 음악적인 표현을 이해하도록 음악치료사를 받아들이는 것이다. 이러한 유질동상의 본성은 음악과 개인 모두 "시간 안에서 패턴화된 빈도"(p. 95)로 이해될 수 있다.

Aldridge의 개념은 Nordoff-Robbins의 이원적인 측면에 대한 통찰력을 제공한다. 만약 신체기능을 위한 생물학적 과정으로 특징지을 수 있는 리듬조정이 자동화된 것이라고 말하는 것과 반대되는 것으로 조화로운 특징의 과정에 따른 것으로 작용한다면, 치료를 위해 뮤지킹 현상을 사용하려는 신체의 능력은 더욱 의미가 명료해진다. 활기 띠기 현상이용하는 인간의 능력은 생리적인 과정이 음악적인 과정으로 일치될 때 자연스럽다. 그리고 인간이 건강과 효력을 내기 위한 수단으로 음악을 만들어 왔기 때문이든 음악과 인간 사이의 기능의 유사성이 공통된 조직된 근원을 갖고 있기 때문이든 이것은 자유로운 표명을 구하는 질문이다.

O7 현대 음악치료 틀에서 음악중심적인 사고

일찍이 주지하였듯이 음악치료 이론은 새로운 발전의 단계로 들어가고 있다. 초창기 60년 역사를 통해 음악치료 이론은 주로 음악치료의 가능성들에 관해 독특한 비전을 추구하는 개척자들이 새로운 치료 형태로 창설해 왔다. 1960년대와 1970년대는 분석적 음악치료, 행동주의 음악치료, Benenzon 음악치료, 심상유도 음악치료, Nordoff-Robbins 음악치료의 탄생을 보였고, 그리고 Florence Tyson과 Juliette Alvin과 같이 이름 없는 개인적인 접근법들이 있었다. 그러나 새로운 모델의 음악치료가 국제적으로 대중의 인식을 얻기까지는 30년 이상이 걸렸다.

전문화된 이 시점에서 치료의 틀은 더욱 공공의 방식으로 나타나기 시작한다. 공동체 음악치료(Ansdell, 2002; Pavlicevic & Ansdell, 2004), 문화중심 음악치료(Stige, 2002), 음악중심 음악치료와 같은 구성개념은 음악치료 전문직 내의 소사회에서 실행을 검토하는 것으로부터 나온다.[1]

개인들의 비전을 반영하기보다 음악치료를 개념화하는 이러한 방식은 공동의 실행들을 검토하는 것으로부터 기인한다. 아마도 이것은 이러한 방식으로 발달하는 해석적인 틀을 위해 충분히 많은 실행가들이 있다는 것으로서 전문직에 대한 점차적인 성숙을 알리는 신호일 것이다. 그리고 그들은 각기 폭넓은 공식 내에서 현존하는 실행들을 수용하기 때문에 이러한 새로운 틀은 일반이론의 개념과 일치한다.

이 장은 이러한 틀에서 음악중심성에 초점을 맞춘다. 이러한 틀의 분석은 이 책에서 두 가지 이유를 포함한다. ① 그들 자신들의 틀은 미래 음악치료의 발달에 영향을 미치게 되는 큰 전망을 갖고 있다. ② 이러한 새로운 틀이 음악중심적인 사고와 일치한다는 설명은 음악치료를 위해 그것의 핵심적인 중요성에 대한 지원을 한 층 더 제공한다.

♫ 미적 음악치료

미적 음악치료(AeMT: Aesthetic Music Therapy)는 "음악중심적이고 인본주의적"인 (Lee, 2003, p. xvi) 음악치료에 대한 현대의 접근이다. 창설자 Colin Lee는 Lee의 음악, 치료, 미적 경험에 대한 개인적인 경험과 의견과 함께 결합하여 "원래의 Nordoff-Robbins 접근의 연장선"(p. 7)이 되는 것을 고려한다. Robbins와 Robbins(1998)에서 구체화한 것으로서, 음악에 대한 Paul Nordoff의 가르침은 현대 음악치료에서 고전음악의 관련성에 대해 그의 개념을 발달시키도록 Lee를 자극한 것으로 특별히 의미가 있다.

---

1) 하나의 예외는 개인적인 작업을 하는 미적 음악치료(Lee, 2003)다. 그러나 Lee는 음악치료를 위해 새로운 이론을 시도하는 것이 아니라고 주장한다. 대신 그의 선택은 철학적인 논점의 탐구를 제시하고 이 책과 다른 방식으로 "임상적인 실행에 대한 음악중심적인 접근을 정의하는 데 필요한 주제를 진술하는 것"(p. xvii)이다. 이런 이유로 Lee의 작업은 모델이기보다는 하나의 틀 이상이다. 따라서 이 장에서 그의 작업을 포함시켰다.

임상적인 구조로서의 음악 형식:
음악치료에서 음악학적 분석을 위한 이론적 근거

Lee는 음악치료에서 즉흥적인 Nordoff의 작곡법이 음악치료 세션을 계획하는 자신의 생각에 영향을 미쳤다는 것을 인정한다. AeMT는 Nordoff의 접근법을 확장하며 "그것의 보편적인 음악적 구조의 관점에서 음악치료 진행/세션/즉흥연주를 이해하도록 시도한다."(p. 8) AeMT는 "음악형식은 임상적인 형태에 영향을 미친다."(p. 9)는 것을 말하는 대신에, 세션의 음악형식을 결정하는 임상적 욕구가 있는 음악치료에서 전통적인 개념을 바꾸어 놓았다. AeMT는 "무엇보다 음악 분석과 작곡의 기반으로부터"(p. 9) 세션의 음악 요소를 생각하는 방식이며 Nordoff-Robbins 접근법과도 구별된다.

음악치료 세션의 Lee 모델은 제시부, 발전부, 재현부, 코다로 이루어진 소나타 형식에 기초한다. 이러한 모델에서 예술적인 형식으로서의 고유한 음악적인 과업은 임상적인 과업과 서로 관련된다. 예를 들어, 마치 제시부에서 음악의 중심 주제가 소개되는 것처럼, 그렇게 세션에 클라이언트가 소개된다. 발전부에서 주제가 더 충분히 발전됨에 따라 미화되고 변환되어, 이런 식으로 치료사의 임상적인 목적이 다듬어진다. 주음으로 돌아오는 재현부에서는 "주된 음악적인 논쟁과 치료적인 과정의 성장을 결속시킨다."(p. 12) 그리고 코다에서 음악 주제 제시를 종결하는 동시에 "미래 작업을 위한 잠재력을 초대한다."(p. 12)

Lee는 AeMT 세션에서 모든 음악적인 요소와 선택이 전반적으로 미적 논리에 따라 인도되는 입장을 강하게 지지한다. 세션의 음악 요소는 전체적인 음악 형식에 응집한다. 고전작품이 아닌 것처럼 AeMT 세션에서 임의적인 음악 선택도 아니다. 음악치료 세션의 음악은 콘서트홀에서 의도된 음악작품과 동일한 음악적인 완전성을 지녀야 하며, 동일한 분석 도구로 분석되어야 한다. 이렇게 행해지는 이론적인 근거는 임상적인 발달이 음악적인 발달과 직접적으로 연결된다는 것이며, 그것은 이러한 음악적인 발달을 가장 잘 나타내는 음악학적인 분석이다.

소나타 형식에 대한 논의는 Lee가 제시하는 많은 예시들 중의 하나일 뿐이다. 그는 일반적인 주제에서 다른 영역으로 나가는데, 예를 들면 임상적인 즉흥연주의 핵심에서 치료사와 클라이언트 대화를 이해하기 위한 모델로 바흐의 대위법을 검토한다.

즉흥연주의 미학

Lee는 탐색으로서 임상적인 즉흥연주의 개념을 제시한다. 그것은 "임상적으로 그리고 미학적으로 적절한 음악"(p. 24)에 대한 치료사의 탐색이 "세상에서 그리고 음악적인 주고받기에서 그들의 장소를 발견하기 위해"(p. 25) 클라이언트의 탐색을 반영하고 병행하는 창조적인 과정이다. 본질적인 임상적 과정은 즉흥연주에 기초하는 예술적인 과정 내에 포함될 수 있다.

효과적인 임상적 즉흥연주는 치료사가 작곡과 즉흥연주 사이, 그리고 구조와 자유 사이에서 적절한 균형을 찾을 것을 요구한다. 임상적인 또는 그렇지 않다면 보편적인 기초를 갖는다. 즉, 음악적인 즉흥연주는 주제가 정해지고, 반복되고, 발전되고, 그리고 "일관된 전체를 만드는 것을 제시한다."(p. 22) Lee에 따르면 비임상적인 상황에서 공동의 즉흥연주로 창조된 개인적인 자유의 경험들은 마찬가지로 임상적인 상황에서도 유효하기 때문에, 구조 안에서 자발적인 창조에 따라 제공된 자유는 고유하게 치료적이다. 그들은 "그들의 병리 혹은 질병에서 자유롭기 위한 기회를 클라이언트에게"(p. 25) 제공한다. 즉흥적인 음악의 이러한 특성이 AeMT의 토대가 되는 것으로 간주된다.

이렇게 그리고 많은 숙고의 결과로 Lee는 임상적인 것과 비임상적인 음악적 과정 사이에서 공통성을 발견한다. 더욱이 이러한 공통성의 영역은 즉흥연주의 임상적인 효과성을 결정하는 음악의 본질적인 측면으로 보인다. 이는 AeMT의 음악중심성을 수립하는 공통된 음악 요소의 임상적인 특징이다.

🎵 공동체 음악치료

공동체 음악치료는 "음악치료 실행, 이론, 연구에 영향을 미치는 사회적이고 문화적인 요인을 강조하는 상황에 기반을 둔 음악중심 모델"(Ansdell, 2002a, p. 109)이다. 이 접근은 온라인 논설(Ansdell, 2002b)에 처음 제시되었으며, Mercédès Pavlicevic와 Gary Ansdell(2004)에 의해 공동 편집된『공동체 음악치료』는 그것을 전적으로 연구한 본문을 통해 보다 충분히 발전되었다.[2] 그 접근의 원리들은 전통적인 음악치료와 공동체 음악 사이의 경계 영역에서 실행의 합의된 모델 밖에 놓인 음악치료 실행에 대한 중재의 틀을 창출하는 시도임을 나타낸다.

공동체 음악치료의 개념과 실행들은 모든 독자들에게 친숙하지 않을 것이다. 영국에서 공동체 음악은 "그들 자신의 관심과 생각으로 영감을 받은 음악을 만들도록 하여 주어진 공동체와 함께 지역사회 음악가들이 음악 만들기 활동에 참여하는"(Atkinson, Ansdell, 2002a, p. 116 인용) 것으로 정의된다. 비록 음악치료와 공동체 음악의 전문직이 20세기 후반에 갈라졌지만, 그들은 "사람과 함께 작업하는 의미로 뮤지킹의 공통적인

---

2) 비록 폭넓은 이론적인 지향의 다양성을 가진 임상가들은 공동체 음악치료를 실천하고 있지만, 그 개념화를 위한 초기의 자극 중 많은 부분은 Nordoff-Robbins 접근에서 훈련받은 실행가들에서 비롯한다. 이것은 역사적인 우연한 사건이 아니라, 그러한 개념화에 대해 그들 자신을 내어주는 최초의 Nordoff-Robbins 작업의 요소가 있었기 때문이다. 예를 들어, 최초의 Nordoff-Robbins 팀은 현대 음악 심리치료사들이 하는 것보다 더욱 융통성이 있는 일련의 경계 일대에서 일했고, 그것은 공공의 수행을 준비하는 작업이 세션의 초점이 되는 집단에서는 이례적인 것이 아니었다.

신념에서 비롯된다."(p. 117)

Ansdell은 정평 있는 음악치료 실행의 매개변수를 확장하기 위해, 그리고 이미 많은 음악치료사들이 참여하는 실행에서 이론적이고 전문적인 정황을 제공하기 위해 공동체 음악치료의 개념을 주장한다. 또한 그의 작업은 음악치료의 실행과 공동체 음악 사이의 차이와 경계를 명백히 하는 데에 중요하다.

그것은 임상적인 것과 비임상적인 음악 만들기 사이의 공통점에 뿌리를 두고 있기 때문에, 공동체 음악치료가 음악중심적인 입장이라고 가정하는 것은 당연하다. Ansdell(2002a)[3]은 특별히 음악중심성의 접근과 관련된 세 가지 전통적인 모델과 다른 공동체 음악치료의 수많은 영역을 논의한다.

전문직의 정체성 영역에서, 건강을 돌보는 전문직 내에서 전문가의 음악치료 실행을 정하는 음악치료의 합의된 모델로부터 그들 자신을 구별하면서, "공동체 음악치료사들은 심리학적인 혹은 의학적인 것보다는 주로 음악적인 것으로 그들의 전문가적 지식을 생각한다."(p. 133) 이러한 음악적인 정체성을 통해 공동체 음악치료사들은 뮤지킹에 참여하는 개인과 환경을 위한 기회를 만드는 데 우선적으로 관련한다. 치료사로서, 공동체 음악치료사는 뮤지킹에 참여하는 데에 공동체 환경 혹은 사람을 방해하는 장벽을 제거하는 데 우선적으로 종사한다. 의학 혹은 심리치료적인 중재 형태로 실행하는 그들 자신을 바라보기보다는, 공동체 음악치료사들은 자신들을 "거주지 안에서 치료적인 음악가"(p. 133)로서 더욱 생각한다. 공동체 음악치료에서 중요한 요인으로서 음악적인 커뮤니타스(communitas)의 강한 신뢰는 치료사와 클라이언트 사이의 관계가 가능한 한 동등하고 주로 전문적인 것보다는 도덕적인 지침으로 조정되는 것을 의미한다.

---

3) 이 단락에서 인용구의 균형은 Ansdell(2002a)에 의거한 것이다.

반면, 전통적인 음악치료는 명확하게 정의된 경계로 개인적인 공간에서 발생하는데, "공동체 음악치료사는 전형적으로 음악 혹은 음악 만들기가 필요로 하는 곳은 어디든지 가서 일한다."(p. 134) 공동체의 일반적이고 공적인 생활로부터 분리된 사적인 공간에서 작업할 필요성은 없다. 왜냐하면 음악이 기관에서 공적인 공동체 생활의 한 부분이 되는 것이 당연하기 때문이며, 예를 들어 이러한 공적인 공동체 삶의 일부가 되려는 음악치료사에게는 당연한 것이다.

　음악치료사는 자신들이 "공동체의 음악정신을 증가시키고 그 안에서 사람들의 삶의 질을 강화시킬 수 있는 총체적인 목적"(p. 134)을 함께 갖고 있는 공동체의 일원을 위해 일한다. 공동체 음악치료에서 음악치료사의 음악 사용은 비임상적인 사용과 밀접하게 유사하며, 연주는 더욱 개인적인 작업을 하는 동안 진보된 자연스러운 표현이 될 수 있다. 그것은 또한 "정신, 가치 그리고 정황적인 공동체의 희망"(p. 134)의 조항이 될 수 있다. 경계들의 투과성과 비밀에 대한 필요성이 없는 것은 음악이 비임상적인 상황에서 제공하는 것과 매우 유사하게 임상적인 적용을 사람들에게 제공한다는 음악중심적인 믿음의 결과다.

　이 개념을 Ansdell이 받아들였는데, "음악치료는 개인적이고 사회적인 생활에서 일반적으로 작용하는 음악 그 자체의 방식으로 작용해야 한다."(p. 136)고 말한다. 이러한 견지에서 공동체 음악치료는 그들의 내적인 삶의 탐색뿐 아니라 "참여와 커뮤니타스 안에서 연결을 향해"(p. 136) 외적인 삶을 이끎에 따라 뮤지킹의 전체론적인 이해를 확립하였다. 음악에 참여하는 것은 사람들이 다른 사람과 함께 뮤지킹 경험을 나누기 원하도록 자연스럽게 인도하며, 아울러 공동체 음악치료는 음악치료사들이 공동체 안에서 클라이언트의 자질을 홀로 내버려두거나 혹은 공동체 안에서 다른 음악가들에게 맡기기보다 이러한 상황을 수립하기 위한 책임을 갖는다는 것을 인정한다.

문화중심 음악치료

문화중심 음악치료(Stige, 2002)[4]는 음악치료에 대한 음악중심적인 접근 그 자체가 아니다. 사실, 그것은 전혀 특별한 접근이 아니며, 그보다는 정신분석, 행동주의, 인본주의 사고, 초월적 심리학(Bruscia, 2002)과 같은 심리학의 발달로 특징지어지는 이전 세력들과 유사한 음악치료의 다섯 번째 세력을 상징한다. 그러나 음악중심적인 치료의 견해에 대해 개념적인 지지를 제공하는 문화중심적인 사고의 핵심적인 전제가 있다.

Brynjulf Stige(2002)에게 있어서, 음악치료사들의 활동은 주로 개인적인 문제에 대해 개인과 소그룹과 함께 일하는 개념화를 훨씬 넘어선다. 대신에 치료의 목적은 "치료는 부분적으로 문화에 들어가는 방법을 배우고 당신의 길을 그 안에서 찾고 때때로 그 '뒤편'에 있는 새로운 길을 찾는 것"(p. 215)으로 개인과 개인을 둘러싼 문화와의 관계를 강화시키는 것을 포함한다. 왜냐하면 음악의 중요성은 단지 사적이고 개인적인 의미만이 아니라 그것의 문화적인 중요성에 있기 때문에, 음악치료사는 비임상적인 의미 만들기 상황에 참여하는 사회적인 실재와 교류의 영역 속으로 더욱 잡아끌게 된다. Stige는 음악치료를 위한 음악학의 관련성을 강하게 주장하며, 은연중에 음악연구의 비임상적인 영역으로부터 온 개념이 분명히 음악치료와 관련된다고 주장한다.

개인의 발전은 문화 안에서 발생하는 것뿐만 아니라 문화와 타협하게 되는 것과 관련이 있다.

개성에 대한 인류의 경로는 문화와 그 축적을 통해 나아간다…… 우리는 개인적으로 일할 때 문화적인 과정의 관련성을 고려할 필요가 있다. 앞서 건강

---

4) 이 단락에서 참조되지 않은 모든 인용구는 Stige(2002)에 의거한다.

과 관련된 생각은 그 결과 문화와 사회 상황에서 참여를 통해 배우는 고찰로 우리를 인도한다(p. 214).

Stige에게 음악치료사는 음악치료에서 일어나는 모든 정황을 더욱 인식할 수 있기 때문에, 그리고 전통적으로 인식되어 온 것보다는 더 많은 경험과 분석의 수준에서 음악치료 세션에서 발생하는 의미 있는 창조를 이해하기 때문에 중요하다. 그는 풍부하고 영향력 있는 방식으로 공동체에서 음악치료사를 파견하여 업무에 종사하는 음악치료사들을 논하나, 아직 음악치료에서 일하는 영역의 전통적인 이해와 맞지 않는다.

Stige의 생각은 우선적으로 개인적인 작업이 정기적으로 사적인 공간에서 비공개로 발생함으로서 음악치료의 전통적인 개념이 확대되는 것을 필요로 한다. 현장에서 다시 정의된 그의 확장된 정의의 많은 방식들은 음악중심적인 실행의 다양성을 위한 개념적인 토대를 제공한다. 이러한 지지는 Stige 의제의 일부라는 것이 아니다. 그보다 그것은 그가 주장한 개념의 귀결로 당연한 결과다.

그의 음악치료 정의는 "클라이언트와 치료사 사이에 계획된 협동의 과정에서 건강한 뮤지킹을 위치시킨다."(p. 200) 건강한 뮤지킹을 위치시켰다는 점에서 "치료적 혹은 건강과 관련된 목적"(p. 201)으로 묘사되는 음악치료의 전통적인 정의와 대조되는 것이 Stige에 대한 핵심이다. Stige의 정의는 "대화의 매개체로서 음악 그리고 건강과 관련된 활동으로 위치시킨 음악"(p. 201)으로 강조점을 이동한다. 건강과 관련한 구성은 "문화적인 가치, 실행, 그리고 서술적인 표현뿐 아니라 다른 개인들, 집단들, 공동체에 대한 관계"(p. 210)를 포함한다는 것이다. "음악치료에서 수단과 목적은 양분되는 것이 아니고, 변화의 체계에서 동일한 과정의 양상이며, 음악치료사들이 뮤지킹을 증진시키기 위해 일하는 것을 제안하는 이상적인 가치를 만들 수 있는 것이다."(p. 191)

치료적인 매개체로 음악의 사용을 인정하면서 Stige의 공식적인 의견은 정당한 임상적인 초점으로서 뮤지킹의 경험으로 클라이언트를 데려오는 개념을 지지한다. 치료사 작업의 초점은 문화와 문화적인 가치의 관계로 클라이언트를 데려오는 것을 인식하면서, Stige는 개인적인 치료 공간과 내적인 심리적 갈등 혹은 심리적 기능을 강화하기보다 현장에서 그들의 클라이언트와 정당하게 상호작용하는 치료사를 허용하는 것으로 실행의 토대를 제공한다.

해석의 범위에서 Stige는 "음악치료 이론이 뮤지킹의 전통적이고 사회적인 측면을 무시하는 정당한 근거는 없다."(p. 105)라고 논한다. 이러한 뮤지킹의 측면은 민족음악학과 같이 음악치료의 외부 영역에서 대부분 연구되어 왔다. 일반적으로 Stige는 사회 안에서 음악의 사용과 치료의 확장적인 개념의 연속체에 있는 음악치료 실행을 생각했으며, 뿐만 아니라 때때로 더 전통적인 음악치료사들과 좀처럼 함께 일하지 않는 외부 공동체와 사회적인 체계에도 함께 참여하는 것을 포함시켰다.

수많은 방식에서, 문화중심 음악치료로 지지받는 중요한 고려사항들을 받아들이는 것은 음악중심적인 작업으로 특징지어지는 중심적인 실행으로 직접 인도한다. 이는 뮤지킹으로서 음악에 참여하는 인간을 생각하기, 치료의 양상으로서 공연에 대한 개념 지지하기, 전통적으로 음악 만들기의 비임상적인 활동 무대로 생각해 온 개념적인 연결과 실행적인 연결을 설립하기, 음악치료에서 해석적인 이론을 체계적으로 나타내면서 건강, 치료, 돌봄의 전통적인 개념을 넘어서는 음악의 본질적인 측면을 끌어올리기, 때때로 사회적인 상황에서 뮤지킹의 공적인 기회를 요구하는 개인적인 발전을 인정하기다.

미적 음악치료, 공동체 음악치료, 문화중심 음악치료 그리고 음악중심 음악치료의 현대 접근들 사이에서 많은 부분이 일치된다. 음악치료를 개념화하는 방식의 확산은 전문직이 새로운 발달의 단계에 있다는 사실을 증명하는 것이며, 역설적으로 합병과 분화가 증가하는 것에 의해 특성 지어지는 것처럼 보인다. 겉으로 보기에 공통점이 없는 실행과 신념은 더욱 응집력 있는 전문직을 만드는 방법 안에서 무엇보다 중요한 틀 속으로 모이게 된다. 동시에 음악치료사로서 자신의 작업에 점점 더 라벨링하는 방식이 있다. 이러한 선택의 측면은 음악치료사들이 확실히 더욱 완전한 설명적인 틀로 그들의 핵심적인 믿음과 선취권 있는 실행을 가져오기 위해 추구하려는 이점이 있다. 음악치료사들이 하는 한 끊임없이 정련하고, 차별화하고, 그리고 이렇게 서로 다른 현대적 접근법의 분파를 탐구하는 어려운 개념적인 작업을 하는 것이며, 접근법의 확산은 불필요한 개념적인 명칭들을 더함으로서 역효과가 나는 것과는 반대로 우리의 일에 보다 더 명료함을 제공하는 데 유용할 것이다.

제 **3**^부

음악중심 음악치료
이론 성립을 위한 음악철학

도입
음악중심 음악치료
이론 성립을 위한 음악철학

2장에서 논의한 것과 같이, 지금까지 대부분의 기본적인 음악치료 이론은 음악치료 현상을 특별한 개념 틀에 맞춰 설명해 왔다. 하지만 음악치료가 모든 인간의 행동과 뇌의 활동과 관련되어 있다면, 행동학습이론이나 신경과학이 음악치료의 기본이 되어야 할 것이다. 음악치료가 인간의 행동이나 신경학적인 과정을 필요로 하는 것은 사실이지만 음악치료의 개념과 설명을 위한 모델은 이러한 전제와는 다른 영역이다.

왜냐하면 적극적인 뮤지킹이 사람의 행동으로 일어난다고 해서, 이것이 미적 표현과 경험에 대한 의도, 정보, 동기가 없거나 또는 행동심리학으로 설명할 수 없는 특성이 결여된 것을 의미하지는 않기 때문이다.

뇌의 활동 없이 뮤지킹이 일어나진 않지만, 음악 경험에 대한 신경학적 이해가 음악치료 과정의 다양한 영역을 설명하진 못한다. 앞서 내가 주장한 것과 같이 모든 음악치료 이론이 뇌과학에 기본을 두고 있다고 말하는 것은 컴퓨터 프로그램 조작을 하기 위해 컴퓨터 회로의 극소 특성들을 이해해야 한다고 말하는 것과 같다. 프로그램은 분자물리학적 속성을 이해해야 하는 것이 아니라, 컴퓨터 프로그래머가 만드는 것이다. 음악치료에서도 마찬가지로 신경학적 정보를 통해서 인간의 동기, 의도, 경험과 관련 있는 임상 과정의 속성을 통찰할 수는 없는 것이다.

모든 영역의 이론가들이 수용할 수 있으며 음악에 기원을 두고 음악에 충실한 음악치료 이론을 발달시키는 것은 중요한 가치가 있다. 이렇게 발달한 이론을 통해서는 행동주의나 신경학적 과정에 국한되지 않고 모든 종류의 음악치료에서 가장 중요한 요소로 다루고 있는, 어떻게 음악이 경험화되고 개념화되는지에 관한 본질을 살펴볼 수 있을 것이다. 그리고 이것은 음악치료 일반이론에 대한 근본으로써, 음악중심 개념의 실행 가능성에 대한 중요한 선례가 될 것이다.

2장에서는 Carolyn Kenny의 일반이론의 개념에 대해 논의하였다. 3부에서는 일반이론의 이론적 구조를 설명함으로써 Kenny의 정신을 이해할 수 있을 것이다. 이는 음악치료의 다양한 영역과 종류를 설명해 줌과 동시에 음악치료 과정에서 야기되는 독특성에 대해서도 이야기할 것이다. 이러한 설명을 위해 Kenny의 저서 『The Mythic Artery』(1982)를 기반으로 삼는 것은 음악치료 이론을 지지하고 있는 다른 영역의 생각과 음악이론 사이의 개념적 일관성을 갖는 데 도움을 줄 수 있을 것이다.

3부의 가장 중요한 내용은 인간 이해에 관한 접근 가운데 하나로 스키마 이론 또는 은유 이론에 관한 것이다. 이전에 언급했듯이 이 접근은 Mark Johnson과 George Lakoff(Lakoff & Johnson, 1980; Johnson, 1987; Lakoff & Johnson, 1999)가 발달시킨 이론이다. 그리고 음악 영역을 포함하여 문학분석, 정치학·법학·사회학적 이슈, 인지·임상 심리학, 수학, 인지 언어학, 철학(Lakoff & Johnson, 1980, Afterword, 2003)과 같은 매우 광범위한 학문에 적용되고 있다. 또한 이 접근은 폭넓고 심도 있는 관점에 따른 연구를 통해서 음악에도 광범위하게 적용되어 왔다. 이러한 연구의 예로, 저널 및 단행본에 포함된 논문(예를 들어, Saslaw, 1996; O' Donnell, 1999; Johnson & Larson, 2003; Zbikowski, 1998; the entirety of Volume 22/23, 1997-98, of *Theory and Practice*, Journal of the Music Theory Society of New York State), 저서(예를 들어, Zbikowski, 2002), 그

리고 박사논문(Cox, 1999)들이 있다.

음악중심 음악치료 이론에서 위와 같은 사고체계를 사용하는 이유는 다음과 같다.

나는 본래 음악 분석을 통해서 스키마 이론을 알게 되었다. 음악이론가, 음악학자, 음악철학자들은 광범위한 음악 종류[1]의 본질을 밝혀내기 위해서 이 이론을 매우 유용하게 사용하고 있는데, 이러한 사실은 이 이론이 음악치료에도 유용하게 사용될 수 있음을 시사한다. 또한 이러한 방법은 음악연구를 통한 접근이므로 음악중심 사고에도 부합하는 것이라 생각한다.

이 책의 많은 부분은 음악 경험에 내재된 임상적 가치에 관한 논쟁을 다루고 있다. 이러한 논쟁은 음악 경험의 이점을 이해하기 위해 행동주의적, 심리학적 또는 정신분석적 구조로 분석을 하거나 비음악적 영역으로 일반화할 필요가 없다는 점에서 음악 경험 그 자체가 타당할 수 있다는 생각에 근본을 두고 있다. 인지와 경험의 가장 기본적 과정을 이해하는 접근으로서의 스키마 이론은 모든 음악 경험을 통합하고 동시에 음악 경험의 기제를 좀 더 포괄적인 인간의 능력에 연결시킨다. 이러한 점에서 이 이론은 음악 경험의 의미 만들기에 대한 통찰을 얻기 위한 확고한 기반을 제공할 것이다.

사실상 스키마 이론은 인간의 사고가 얼마나 은유적인가를 보여 주며 음악치료사가 임상 목적을 해석하는 방법에 이르는 무언가를 설명해 줄 수 있다. 예를 들어, 음악치료사가 **충동조절 향상**이란 목적을 세웠다면 이것은 댐이 물의 힘을 제어하고 있는 것과 마찬가지로 인간의 행동도 견제나 방향수정이 필요한 물리적인 힘에 의해 지시될 수 있다는 은유로 이해해야 함을 의미한다. 스키마 이론은 음악 겸험이 인간 기능의 다른 영역에서 운영되는 것과 같은 은유의 구조에 영향을 받는다고 여기고 있으며,

---

1) O'Donnell(1999) 그리고 Johnson과 Larson(2003)은 스키마 이론을 Greatful Dead나 비틀즈 음악에 적용했고, Brower(1997-1998)는 에드가 바레즈의 음악에 그리고 Saslaw(1997-1998)는 쇤베르그의 작품을 스키마 이론의 관점에서 살펴보았다.

음악은 이러한 경험구조를 만들어 내는 데 독특한 역할을 할 것이라고 본다. 이렇게 볼 때, 스키마 이론은 음악과 음악 경험의 구성요소와 인간 기능의 균형과의 관계를 설명하는 역할을 본질로 할 수 있는 것이다. 구체적으로 치료사들이 임상 목적을 세울 때 공통된 은유를 이해하는 것은 임상 목적을 음악 과정에 연결해 주는 수단을 제공할 것이다.

지식의 많은 부분은 비문자적이고 은유적이기 때문에 스키마 이론에서는 계속적으로 지식을 얻고 조직화하는 데 언어적인 이해가 많은 역할을 차지하진 않는다. 스키마 이론에 따르면 대부분의 인간 지식은 우리가 이 세상에서 이미 경험한 것에 대한 언어적인 반영이라기보다는 경험에 기인하는 일련의 인지적 스키마타에 달려 있다고 본다. 이러한 관점에서 보면 경험 그 자체가 가장 중요한 인지적 구성요소라 할 수 있다.

이러한 관점은 이 책에서 다루고 있는 음악중심 철학에 가장 중요한 방법이 된다. 또한 이 관점이 음악 경험과 의사소통은 인간과 관련하고 있는 한 부분이고 음악 경험과 표현이 어떻게 인지적인 부분을 나타낼 수 있는가에 관해서 설명해 줄 것이다. 이는 음악치료에서 경험하는 음악 경험에 대한 자기만족감을 음악중심 사고의 본질로도 살펴볼 수 있을 것이다. 요약하자면, 스키마 이론을 적용하는 첫 번째 이유는 음악중심 이론과 부합하는 인식론에 관한 핵심 요소를 제공하고 있기 때문이다.

스키마 이론을 적용하는 두 번째 이유는 이 이론이 음악에 관한 명확한 관점이 있고, 폭넓고 견고한 기초를 줌으로써 빅터 주커칸들(Victor Zuckerkandl)의 철학을 보완하기 때문이다. 간략히 말해서 스키마 이론은 우리가 어떻게 경험하고, 개념화하며, 음악의 본질에 관한 통찰을 얻기 위해서는 음악을 어떻게 사용하는가에 관해 살펴보는 것이다. 주커칸들은 음악의 구성요소인 음, 화성, 리듬을 연구하여 이러한 요소가 인간의 특성 및 삶과 어떤 관계가 있는지에 관해서 이야기하고 있다. 따라서 주커칸들과 스키마 이론가들이 자신들의 체계적인 개념을 가지고 양극에 서서 서로를 바라보며 서로를 향해 다리를 만들어 가고 있다고 생각해 볼 수 있다.

제3부의 내용은 다음과 같다. 8장에서는 스키마 이론을 소개하고 이론적 배경을 제시할 것이며, 여기서 함축하고 있는 음악치료 이론을 도출할 것이다. 또한 스키마 이론이 제시하고 있는 음악에 대한 관점이 음악중심 음악치료 이론에 부합하는지에 관해서 제시할 것이다. 9장에서는 음악에 대한 주커칸들의 생각을 두 가지 의도로 논할 것이다. ① 스키마 이론을 근본으로 한 음악의 핵심 영역을 보완하기 위해서 음에 관한 생각을 설명할 것이다. ② 앞서 논의했던 활기띠기와 같이 음악중심 관점에서 음악 개념의 기본을 설명할 것이다.

비록 두 가지 접근이 모두 음악과 음악 경험에 대한 본질적인 의구사항들을 폭넓게 다루고 있기는 하지만, 두 접근이 차이가 없는 것은 아니다. 따라서 10장에서는 두 이론이 암시하고 있는 것을 밝히고, 몇몇 상이한 견해나 어긋난 사실에 대해 조정하며, 두 이론 간의 차이는 음악치료 현상에 대한 더 나은 이해를 돕는 가치를 가로막는 것이 아니라는 의도로 스키마 이론과 주커칸들의 이론을 간략히 살펴보고자 한다.

08 음악치료와 스키마 이론

🎵 스키마 이론 입문

George Lakoff와 Mark Johnson(1980)은 그들의 저서 『Methaphors We Live By』를 통해 인간의 인지, 경험 그리고 의사소통에 관한 철학적 관점을 소개했는데 이는 언어학, 철학, 인지과학, 임상심리학 그리고 음악이론을 포함한 여러 영역에 영향을 미쳐 왔다. 이 책은 "우리가 생각하고 행동한다는 평범한 개념체계는 본질적으로 은유적이다."(p. 3)라는 생각에 기본을 두고 있다. 또한 "은유의 본질은 또 다른 측면에서 어떠한 것을 이해하는 것이다."(p. 5)라고 이야기하고 있다. Lakoff와 Johnson이 은유에 대한 관습적인 생각에서 벗어 나기 위해 사용한 중요한 방법 중 하나는 은유의 분석이 언어연구 그 이상의 것이라는 생각이다. 대신 이들은 "인간의 사고과정은 포괄적으로 은유적이다."(p. 6)라는 사실을 강하게 주장하고 있다.

예를 들어, 나는 3장에서 음악을 강으로 은유하였다. 초월적 음악 경험 속에서는 완전히 음악에 몰입하기 때문에 음악이 들리지 않을 수 있음을 설명하기 위해서 이러한 은유를 사용하였다. 이 은유가 내가 말하고자 하는 것을 더 잘 이해하도록 도왔는가? 만약 그렇지 않았다면, 그것은 은유를 잘못 사용한 것이다. 다시 말하면 내 잘못이라는 것이다. 하지만 만약 도움이 되었다면, 그것은 은유의 가치를 잘 설명하고 있는 것이다. Lakoff와 Johnson의 관점에서 보면 언어를 사용하는 은유를 연구하면 인간 경험의 특성과 인간 사고 및 행동의 근본에 대한 통찰을 제공할 수 있다.

Lakoff와 Johnson의 또 다른 연구에 따르면, 은유는 언어적 장치가 아니라는 것이다. 오히려 은유는 인지와 의사소통에서 개념적 사고를 표현하는 수단이라는 것이다. 우리가 일상생활에서 사용하는 언어와 이를 은유적으로 인지하는 몇몇의 예를 보자. 나는 스트레스 받고 있다(I'm under pressure). 그는 영리하다(He's sharp thinker). 이런 종류의 은유는 너무나 관습적인 것이라 종종 그것을 은유로조차 생각하지 않는다.

은유적 사고의 기본은 이미지 스키마타다. 이러한 것은 경험을 조직화하고 통합하며, 3차원의 공간에서 우리의 몸이 겪는 보편적 경험에서 비롯되는 역동적 인지 구조다.

특별히 Saslaw(1996)에 따르면 「용기」(CONTAINER), 「위-아래」(UP-DOWN), 「중심-주변」(CENTER-PERIPHERY), 「연결」(LINK), 「부분-전체」(PART-WHOLE), 「힘」(FORCE), 「앞-뒤」(FRONT-BACK), 「경로」(PATH), 「근원-경로-목적」(SOURCE-PATH-GOAL)[2]은 음악과도 밀접한 관련을 갖고 있다. [그림 8-1]은 이러한 스키마타에 대한 Saslaw의 상징을 표현하고 있다.

---

2) 이 책에서는 스키마 이론의 출판물에 사용되고 있는 표준 사용법에 따라 스키마를 언급하는 단어는 대문자를 사용하였다(역자 주, 번역 시 스키마를 언급하는 단어는 「」를 사용하여 표시하였다.).

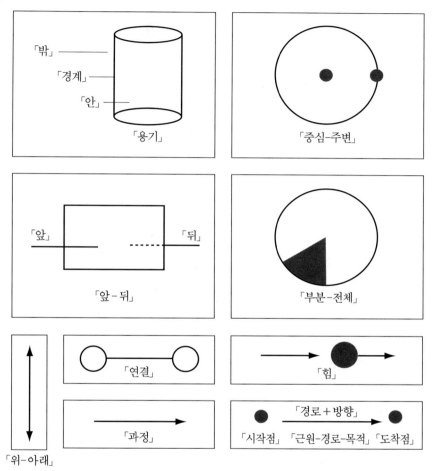

[그림 8-1] 이미지 스키마 그림

스키마타는 "공간 속에서 신체적인 움직임과 지각을 통해서 작용한 다."(Johnson, 1987, p. 23) 비록 여기에서 그림을 제시하고 있지는 않지만, "이미지 스키마타는 다채롭고 구체적인 이미지나 마음에 그리는 영상이 아니다. …… 특정한 정신적 영상을 형성하기보다는 오히려 구조로써 인간의 정신을 좀 더 일반적이고 추상적으로 나타낸다."(Johnson, pp. 23-24)

이미지 스키마타는 모두 직접적으로 경험할 수 있는 것으로 두 가지 종류가 있다. 하나는 「용기」, 「중심-주변」, 「앞-뒤」, 「부분-전체」와 같이 물체와의 관계에서 비롯되는 것이고, 다른 하나는 「연결」, 「힘」, 「경로」, 「근원-경로-목적」, 「가까운-먼」과 같이 외부 세계와의 방향에서 비롯되는 것이다. 스키마타는 여러 다른 경험들과 연결되어 같은 구조를 공유한다. 이는 우리가 다른 현상에 대해서 유사한 언어를 사용하고 있는 이유를 설명해준다.

우리의 몸이 공간을 움직이는 것과 같은 신체적인 경험의 영역은 이미지 스키마타가 형성되는 곳이다. 인간의 정서나 음악과 같은 영역은 덜 구조화 되어 있다. 이 영역에 좀 더 구체적인 경험의 영역에서 기인한 이미지 스키마타를 사용함으로써 스키마타를 적용한다.[3] 매핑(mappings)은 정서상태의 묘사와 같은 은유의 형식을 취한다. 이러한 것을 "영역 간의 연결(cross-domain mappings)"(Lakoff, Saslaw, p. 220 재인용)이라고 하고, 우리가 경험한 영역에서 좀 더 추상적인 영역까지 추론할 때 발생한다. 이는 물리적인 공간에서 경험한 것을 정신세계로 적용시킬 때와 마찬가지다. 예를 들면, 기분과 정서는 안-밖 또는 위-아래와 같이 공간적으로 표현함으로써 개념화된다. 몇 가지 예를 들어 보자. 나는 기분이 업 되었다(다운되었다)(I'm feeling *up* (or *down* or *low* or *high*)). 나는 기분이 가라앉았다(My spirits *sank*). 난 안개 속에 있는 것 같다(I'm *in* a fog). 나는 우울했지만, 빠져나오고 있다(I was depressed but I'm *coming out* of it). 물리적 또는 촉각적 감각으로 지각된 무언가를 표현하는 단어를 심리상태를 표현하기 위해 사용함에 따라 정서상태를 표현하기 위한 기분이라는 용어의 사용은 영역 간의 연결의 예라 할 수 있다. 이러한 사용은 내부에서 유발된 어떤 기분을 누군가 혹은 무언가가 건드렸다는 표현으로 확장하였다.

---

3) "물리적인 관점에서 비물리적인 것을 개념화"하려는 인간의 경향성을 언급함에서, Lakoff와 Johnson(1980, p. 59)은 다음과 같이 주장하였다. 물리적 경험이 정서적, 문화적인 영역에서의 경험보다 기본이 되는 것은 아니다. 또한 음악은 특정 스키마타의 근본 영역이 될 수도 있다.

음악치료의 적용에서 좀 더 자세히 논의하게 될 사항이기는 하지만, 이번에는 「근원-경로-목적」 스키마가 다음의 인용을 어떻게 표현하는지 살펴보자. "목표는 도착지로 이해할 수 있다. 그리고 목표를 이루는 것은 출발지에서 도착지로 가는 과정으로 볼 수 있다."(Saslaw, p. 220) 우리는 이러한 것을 언어에 반영하여 사용한다. "우리는 우리의 목표를 이루기 위해서 긴 여행을 떠나게 되며, 탈선할 수도 있고, 방해가 되는 무언가를 발견할지도 모른다."(Saslaw, p. 220)

스키마 이론에 따르면 이처럼 매핑을 사용한다는 것은 자연스러운 것이며 객관적인 것이다. 매핑을 함으로써 두 영역에서 경험구조가 유사함을 나타낸다.

George Lakoff와 Mark Turner는 특정 은유매핑이 다른 어떤 것보다 효과적인 이유를 다음과 같이 설명하고 있다. 이러한 매핑은 근원 영역의 구조를 목적 영역에 취하게 하려는 것이 아니라 두 영역 사이의 유사성을 밝히고자 하는 것이다. 이러한 유사성은 마구잡이로 이루어지는 것이 아니라 각 영역에 잠재되어 있는 이미지 스키마타의 구조를 지키면서 이뤄진다(Zbikowski, 2002, p. 70).

매핑이 이뤄지는 방법에 대한 기본 이론을 다른 영역에 대한 경험의 지식과 이해를 확장시키는 데 사용할 수 있도록 한다. 게다가 매핑은 우리가 지닌 개념적 지식의 많은 부분이 어떻게 우리의 몸이 세상 속에서 작용하는 특정 방법에 기원을 두고 있는가를 나타낸다.

이러한 종류의 매핑을 통하면, 우리는 추상화 추론과 같은 추상적 목표 영역을 논리적으로 판단하기 위해서 공간을 움직이는 동작과 같은 육체적인 근원 영역을 사용할 수 있게 된다(Johnson, 1997-1998, p. 95).

스키마타는 무언가를 이해할 수 있는 경험을 조직하는 방법을 통해 인

간이 개입하고 있는 모든 의미 만들기 활동에 강하게 연루되었음을 보여
주고 있다. 또한 "우리가 이해할 만한 의미가 있고 연관된 경험을 하기 위
해서는 패턴이 존재해야 하고 행동, 지각, 인지에 질서를 부여해야만 한
다. 스키마는 이렇게 계속되는 구조화된 활동 속에 존재하는 반복되는 패턴, 형상,
규칙이다."(Johnson, 1987, p. 29)

스키마 이론은 비록 언어 분석에서 시작되었지만, 다음과 같은 특성으
로 음악치료에도 적용할 수 있음을 보여 준다. ① 스키마 이론은 뮤지킹
을 전체적으로 이해할 수 있는 광범위한 관점을 가지고 있다. ② 스키마
이론은 경험과 현실에 대한 적극적인 구조자로서의 인간에 가치를 둔다.
그리고 인간은 이러한 현실 속에서 음악 만들기와 같은 중요한 역할을 할
수 있다. ③ 스키마 이론은 음악의 특성과 경험을 밝혀내는 데 적합하며,
인간 기능의 주요한 다른 영역과 동등하게 음악의 특성을 고려하는 데 적
합하다. '스키마 이론 입문'의 나머지 부분에서는 다음과 같은 양상에서
음악치료와의 관련성을 가진 스키마 이론에 관해 논의할 것이다.

(1) 의미는 여러 음악치료 맥락 속에서 다양한 관련을 가지고 있다. 스
키마 이론은 의미라는 단어가 만들어 내는 다양한 방법을 연결하는 수단
이다. 스키마타는 기능적이고 일상적인 행동의 의미구조와, 치료에서 초
점을 둘 수 있는 실존적 의미 사이의 연속성을 만들어 준다. 스키마타는
두 종류의 의미 모두에 함축되어 있고 사실상 이 둘을 통합하는 것이기도
하다. Johnson(1987)은 의미에 대해서 다음과 같이 밝히고 있다.

누군가의 삶의 의미, 역사적 사건의 의미, 또는 단어나 문장의 의미에 대해
서 이야기하는 것과 상관없이, 의미는 인간에 대해 이해하는 것이다. 의미 이
론이라는 것은 무엇이든 상관없이 어떻게 사물을 이해하는가에 관한 이론이
다. …… 의미의 통합에 대한 가설은 단순히 문자적으로 의미란 단어를 통합
한다는 것을 의미하진 않는다. 그것보다는 다양한 의미의 존재를 인정하는 것
이다. 이것은 인간은 자율적인 존재가 아니라 하나의 통합체라고 말하는 것에
유죄판결을 내리는 것이다(pp. 176-177).

의미에 관한 위와 같은 관점은 음악치료를 이해하는 데 폭넓은 수단을 제공함으로써 일반음악치료 이론을 지지한다. 음악치료는 의미 있는 경험을 하는 기회를 제공함으로써 다양한 지적, 인지적 그리고 언어적 과정에 대한 템플릿을 만들어 낼 수 있다. 이러한 관점에서 보면 일반적으로 음악치료는 언어기술 향상, 신체 인지 또는 음악을 통한 이름 알기 등과 같은 교육과 관련된 것이라고 생각할 수 있지만 장애인이든 일반인이든 그들이 살아가고 있는 삶의 의미에 대해 보다 실존적인 발견을 중요시한다는 점에서 보면 음악치료가 심리치료와는 근본적으로 다른 관점을 가진다고 말할 수 있다.

　발달지체 아동이 자신의 이름을 노래로 부르고, 정신분열증 환자가 현실감각을 가지거나 또는 치매노인이 구조적인 기억을 한다는 사실에서 여러 상황을 고려해 보더라도 세상을 조직하는 능력을 발휘하는 데는 스키마타가 개입되어 있음이 분명하다. Johnson(1987)은 "스키마타는 경험에 포괄적인 구조를 제공하며, 이 세상을 이해하고 통합하기 위한 여러 경험을 연결시키는 구조다."(p. 37)라고 밝히고 있다. 따라서 스키마 이론은 의미와 의미가 있는 것을, 정서와 인지를, 몸과 마음을 연결한다. 전통적인 양분법이 이 이론을 통해서 통합되었으며 이러한 사실이 바로 일반 이론이 음악치료에 기여할 수 있는 또 다른 이유가 된다.

　(2) 스키마타는 지각한 것을 고정된 틀에 적용하는 것이 아니라, 세상과 상호작용하는 인간 기능의 본질적인 양상이므로 뮤지킹과 같은 인간의 행동을 바라보는 음악의 관점과 일치한다. 스키마 이론에 따르면, 인간은 세상과 경험을 적극적으로 구조화하는 존재다. 스키마는 경험을 그 경험의 틀에 엄격하게 적용하기보다는 자신의 경험과 상호작용하는 것이다.

　가장 정확히 말하자면, Johnson은 스키마를 다음과 같이 생각한다.

　　스키마는 조직적인 행동 구조다. 스키마타가 정해진 구조를 가지고 있지만,

이것은 고정되고 정해진 이미지라기보다는 역동적 패턴으로 이루어져 있다. 스키마타는 두 가지 중요한 측면에서 역동적이라 할 수 있다. ① 우리는 스키마타라는 활동구조를 통해 우리가 이해할 수 있는 방식으로 경험을 조직한다. 스키마타는 단순히 경험을 담아 두는 그릇이 아니라 질서를 구조화하거나 만드는 중요한 수단이다. ② 템플릿과 달리, 스키마타는 유연하여 다양한 맥락 속에서 구체적인 사례를 택할 수 있다. …… 스키마타는 유사하지만 다른 상황에 적합하게 수정할 수 있다(Johnson, 1987, pp. 29-30).

인간에 대한 이러한 개념은 음악치료에서 클라이언트가 뮤지킹 과정에 적극적으로 몰입하는 것을 중요시 여기는 음악중심적인 사고의 측면과 일치한다. Paul Nordoff의 다음 인용을 살펴보자.

아동은 치료에서 적극적인 동반자가 된다. 치료사는 갓난아기를 떠먹이듯이 단순히 주기만 해선 안 된다. 아동이 음악아동을 통해서 협력적인 치료사가 되도록 하고, 치료사와 함께 치료를 창조해 가야 한다(Aigen, 1996, p. 25).

이러한 관점은 적극적 뮤지킹을 할 수 있다는 것은 정신을 인지적으로 조직화할 수 있음을 강조한다. 그러므로 스키마 이론은 심상유도 음악치료(Guided Imagery and Music)와 같은 수동적 음악치료 접근에도 적용된다.

(3) 스키마 이론은 일반적으로 언어지능이 다른 지능보다 우세하다는 점에 반대한다. 같은 종류의 스키마타라 할지라도 언어적 의사소통과 경험과의 상호작용에 대한 여러 측면이 함축되어 있기 때문에 여러 가지 방법으로 상호작용을 고려해 봐야 한다.

따라서 스키마 이론은 다음과 같은 사실을 뒷받침하고 있으며 이는 모두 음악중심적인 사고의 근본 양상이 된다. 즉, 음악을 이해하는 것은 근본적으로 언어를 이해하는 것과 다르지 않다. 그리고 음악을 창조하고 감상하는 행위는 언어를 이해하는 것과 같은 인지 구조 속에서 이루어진다.

또한 기본적인 음악 경험들은 밀착성과 삶의 의미를 만들어 나가는 데 언어적인 경험만큼이나 중요하다.

Zbikowski(2002)는 언어능력과 음악능력이 근본적으로 공통점을 가지고 있음을 강력히 주장하고 있다. 그는 "음악을 이해한다는 것은 소리의 패턴을 인식하는 특별한 능력에 달려 있는 것이 아니라 일상적인 삶을 이해하기 위해 사용하는 구조를 이용하고 있다."(p. vii)고 한다. Johnson (1997-98)은 이러한 주장을 확장하여 구체적인 경험을 통해 인간을 이해할 수 있다는 생각을 음악 경험에 적용하고 있다.

> 오로지 육체가 없이 정신적이고 추상과 관련된 영역에만 존재하는 개념, 의미, 추론에 대한 생각을 그만둘 때, 몸/마음, 정신/육체, 인지/정서, 과학/예술 등과 같은 잘못된 이원성을 넘어설 수 있다. 최고의 이론들이 알 수 없는 형식들과 추상적인 의미로 유령과 같은 지적인 영역에만 있다면 의미가 없다. 그것보다는 이 이론들이 구체적인 경험과 이해에 밀접한 관련이 있기 때문에 우리에게 통찰을 주고 있는 것이다. 이러한 관점에서 볼 때 음악이 인지보다 상대적으로 약한 의미를 갖는다고 볼 수는 없다. 오히려 구체적인 의미를 표현하는 전형적인 방법이라 할 수 있다. 사실, 음악이 이러한 의미 범주에 속한다는 사실은 음악이 가지고 있는 역동적인 속성이 우리에게 영향을 미치고 변화시킬 수 있는 심오한 힘이 있다는 것을 밝혀 주고 있다(p. 100).

음악에 대한 이와 같은 개념은 그 이론의 여러 영역을 아우르는 통합적인 힘이 있음을 보여 주는 것이며, 음악중심적인 사고와도 일치함을 나타낸다. 이 이론은 치료 범주, 임상 목표 그리고 다른 음악치료 영역을 능가한다. 스키마 이론을 통해 음악치료를 사고하는 것은 기존의 이론을 이용하는 것과는 다른 것이다. 기존의 이론은 음악치료에 대하여 근본적으로 전혀 다른 입장을 취하고 있기 때문에 음악중심적인 사고에는 적절하지 않다.

스키마 이론에 따르면, 음악능력은 의미 만들기의 다른 영역과 상당히 유사하다. 따라서 음악 속에 있고, 이를 경험하고 언어가 아니라 음악으로 이러한 것들을 이해한다는 것은 다른 영역의 경험에서 의미를 창조하는 것과 같은 능력을 이끌어 내는 것이다. 이것은 일반화의 포괄적인 문제에 관해서 이야기하는 것인데, 이러한 관점에서 보면 음악치료의 경험에서 사용하고 있는 능력은 다른 영역에서 작용하는 기능과 같은 것이기 때문에 음악치료 속에서 경험은 이미 본질적으로 보편적인 중요성을 갖는다고 할 수 있다.

또한 스키마 이론은 우리가 경험하는 음악을 이해하기 위한 수단이다. Johnson(1997-98)에 따르면, "음악 경험과 개념을 구조화하는 것은 신체를 지각하고 움직이고 느끼는 것과 같은 패턴이다."(p. 95) 이것은 두 가지 이유에서 중요하다. 첫째, 스키마 이론을 바탕으로 한 음악학적 분석은 어떻게 음악을 만들고 경험하는지에 관한 통찰을 준다. 이는 뮤지킹을 전체적으로 이해하지 않고 행해지는 단순한 지적 연습이 아니다. 둘째, 주어진 음악적 상호작용 속에서 발생하는 스키마타를 통해 얻은 통찰을 이용하여 치료에서 스스로 자신의 경험을 표현할 수 없는 클라이언트 경험의 특성을 이해할 수 있다.

Steve Larson(Steve Larson, 1997-98)은 음악의 힘과 멜로디 패턴에 대해서 두 가지 주요한 음악 은유에 대해서 일깨워 주고 있는데, 음악은 동작이라는 사실과 음악은 목적이라는 사실이다. Larson은 이 두 가지 사실에 대해서 다음과 같이 이야기한다.

　'음악은 동작' 이라는 은유는 음악에 대해서 생각할 뿐 아니라 음악으로 생각하는 것이다. 우리는 어떤 음들에 대해서 이야기할 때 경과음으로 표현하기도 하지만, 이것들을 출발점과 도착점을 연결하는 길을 가로지르는 것으로 경험하기도 한다. 멜로디 도약에 있어서도 우리는 에너지를 모으거나 연결 경로를 뛰어넘어 어딘가로 도착하는 것으로 이를 경험하기도 한다. '음악은 목적' 이라는 은유 또한 음악에 대해서 생각하고 음악으로 생각하는 것이다. 우리는 불협화음이 해결되기를 기대하기도 하지만, 이것이 해결되기 바라는 소망을 경험하기도 한다(p. 57).

이와 같은 것이 개념적인 음악 분석을 현상적 음악 경험에 연결시키는
것이다. 분석의 산물이 바로 음악 경험을 이해하는 핵심이라는 신념의 토
대를 제공한다. 임상에서 음악을 사용할 때 음악이 어떻게 경험되는가는
그것이 무엇인가보다 중요한 것이다. 사실, 음악에 관해 어떠한 개념을
가지고 있는가는 별 문제로 하더라도, 음악이란 무엇인가에 관해 이야기
하는 것이 이치에 맞지 않을지도 모른다. 왜냐면 음악이라는 것은 은유가
기본이 된 묘사라는 점 외에는 이야기할 수 있는 것이 없기 때문이다.

스키마 이론을 음악에 적용한다는 것은 음악 경험과 음악 이해를 통합
한다는 점에서 이 이론은 음악에 대한 인지적인 관점을 정당화한다. 이러
한 관점은 인간이 뮤지킹을 할 때나 어떤 식으로든 음악에 관여할 때, 인
간 기능의 본질이 되는 인지적 능력을 중재하는 존재를 보여 준다는 생각
을 지지한다. 이는 인지적 능력이 존재한다는 것을 나타내지 않을 수도
있는 장애인들의 능력을 추론하는 수단을 주므로 음악치료사들에게는 매
우 중요한 사항이 된다.

Johnson과 Larson(2003)은 다음과 같은 관점을 표현한다.

경험에 의하면 음악의 개념을 안다는 것과 음악을 이해하는 것은 별개의 것
이 아니다. 단순히 음악작품을 경험하고 나면 그것을 이해하는 것이 아니다.
일차적으로 경험은 그것의 의미가 무엇인지 이해한 후 존재하는 것이 아니라
여러 경험들이 천을 짜듯이 엮여서 이해가 되는 것이다. 이해한다는 것은 경
험이 존재하고 경험을 이해하는 방식이다(p. 78).

여기에서 핵심 문장은 바로 여러 경험들이 천을 짜듯이 엮여서 이해가 되는
것이라는 부분이다. 이것은 음악을 경험한 후 이것이 기존의 경험에 반영
되는 것이 아니며, 경험은 형식적으로 그리고 경험적으로 의미 만들기 활

동으로부터 분리하는 것이 아님을 의미한다. 또한 의미를 만드는 과정이 음악 경험 그 자체라는 것이며 이러한 과정이 발생된 후 경험에 반영되는 것이 아니다. 의미를 만들 때 사용하는 인지 과정이 경험에 필요하기 때문에 의미는 경험 속에 존재하게 된다.

의미 만들기 활동이 음악 경험과 분리된 것이 아님을 고려하는 것은 일반적 음악중심 이론을 세우는 데 중요하다. 인간은 음악과 함께한다는 점에서 음악을 이해하는 것이 임상적인 이론적 근거다. 뮤지킹 그 자체가 의미 만들기 활동이기 때문에, 언어화된 혹은 다른 통찰 유형이 왜 음악 경험의 의미를 이해하는 데 필수적이 아닌지 그 이유를 설명하는 일은 쉬운 일은 아니다.

스키마 이론이 음악 경험의 중요성을 밝히고 있는 또 다른 방법은 어떻게 음악 경험이 스키마타가 발전할 수 있는 대안적인 매개체가 될 수 있는지 보여 주는 것이다. Zbikowski(1997-98)는 Candace Brower의 작품을 다음과 같이 설명하고 있다. "그의 작품은 음악 경험이 어떻게 이미지 스키마타에 대해서 알려 주고 그것을 만들어 낼 수 있는지를 보여 준다. 즉, 음악은 어떤 상황 속에서는 내가 목표로 하고 있는 익숙한 영역을 구조화하여 나타내기보다는 좀 더 주요한 정보나 경험을 나타낼 수도 있다는 것이다."(p. 10). 이러한 점은 음악치료와 음악중심 음악치료 이론에 스키마 이론을 적용시키기 위한 이론적 근거로 가장 중요한 사항이다. 또한 음악에서 경험은 어떤 다른 영역보다 가장 근본적인 인간 이해의 측면이라 할 수 있는 인지적 구조와 과정 창조를 위한 장을 제공한다.

스키마 이론을 적용하고 있는 다음 두 가지 음악치료 연구는 이러한 주장을 보완한다. Henrik Jungaberle, Rolf Verres 및 Fletcher Dubois (2001)의 연구는 언어 영역에서 작용하고 있는 특정한 스키마타가 음악과 음악치료 과정에도 관여하고 있음을 주장한다. 그리고 Gabriella Perilli (2002)는 발달 문헌에 관해 조사한 결과, 음악과 소리에 대한 경험은 유년 시절의 언어발달에 매우 중요하여, 소리와 음악은 비언어적 상상의 스키마를 형성하는 데 기여하고 있음(p. 420)을 밝히고 있다. 그녀는 계속해서 이러한 소리와 음악에 대한 초기 경험은 인지적 구조의 형성에도 영향을 미친다고 말한다. Perilli는 인간관계를 '화음을 이루고 있지 못하다' 또는 '잘 조율되었다' 등의 음악 용어를 사용하여 설명할 수 있다는 사실은 우리 경험의 특성을 이해하고 알 수 있도록 도와줄 수 있는 은유의 개념을 발달시켜 주는 음악 경험의 기본적 역할의 예라고 하였다(p. 427). Perilli 의 생각과 이미지 스키마타를 음악치료 과정을 설명하는 데 사용함으로써 음악 경험에서 기인한 구조들은 적용할 수 있게 되는 것이다.

🎵 음악과 음악치료에서 이미지 스키마타

나는 음악중심 이론에 스키마 이론을 적용하는 이론적 근거를 다시 한 번 강조하고 싶다. 몇 가지 측면을 고려하여 이러한 결심을 하게 되었는 데, 그 결과 스키마타를 통해서 음악 경험에 대해 이야기하는 것이 가장 타당하다고 생각했다. 많은 연구에 의해서 이러한 생각들이 밝혀졌다. ① 이미지 스키마타는 음악치료 과정을 폭넓은 인간관계로 연결시켜 준 다. ② 스키마타는 음악에 관해 매우 명쾌히 설명해 준다. ③ 스키마타 는 음악치료 과정과 경험을 설명하는 데 매우 적합하다. 이렇게 해서 초 기의 음악 및 청각 경험은 우리가 생각하는 방식으로 통합되고, 신체적, 심리적, 사회적 영역에서의 경험과 의사소통하는 방식으로 통합되는 듯 하다.

(1) 뮤지킹이 가치가 있다는 것은 경험에 참여하고 있는 클라이언트나 치료사에게 자명한 사실일 것이다. 그러나 이에 대한 경험적 지식 없이 음악치료 과정의 가치를 설명하기 위한 실용적, 사회적, 경제적 이유가 있는 한 음악치료 과정을 다른 기본적인 인간 과정과 이해에 연결할 필요 가 있을 것이다. 여러 영역에 매우 다양하게 적용되는 스키마타는 여기에

적합하다고 할 수 있다.[4)]

이미지 스키마타가 음악 경험을 만들어 내는 방식은 음악치료 과정에 그 것이 적용된다는 것을 확인해 준다. 이미지 스키마타는 소리를 의미 있는 음으로 조직화하고, 모든 음악 경험을 임상적 또는 비임상적 영역에 관련 시킨다. 뿐만 아니라, 음악 경험을 음악 외적인 삶과 연결시키기도 하며 설 명적 이론에 중요한 역할을 담당한다. 이러한 연결은 매우 중요한데 두 가 지 경향이 있다. 하나는 스키마타가 음악 밖에서 음악 경험을 삶의 일부분 으로 이해하도록 하고, 다른 하나는 삶을 음악적으로 경험하도록 돕는다.

(2) 언어가 음악 경험을 전달하는 데 적합하지 않다는 것은 기정사실이 다. 하지만 이러한 사실이 언어로는 음악을 탐색할 수 없거나 근본적인 특성에 대한 통찰을 갖지 못한다는 이유가 되지 않는다. 주커칸들(1973) 은 "우리는 단어가 말할 수 없는 것이 무엇인지를 단어로 말할 수 있다." (p. 63)라고 하였다. 또한 Lakoff와 Johnson에 따르면, 언어는 인간의 경 험을 이해하는 데 핵심이고 음악에 대해서 무엇을 이야기하는가가 아니 라 어떻게 우리가 음악에 대해서 이야기하는지에 대한 시각을 갖고 있다. 즉, 어떻게라는 것이 경험에서 유발된 음악의 잠재적인 구조에 대한 통찰 을 얻게 하는 것이다. 은유를 사용할 때 언어를 어떻게 선택했는지 살펴 보는 것이 어떻게 음악에 대해서 생각하는지 밝혀내는 것이고, 이는 우리 의 경험이 음악에 근거를 하고 있음을 나타내는 것이며, 음악 그 자체의 속성에 근거하고 있는 것이다. 그러므로 음악과 음악 경험을 묘사하기 위 해서 우리가 사용하는 언어를 살펴본다는 것은 음악의 특성과 임상적 가 치에 대한 통찰을 얻기 위해 중요한 일이 될 수 있다.

음악에 사용하는 언어를 간단히 살펴보는 것만으로도 Lakoff와

---

4) Henk Smeijsters(2003)는 이와 유사하게 가장 기초적인 범모형적 가치를 가지고 있는 Stern의 '생명력'을 사용하여 일반 음악치료 이론을 만들고자 하였다. 하지만 그는 음악미학적 요인과 심리학적 요인 사이의 엄격한 이분법적인 입장을 취하고 있다. 따라서 그의 이론은 음악중심 사 고의 핵심적인 측면과는 대립된다고 볼 수 있다.

Johnson이 말하고 있는 스키마타의 보편성에 대해서 알 수 있다. 그들은 언어를 사용하지 않고 음악의 무언가에 대해 밝힌다는 것은 거의 불가능하다고 하였다. 특정 스키마타가 경험한 음악을 나타낸다는 사실은 스키마타가 음악중심 음악치료 이론에 적용할 수 있음을 뒷받침한다. 그러므로 역사적인 관점으로 봤을 때 비록 스키마타 개념이 음악연구에서 비롯되지는 않았지만, 그렇다고 해서 개념적으로 심리분석주의나 행동주의와 같은 이론으로 향하기에는 어려움이 있다.

　(3) Jungaberle(2001)과 Perilli(2002)는 음악치료 과정에서 이미지 스키마타를 사용하는 기제에 관해서 이야기해 왔다. Jungaberle(2001)에 따르면, 이러한 기제의 사용은 이론에 중요한 역할을 할 수 있다고 하였는데 은유 분석은 "정통적으로 양극단에 있는 정서와 인지적인 관점을 통합"할 수 있으며, "몇몇 이론 영역을 통해서는 통합적 상징체계하에서 양극성이 해결될 수 있음"을 지적한다(p. 6).

　하지만 Perilli(2002)의 생각은 다소 다르다. 그녀는 심리치료에서 은유의 두 가지 다른 역할에 대해 밝혔다. "첫 번째 역할은 클라이언트가 자신에 대해서 묘사하고, 상징하고, 의사소통하며 독특한 정신 구조에 대한 방법을 찾는 것이다(자기 상징 은유). 두 번째 역할은 여러 종류의 성장 경험 또는 창조적인 노력을 통해서 자신과 세계에 대한 새로운 지식을 얻는 것이다(지식 발달 은유)." (p. 433) 사실상 Perilli는 심상유도 음악치료에 가장 중요한 가치를 두고 있는데, 그것은 "은유 과정의 가장 본질적인 예이고 각 개인의 변화에 자연스럽게 도움을 주기"(p. 455) 때문이라고 한다.

　나는 스키마타가 인지적인 중요성을 가질 뿐 아니라 기본적인 정서, 심리, 발달적 욕구와 필요를 나타내고 있다고 본다. 예를 들면, 전체의 일부분이 되는 것으로서 자신을 경험한다는 것, 즉 자신보다 좀 더 큰 무언가의 일부가 되는 경험을 한다는 것은 대부분의 사람들로 하여금 자신의 삶에서 목적이 강화됨을 느끼게 하는 것이다. 유사하게 우리는 자신들의 삶이 목표를 향하는 여정이라고 상상할 때, 매일 매일의 삶은 더 큰 의미를 얻기 위해서 투쟁하게 될 것이다. 우리는 투쟁이 목적의 수단이라 생각되면 어려움에 더 잘 대처할 수 있게 된다.

「부분–전체」 관계나 「근원–경로–목적」이라는 스키마의 역동성을 경험하고자 하는 것은 치료에서 말하는 본질적 인간 욕구를 경험하고자 하는 방법이다. 음악치료의 가치를 살펴보는 방법 가운데 하나는 스키마타가 함축하고 있는 특성을 고려하는 것이다. 이러한 방법은 클라이언트의 의미창조, 건강, 발전 그리고 자기실현에 필요한 경험을 준다. 또한 클라이언트가 자신의 삶에서 부족한 경험, 특히 의미의 창조, 건강, 발달, 자기실현을 위해 필요한 경험을 깨닫게 한다.

다음 내용은 이미지 스키마타를 음악 또는 음악치료에 어떻게 적용할 수 있는지에 관해 철저히 조사한 것은 아니지만, 어떻게 이미지 스키마타가 이루어지는가에 관한 예를 제공하고, 그렇게 함으로써 얻을 수 있는 해석적 힘을 더한다. 네 가지의 스키마타에 대해서 설명할 것인데 두 가지는 신체의 경험과 관련이 있고, 다른 두 가지는 신체가 공간에서 경험하는 것과 관련이 있다.

위–아래(수직성)

수직성은 음악 속에서 신체가 경험하는 세 가지 공간을 표현하는 척도로 매우 적합하다. 이 스키마로는 음악의 다양한 양상을 자연스럽게 묘사할 수 있다. 가장 일반적인 것은 음고(높은 음 또는 낮은 음), 템포(업 템포), 그루브(그루브로 내려옴 또는 그루브를 탐), 볼륨(볼륨을 높여 크게 하거나, 낮춰 부드럽게 함), 화성의 움직임(I도 화성으로의 움직임은 종결 또는 하강이란 용어를 사용), 그리고 펄스(마디의 업 비트 또는 다운 비트)다.[5]

---

5) (로큰롤과 같은) 4분의 4박자 리듬에서 투비트와 포비트 리듬을 사용하는 음악가들은 이러한 비트를 백비트라고 하며, 리듬 연주자들은 이것을 비트 앞 또는 비트 뒤를 연주한다고 말하는데, 이것도 스키마의 「앞–뒤」 스키마라고 할 수 있다.

종종 이러한 음악적 양상은 극단적으로 비슷한 여러 형용사를 함께 사용하여 나타난다. 예를 들어, 부드럽고 빠르게는 크고 빠르게 연주하는 것보다 어렵다. 이와 유사하게 여러 대중음악의 장르에서 솔로는 빠르고, 크게, 그리고 더 큰 주파수를 가진 음들의 강도로 클라이맥스를 만들어 낸다. 이는 스키마에서 '위로' 또는 '높은' 으로 사용하고 있는 것이다.

이러한 스키마가 음악치료에 적용될 수 있는 한 가지 경우는 임상 목적이 클라이언트의 현실적 지향성을 강화시키는 경우다. 임상 목적에 일반적으로 나타나는 두 가지 언어를 고려해 보자. 치료사는 클라이언트가 보다 더욱 기반(grounded)을 갖도록 또는 더 나은 실제적 지남력(orientation)을 갖도록 돕는다. 이러한 두 가지 용어를 사용함으로써 우리는 물리적 공간 속의 한 존재가 되어, 경험을 기반으로 추론하며 이러한 특징들을 삶의 내면과 사회기능에 투사한다.

기반(grounded)을 갖는다는 것은 문자 그대로 땅에 고정되어 있는 것으로 안정감과 관련된다. 지남력(orientation)이란 용어는 나침반의 방위와 관련하여 자신을 위치시키거나 자리매김하는 것을 지칭한다. 그러나 임상적인 맥락에서 이러한 말을 사용할 때는 실제로 이것들을 은유적으로 사용하고 있다. 이러한 용어로 묘사되는 자신의 클라이언트에 대한 치료사의 바람은 실제적인 '지향점' 을 갖기 위함이며, 세상에서 행동하기 위한 확고한 기반을 주고자 하는 것이다.

문자 그대로 볼 때 물리적인 세상 속에서 길을 잃었다는 것은 방향을 잃어 어디로 가야 하는지를 모른다는 것을 의미한다. 3차원의 물리적 공간 속에서 방향감각을 느끼기 위해서는 중력의 힘을 알아야 한다. 위와 아래의 감각이 없다면, 마치 방향을 잃고 공중에 둥둥 떠 있는 것과 같을 것이다. 이것은 흔히 기반을 갖지 못하거나 지남력을 상실한 자폐아동이나 정신분열증 환자와 같은 정신상태에 대한 물리적인 신호다. 문자 그대로 기반을 둔다는 것은 중력을 느낀다는 것을 의미하는 것과 마찬가지로, 심리적으로 기반을 둔다는 것은 사람이 심리적, 사회적 힘에 영향을 받아

심리적, 사회적 방향감각을 가지게 된다는 것을 의미한다.

「위-아래」 또는 '높음-낮음' 이라는 감각을 갖는다는 것은 이 세상 속에서 방향감각을 갖는 일차적인 단계가 될 수 있다. 신체적, 정서적 또는 사회적으로 방향성을 잃은 사람은 「위-아래」의 음악 경험을 통해서 더 나은 감각을 갖기 시작할 수 있다. 이는 두 가지 경험이 공통된 요소를 가지기 때문이다. 즉, 신체적으로도 정신적으로도 기반을 갖기 때문이다. 음의 공간에서 방향을 안다는 것은 심리적 및 사회적 영역에서 방향감을 갖는 본보기가 될 수 있다.

이러한 스키마를 음악치료에 적용할 수 있는 또 다른 방법은 클라이언트의 정서나 자아감을 강화시키는 수단을 제공하는 것이다. 먼저 이러한 스키마가 어떻게 매일 매일의 일상생활에서 얼마나 중요하게 사용되는지 고려해 보자. 더 높이에 있다는 것은 자신의 주변상황에 대해 다 파악하고 있다는 것이다. 위로 간다는 것은 승진한다는 것이다. 기분이 고양되었다는 것은 기분이 좋다는 것이다. 사회적으로 그리고 직업적으로 더 높은 위치에 있다는 것은 권위 있는 자리에 있다는 것이다. 분명한 것은 위에 있다는 것은 일반적으로 사회적으로 가치 있는 위치에 있다는 것이다.

기분이 가라앉아 있다는 것은 우울하거나 슬픈 것을 의미한다. 아래에 앉아 있다는 것은 숨어 있거나 보이지 않는 것이다. 낮은 직업은 일반적으로 사회에서 가치가 없는 직업을 의미한다. 일반적으로 꺼려지는 경험과 지위는 스키마의 아래 끝에 연결된 단어들에 의해 묘사된다.

이제 선천적으로 신체적인 결함을 가져 휠체어를 사용하는 사람을 생각해 보자. 이러한 사람은 아마도 걸음마 시기에 경험하는 앉았다가 일어나면서 겪게 되는 수직적인 경험을 하지 못할 것이다. 이러한 사람은 '무언가의 꼭대기 있는' 것과 같은 수직적인 경험 또한 하지 못할 것이다. 그렇다면 어떻게 이러한 사람들에게 「수직성」 스키마를 발달시킬 수 있을까?

여기서 우리가 알고 있는 것은 이러한 결함을 가진 사람들에게 음악이 위로 움직이는 것을 느낄 수 있는 경험을 보완해 준다는 것이다. 이러한 사람은 음악을 통해서 고양된 느낌을 가질 수 있다. 이러한 「위-아래」의 경험을 통해 정서적 경험을 할 수 있게 하는 것이다. 이러한 사람들은 이제 음악으로 고양된 경험을 함으로써 그러한 종류의 경험을 가진 존재가 된다.

또한 심상유도 음악치료와 같은 방법은 의식을 전환시키는 데 도움을 준다. 이 치료 방법은 전형적으로 의식을 고양시킨다고 생각되며 따라서 치료 작업을 촉진시킨 의식의 변화는 신체적으로 위라는 경험을 나누기도 한다. 게다가 일단 변환된 상태 속에서, 심상에서 나타나는 상승 또는 하강의 경험은 이 작업의 중요한 부분이다. 중요한 것은 「위-아래」라는 연속체 속에 존재하는 다양한 음악을 통해서 변환된 의식 상태가 만들어 지고 이를 임상적으로는 다루게 된다.

부분-전체

부분-전체(Part-Whole)는 리듬, 음, 구조 그리고 음색이 어떻게 음악을 이루는가를 살펴봄으로써 확실히 알 수 있다. 조성관계를 보면 각각의 음고는 전체를 나타내는 음계, 조 또는 화음의 부분이 된다. 각각의 악기 소리는 전체의 한 부분이다. 여러 악기들이 한데 어루어져 만들어 낸 전체 소리 조직의 한 부분으로 이를 현파트 또는 리듬파트와 같은 덩어리로 말한다. 각 연주자는 오케스트라 또는 앙상블의 한 부분이다.

음악의 시간적 양상은 한 마디가 어떻게 4분 음표나 2분 음표로 분리되는지 살펴보면 부분-전체의 관계를 알 수 있다. 여기서 모든 마디로 이루어진 악보는 전체가 된다. 고전음악에서 대위법의 구성이나 펑크 음악에서 각 파트의 배열과 같은 음악의 구성을 고려할 때, 각각의 음악 요소가 동시에 섞여서 전체를 이루고 있음을 알 수 있다.

결국 음악의 시간적 양상은 대체로 부분-전체라는 관계를 가지고 표현되는 것이다. 이것은 가사, 코러스, 브리지로 구성된 팝과 같은 영역에서도 마찬가지다. 부분-전체의 관계는 음악의 거의 모든 영역에 편재해 있다.

Lakoff와 Johnson(1980)은 "다측면적 전체 구조"로 통합하는 "경험적 게슈탈트"가 어떻게 경험을 전체로 통합시키는가에 관해 논의하였다(p. 81). 뿔뿔히 흩어진 경험을 일관성 있는 전체로 만드는 인지적 능력은 독립적으로 각각 통제할 수 있는 부분으로 이루어진 신체의 경험에서 비롯된다. 신체와의 관계 속에서 터득한 부분-전체 구조는 이 세상의 사건과 관련을 갖는다. 따라서 어떻게 「부분-전체」 스키마가 작용하는지 이해하는 것에는 어떻게 인간이 자신의 삶과 긴밀한 의미를 만들어 내는지 이해하는 것이 필요하다.

음악치료 환자의 대부분이 불완전한 부분-전체 관계를 가졌다는 관점에서 그들의 욕구를 고려해 볼 수 있다. 음악치료에서 겪는 음악적 부분-전체의 경험은 개인 내적 지능과 대인지능의 통합과 연결을 조장한다는 중요한 의미를 갖는다. 이러한 스키마 관점을 통해서 불완전한 통합이나 연결에 대한 임상 목표를 이해할 수 있다.

운동기능이 손상된 사람은 아마도 손상된 부분-전체를 가졌다고 할 수 있다. 그러한 사람들에게, (몸) 전체는 (완전한 존재로서) '전체'는 아니다. (몸의) 일부분을 협력하여 움직이거나 통합할 수는 없을 것이다(음악 연주라고 사용하는 단어가 협력적 인간 활동의 특징을 표현한다는 것은 흥미롭다). 결과적으로 신체의 한계는 경험을 통합시키는 인지 발달을 저해하는 이차적인 결과물이다. 음악치료에서 부분-전체 관계를 기반으로 만들어진 성공적인 음악 경험의 연합은 겪게 되는 경험을 의미 있는 전체로 만들어 주는 대안적인 영역을 제공할 수 있다.

클라이언트는 심리적으로 자신의 여러 부분이 충분히 통합되지 못함을 경험할 수 있다. 일부 성격이론에서는 정신 구조와 기능 양식 사이의 심리적 분리에 관해서 다루고 있다. 하지만 심리적인 기제를 사용하지 않더라도 자폐아, 성격장애, 또는 정상적인 기능을 가졌지만 삶에 만족하지 못하는 사람들로 구분하는 것처럼 어떻게 사고와 정서가 분리되었는지 또는 사고와 행동이 분리되었는지를 고려해 볼 수도 있다.

우리는 내부 삶의 통합을 음악경험, 작곡, 즉흥연주와 같은 부분-전체의 관계 강화 발달로 생각해 볼 수 있다. 이런 방식은 어떤 면에서는 Aldridge (1998)가 우리 몸을 교향악적 전체로 본 개념을 심리적 영역으로 확장시킨 것이다. 신체 기능이 잘 발휘되는 것을 결정짓는 부분-전체의 관계는 심리적 기능의 특징이 된다.

이와 유사하게 음악치료를 받는 많은 환자들은 사회 구조 속에서 타인과 적절한 관계를 맺지 못한다. 더 많은 장애를 가진 사람들은 직업, 종교적 정체성, 가족관계, 영적 믿음, 또는 조직사회에 적응할 수 없어서 대부분의 사람들이 갖는 가치를 공통적으로 나눌 수 없게 된다. 각각의 개인은 통합에 필요한 부분을 구성하는 전체다. 이와 마찬가지로 각 개인은 더 큰 전체의 한 부분이 된다. 사회적, 종교적, 가족 또는 지역사회의 구성원에 대한 경험은 삶의 목적과 의미를 가져다준다. 많은 음악치료 환자에게 다른 사람과 함께 음악을 만드는 작업은 그들이 위와 같은 경험을 할 수 있는 유일한 방법이 될 수 있다.

인간내면과 대인관계라는 두 가지 차원을 고려한다고 해서 이 둘을 분리시키는 것은 아니다. 우리는 내적 통합을 확실히 사회 기능을 쉽게 강화시키는 방법으로 생각해 볼 수 있으며, 사회 구조 속으로 통합되는 정도는 자신 내부를 발달시킬 수 있는 기회의 강화를 의미한다. 「부분-전체」라는 스키마를 따르는 인간 발달은 주요한 요소이며 이는 여러 측면에서 인간 기능에 반영된다. 그리고 마침내 사회적인 통합이 인간 내면을 통합하는 과정으로 간주될 때 현재 대두되고 있는 문화중심 음악치료와 공동체 음악치료 같은 이론의 틀이 좀 더 분명해질 수 있게 된다.

근원-경로-목적

이 스키마는 어떤 음악적 현상이 목적지를 나타낼 때와 관련 있음을 보여 준다. Keil(1994b)은 서양 문화 속에서 음악의 다양한 양상을 고려하면서 다음과 같은 사실을 발견하였다. 그것[6]은 과정과 유발된 감정을 좀 더 중요시하는 재즈와 같은 형식뿐 아니라, 구문론적이고 구조적인 원칙에 근거하여 구체적인 의미를 만들어 내는 여러 고전음악의 형식에 적용 가능하다. 고전음악 형식에서는 목적을 특정한 음악적 사건으로 이해하고 있고, 재즈와 같은 형식에서는 어떤 상태를 달성하기 위한 것으로 목적을 이해할 수 있다.

다시 말하면, 스키마는 음악을 이야기하는 형식으로 이해할 수 있다. 예를 들면, 멜로디나 음계에서 어떤 음은 또 다른 음에 이른다. 작곡에서 어떤 코드는 다른 코드를 가리킬 수 있다. 전체로서의 멜로디는 조성 경로와 윤곽을 따른다. 전환 혹은 공통화음은 어떤 조에서 다른 조로 움직이게 하도록 돕는다.

다음 장에서 논의하겠지만 주커칸들의 음악에 관한 철학을 보면 비록 근원과 목적을 동일한 특성으로 보고 있기는 하지만, 이러한 스키마는 대부분 서양 조성음악을 구성하고 있는 음계로 나타난다.[7] 사실상 작곡과 연주를 통해 스키마를 표현하고, 미세 수준의 음악현상을 매크로 수준의 음악 형식으로 가능하게 하는 여러 요소로 구성된 스키마가 존재한다. 이러한 스키마는 음악적 주제와 멜로디를 통해서 나타나고, 작곡과 연주를 통해서 다양화된다. 또한 변조와 종지를 통해서도 알 수 있다. 다음 Copland(1953)의 음악 형식에 대한 설명을 보면 암묵적으로 이러한 스키

---

6) Keil은 '목적 지향적인 음악' 에 관한 논의에서 이와 유사한 생각을 언급하기는 하였으나, 스키마를 직접적으로 언급하지는 않았다(1994b, p. 53).

7) 음계는 '순환' 스키마로 이해할 수 있다. 다시 말해 "순환은 시간의 흐름을 갖는 원이다. 순환은 처음 어떤 상태에서 시작한 후 일련의 연결된 사건을 지나 다시 시작한 지점에서 끝난다." (Johnson, 1987, p. 119)

마를 표현하고 있으며, 그것은 음악의 흐름과도 관계가 있다.

> 형식은 내가 학창시절에 *la grande ligne*(긴 선)라고 부르곤 했던 것을 가져 야 한다. …… 음악작품과 관련하여 이해해야 하고 느껴야만 한다. 단순히 말 해서 그것은 모든 좋은 음악작품에서 첫 음부터 마지막 음까지 연속성을 주는 흐름을 느끼게 해 준다는 것을 의미한다. …… 위대한 교향곡은 인간이 만든 미시시피강이다. 우리는 출발하는 순간부터 예정된 도착지점까지로의 긴 여 정에 저항하지 않고 강 아래로 흘러간다(p. 24).

> 긴 강의 흐름은 우리에게 방향감각을 주고, 우리는 그 방향이 피할 수 없는 당연한 것임을 느낀다(p. 68).

「경로」 스키마는 음악에서 흐름 또는 움직임이 있을 때마다 나타난다. 이 스키마에 「근원」과 「목적」을 더하는 것은 방향성을 제공하는 것이고, 그렇게 함으로써 움직임에 관한 목적을 갖게 된다.

위에서 언급한 것과 같이, 이러한 스키마타는 인지와 정서 발달의 중요 한 구성요소다. 특히 그러한 과정은 자기감 발달과 관련이 있다. 그리고 신체의 움직임과 관련을 가지기 때문에, 확실히 신체 손상을 가진 아동들 이 이러한 스키마타를 이해할 수 있도록 도와주어 그들이 이러한 스키마 타를 발달시킬 수 있도록 대안적인 수단에 노출시키는 것이 중요하다.

예를 들면, Lakoff와 Johnson(1980)은 Jean Piaget를 인용하여 다음과 같이 말하고 있다. 영아는 자신들이 이불을 잡아당기거나, 병 또는 장난 감을 던지는 행위와 같이 사물을 조작함으로써 최초로 인과관계의 개념 을 배운다. 장애를 가진 아이들과 함께 일하는 치료사들에게 이러한 관찰 은 다음과 같은 핵심 질문을 유발시킨다. 신체적 및 인지적 결함 때문에 선천적 장애를 가진 아이의 경우는 인과관계를 어떻게 학습할 수 있을까? 또한 타고난 한계와 장애는 마치 이와 같은 이차적 학습효과를 통한 발달 을 악화시키는 것 같다.

기본적으로 대부분의 아기들은 길 수 있고, 다음에 걸을 수 있게 된다. 이에 따라 아기들은 부모나 유모를 향해서 반복적으로 움직인다. 일단 아기들이 자기 보행능력이 생기면 이러한 능력을 무언가 익숙하거나 안전한 것을 향해 움직이기 위해 사용한다(이것은 13장에서 론도 형식의 발달을 통해서 논의할 것이다.). 공간의 구체적인 시점에서 시작하는 것과 과정을 따라서 움직이는 것은 모두 구체적인 방향성을 가진다. 즉, 무언가로부터 멀어지거나 무언가를 향하는 것이다. 이러한 것은 「근원-경로-목적」의 발달 개념에서 가장 중요한 것이다.

Johnson(1987)은 어떻게 「경로」 스키마가 인간의 목적과 목표를 깨닫고 만들어 갈 수 있는지에 관해서 연구하였다.

이와 같은 과정 스키마에 대한 한정된 내부 구조는 추상적 영역에 대해서 좀 더 구체적이고 공간적인 영역으로의 보다 큰 은유적 매핑을 할 수 있도록 한다. 과정 스키마가 '목표는 물리적인 목적이다.' 라는 은유를 살펴보자. 여기서 목적은 다양한 신체적 움직임이 향하고 있는 종착점으로 이해될 수 있다. 따라서 이러한 은유를 이용하여 (책을 쓰거나, 박사학위를 받거나, 행복을 찾는 것과 같은) 다양한 신체적 행동은 공간 속에서 목적을 향해 움직이고 있는 것임에 의해 매우 추상적인 목표를 이해하게 된다(p. 114).

「경로」 스키마는 작은 것에서부터 큰 것까지 인간 포부의 만족감에 대한 본보기를 준다는 점에서 보편적이라 할 수 있다. 따라서 이에 대한 개념을 발달시키고, 구조의 역동성을 숙달한다는 것은 아마도 삶에서 본질적인 것이 될 것이다. 하지만 이러한 구조를 얻는다는 것은 공간 속에서 자신의 신체의 움직임을 의식적으로 통제하는 것에 달려있다는 것이 중요하다.

게다가 이 스키마는 자율성, 독립성 그리고 기본적인 자기감을 발달시키는 본질적인 방식이다. 신체적으로 독립적인 행동을 발달시키는 것은 인지적 또는 정서적으로 외부 세계와 부모에게서 분리되는 과정을 돕는다. 자신의 운동기능을 통제할 수 있고 의도적으로 부모로부터 멀리 이동할 수 있는 아이는 하나의 존재로서 완전히 독립됨을 깨닫고 있는 과정을 겪고 있는 것이다. 의도한 대로 행동할 수 있다는 독립된 개체로서의 자아를 깨닫게 되는 자율성의 발달은 신체적인 운동기술을 사용하는 능력과 밀접한 관련을 갖는다.

이제 사지를 사용할 수 없는 중증 신체장애를 가진 아이를 고려해 보자. 이 아이는 자신의 의지로 부모에게서 멀리 기어가는 행동을 할 수 없다. 이 아이는 의도하는 행동의 발달을 돕는 일상적인 경험을 할 수 없고, 독립되고 자율적인 존재가 되는 경험을 겪을 수도 없다.

이런 아이가 음악 속에서 살 수 있게 한다는 것은, 즉 음악이 가진 힘 속에 있다는 것, 그리고 그 속에서 「근원-경로-목적」 스키마를 경험할 수 있다는 것은 목적과 의도를 알 수 있게 되는 것이다. 이러한 스키마를 경험한다는 것은 자신의 의지와 자기감을 알도록 촉구할 수 있다.

어떻게 이 스키마가 인간의 욕구와 목적을 이해하게 하는 수단이 되는지 다시 한 번 생각해 보자. 음악은 아이들의 의도성을 발달시키는 수단이 될 수 있다. 따라서 목적을 향해서 가고, 그것을 달성하도록 한다. 음악치료가 한 음에서 다른 음으로 이동하고자 애쓰든지, 또는 장기적인 즉흥연주를 통해서 여러 주제를 유기적으로 엮어 가든지 간에, 음악치료는 아마도 그러한 아이들에게 의지와 자기인식을 발달시키게 할 수 있는 유일한 수단인 듯하다.

용기(안, 밖, 경계)

용기(container) 또한 음악에서 보편적으로 사용하는 스키마다. 음악을 작곡하고, 연주하고, 듣는 동안 안(in)과 밖(out)을 묘사한 예는 셀 수도 없다.

음악의 형식에서도 위와 같은 용어를 사용하고 있는데, 예를 들면 소나타 형식으로(*in* sonata form), 또는 12마디 블루스 형식으로(*in* an 12-bar blues) 등의 용어를 사용한다. 이러한 일반적인 형식뿐 아니라, 구체적인 음악작품의 특정 부분에서도 ~안에(*in*)와 같은 용어를 사용하는데, 연주자가 특정한 마디 안에서, 또는 가사나 합창 안에서와 같이 말할 때 그 예가 된다. 그리고 더 나아가서 만약 작품의 일부가 ~속에 있는 무언가라면, 이 또한 이 스키마를 사용하고 있다고 할 수 있다. 이것은 도입(introduction)이란 용어가 음악적 맥락 속에서 두 가지 의미를 갖는 것과 같은 것이다. 도입은 음악작품의 초입에 제시된다. 그리고 처음에 존재하는 무언가로서 시간적인 측면을 갖는다. 반면, 도입하다(*introduce*)는 "안쪽으로 놓다. 삽입 또는 집어넣는 것을 의미한다."(『American Heritage College Dictionary』, 4th edition, 2002, p. 728) 이런 식으로 연주자나 청취자를 무언가 안쪽으로 위치시키는 것으로 간주될 수 있다. 사실상 현대 어조로, 인트로(*intro*)는 작품의 시작이고, 아웃트로(*outro*)는 어떤 끝을 의미하고 있다. 한 작품이 끝나면 용기도 사라지는 것이다.

어떤 음악가가 이 작품은 무슨 조로 되어 있나요?(*What key is this piece in?*) 또는 우리가 어떤 조에 있는 거죠?(*What key are we in?*)[8]하고 묻는 것도, 이 스키마를 이용하여 조성과 음계를 설명하는 것이다. 우리는 어떤 음은 조에 속한(*in*) 음이고, 어떤 음은 조를 벗어난(*outside*) 음이라고 말한다. 특정 음들을 멜로디를 구성하는 주제나 모티브로 정의할 때 이 음들은 용기로서의 기능을 할 수 있다. 형식과 이디엄도 이런 식으로 묘사할 수 있고 용기로서의 기능을 할 수도 있다. 재즈 연주가들은 흔히 주어진 형식으로(*in* a given style) 작곡된 음악에서 자신들이 멜로디, 화성 그리고

---

8) 이 두 종류의 은유를 주목해 보자. 전자는 작품이 주어로서 조성이 제공하는 용기 속에 담겨지는 것이 된다. 반면, 후자는 조성이라는 용기 안에 연주자가 들어가 있다. 그렇다면 무조성은 일종의 용기로 해석해야 하는가, 아니면 용기 밖에서 존재하는 경험으로 봐야 하는가는 중요한 임상적 고려가 될 수 있다. 스키마 이론과 가장 일치하는 답은 두 가지 모두 가능하다는 것인데, 어떤 경우가 특정 음악 경험과 관련하여 클라이언트에게 영향을 줄 수 있을지는 결정하는 요인에 따라 달라질 것이다.

프레이즈 등에 관한 전통적 양식을 고수하는 정도에 따라 재즈 연주가가 되거나(inside players) 연주가에 속하지 못하는(outside players) 것으로 말하곤 한다.

음악적 그루부도 이러한 스키마로 표현하기도 한다. 연주가들에게 그루브로 하라(in the groove or in the pocket)고 하거나 혹은 작품 자체에 그루브로 하라(in the groove or in the pocket)고 표기되어 있다. 이와 유사하게 어떤 것은 원 리듬대로 하거나 리듬에서 벗어나게(in or out of rhythm) 할 수도 있게 되는데, 그렇게 되면 물론 조성의 범위 안에서 가수와 연주가는 음을 일치시킬 수도 불일치시킬 수도(in tune or out of tune) 있다. 아마 이와 유사한 예들은 더 많이 있을 것이다.

이러한 스키마 발달의 중요성을 고려해 본다면, 우리는 영유아가 어떻게 신체 감각을 발달시키고, 이러한 깨달음이 건강한 자기 발달에 어떤 역할을 하는지 생각해 볼 수 있다. 누구나 아는 사실처럼 아기는 잡는 물건 모두를 입 안에 넣는다. 이것은 아마도 발달에서 가장 기초적일 것이다. 내부로 가져옴으로써 외부의 사물을 인지하게 되는 것이다. 이것은 안, 밖 그리고 경계를 가진 용기라는 개념을 발달시키기 위한 가장 좋은 방법이다.

일단 이러한 개념이 형성되고 나면 용기는 내가 되고 용기 밖에 있는 것은 내가 아니다는 나-내가 아닌 것(me-not me)이라는 개념을 만들기 시작할 수 있다. 여기서 테두리는 세상과 연결뿐 아니라 구별도 가능하게 한다. 이렇게 「용기」로서 우리 몸을 경험한다는 것은 자율적인 자기 발달에서 본질적인 것이 된다.

범주화 과정은 정신의 여러 가지 기본적 인지 조작에 관여한다. Lakoff와 Johnson에 따르면, "세계와 그 기능을 이해하기 위해서는 우리를 이해하는 방식으로 우리가 만나고 있는 경험과 사물 사이의 범주화가 필요하다."(1980, p. 162)라고 한다. 그러나 개념이라는 용기 속에 어떤 것은 속해 있으나 다른 것은 배제되어 있고, 또 한편으로는 경계선에 지속적으로 무언가가 남아 있다면 어떻게 범주화시킬 수 있을까? 따라서 「용기」 스키마는 자율적인 자기를 발달시키기 위한 근본이 될 뿐 아니라, 개념적 사고의 모든 가능성을 함축하고 있는 것이다.

음악이 「용기」의 경험을 제공함으로써 인지·정서·사회·운동 영역 에서 매우 다양한 종류의 임상적 욕구가 충족됨에 따라 이러한 스키마는 음악치료에 다양하게 적용될 수 있다.[9] 이러한 특정한 스키마를 음악치료 에 적용시키기 위해서는 다음과 같은 다양한 양상을 고려하는 것이 도움 이 될 것이다.

안-밖과 같은 방향성을 위한 이와 같이 반복되는 경험적 이미지 스키마타 구조에는 적어도 다음과 같은 5가지 중요한 인과관계가 있다. ① 전형적으로 봉쇄에 관련된 경험은 외부 힘에 대한 저항이나 보호를 의미한다. …… ② 봉 쇄는 용기 내부에서 힘을 제한한다. …… ③ 이러한 힘의 억제 때문에 용기가 되는 사물은 비교적 위치가 고정된다. …… ④ 용기 안에서 이러한 상대적인 위치 고정은 일부 관찰자의 관점에서는 용기가 되는 대상에 대한 접근을 가능 하게 하거나 또는 반대의 상황이 됨을 의미한다. …… ⑤ 마지막으로 우리는 봉쇄의 이행성(transitivity)을 경험한다. 만약 B가 A 안에 있다면, B 안에 있는 것이 무엇이든 간에 A 안에 있게 되는 것이다(Johnson, 1987, p. 22).

이 장과 다음 장을 통해서 이러한 스키마의 다양한 결과에 대해서 계속 적으로 조명할 것이다.

두렵고 세심하며 극도로 걱정이 많은 클라이언트는 음악 안에서 무언 가에 사로잡혀 있는 느낌을 갖는다. 이는 심리적·신체적, 또는 어떤 식 으로든 학대를 받았거나 트라우마를 가진 사람일 수 있다. 음악적 「용기」 는 보호물로서 위험으로부터 안정감을 느끼게 해 줄 수 있다.

---

9) 사실, Mary Priestley(1975)는 담아내기(containing)로도 잘 알려진 홀딩 기법을 발달시켰다. 이러한 기법에서 치료사는 음악으로 안전한 용기를 만들어 주어서 클라이언트가 그곳에 강한 정서적 표출을 할 수 있도록 한다.

명확한 자기감이나 경계선이 없는 클라이언트는 정서·개념적으로
「용기」에 대한 경험에 결함이 있는 사람으로 볼 수 있다. 이러한 경우는
자폐아동이나 정신분열증 환자 또는 해리장애를 가진 사람일 수 있다. 이
러한 사람들에게 안, 밖, 테두리와 같은 용기에 대한 감각을 가지도록 하
는 것은 자기감을 경험할 수 있는 중요한 단계가 되는 것이다. 임상 목적
에서 이러한 영역은 위에서 살펴본 이미지 스키마타 구조의 결과에서 ②
~④의 혼합으로 이해할 수 있다. 이들은 그룹 활동에 참여함으로써 정신
적 힘이 내부로 향하게 됨에 따라 자기감을 고양시키거나 통합시키기 위
한 지지를 받을 수 있으며 차례로 자기 인식을 향상시킬 수 있게 된다.

분명한 경계선을 가지지 못하는 사람들이 있다. 그 결과 다른 사람에게
무례하게 행동하거나 다른 사람의 내부 경계선을 침범하는 부적절한 행
동을 할 수 있다. 음악을 통해서 무언가를 담을 수 있는 요소에 대한 경험
은 경계선에 대한 건강한 느낌을 가지도록 하고 나와 다른 사람을 구별할
수 있는 수단을 가질 수 있도록 한다. 또한 이는 현실 감각을 가질 수 있는
보다 기능적인 사회 행동 발달에 기여한다. 일단 용기로 자신을 경험하면
이와 같은 방법으로 다른 것을 경험할 수 있게 되고 더 많은 존중감을 가
지고 다른 사람을 대할 수 있게 된다.

하지만 이는 영양분을 주고 긍정정인 경험을 하도록 한다는 심리분석
개념의 용기와 같다는 오해를 불러일으킬 수도 있다. 왜냐하면 「용기」는
긍정적인 기능을 할 수도 있지만, 때때로 삶에서 억제요소가 되기도 하며
이로 말미암아 사회로부터 소외될 수 있기 때문이다. 예를 들어, 용기라
는 것은 안에 있는 것을 지지할 수 있는 반면, 위의 ②에서 말한 것처럼
그것의 움직임을 제한할 수도 있다. 어떻게 군대의 봉쇄 정책이 자유로이
움직일 수 있는 것을 억제할 수 있는지 생각해 보아라.

장애인 또는 다른 제한된 기능을 가진 사람은 커지고자 하거나 탈출하
고자 하는 「용기」를 나타낸다. 왜냐하면 장애인은 장애를 가진 자기로서
의 감각이 자신들의 기능을 좁게 하고 경험의 범위를 한정하게 하는 용기

를 경험할 수 있기 때문이다.

예를 들면, Brower(1997-98)는 Varèse의 'Density 21.5'의 시작 부분을 분석하고 다음과 같이 결론을 내렸다. 처음 3마디는 낮은 C#이 하강·상승 도약과 진행을 하면서 "그것 위로 연주되는 음들과는 별도의 움직임을 나타냄으로써" "확장하고 있는 용기"로 볼 수 있다(p. 45). Brower는 Guck이 선율을 "개방형 쐐기(opening wedge)"로 묘사하는 것은 이러한 개념과 유사하다고 볼 수 있다고 하였다(p. 45). Brower는 확장하고 있는 용기의 은유적인 분석에 이어서 다음과 같이 말하고 있다. 조성이란 세계는 확장된 「용기」를 향해 열려 있기 때문에 처음에는 좀 더 어렵고 수고스럽게 접근했던 음고에 좀 더 쉽고 빠르게 이르게 된다.

확장하고 있는 「용기」로 펼쳐진 음악의 개념은 역사적 음악작품 분석의 핵심 부분이 된다. 이는 또한 임상 음악치료 중재의 한 방법이며 Nordoff-Robbins 접근의 핵심이기도 하다. 시각과 언어 손상을 지닌 Mike란 이름을 가진 8세 소년의 예를 살펴보자.

드럼의 비트가 운동성을 가짐에 따라 피아노가 경험 공간을 확장할 수 있도록 완만한 움직임으로 상승한다. 이는 또한 장애를 넘어서 자신을 외부로 뻗을 수 있는 경험을 할 수 있도록 한다. 이렇게 해서 Mike와 Paul은 음악 안에 함께 공존하는 것이고 자신의 한계를 초월하는 경험을 하게 될 것이다(Aigen, 1998, p. 196).

음과 멜로디의 임상적-예술적 사용이 클라이언트 세계의 음악적 「용기」를 만들어 낸다. 이러한 조성 세계가 확장될 때 「용기」는 더 커지고, 이와 유사하게 클라이언트의 세계도 확장된다. 이것은 스키마 이론에 영향을 받은 음악 분석이 어떻게 음악 경험을 임상적 가치로 연결시키는가에 관한 가장 중요한 예가 된다.

나는 스키마 이론의 적용에 대해서 한 가지 덧붙이고 싶은 것이 있다.

우리가 다른 경험 영역을 설명하기 위해서 물리적 세계에서 경험한 몇몇 범주를 사용하게 되는 경우, 우리는 이것들이 본래의 문맥 속에서 어떻게 다르게 사용되고 있는가를 생각하게 된다. Lakoff와 Johnson(1980)은 다음과 같은 예를 들었다. 돌이 보일 때, 그리고 우리와 돌 사이에 공을 볼 때 우리는 그 공이 돌 앞에(in front of) 있다고 말한다. 사람이나 자동차와 달리, 바위는 그것이 본래 지닌 방향이 없기 때문이다.

이러한 상황은 「용기」 스키마를 적용할 때도 마찬가지다.

목표를 살펴보면 이 세상의 사물이 용기가 되는지 그렇지 않은지 알 수 있다. 산림 개간을 예를 들어 보자. 개간된 곳은 용기가 된다. 우리는 산림이 개간된 곳 안에(in) 있을 수도 있고 그 밖으로(out of) 나와 있을 수도 있다. 숲에서 용기가 된 곳은 그곳의 본래 속성과는 다른 곳이다. 즉, 그것은 우리가 이용하고자 하는 기능이 투영된 곳이다. 지각과 목표를 고려할 때 개간되지 않은 숲의 나머지를 또 다른 용기로써 간주할 수 있고, 우리 자신을 숲 속에 있는 하나의 존재로 간주할 수 있는 것이다. 동시에 숲에서 나와 개간한 곳으로 간다고 말할 수도 있다(Lakoff & Johnson, 1980, p. 161).

이러한 것은 음악치료에 스키마타를 적용할 때 명심해야 할 사항이다. 특히 어떻게 음악의 다른 양상이 「용기」로 기능을 할 수 있는지에 관해서 고려할 때는 더욱 그렇다. 사람들은 용기 안에 있기 위해서뿐 아니라 그것을 초월하기 위해서 신체적·심리적·사회적 욕구를 갖는다. 특정 음악 요소의 기능을 추론하는 방법은 맥락을 따르거나, 혹은 각각 클라이언트와 음악치료 과정과 관련이 있다.

14장에서, 정확히 멜로디가 어떻게 「용기」가 되는지에 관해서 이야기할 것이다. 동시에 하나의 용기에서 또 다른 용기로 이동할 수 있는지에 관해서도 이야기할 것이다. 또 한편으로는 용기에서 분리되는 탈출구로서의 용기에 대해서도 이야기할 것이다. 따라서 이 책에서 다른 음악 양상의 임상적 적용에 대한 어떠한 말도 배타적인 범주로 이해해선 안 되며, Lakoff

와 Johnson의 생각에 따라서 이해해야만 한다. 다시 말하면, 구체적인 인간의 목적, 다른 사물, 사건 또는 과정과 관련하여 어떤 식으로든 우리가 묘사하기 위해 사용하고 있는 은유에 따라 이해해야 하는 것이다.

🎵 음악이 갖는 공간, 힘, 운동으로서의 시간

음악은 시간 안에서 존재한다. 그러나 우리가 논의하기 위해 사용하는 시간이라는 용어는 공간구조에 기반을 두고 있다. 이것은 시간 그 자체를 종종 공간적 용어로 해석하기 때문이다. Saslaw(1997-98)는 이러한 횡적 매핑을 통해서 어떻게 음악에 대해서 이야기하고 경험하는지에 관해서 자세히 설명하고 있다.

특별히 시간적 개념이 신체적으로 경험하는 공간을 통해 구조화된다는 사실은 음악을 이해하는 데 영향을 미친다. 이것은 공간 속에서 여러 방향으로 움직이는 음악에 관해 말하거나 생각할 때 누구나 알고 있는 기본적인 방법이다. 또한 '딸림음으로 이동', '으뜸음으로 돌아감', 'C와 F# 사이의 진동' 등과 같이 표현하기도 한다. 시간은 공간 안에서 구조화되기 때문에, 공간운동의 속성은 시간으로 생각한다. 즉, 시간은 거리가 되고 지연과 같은 우회로를 만나며, 목적지로 가는 길이 차단되기도 하고, 운동을 시작하고 유지하는 데 필요한 힘을 다양하게 적용하는 것이 필요하다(p. 18).

Johnson과 Larson(2003)은 어떻게 음악을 경험하는가 이해하기 위해서 시간 개념의 우선순위를 고려하고 있다. 그들의 주장에 따르면, "음의 움직임에 대한 은유적 개념을 이해하기 위해서는 일차적으로 시간의 개념을 이해해야 한다. 우리는 전형적으로 시간의 흐름을 공간을 통한 움직임으로서 은유적으로 개념화한다." (p. 66) 계속적으로 이들은 공간 구조를 통해 시간을 이해하는 시간의 공간화에 대한 기본적 은유체계를 강조한다.

두 개의 큰 은유체계인 '시간 운동'과 '관찰자 운동'이 시간의 공간화를 대부분 정의한다. 주목할 점은 도형과 배경이 서로 바뀐다는 것이다. 은유적으로 '시간 운동'은 시간이 도형이 되어 배경과 같이 정지된 관찰자를 배경으로 움직인다. 반면, '관찰자 운동'은 관찰자가 도형이 되어 배경과 같은 시간 풍경 속에서 움직인다(p. 68).

이와 같은 시간의 은유를 이해하기 위해 이전의 사건들이 과거 속으로 사라지면서 어떻게 미래를 향하거나 직면하는지 고려해 보자. 물리학에 대한 나의 지식이 이러한 관계를 좀 더 깊이 살펴보는 데 부족하기는 하지만, 어느 정도의 수준에서 같은 사건을 묘사하는 데 시간과 공간에 대한 두 가지 개념적 방법이 있음을 알 수 있다. 아마도 음악에 대한 경험 안에 숨겨진 내부 세계의 본질에 대한 심오한 통찰이 있는 것 같다.

Johnson과 Larson(2003)은 다음과 같이 물리적 공간과 운동에 대한 생각이 우리가 음악을 경험하고 이야기하고 이해하는 방법을 통합한다고 강하게 주장하고 있다.

우리가 주장하는 것은 은유만큼 음악운동을 개념화할 수 있는 탄탄한 방법은 없다는 것이다. 또한 음악운동과 음악공간에 대한 모든 추론은 이와 같은 은유에 내재된 논리를 물려받는다. 만약 이러한 주장이 옳고 음악운동의 출발 영역이 공간 속에서의 운동이라면, 공간과 신체운동에 대해 학습하는 우리의 방법은 음악운동에 대해서 생각하고 경험하는 방법을 아는 데 매우 중요하다(p. 68).

공간적으로 다른 스키마타에 기본을 두고 묘사되고 있는 음악의 특별한 양상이 어떻게 음악의 본질에 관한 통찰을 줄 수 있는지 고려해 보자. 예를 들어, 조(key)로 정의되는 음조의 가치는 근음(root) 또는 중심음(center)으로 설명할 수 있다. 근음으로 설명할 경우, 전형적으로 근음은 아래에 존재함으로써 「위-아래」 스키마를 적용할 수 있다. 중심음으로 설명할 경우는 「용기」 스키마가 적용되는데, 이는 구별되는 사물 또는 물리적인 공간으로 중심과 테두리를 가질 수 있기 때문이다.

　우리는 위와 아래라는 방향을 절대적인 것으로 생각하는 경향이 있지만 이것은 상대적인 판단이다. 공간의 개념에서 위라는 것은 뉴욕에서 위로 가리키는 방향과 도쿄에서 위로 가리키는 방향에 꽤 차이가 있다. 엄격히 말해서 위라는 개념은 지구에서 어느 지점에 있는가에 따라 차이가 있는 것이다. 이렇게 해서 위라는 것은 절대적인 방향으로 정의되는 것이 아니라, 지구의 중력과 반대되는 것을 위라고 정의할 수 있는 것이다. 위라는 것은 지배적으로 작용하는 힘의 반대 방향으로 움직이는 것이다. 아래라는 것은 중력의 힘과 함께 움직이는 방향이다. 강의 상류로 간다는 것은 물의 흐름을 거슬러 올라간다는 것을 의미하고, 하류로 간다는 것은 물의 흐름에 따라 움직인다는 것을 생각해 보자. 이것과 같이 「위-아래」 스키마는 동-서, 왼쪽-오른쪽과 같은 절대적인 방향의 결과로 습득된 것이 아니라, 힘에 대한 경험을 통해 온 것이다. 이것은 왜 인간이 완전히 보지 않고도 위-아래의 개념을 습득하게 되는가를 설명해 준다.

　조성에서 조의 중심으로서 가치를 갖는 특정 음에 대해 이야기함으로써 우리가 의미하는 것의 통찰을 얻는 데에는 지구와 같은 행성의 중심점에 대해서 생각해 보는 것이 도움이 될 것이다. 지구의 중심으로부터의 어떠한 움직임이 모두 위로 향하는 것은 공간적 방향성 때문이 아니라 중심으로부터의 모든 움직임은 위를 향할 수 밖에 없는 것과 마찬가지로 조의 중심으로부터 어떤 음의 움직임은 동시에 동적 상승(up)이 되는 것이다.[10] 따라서 어떤 음에서 근음 또는 조의 중심으로 되돌아가려는 움직임은 하강(down)이 된다. 화성의 움직임에 대해서 생각해 보면 이 점이 더욱 명확해질 것이

---

10) 주커칸들은 다음과 같이 말하고 있다. 예를 들어, 음계에서 낮은 음에서 높은 음으로 이동할 때는 음의 공간 속에서 끊임없이 더 높이 상승한다. 하지만 일단 C-G의 음을 지난 후의 음들은 역동적인 의미로 아래로 움직이는 것이다. 왜냐하면 이 운동의 목적은 이제 중심음에서 멀어지는 것이 아니라 가까워지는 것이기 때문이다.

다. 연주되는 특정 음이 딸림음 코드에서보다 으뜸음 코드에서 더 높더라
도 딸림음 코드에서 으뜸음 코드로의 이동을 종지라고 말한다.

　조의 음을 근음이나 중심음 둘 다로 설명할 수 있다는 사실은 음악과
공간이 유사함을 보여 준다.[11] 즉, 인간이 지각하는 힘의 기원은 중심인
데, 이 중심에서 멀어지는 모든 움직임과 힘에 저항하는 모든 움직임은 위
로 해석하고 경험하게 된다. 이와 같은 언어학적인 분석은 임상적 의도를
가지고 있는 힘이 음악 안에 있다는 음악중심 이론의 기본적인 생각을 뒷
받침한다.

　Jungaberle 등(2001)의 연구에서, 음악치료 클라이언트와의 면담은 공
간에 관한 은유는 음악치료에서 음악 경험을 묘사하는 데 가장 적합하게
사용할 수 있는 것이며, 특히 숨겨진 감정과 같은 "무언가를 움직이는
힘·파워·에너지"(p. 10)로서 음악에 대한 가장 일반적인 묘사라고 설명하
고 있다. 흥미롭게도 이러한 영역에는 연구가들이 서로 상반되게 묘사하
는 두 가지 종류가 있다. ① 음악은 내부의 무언가를 밖으로 끄집어내는 수단이
다. ② 음악은 내부로 접근하는 수단이다. ①의 설명은 움직임이 안에서 밖으
로 향하며 ②의 설명은 움직임이 밖에서 안으로 향한다. 이러한 은유는
「힘」 스키마보다는 「용기」와 같은 공간적 스키마로 범주화 된다. 왜냐하
면 안과 밖에 강조를 두고 있기 때문이다.

　이 연구에서 연구자들은 다음과 같은 사항을 확실히 하고 있다. 음악
관점으로부터 나온 음악치료 연구는 두 가지 방향으로 흐르는 개념적 관
계를 수반한다. 음악에 공간적 은유를 적용하는 것은 음악 외부에서 발달
된 개념을 음악 경험으로 전이시키는 것인 반면, 이들의 연구에서는 개념
적이고 은유적인 전이가 반대 방향으로 작용하고 있다는 것을 밝히고 있
다. 사람들이 자신들의 음악 외적인 삶을 설명하기 시작할 때는 "삶의 이

---

11) 사실, Brower(1997-98)는 "음악적 중력이라 할 수 있는 아래로 잡아당김은 으뜸음을 중심 또
　는 기반으로써 경험하게 하기 때문에 으뜸음을 향한 방향성을 강화한다."고 말한다.

슈를 마치 음악의 이슈처럼 다룬다."(Jungaberle et al., 2001, p. 12) "긍정적인 정서와의 만남"을 상징하는 기분 좋은 전율과 같은 용어나 "사람들 사이의 평화로운 공존을 위한 뜻으로 사용하는 화성"은 이러한 종류의 전이에 관한 좋은 예가 된다(p. 12). 다음의 인용은 이러한 분석에 음악중심 이론이 중요한 역할을 하고 있음을 보여 주고 있다.

> 모호하지만 유동적인 음악 내적인 세계가 인간의 삶이란 세계로 전이되는 여러 요소들이 있다. 이는 우리가 일상 속에서 음악으로부터 무언가를 듣고 있다는 것을 의미한다. 만약 음악 장면에서 나온 경험이 매일의 삶으로 전이된다면, 음악은 아마도 우리가 습득하는 은유가 될 것이다(p. 13).

여기에서 중요한 점은 다음과 같다. 심리치료의 형태로 혹은 일반적인 내적 성장의 한 형태로 개인적인 자기 탐험의 과정은 종종 한 존재로서의 자기 또는 정신의 주변에서 중심으로 움직이는 정신적 과정의 탐구자로 생각할 수 있다. 여기에서 음악이 중심을 향해서 끌어당겨 매력적인 힘을 운반해 주고 있는 조력자라면 이러한 음악의 힘은 인간의 의식과 나란히 움직이게 되고, 음악과 함께 움직인다는 것은 당연히 우리의 중심으로 움직이는 것과 같다. 이것이 어떻게 음악을 규명하는 것이 치료의 근본적인 과정을 촉진시키는 것인지에 관한 개념화의 한 가지 방법이 된다.

「힘」이라는 개념은 또 다른 음악 분석을 나타낸다.[12] 하지만 이러한 분석에는 물리적인 공간에서 신체를 움직인다는 힘의 보편적인 적용 때문에 특별히 스키마 이론에 근거를 두는 것이 중요할 것이다. Steve Larson에 따르면, 「힘」의 스키마는 음악에서 음의 양상으로 나타난다.

> 나는 이러한 힘을 다음과 같이 세 가지로 말한다. '중력(gravity)'(하행하려는 경향이 있는 불안정한 음), '자성(magnetism)'(가장 가까이 있는 안정된

---

12) Heinrich Schenker와 Arnold Schoenberg가 대표적 예다(Saslaw, 1997-98).

음고로 움직이려 하고 목적에 다다르면 그러한 성질이 더욱 강해지는 불안정한 음), '관성(inertia)' (계속적으로 유사한 패턴으로 움직이려는 음악운동). (Larson, 1997-98, p. 57).

조의 운동은 움직이는 무언가를 예상할 수 있다. Brower(1997-98)는 Arnheim의 음악의 힘과 운동의 개념으로서의 멜로디에 대한 생각에 대해 다음과 같이 논했다.

> Arnheim에 따르면, 조성 멜로디는 일련의 분리된 음이 아니라, 음악이라는 공간 속에서 한 개의 음이 만들어 내는 궤도의 움직임이라고 설명한다. 그는 계속해서 이러한 운동이 음 자체가 지니고 있는 힘으로 경험되고, 자성과 중력의 영향으로 움직인다고 말한다(p. 38).

멜로디는 시간 속에서 구별되는 사건으로 구성되는 것이지만, 조의 운동이라는 경험으로 볼 때 이러한 사건들은 공간을 움직이는 어떤 물체의 이동과정을 표시한 것으로 경험된다. 멜로디의 움직임은 음악이라는 영역 속에서 적극적으로 움직이고 있는 다양한 힘의 상호교류적인 반영으로 이해될 수 있다. 따라서 이러한 움직임은 음악이라는 공간 속에서 과정을 만들어 가는 것으로 경험할 수 있을 것이다.

이러한 주제는 다음 장에서 계속 이야기하겠지만, 여기서 말할 수 있는 것은 공간 속에서 만들어지는 운동의 힘이 상호작용할 수 있도록 하는 음악 양상이 어떻게 음악치료에 밀접한 관련을 가지고 있는가에 관한 것이다. 어떤 것이 적용되고 있는 영역에서의 통찰을 갖기 위해 스키마 이론에서 사용하는 일반적인 전략은 은유의 영역에서 근원 영역을 조사하는 것이다. Brower는 과정을 다음과 같이 이야기하고 있다.

> 우리는 음악의 경로와 물리적인 대응관계에 있는 것을 고려함으로써 더 나은 통찰을 할 수 있다. 경로는 공간이라는 세계 속에서 서로 중요한 시점을 연

결해 주는 보편적이고 친숙한 것이다. 경로는 평탄하고, 똑바르며, 단단하고, 예견 가능한 속성을 가지는 경향이 있다. 또한 이미 존재하고 있는 것이며 비교적 고정된 위치를 갖고, 한 지점에서 다른 지점까지 반복적인 움직임 때문에 시간이 지나면 닳거나 망가지는 속성도 있다. 경로라는 것은 목적 지향적인 움직임을 가지고 있기 때문에, 우리는 경로를 만들거나 사용할 때 목적을 생각한다(p. 41).

이러한 속성 때문에, 과정으로서 멜로디는 의도적인 경험을 뒷받침한다고 할 수 있다. 많은 부분에서의 장애는 자신의 의지로는 세상 속으로 움직일 수 있다는 생각을 할 수 없도록 한다. 음악 과정에 대한 경험은 자기에 대한 의식을 일깨워 주고, 의도적인 행동을 가능하도록 한다.

폐쇄계로서 태양계와 천체와 행성의 움직임을 잠시 생각해 보자. 달의 운동은 세 가지 종류의 힘을 가지고 있다. 음악의 음도 여기에 속한다. 예를 들어, 관성은 달이 곧바로 움직이게 함으로써 달이 이러한 운동에서 벗어나면 다른 힘이 작용하고 있음을 추론할 수 있다. 자성의 음악적인 비유는 지구 주위를 돌고 있는 달의 궤도 속에서 살펴볼 수 있는데 가장 가깝고 안정적인 '음'이라고 말할 수 있다. 중력은 태양계의 중심부로 태양이 잡아당기고 있는 힘으로 묘사할 수 있다.

(힘의 움직임으로 예견될 수 있는 운동 과정인) 달의 운동 경로와 (운동의 실제 경로인) 상각궤도는 동일하다. 이렇게 달의 운동을 세 가지 힘으로 설명할 수 있기 때문에 인간의 힘이 관여하지 않는 기계적인 설명으로 충분하다.

이와 유사하게 조성 멜로디는 Larson이 묘사한 이 세 가지 힘에 쉽게 영향을 받는다. 그러나 실제 음악 멜로디는 기계적인 공식을 따르지는 않는다. Brower(1997-98, p. 41)는 물리적인 경로와 유사한 음악 경험을 말할 때 이러한 구별은 음악 경험을 설명하는 하나의 방법이라고 말하였고, 다음과 같은 맥락에서 음악치료를 설명하는 데도 중요한 역할을 한다고 하였다.

물리적 세계에 음악 경로를 연관시키는 것은 멜로디의 내면적 · 표면적 운동 사이의 관계인 멜로디 조직의 또 다른 중요한 양상을 알 수 있는 통찰을 준다. 이것을 은유적으로 설명하면, 멜로디 운동의 경로와 상각궤도 사이의 구별로 설명할 수 있다. 물리적 세계 속에서는 우리의 목적을 달성하기 위해서, 운동과정은 아마도 의도하였든, 의도하지 않았든 종종 벗어날 수도 있다. 그러나 우리가 정해진 경로에서 방향을 멀리 바꾸더라도 우리는 여전히 경로가 계속 존재하고 있음을 알 수 있으며, 계속적으로 특정한 목적을 향해 이끌리고 있음을 알 수 있다. 이 때문에 우리는 다시 돌아가려고 하는 것이다. 유사한 방법으로 멜로디 라인의 상각궤도가 경로에서 벗어나 있다면, 우리는 불안정감을 경험하게 되고, 되돌아가려는 긴장이 수반된다. Schenker는 이러한 이탈을 나타내는 힘을 다음과 같이 묘사하고 있다.

삶으로서 음악 속에서 목적을 향한 움직임은 장애물과 만나고, 이는 실망으로 바뀐다. 또한 큰 거리감과 우회, 확장, 삽입을 포함한다. 요약하자면, 모든 종류의 지연이 나타나게 되는 것이다……. 이렇게 해서 우리는 배경과 전경 속에서 거의 모든 사건의 극적인 과정을 듣게 된다(Schenker, Brower, p. 41 인용).

Schenker와 Brower는 조성의 경로가 멜로디가 따라야만 하는 과정이며 이는 오로지 조성의 힘에 따라서 결정되는 것이라고 말한다. 상각궤도는 인간이 만들어 낸 실제 멜로디다. 멜로디는 음악의 의미가 유발하는 엄격한 결정주의에서 멀리 떨어져 있다. 이렇게 유린되어 있고 탈선된 것이 음악에 존재하는 것은 당연하며, 우리에게 의미를 가져다준다. 기계적인 것으로부터 유린되어 있다는 것은 의식을 일깨우며, 음악의 의미를 가져다준다.

이것은 음악의 본질이 음악치료에서 중요한 문제가 되는 가장 주요한 이유 가운데 하나이며, 또한 창의적인 멜로디가 미학적으로뿐 아니라 임상적으로도 중요함을 설명해 주고 있다. 기계적인 적용으로부터 분리되어 있는 음악의 미학적인 속성은 단순히 미학적인 중요성뿐 아니라 인간적, 심리적 중요성을 갖게 된다.

이러한 사항에 대해서는 다음 장에서 계속 논하겠지만 음악의 멜로디, 선율, 종지와 같은 상각궤도의 실제 목적은 상황 의존적이다. Brower(1997-98)에 따르면, 안정된 조성만으로는 음악의 목적을 달성할 수 없다.

'플랫폼' 음고들은 그것이 갖고 있는 안정적인 속성 때문에 목적으로 간주하곤 한다. 중재하는 음고는 하나의 목적에서 다른 목적으로 이끄는 경로 중한 단계로 간주된다. 하지만 안정된 조성만으로는 목적의 성격을 분명히 드러내지 못한다. …… 매일 매일의 삶에서 안정과 불안정, 긴장과 이완과 같은 상반된 상황을 겪게 된다. 조성 음악 속에서도, 으뜸음에서 멀리 떨어진 움직임은 다시 으뜸음으로 돌아가려는 경향을 보이고, 음악 프레이즈의 정점을 향한 움직임은 다시금 종지로 돌아가려고 하는 것이다(p. 43).

음악은 평온한 어떤 시점이나 불안정한 어떤 시점이 목적이 될 수 있다. 이것은 안정도 경험해야 하고, 불안정도 경험해야 하는 것과 같은 것이다. 음악치료에서는 창조성이 역할을 할 수 있도록 길을 열어 둔다. 하지만 개인적이고 상황에 의존하고 있는 요소들은 보편적이고 객관적인 속성을 반영하기에는 부족하다. 중요한 것은 어떻게 인간의 음악 경험이 미적이고 임상적인 가치에 중요한 역할을 할 수 있는지를 설명할 수 있어야 하는 것이다.

이와 유사하게 특정 음악의 양상과 관련을 갖고 있는 복합적인 은유의 구조가 있다. 예를 들면, Johnson과 Larson(2003)은 음악 운동을 '관찰자가 음악이라는 풍경 속에서 움직임'과 '관찰자가 정지되어 있고 음악이 그 주변으로 움직임'과 같이 얼핏 보면 상반되는 것같이 묘사한다. 그들은 이와 같은 경우를 흥미롭게 언급하고 있지만 이것이 자신들의 이론에 손상을 준다고 생각하지는 않는다.

음악적 '사건들'에 관해 문자 그대로의 핵심 개념이 존재하지 않는다는 사실에 관해서, 우리는 창의적으로 음악 운동과 공간에 관한 다양한 개념과 관련된 논리를 갖는 복합적 은유를 이용하여 음악 경험의 흐름을 이해해 볼 수 있다. 다른 사건을 야기하는 특징이 있다라는 사실보다 더 명백한 음악 운동의 개념은 없지만 다른 사건을 야기시킨다라는 특별한 은유가 특정 상황 속에서 언제 적절한지를 알고 있기 때문에 우리는 불편함 없이 지내왔다(p. 80).

이와 같이 음악을 구조화하는 다양한 동인은 이 이론을 음악치료에 적용하는 데 몇 가지 강점이 될 것이다. 첫째, 임상 목적과 관련된 방법과 개념화를 가진 다른 치료 영역에 차등 적용을 할 수 있을 것이다. 둘째, 폭넓은 임상 과정과 경험을 제공할 것이다. 따라서 이는 더 많은 클라이언트를 위해 좀 더 효과적으로 과정을 나타낼 수 있을 것이다. 셋째, 더 다양한 음악의 종류가 존재하게 될 것이다. 넷째, 다양한 수준의 연구에 더 많이 적용할 수 있을 것이다. 다섯째, 개인 세션에서의 하나의 에피소드에서부터 치료의 과정, 그룹, 지역사회로까지 치료의 범위가 넓어질 것이다.

음악치료에서 스키마 이론 사용의 장점

이미 언급하였지만 인간의 신체와 능력, 그리고 개념화 방식에 관해서 Saslaw(1997-98)가 설명하고 있는 것을 강조하고자 한다.

인지과학에서 최근의 연구는 인간의 언어와 행동에 대한 관찰에 기본을 두고 있다. 지난 몇 년 동안 Edelman과 신경과학자들의 연구는 세상에 대한 직접적이고 신체적인 지식이 개념적 형상을 만들어 내는 데 중요한 역할을 한다고 제안하였다. 이러한 방식으로 추상적인 사고 요소도 인간의 생리적인 특성에 따라서 형상화된다고 하였다. 예컨대, 우리가 걸을 때는 땅과 수직선상에서고 두 팔과 다리는 신체의 양쪽 옆에 있으면, 우리가 움직일 때 중력의 힘을 느끼면서 우리는 이 세상과 교류하게 되는 것이다(pp. 17-18).

다음 두 가지 예를 통해 이러한 생각이 미칠 수 있는 기본적인 영향을 살펴볼 수 있을 것이다. ① 우리의 신체는 기본적으로 수직적이기 때문에 위와 아래라는 개념을 발달시켰고, 이러한 개념을 정서나 음악의 조성과 같은 다른 영역에도 적용시켜 왔다. 이러한 영역에 대한 개념화는 우리의 신체가 외부와 관계를 맺고 있다는 것을 의미한다. ② 우리의 신체는 양쪽이 대칭적으로 균형 잡혀 있기 때문에, 중력과 균형의 힘을 동등하게 경험한다. 신체적인 균형에 대한 이러한 생각은 그것을 인간 기능의 여러 다른 영역에도 적용시켰다. 예컨대, 정치적인 논쟁에서 상대편의 관점에 반대적인 입장을 취하거나, 시각적인 예술 혹은 음악적 멜로디에서 균형을 잡으려 하거나, 우리의 삶 속에서 일과 여유 사이의 균형을 잡으려고 하는 것이 모두 그러한 예다. 인간 사회의 정치적인 기능을 생각하거나, 예술을 감상하거나, 우리가 추구하는 삶의 방식을 이해하는 방법은 모두 신체의 특별한 구조에 따라 우리가 얻고자 하는 균형 감각에서 비롯되었다고 할 수 있다.

이제 음악치료, 음악치료 이론, 음악치료의 장점, 그리고 어떻게 이러한 것들 모두가 이미지 스키마타 이론과 관련이 있는지에 관해서 이야기하고자 한다. 우선, 나는 음악치료에서 클라이언트가 갖는 두 가지 두드러진 장점에 관해서 말하고자 한다. 이에 대한 개념적 뒷받침으로 스키마 이론을 사용할 수 있다. ① 장애를 보상하고 이 때문에 악화된 부분을 표현한다는 점에서 임상적으로 보완적이다. ② 음악의 비임상적인 사용에 공통적으로 장점을 준다는 점에서 비임상적이다. 이 장에서 나는 첫 번째 부분에 초점을 두고 싶다.

신체적 특징과 기능이 의미 만들기 과정을 포함하여 전략을 세우고 범주화하는 인지적 발달을 위해 필수적인 것이라면, 음악 경험이 신체적인 장애로 움직일 수 없는 사람들에게 대안적 경험을 준다는 것은 분명하다. 이러한 대안적 경험은 두 가지의 장점을 갖는다. 스키마타가 발달하고 차이가 발생할 수 있는 개념적 · 지적인 영역을 음악의 영역으로 대체시킬 수 있다. 음악은 다양한 스키마타 속에서 차별화되고 건강한 방식으로 정서적 영역에 경험을 줄 수 있다.

음악치료사들은 여러 대상자들과 일을 한다. 그들의 어려움과 임상적인 필요성은 여러 신체적인 상황과 관련을 가지고 있다. 이 장의 특징이 이해보다는 다소 암시적이기 때문에, 다음 몇 가지 스키마 이론을 통한 생각이 음악치료 과정에 대한 통찰을 제공할 수 있기를 바란다.

첫째, 사지마비 환자와 같은 운동 기능의 손상에 따른 신체적인 문제를 가진 사람을 생각할 수 있다. 이들은 자신의 의지로는 신체의 한 부분도 움직일 수 없으며, 세상을 향해 움직이는 신체적 경험을 하지 못한다. 심지어는 꼼짝도 할 수 없을지 모른다. 여기서 일반적으로 생각할 수 있는 것은 신체적인 결함이 물리적인 세상과의 전형적인 상호교류를 가로막고 있다는 것이다. 이는 당연히 인지 발달과도 연관이 있을 것이다. 하지만 음악은 인지 발달을 야기시킬 수 있는 대안적인 공간을 제공하게 된다.

둘째, 직접적인 운동 기능의 손상이 아닌 다른 장애로 신체적인 결함을 갖는 사람들을 생각할 수 있다. 예를 들어, 시각 장애인은 공간 운동 경험, 「힘」 또는 「근원-경로-목적」과 같은 스키마타의 경험이 보통 사람과는 다를 것이다. 이러한 스키마타는 세상에 대한 목표와 의도를 만들고, 현실에 어떻게 영향을 미치는가를 학습하는 데 본질적이다. 음악은 이러한 스키마타를 좀 더 완전히 발달시킬 수 있다.

예를 들어, 시각적 손상을 지닌 사람들에게 한 장소에서 다른 장소로까지의 과정에 관한 생각은 완전한 시각을 지닌 사람들과는 많은 차이가 있을 것이다. 그들에게는 알지 못하는 위험에 대한 염려가 될 수도 있다. 물리적 공간의 여러 과정을 위험으로 경험한다는 것은 보람 있는 삶의 과정을 시작하는 능력에 부정적인 영향을 줄 수 있다. 음악은 이들에게 예견할 수 없는 요소를 학습할 수 있도록 하고 즐길 수 있는 경험을 줄 수 있다.

셋째, 정신질환자 또는 자폐와 같이 자신의 신체에 관련해 기질적 혼란을 겪는 사람들이 있다. 해리장애는 자신의 신체가 각각 분리되어 있는 경험을 하게 한다. 이 때문에 모든 종류의 신체적인 경험은 신체와 왜곡된 관계에 의해 영향을 받는다. 음악을 통해 경험을 통합하고 보다 더 건강한 부분-전체의 관계를 주는 스키마타의 힘은 이러한 경우에 임상적으로 중요하게 적용될 수 있다.

넷째, 신체와 부정적인 관계를 유발시킬 수 있는 섭식장애와 같은 정서적인 어려움을 겪는 사람들을 생각할 수 있다. 이들은 거식증이나 폭식증과 같이 섭식장애를 겪는데, 자신의 신체에 대해 보통 사람들과 다른 경험을 갖는다. 따라서 아마도 「용기」에 대한 스키마도 많은 차이가 있을 것이다. 음악 경험은 부정적이고 건강을 방해하는 특정한 스키마타가 더 건강한 방법으로 재구조화될 수 있도록 할 수 있다.

요약하자면 음악에서 스키마타의 보완적 기능을 통해 신체적, 운동감각적, 기질적, 정서적 그리고 행동적 결함을 설명할 수 있다는 것이다. 이러한 사실은 음악치료 일반이론을 위한 가장 강한 기본으로 삼을 수 있는 매우 중요한 특징 가운데 하나다.

09 주커칸들의 음의 역동이론

임상이론을 세우기 위한 음악에 관한 본질적인 개념 정립은 음악중심 이론의 핵심적인 부분이다. 이는 일반이론일 경우에 특히 더 중요하다. 8 장에서는 스키마 이론을 여러 음악치료의 임상적 영역에 적용시켜 보았다. 9장에서는 한 걸음 더 나아가 음악에 관한 이론을 살펴봄으로써 음악 중심 음악치료 이론을 정립시키고자 할 것이다. 이를 위해서는 빅터 주커 칸들(1956, 1959, 1973)의 이론을 기반으로 삼을 것이다.

주커칸들은 음악문헌에서 신비스러운 인물이다. 그의 저서는 음악 본 질에 관한 가장 심오한 내용을 담고 있지만 음악이론, 음악학, 음악철학 에서 주류가 되고 있진 않다. 그는 1896년 오스트리아에서 태어났다. 이 후 음악이론과 피아노를 통해 1927년 박사학위를 받았다. 그는 지휘자, 음악비평가로 활동하면서 음악이론을 가르쳤다. 1940년에 미국으로 건 너와 뒤이어 몇 년 동안 여러 대학에 재직하면서 3개의 주요 저서를 남겼 다(Zuckerkandl, 1973).

음악중심 음악치료이론에서 주커칸들을 소개하는 데는 몇 가지 이유가 있다. 첫 번째 이유로는 음악 분석에서 가장 근본적인 면을 고려하고 있기 때문이다. 예를 들면, 스키마 이론은 사람들은 음계에 따라 다른 음악을 경험한다는 가정하에 여러 종류의 음악의 힘을 묘사한다. 그러나 주커칸들은 왜 사람들은 음계에 따라서 다른 음악을 경험할까라는 질문에서부터 시작한다. 그는 음악 경험의 근본적인 사실을 설명할 수 있는 이론을 만들고자 시도하였다. 이런 식으로 스키마 이론가들이 그의 연구를 보완하였고, 스키마 이론보다 좀 더 근본적인 수준의 질문에 관한 설명을 하고 있다.

주커칸들 이론을 이 책에서 소개하는 두 번째 이유는 비록 어떤 부분이 스키마 이론과 상충할 수도 있지만, 주커칸들 이론과 스키마 이론 모두 음악치료 이론을 세우는 데 기여하고 있기 때문이다. 내 제안의 일부분은 이론이 각각 기여하고 있는 것을 분명히 밝히고자 하는 것이고, 차이점과 유사점을 조명하여 음악이라는 커다란 관점 속에서 이러한 차이를 융화시키고자 하는 노력이다.

세 번째 이유는, 주커칸들은 음악중심 음악치료사들이 가장 유용하게 사용하고 있는 음악을 구성하는 음의 본질에 대해 가장 근본적인 질문을 하고 있기 때문이다.[1] 그를 인용한 예는 Helen Bonny(1978b), Paul Nordoff의 가르침에 대한 저서(Robbins & Robbins, 1998; Aigen, 1996), Nordoff-Robbins에 대한 연구(Aigen, 1998), 그리고 Nordoff-Robbins 접근(Ansdell, 1995; Lee, 2003)이다. 우연찮게, Paul Nordoff(Robbins & Robbins, 1998, p. 32)는 Helen Bonny가 자신의 가르침에서 인용한 주커칸들의 말을 똑같이 사용하고 있다. "음악적 음들은 힘의 전달체이다. 음악을 듣는 것은 힘의 활동을 듣는 것을 뜻한다."(Zuckerkandl, 1956, p.

---

1) 완전한 존재론적 입장에서 음악을 볼 때 리듬적·음색적 요소 또한 고려해야만 한다. 하지만 여기서 이를 포함하지 않은 것은 이 주제가 덜 중요하기 때문이 아니다. 이와 같은 다른 요소들을 다루는 많은 연구자들이 있으며, 그 중 Charles Keil과 Steven Feld는 그들의 작품에서 이전에 언급하였다.

37) 이 인용은 음악에 대한 주커칸들의 중심 생각을 간명하게 담고 있다. 음악중심 이론이 주커칸들의 사고를 뒷받침한다는 사실은 이와 같은 잠재적인 연관성을 보다 명확히 보여 주고 있는 것이다.

마지막 이유는 음계 기원과 같은 음악에 대한 기본적인 주커칸들의 생각이 음악치료와의 분명한 관련성을 제공하고 있기 때문이다. 다시 말해 음악치료의 지배적인 모델을 세운 Helen Bonny와 Nordoff-Robbins가 그의 생각을 적용하고 있다는 사실은 이 이론이 더 확장되어 음악치료에 적용될 수 있음을 시사하고 있는 것이다. 다음 장에서는 이러한 생각을 표면상으로는 전혀 다른 듯한 임상적 현상을 통합하기 위한 방법으로 나타낼 것이다.

내 생각에, 독자들이 이 장을 읽어 나가면서 몇 가지 상반된 예들을 떠올릴 수 있을 것이다. 그러한 반증은 논의된 생각에 대한 기본적인 일관성을 약화시키지 않은 채로 이 이론이 적용될 수 있는 범위를 설명해 줄 것이다.

또한 주커칸들의 생각에 대해 자세하게 기술하는 이유는 그의 저서가 복잡하고 심도 있기 때문이며, 동시에 음악중심 음악치료 이론에 관한 나의 믿음이 일차적으로는 음악의 존재론적인 측면에 기반을 두고 있기 때문이다. 나는 지난 20여 년 동안 그의 저서를 읽었지만 그의 생각을 좀 더 분명히 이해하기 위해 고군분투하고 있는 것이 사실이다. 그의 이론에 매력을 느끼는 독자들은 좀 더 적극적으로 그의 저서를 찾기를 바란다.

🎵 주커칸들 이론의 본질

주커칸들의 음악의 본질에 관한 연구는 포괄적이고 철학적인 의도가 담겨 있다.

어떻게 음악이 가능한가-이를 이해하는 것이 우리가 앞으로 할 연구에서의 주요 과제다. 칸트가 "어떻게 자연과학이 가능한가?"라고 근본적인 질문을 했을 때, 그는 그것이 가능한지를 알고자 한 것이 아니라(그는 그것이 존재하고 있음을 알았다), 만약 나와 세계 사이에 자연과학과 같은 그러한 것이 일어날 수 있다면, 세계는 어떠한 것이며 나는 또 어떠한 것인지를 알고자 하였다. 만약 나와 세계 사이에 음악현상이 일어날 수 있다면, 세계는 어떠한 것이며 나는 어떠한 것일까? 음악의 실재(實在)를 이해하려면, 나는 세계를 어떻게 생각해야 하며 나 자신을 어떻게 생각해야 하는가?(Zuckerkandl, 1956, pp. 6-7).

이렇게 주커칸들은 음악의 본질에 관심을 가진 것과 마찬가지로 인간 본질에 대해서 관심을 가졌다. 그는 음악이 우리에게 인간과 우리 주변의 세상과의 관계에 대해 이야기할 수 있다는 사실에 관심을 가졌다. 주커칸들이 음악을 이처럼 중심적인 역할로 격상시킨 것은 분명히 음악중심 치료사들이 공감할 수 있는 특성을 제공한 것임에 틀림없다. 이를 믿는 음악치료사들은 음악을 치료로 사용할 뿐 아니라 음악의 가치가 우리를 둘러싼 세상과 사람들과의 관계에도 영향을 미친다고 생각한다.

주커칸들(1956)은 현실, 시간, 공간에 대한 본질적인 개념이 음악을 설명할 수 있어야 한다고 믿었다. 그렇지 못하다면 그것은 불완전한 것이라고 하였다. 또한 그는 20세기 음악에 대한 보편적인 생각이 현대의 기계적인 삶에 대해 대책을 마련해 준다고 하였다. 그는 이러한 관점을 다음과 같은 생각으로 표현하고 있다.

음악은 현대적 삶 가운데 우리를 위축시키는 그 어떤 일면을 위한 영양제를 제공해야만 한다. 즉, 보다 좋고 보다 순수한 세계에 대한 꿈, 이상적인 미의 세계는 순전한 물질적 현실의 굴레로부터 적어도 일시적 해방을 줄 수 있을지는 모른다(p. 363).

주커칸들은 음악에 대한 이러한 치유적인 관점에 대해 비판적이었다.

왜냐하면 "음악이 '다른' 세계의 소리가 되는 순간, 음악적 경험은 더 이상 우리의 실재개념에 도전할 수가 없다."고 생각했기 때문이다. 그리고 그는 일반적으로 음악이 인생이란 패브릭의 한 부분이라는 점을 이해하고 싶어 했다(pp. 363-364). 이렇게 해서 음악 경험과 비음악 경험 사이에 연속성을 수립하는 데, 그리고 음악 경험을 인간 자신과 주변 세상을 이해하도록 돕기 위해 다른 종류와 똑같이 중요하게 생각하는 데, 주커칸들의 생각은 스키마 이론과 음악중심 음악치료 이론의 기본적인 전제에 합치한다.

주커칸들(1956)은 서양 세계의 조성음악의 구조를 설명하기 시작하면서 음악의 본질을 조사하기 시작하였다. 그는 감상자가 조성 관계를 통해 역동성을 느낀다고 관찰하였고 이것이 긴장과 이완을 반영한다고 생각했다. 주어진 중심음들의 움직임에 따라 서로 다른 음들은 다른 다양한 음들을 향하게 되고, 이는 음악적 긴장을 줄여 주고 다시금 음악적 평온함을 느낄 수 있도록 해 준다. 이와는 대조적으로 음들이 지향한 방향을 통해 얻은 의미는 음들이 자신의 주음과 같은 독특한 특질을 가질 수 있음을 의미한다. 이러한 의미는 외부에서 얻었다기보다는 "자신이 향한 방향을 통해"(1956, p. 67) 스스로 얻는 것이다.

게다가 그는 음의 역동성이 물리적인 속성과 직접적인 관련이 있는 것이 아니라고 하였다. 왜냐하면 이러한 특질들은 조성을 벗어나서는 이해될 수 없기 때문이다. 따라서 그는 "의미가 음으로 들리게 되면, 물리적인 것에서 뭐라 말할 수 없는 비물리적인 힘이 전달된 것"(1956, p. 69)이라고 하였다. 이는 "두 경우 모두에서 물질을 초월하는 힘이 즉시 물질적 형태로 명확해진다."(1956, p. 69)는 점에서 음은 종교적인 상징과 유사함을 나타낸다.

주커칸들(1956)은 음악 속에 움직임이 있다고 믿는다. 우리가 듣는 움직임은 객관적이고 현실적인 음악이 제공하고 있는 역동 속에서 변화하는 소리다. 7음의 장음계를 들으면 가장 단순한 음악의 움직임을 파악할 수 있다.

음계는 불규칙적이고 방향성이 없는 것이 아니라 어떤 목적을 가지고 움직이므로 청취자는 음계를 들을 때 움직임을 알 수 있다. 음계에서 마지막 음은 종지로 들리는 것이 아니라 목적지로 들린다. 음계에서 첫 음은 5음에 도달할 때까지 여행을 떠나는 것으로 상징할 수 있다. 즉, 5음은 전환점이 되어 어딘가로 떠나는 것을 상징한다. 1음에서 5음으로의 움직임은 역동적인 것에 반한 움직임이다. 하지만 6음에서 8음(옥타브)으로의 움직임은 역동적이지만 긴장이완을 가져온다. 1음에서 5음의 움직임은 마치 무거운 공을 언덕 위로 굴러 올리는, 곧 중력에 맞서고 있는 것과 같다. 따라서 5음에 도달한 것은 공을 언덕의 꼭대기까지 올리고 잠시 쉬는 것과 같다. 반면, 5음에서 8음으로 움직이는 것은 이제 자연스럽게 자연의 힘에 따르는 것이다. 이는 언덕의 반대편으로 굴러 내려가면서 공이 가지고 있는 에너지를 방출하는 모습과 같다(1956, p. 97).

역설적인 것은 음계에서 조성의 움직임의 시작은 동시에 목적지가 된다는 것이다. 왜냐하면 옥타브 관계에 있는 1음과 8음은 두 음 모두 같은 특질을 가지고 있기 때문이다. 따라서 음악에서 볼 때,

> 스키마는 어느 곳으로 향하여 출발하여 다시 출발지점으로 돌아오는 것이다. 이러한 운동의 과정을 보면 출발은 되돌아오는 것이 된다. 처음의 운동방향은 마지막에는 반대로 된다(1956, p. 97).

주커칸들에게 "음악을 듣는다는 것은 음운동을 듣는다는 것이다." (1973, p. 140) 그러나 운동은 단순히 위치를 바꾼다는 것은 아니다. 이러한 운동의 종류는 정서 상태의 변화와 같은 심리적인 속성이다.

게다가 주커칸들은 생동감 있는 운동과 그렇지 않은 운동을 구별하고 있다. 생동감 있는 운동은 내부에서 시작하는 운동이다. 즉, 자신을 향하고 있는 것이다. 생동감 없는 운동은 외부의 힘에 의존하고 있는 운동이

다. 어떤 사람이 자신의 팔을 들어올리는 것은 자신의 의지에 따라 움직이는 생동감 있는 운동이다. 반면, 돌이 땅으로 굴러가는 것은 완전히 중력의 힘에 따라 움직이는 것으로 생동감 없는 운동이다. 생동감 있는 운동이란 운동을 하고 있는 유기체가 자신의 운동을 직접적으로 지각할 수 있다. 이를 통해 지각력이 있는 존재를 관찰할 때 생동감이 있는지 그렇지 않은지 추론할 수 있다. 주커칸들은 비록 음악이 인간이 연주할 때 존재하는 것이지만, 살아 있지 않은 존재로 생동감 있는 운동을 하는 독특한 존재라고 믿는다.

주커칸들은 리듬에서 보다 조성음악에서 음운동의 역할에 대해서 논의하고 있다. 이것은 그가 듣는다는 것에 초점을 두고 있기 때문이다. 다른 음운동과는 달리 조성음악을 이해하기 위한 유일한 방법은 그 운동이 어떠한가를 아는 것이다.

> 음악에서 조성운동은 청각운동이다. 음악에서 내가 경험할 수 있는 것은 생동감 있는 운동이다. 이것은 나 또는 다른 사람의 움직임과는 다른 것이다. 그리고 이러한 움직임은 몸을 통하는 것이 아니라 직접적으로 지각할 수 있다. 육체에 얽매이지 않고 자가적으로 움직이는 것이다. 이러한 운동을 지각하는 행위야말로 운동 그 자체를 아는 것이다……. 음을 들을 때 나는 그들과 함께 움직인다. 즉, 나는 그러한 움직임을 나 자신의 운동으로 경험한다. 음운동을 듣는다는 것은 그 음들과 함께 움직이는 것이다. 이렇게 해서 내가 듣는 음들이 움직임 속에 있는 것이 아니고 음들을 듣는 것 역시 움직임 속에 있게 되는 것이다(Zuckerkandl, 1973, p. 157).

멜로디의 구조와 화성적 종지에 기반을 두고 있는 음악의 예술적 힘은 그들이 가지고 있는 규범에서 자유로워질 때 나타난다. 다시 말해 멜로디와 화성의 힘은 조성에 따라 움직이는가 아니면 그에 반하여 움직이는가에 달려 있다. 이러한 힘에서 해방되어 움직이는 음악적 선포가 동시에 그들의 존재를 확인시켜 주는 것이다.

🎵 음악치료 적용

6장에서는 주커칸들 이론을 심상유도 음악치료와 Ansdell의 활기 띠기와 관련하여 음악치료에 적용하여 보았다. 덧붙여 11장에 이어서 계속적으로 발전시키고 있다. 11장에서는 사람의 심신을 더욱 생동감 있게 하는 음악의 능력을 더 넓게 살펴볼 것이다. 이 장에서는 6장에서 시작된 논의를 좀 더 확대할 것이며 11장에 계속해서 이야기해 나갈 것이다. 여기에서 언급하지는 않지만 더 많은 영역이 음악치료의 생각과 일치하고 있으며 이를 음악치료에 적용시킨다면 더 풍성해질 가능성이 있다.

주커칸들은 음악의 본질, 기원, 특성에 관한 여러 의문들을 합리적으로 탐구할 수 있다고 확신하였다. 그는 이러한 사실에 대해서 관대하지 않았으며 반드시 연구해야 한다고 하였다. 하지만 그의 철학은 음악에 관한 다른 이론을 만들고자 하는 상대적인 관점이 아니다.

주커칸들은 '음악적 인간(*homo musicus*)'를 신뢰했다. 즉, 음악은 특별한 사람이 지니고 있는 것이 아니라 전인적 인간의 본질적인 속성이다. 그러므로 어떤 의미에서 완전한 인간이 되기 위해서는 음악과 관계를 맺는 것이 필요하다. 이 말이 맞다면 이것은 특히 음악중심 음악치료에서 가장 강력한 이론이 될 수 있다. 음악과 관계를 맺는 것이 개개인의 본질적인 양상이라면, 음악치료의 장점을 설명하기 위한 비음악적인 이론은 사실상 필요하지 않게 된다.

인간은 음악을 필요로 한다. 그리고 조성음악은 이러한 필요성 때문에 탄생하게 되었다. 하지만 주커칸들이 분명히 하는 것은 비록 인간이 음악을 만든 것일지라도 음의 배열과 순서가 단순히 숫자의 순서대로 나열한 것이 아닌 것처럼 임의적으로 존재하는 것도 아니다. 사실상 주커칸들은 음악과 수학을 많이 비교하고 있으며 두 영역 모두 인간이 이 세상을 완전히 이해하고 경험하기 위한 욕구를 만족시켜 주도록 돕고 있다고 하였다.

음악은 인간이 만들었지만 임의적으로 배열된 것은 아니라는 사실을 이해하기는 어려울 수 있다. 하지만 이러한 흥미로운 통합이야말로 주커칸들 이론의 유용함을 제한할 수도 있는 전통적인 이분법으로부터 그의 이론을 지켜 준다.

주커칸들에 따르면, 인간이 조성음악을 만들었기 때문에 음악을 감상하는 능력은 역동적인 움직임을 감지할 수 있는 구체적인 인간의 능력에 달려 있다고 한다. 유능한 음악 감상자는 역동적 장면에서 상태의 변화를 감지할 수 있다. 하지만 이러한 능력을 지니지 못한 사람들은 음악으로서 음을 경험하지 못할 것이다. 장애인들 가운데도 이러한 음악 능력이 손상되지 않았거나 활성화될 수 있다면, 음악을 경험할 수 있는 능력을 보유하고 있을 것이다. 이러한 능력은 다른 인지 능력과 동떨어져 있는 것이 아니고 반드시 언어적인 부분에 의존해 활용되는 것이 아니기 때문에, 중증 장애인이더라도 음악을 통해서 다른 수단으로는 감지할 수 없었던 잔존 인지 능력을 알아낼 수 있다. 이러한 사실 또한 음악치료와 그 효과를 설명할 수 있는 강력한 이론적 근거가 될 수 있다.

음을 중요시하는 주커칸들의 이론은 음악적 중재를 중요시하고 있는 음악중심 임상에서 핵심이 될 수 있다. 치료사들이 작곡된 음악 혹은 즉흥음악을 사용하거나, 연주를 하거나 녹음된 음악 또는 수용적이거나 적극적인 방법을 사용하는 것과 상관없이, 그들은 항상 역동성 속에서 변화를 이끌어 낼 수 있다. 이러한 변화가 가능한 이유는 인간이 내재적으로 지니고 있는 경험적 특성 때문인데, 주커칸들은 이를 출발, 회귀, 놀람, 지연 등으로 설명한다. 이와 같은 내재적인 속성 때문에 음악적인 용어로 임상적 중재를 설명한다는 것이 가능한 것이다. 역동적인 음을 매우 신중하게 사용하거나 임상적 의도를 지니고 사용한 것과 상관없이, 역동적인 음은 항상 임상적인 특성을 가질 수 있다. 방향성, 해결, 기대감과 같은 운동 경험은 음 속에 포함되어 있다. 적어도 음악을 경험한다고 하면, 이는 음악에 대한 인간 경험을 결정할 수 있는 이러한 특징을 통해서이다.

조성에 대한 경험은 사람 사이의 관계에 기본을 둔 보편적인 경험으로 이끄는 핵심을 가지고 있다라는 사실은 5장에서 논의한 음악중심 음악치료와 6장에서 다룬 Nordoff-Robbins 음악치료와 심상유도 음악치료의 기저를 이루고 있다. 이러한 믿음으로, 이 같은 접근 속에서 음악의 구조는 코드가 소리화되는 방법까지 임상적으로 매우 중요하다.

자신의 삶을 담고 있고 보통 지각 있는 존재와 관련을 맺는 힘들과 의사소통하는 음들은 실행의 형식으로 이용된다. 이전의 논의들은 복합적인 전이나 역전이가 유발될 수 있는 개인적인 역동을 피하기 위해서 치료사들이 사용할 수 있는 수요, 만족감, 의지와 함께 음악이 세 번째 요소로 제시되는 시점을 강조하였다.

반면, 클라이언트는 음악과 주요한 관계를 맺고 있어 음악을 통해 기대감을 충족시킬 수도 있고, 음악을 통해 내재적인 보상을 얻을 수도 있다. 따라서 우리는 비개인적인 독립체이지만, 전형적인 인간관계와 관련한 역동을 포함하고 있는 음악에 관해서 다양하고 가능한 경험들, 방어기제들과 동기들 모두를 알아낼 수 있다. 이는 관계 역동이 존재하지 않음을 의미하는 것이 아니라, 의식(意識)을 통해서 음악 역동의 장에 존재하는 힘을 직접적으로 사용하는 것이다. 치료사-클라이언트 관계 역동을 통해 문제를 해결하기보다는 음악이 가진 역동을 이용하는 것이 특정 클라이언트에게 보다 적합하고 중요하다고 느껴지게 될 때 치료사들은 문제가 될 수 있는 역동과 방어기제를 피할 수 있는 또 다른 도구를 가져서, 클라이언트가 보통의 한계를 극복할 수 있도록 도와야 한다. 치료사가 이러한 문제를 세 번째 요소와 관련하여 알아냈다면, 여전히 치료과정 중에 협력자로 존재할 수 있다.

음의 세계에 대한 주커칸들의 형이상학적 개념은 음악치료 이론을 통합시키는 잠재적인 힘을 지니고 있으며 13장과 14장에서 본격적으로 논의할 것이다. 지금 단계에서는 이러한 생각이 어떠한 방향으로 논의될 것인지에 대한 방향성을 언급하고자 한다.

음의 추동력은 시작과 동시에 도착이라는 주커칸들의 생각에서, 우리는 '영웅의 여행' 이라는 원형적 주제와 '영원 회귀 신화' 를 연결시킬 수 있음을 알 수 있다(Eliade, 1959). 영원 회귀 신화에서, 시간 그 자체는 순환한다. 예를 들면, 신년은 원시적이고 순수하고 성스러운 창조의 힘으로 되돌아가는 것이다. 그리고 영웅의 여행을 살펴보면, 많은 '영웅 신화' 에서 알 수 있듯이 영웅들은 한층 변화된 모습으로 처음 출발한 장소로 되돌아온다. 여행은 어딘가 새로운 장소로 가는 것이 아니라 어떤 과정을 겪음으로써 새로운 존재로 거듭나게 되는 것이다.

융은 '영웅의 여행' 을, 삶을 살아가는 사람들이 모두 겪어야 할 자기실현의 여행이라 하였다. 우리는 자신에게 '되돌아온다'. 하지만 여행을 마치고 되돌아왔을 때 나 자신은 더 이상 예전의 내가 아닌 것이다. 주커칸들의 이론이 정신역동적이고 상징적인 음악치료의 음악중심 이론을 통합하고 있으며 융의 분석과 같은 원형적인 주제 또한 순수히 음악 분야에서도 표현될 수 있기 때문에, 이와 같은 생각이 음악치료 이론에도 유익하게 적용될 수 있다.

🎵 주커칸들에 대한 반대적 입장과 이에 대한 대응

주커칸들에 대해 반대하는 관점은 크게 3가지로 나눠 볼 수 있다. 하지만 그는 이러한 자신에 대한 반대 의견에 관해서 광범위하고 설득력 있게 반박하고 있다. 이러한 논쟁에 대해 여기서 자세히 다루기는 어렵지만, 간략히 설명하고자 한다.

(1) 주커칸들은 음악에서 무엇을 지각하였는가에 상관없이 왜 음악이 그렇게 들리는가에 관한 충분한 설명을 하고 있다. 예를 들어, 그는 2음에서 1음, 7음에서 8음의 진행을 지각할 수 있는 이유가 음악에서 긴장이 약해지면서 해결로 느끼게 되는 것이라고 설명한다. 이처럼 잘 알려진 음

악현상을 또 달리 해석하는 것은 주커칸들의 생각에 반대하는 사람들에게 달려 있는 일이다.

주커칸들은 관련주의적인 입장을 취하고 있다. 따라서 우리가 화성적 종지를 지각할 수 있는 이유는 단순히 음악 속에서 그러한 것을 듣기 때문이라는 것이다. 이렇게 해서 관련주의자들은 음운동에 심리적인 특질을 반영할 때, 심리 상태를 조성에 반영하는 것이라고 말한다. 우리는 2음이 1음을 가리키기 때문에 2음에서 1음으로 진행할 것을 기대하는 것이 아니라 2음에서 다른 음으로 진행하는 것보다 훨씬 더 많이 1음으로 진행했던 것을 들어 왔기 때문이다. 1음 또는 8음이 되었을 때 해결을 느끼는 것 또한 마찬가지 원리다.

주커칸들은 관련주의자들의 입장에서 설명하면서 음악적 구조와 역사적 발달도 함께 인용하고 있다. 멜로디가 실제로 어떻게 조직되는가를 살펴보면, 2음에서 1음으로 움직이는 것이 다른 음으로 이동하는 것보다 더 많지만은 않다. 게다가 1음은 다른 음 다음에 이어질 수도 있다. 이처럼 음악적 멜로디의 실제적 구조는 관련주의자들의 입장과 완전히 상충된다.

이와 유사하게 관련주의자들은 멜로딕 마이너에서 왜 단7도를 반음 올려 장7도를 해야 하는지에 관해 설명하지 못한다. 이는 단조에서 일반적으로 사용하고 있는 진행과는 상반되는 진행이다. 반면, 주커칸들의 입장에서는 멜로딕 마이너와 같은 역사적인 조성의 발달에 관해서는 설명하지 못한다.

(2) 주커칸들은 자신의 이론이 더 넓게 적용될 수 있다고 주장하고는 있지만, 만약 그의 생각이 서양 조성음악에 국한하여 적용할 수 있는 것이라면 이는 문화적 제국주의의 한 형식으로 비판받을 수 있다. 하지만 그는 다른 음악장르는 자신의 이론에 부합하지 않는다고 밝히면서 자신의 생각을 문화적인 측면에서 이해하고자 다음과 같이 밝히고 있다.

한 음악을 다른 음악과 구분할 수 있는 기본적인 특성은 조성의 선택이다. 각각의 음악은 음을 선택하여 만든다. 즉, 음들의 관계로 이뤄진다. 이에 따라 특별한 음의 배열을 갖는다. 이러한 음의 배열은 조성체계를 구성한다. 일부 문명에서는 음악의 종류보다 더 많은 조성체계를 가지고 있다. 서양에서는 지난 2,500년 동안 하나의 조성체계를 발전시켰……. 음악과 음악 사이의 장벽은 언어의 장벽보다 훨씬 더 크다. 한 언어는 다른 언어로 번역할 수 있다. 하지만 단순히 번역이라는 생각만을 가지고 중국음악을 서양의 조성으로 이해하려고 한다는 것은 확실히 이치에 맞지 않는 것이다. 우리는 중국어를 배울 수는 있다. 하지만 중국의 조성을 이해하기 위해서는 중국음악과 함께 살아야 하고, 어느 정도는 중국인이 되어야만 한다(1959, pp. 17-18).

주커칸들이 서양의 조성음악 외의 분야에서 자신의 이론을 적용시키고자 한 의도는 없었던 것은 분명하다. 사실상 그는 친숙하지 않은 음악을 이해하기 위해서는 그 문화를 이해해야만 하고, 음악을 이해한다는 것은 그 문화를 이해하는 것임을 암시해 왔다.

더구나 주커칸들은 서양음악에 노출되지 않은 문화권에서 생활하는 사람들의 경우 처음에는 음악이 암시하는 힘을 느끼지 못하지만 점차적인 접촉의 과정을 통해 음의 역동을 느끼게 된다는 것은 음의 역동성을 지각할 수 있는 것은 단순히 물리적인 속성을 가지고 있는 음에 인간의 정신을 반영시켰다라는 관련주의자들의 입장을 확인시켜주고 있다는 사실에 반대 의견을 제시한다.

그는 무언가 안에 있는 것을 통해 자신의 주장을 펴고 있으며, 음 안에 있는 역동성은 단어가 사물이나 생각을 연결하는 것과는 아주 다르다고 한다. "음들은 그 의미를 자신 속에 완전히 흡수해서 직접 그 소리 속에서 감상자에게 배출한다."(1956, p. 68) 또한 음의 역동성은 신도가 종교적인 상징 속에서 신을 경험하는 것과 유사하다고 하고 있다. "신도가 상징 속에서 신적 존재를 보는 것처럼 음들 속에서 힘을 듣는다."(p. 69)

모든 사람들이 지각할 수 있는 역동성은 그 존재에 대한 논쟁이 아니다.

이것은 무신론자들이 종교적인 상징 속에서 신을 지각할 수 없기 때문에 유신론자들이 신을 믿는 믿음에 대해 논쟁하지 않는 것과 같다. 서구권의 사람들이 듣는 것과 같은 것을 듣지 못하는 비서구권의 사람들은 아직 상징 속에 내포된 의미가 전달될 수 있는 충분한 기회를 갖지 못했기 때문이다. 역동성의 존재가 없다고 말하는 것은 보지 못하므로 빛의 존재가 없다고 말하거나, 쇠가 없다고 해서 자성의 존재를 부인하는 것과 같다.

(3) 자력의 힘에 대한 주커칸들의 비유는 자신의 주장에 대한 반대 의견에 대한 마지막 논쟁이다. 음의 역동성에는 종교적인 가르침과 같은 비관습적이고 신비로운 믿음이 있다. 하지만 이것은 물리적으로 존재하는 것이 아니라 어떤 도구로도 그 존재를 입증할 수 없다. 따라서 이를 학문적으로 나열할 수 있는 문제도 아니다. 때로는 자연의 이치에 어긋나기도 하는 것 같다.

그럼에도 그의 주장은 얼마나 신비로운가? 주커칸들에 따르면 음악은 이 세상의 많은 결과물 가운데 하나에 불과하지만 가장 중요한 것이고, 이 세상속에서 비물질적인 층에 속하고 있으면서 물질적인 것들과 상호교류하며 영향을 미친다고 말하고 있다. 이러한 자신의 주장 중 많은 부분은 일반적인 상식과 상충하고 있음을 인정하고 있다. 하지만 그의 주장이 외부세계에 대한 종교적인 관점과 명백히 구별되고 있는 점은 믿음에 대한 내용이 아니라 그러한 믿음이 다음과 같은 사실에 어떻게 도달하는가에 대한 실증적인 본질 속에 있다.

우주에 대한 음악적 견해는 그것이 믿음과 계시를 통해서가 아니라 지각과 관찰을 통해서 얻어진다는 점에서 종교적 견해와 다르다. 음악 경험에서 만나는 순수하게 역동적인 것, 자연의 비물리적인 요소는 신이 아니다. 하지만 우주에 대한 종교적 견해와 과학적 견해를 가르는 것과 같은 그러한 심연이 그 둘을 갈라놓지는 않는다(특히 전통적이고 일반적으로 받아들여지는 과학적 견해에서). 우주에 대한 음악적 견해를 과학적 견해와 종교적 견해 사이의 연결로서 생각하는 것은 순전히 터무니없는 일은 아니다(1956, pp. 374-375).

우리는 여러 가지 측면에서 주커칸들의 생각이 과학의 발달에 따른 몇몇 생각과 대비를 이루고 있음을 알고 있다. 그리고 이러한 점은 그의 주장에 믿음을 주며 동시에 합리적인 논의, 지지 그리고/또는 논쟁이 될 수 있음을 강력히 보여 주는 것이다.

예를 들어, 뉴턴이 제안한 중력에 대해 고려해 보자. 두 개의 물체가 중간에 아무 물질 없이 (공간은 진공상태로 가정) 떨어져 있는 상태에서도 서로에게 힘이 작용한다고 말함으로써 뉴턴은 미신을 과학에 다시 끌어 들였다는 것으로 비난을 받았다. 비난자들은 매개체 없이 두 물체가 서로 끌어당긴다고 주장하는 것보다 더 미신적인 것은 없다고 느꼈다. 그러나 뉴턴의 생각은 인간이 물리적 세계에 대해 경험하는 것을 아주 잘 설명했기 때문에 인정을 받았다. 주커칸들의 음악에서 음 사이의 관계에 대한 생각도 물체 사이의 관계에 대한 뉴턴의 생각보다 더 미신적인 것은 아니다.

게다가 물리적 세계를 구성하는 단위인 원자와 분자들은 다양한 조합으로 구성될 수 있으며 어떤 것들은 다른 것보다 안정되어 있다. 원자와 분자는 균형의 상태를 만들어 주는 자연의 힘이 존재한다. 안정성, 휘발성, 평형성와 같은 요소들이 물리적 세계를 구성한다는 것이 미신적인 것이 아니듯, 음악에서도 그러한 요소들을 만들어 주는 음들 사이의 관계가 존재한다는 주커칸들의 주장은 미신이 아닌 것이다.

일반 상식에 도전한다는 점에서, 출발은 되돌아오는 것이다라는 주커칸들의 말은 무엇을 의미할 수 있을까? 우리는 어떠한 운동이 물체를 향해 가면서 동시에 멀어지고 있는 것이라는 말을 이성적으로 어떻게 이해할 수 있을까? 다시 말해 위의 말을 물리학적으로 그대로 옮긴다면 공간이 휘어 있는 상태를 기술하는 것과 같다. 물리학자들은 행성이 3차원적으로 휘어 있기 때문에 지구의 어떤 지점에서 출발을 해서 계속 앞으로 향하면 결국

출발했던 지점에 있던 사람의 뒤에 다다르게 되는 것과 마찬가지로 우주
도 휘어 있어서 지구를 떠나서 우주로 계속 가다 보면 언젠가는 지구로
다시 돌아올 것이라는 가설을 세웠다. 비록 음악운동을 이해하는 데 비직
관적이고 어렵기는 하지만, 이는 물리학자들이 세계가 어떤지 서술하는
방법과 유사하다.

충분히 흥미롭게도 역동적 음의 방향성은 본래 순환적이고 비물질적이
라는 주커칸들의 주장은 스키마 이론과 크게 다르지 않다. 예를 들어,
Brower(1997-1998)는 다음과 같이 주장한다.

> 물리적인 세계를 음악 속에 구조화할 때, 우리는 그것의 특징을 음악적인
> 영역에 적용시킨다. 음고 공간의 순환적 구조와 같은 것은 물리적 세계와 일
> 대일 대응이 되는 것이 아니다. 경험되는 멜로디의 힘은 은유적인 상징의 도
> 약이 필요하기 때문이다(p. 41).[2]

따라서 음악에 대한 주커칸들의 견해는 학문적으로도 동시대적인 기준
을 충족시키는 음악 접근법과 유사한 결론을 갖는다.

주커칸들의 연구를 살펴보면, 그는 자신의 생각이 인간은 감각기관을
통해서 외부세계에 대한 정보를 습득한다는 현실과 관습적인 철학의 일반
적인 생각에 도전하고 있다는 것을 알 수 있다. 그러나 그는 자신의 독자
들의 신념에 의존하는 대신, 끊임없이 타당한 관점으로 음악에 대한 사실
에 호소하고 있다. 뿐만 아니라 계속적으로 20세기 물리학에서 도출된 시
간, 공간, 현실 속에서 지지받을 수 있는 점을 찾고 있다.

따라서 유일하고 일괄적인 주장의 근원이 바로 음악 그 자체에 있기 때
문에 그의 주장은 논리적으로 도전받을 수 있다.

---

2) 이것은 음악치료에서 매우 중요한 점이다. 왜냐하면 이것은 장애나 심각한 손상을 가진 사람이
   음악 멜로디에서 역동적 속성을 경험하는 능력 속에 있는 상상하는 힘을 어떻게 발휘하는지 보
   여 주기 때문에 중요하게 봐야 할 사항이다.

10 음악의 힘, 운동, 공간: 스키마 이론과 주커칸들 이론의 재고

얼핏 생각하면 주커칸들의 이론과 스키마 이론은 정반대인 것 같다. 주커칸들은 운동과 공간이 우리가 음악을 이해하는 현상이지, 우리가 만들어 내는 것이 아니라고 한다. 반면, 스키마 이론에서는 이러한 현상이 자율적으로 존재하는 것이 아니라 인간의 창조를 통해서 나타난다는 것이다. 따라서 이러한 상반된 생각이 어떻게 음악이라는 하나의 이론을 통해서 통합될 수 있는지 살펴보는 것은 흥미롭다. 뒤이은 논의는 앞선 논의보다 두 이론을 더욱 밀접하게 살펴볼 것이고, 각각 독특한 기여를 함으로써 음악중심 음악치료 이론을 만드는 데 도움이 될 수 있을 것이다.

인간이 음악을 어떻게 경험하는가에 관한 설명을 위해 주커칸들이 음악 그 자체에 주목한 것은 어쩌면 시대에 뒤떨어진 전략으로 간주될 수 있다. 만약 다양한 학문 분야에서 구성주의자들의 인식론이 우세하다면, 인간이 음악을 어떻게 경험하는가에 관해 설명하기 위해 음악의 속성에 눈을 돌리기보다는 아마도 음악 그 자체의 개념을 내세우게 될 것이 뻔하다. 더군다나 음악연구에서 최근 몇 년 동안은 잠재적으로 인지이론이 꽃

피워 왔고, 그 속에서 우리는 수동적으로 음악을 받아들이기보다는 우리가 경험한 음악 속에서 조성의 요소를 형상화해 왔다. 이렇게 해서 음악학, 심리학 그리고 철학의 경향은 아마도 표면상으로 상반된 사고의 방법이 서로서로 좀 더 다르게 만드는 방향으로 움직이고 있는 것 같다.

그러나 스키마 이론과 주커칸들 이론은 조정을 가능하게 하는 어떠한 요소를 지니고 있다. 이 장에서 나는 어떻게 두 이론이 다르고, 또 어떤 점에서 조정할 수 있는지에 관해서 살펴볼 것이다.

이를 위해 스키마 이론과 주커칸들 이론에서 논의된 개념에 대해 존재론적인 입장에서 간략히 살펴볼 것이다. 이는 두 이론이 그냥 보는 것보다 좀 더 많은 유사점을 지니고 있음을 알게 해 줄 것이다.

이렇게 함으로써 완전히 양립되는 것은 아니지만 사고의 방법이 음악치료 이론에 서로 달리 공헌한다는 점에서 유사점을 지니고 있음을 보여주기를 바라며, 음악중심 이론과 같은 단 하나의 음악치료 접근에 두 이론을 사용한다는 것이 내재적 반박의 설립에 대한 개념체계를 만드는 것이 아님을 제안할 수 있기를 바란다.

철학에서 존재론은 존재 또는 존재하는 것에 관한 연구이고, 인식론은 지식 또는 존재하는 것에 대해서 무엇을 알 수 있는 가에 관한 연구다. 한때 이러한 구별이 매우 합리적이라고 여기는 동안, 철학적 사고는 인간이 모든 것을 알 수 있다는 논쟁 속에서 진화되었고 모두 경험의 내용들에 관한 것이었다. 즉, 우리가 연구할 수 있는 모든 것은 경험이라는 것이다. 그러므로 우리가 알 수 있는 것을 떠나 존재하는 것에 관한 연구는 이치에 맞지 않는 것이 되었다. 이러한 논쟁은 존재론적 입장에 대한 실체를 고려하는 이론을 음해하는 것으로 느껴졌다. 왜냐하면 이러한 관점 속에서 우리가 알 수 있는 것과는 상관없이 무언가가 스스로 존재한다는 논쟁은 의미 없는 것이기 때문이다.

주커칸들(1956)은 분명히 존재론적인 관점에서 음악의 본질을 살펴보고 있다. 그는 4가지 학문체계를 언급하면서 그것들은 음의 본질에 관한 연구에서 취할 수 있는 것이 아무것도 없음을 차례로 제시하였다. 4가지 학문체계는 음악이론, 음향학, 음악미학, 음악심리학이다. 그는 심리학자도 음악예술에서의 진정한 본질 탐구와 거리가 멀다고 주장한다. 심리학자는 주로 음악을 듣는 사람에게 일어나는 것에 관심을 쏟는다. 주커칸들은 이러한 연구가 중요하고 타당함을 인정하지만, 이를 "음의 세계에 대한 고유성"(p. 14)과는 분명히 구별하고 있다. 만약 음악의 본질 탐구에서 위의 4가지 학문체계의 가정에 따른 질문으로 시작한다면, "영원히 음악세계의 외면에만 남게 될 것이며 내면의 핵심은 가리키지 못할 것이다."(p. 15)

그러나 주커칸들도 인간이며, 그도 음악에 접근하는 길을 갖고 있음에 틀림없다. 이 길은 실제로 음악을 경험하고 듣는 것으로 단지 종이에 그것을 분석하는 것이 아니다. 그는 자신의 모든 연구를 통해서 음악에 대한 자신의 주장을 지지하기 위해 계속적으로 인간이 음악을 어떻게 감상해야 하는가에 관해 호소하고 있다. 우리는 음의 역동성, 음운동, 청각적 공간의 질서와 같은 무언가를 감상하며 일반적으로 음의 언어를 듣는다.

"하지만 음악의 세계가 4가지 학문체계에서 제시한 영역에 속하지 않는다면, 도대체 어디에 속한단 말인가?"(1956, p. 15) 주커칸들이 실제로 원하는 것은 정확히 음악으로서의 음악을 어떻게 경험하는가를 설명할 수 있는 음악이론이다. 충분한 경험이야말로 음악의 특별성을 나타낼 수 있는 그만의 가장 중요한 기준이 된다. 그는 순전히 인간 피부 밑에 일어나는 일에 관심을 갖는 음악심리학과 피부 밖에 존재하는 것에 대한 자신의 경험을 사용할 수 있다는 자신만의 고유한 음악이론을 구별할 수 있다는 철학적 설득력을 지니고 있다.

스키마 이론과 주커칸들 이론과의 유사성과 분명한 차이점을 명확히 하기 위해서 우리는 다음을 이야기할 수 있다. 두 사고체계는 모두 인간의 사고체계가 음악을 이해하고 경험하는 데 음악의 힘, 운동, 공간이 중요함을 인정하고 있다. 두 이론 모두 사고체계가 음악의 특성에 대해 광범위하게 이해하고 있는 것은 어떻게 인간이 자신을 생각하고 세계를 생각하며 또 어떻게 세계에 대한 지식을 얻는가에 관한 것이라는 사실이다. 두 가지 사고체계 모두 음악창조 이론은 반드시 음악적 이해와 경험의 이론이 되어야 한다는 사고체계를 가지고 있다. 두 가지 사고체계 모두는 음악을 통해서 상상능력이 유발될 뿐 아니라, 음악의 비물리적인 특질에 따라서도 야기된다는 것을 인정한다. 또한 두 사고체계 모두 경험함으로써 그들의 이론 속에 음악의 현상을 보존하는 데 가치를 두고 있다.

반면, 차이점은 다음과 같다. 음의 속성은 음의 힘, 음운동, 음공간의 경험 속에서 분명한 것일까 아니면 인간의 마음속에서 기인할까? 주커칸들은 아마도 전자에 해당되는 반면, 스키마 이론은 후자에 해당된다. 이 장은 둘 사이의 균형을 찾고자 하는 데 노력할 것이다. 먼저 스키마 이론을 살펴본 후 다음으로 주커칸들의 이론을 살펴보고자 한다. 그런데 왜 이러한 주제가 음악치료 이론에서 중요한 것일까? 그것은 음악치료 이론의 특질을 정의하는 데 앞서 음악 경험과 음악 특질의 기본적 본질을 이해하는 것이 매우 중요하기 때문이다.

🎵 스키마 이론 재고: 스키마타의 존재론적 입장

주커칸들의 이론과 유사하게, 스키마 이론 또한 음악 개념에서 어떻게 인간이 음악을 경험하는가와 관련이 있다. 이것은 작곡과 음악 경험 모두와 관련을 맺는 음악의 힘에 관한 것이다. 두 영역에서 작곡가와 음악가는 감상자의 경험을 만든다는 점에서 같다.

스키마타의 존재에 관해 말하는 것은 이러한 요소와 임상적인 관련성을 조사하기 위한 부가적인 기회를 줄 수 있다. 하지만 이것이 여기서 논하고자 하는 핵심은 아니고 나는 어떻게 이러한 스키마타가 음악치료와 관련이 있는지에 관해 이야기하고자 한다.

Cox(1999)는 음악이 스키마타의 기제를 통해 인간 기능의 다른 측면과 관련을 맺는다고 말한다.

> 음악을 음악 외의 다른 것과 비교한다는 것은 음악적 의미의 기본이 된다. 음악 소리의 차이를 수직적 위치의 차이와 비교하는 것은 음악 소리를 이해하는 하나의 체계적이고 논리적인 방법이다……. 만약 음악을 다른 무언가에 비교한다는 것이 음고와 같은 개념의 기본이 된다면, 우리는 음악적인 것과 비음악적인 것과의 의미 관계를 재조사해야 할 것이다. 비음악적인 영역에서 가사 화법을 찾아볼 수 있을 뿐 아니라, 음고, 상승, 하강을 찾을 수도 있다(pp. 50-51).

Cox는 음악 본래의 속성과 본래의 의미를 가지고 있다는 사실에 반대한다. 음악의 객관적인 특성의 존재감은 음악중심적인 사고를 강하게 지지한다는 이전의 주장과는 상충하는 것이 사실이다. 이 두 가지 입장이 동등하게 조정될 수는 없지만, Cox의 주장이 음악은 인간이 경험하지 않고는 존재할 수 없다는 것이라면 이러한 상반된 의견은 중요하지 않다고 생각한다. 나의 관점은 음악의 고유한 속성이 구체적이고 개개인의 심리적인 역사에 기인하는 것이 아니라, 공통된 개념 양식을 공유하는 인간이 만들어 낸 가치에 따라 제시된다는 것이다. 다시 말하면, 객관성이라는 것은 절대적인 것이 아니라 인간의 경험 내에서 존재하는 것을 의미한다.

스키마 이론에서 보면 음악은 음악 외적인 삶과 관련되어 있다. 다른 어떤 구체적이거나 혹은 인간과 관련하고 있는 무언가가 이러한 관계를 성립하도록 만들지는 못한다. 이를 임상에 적용시켜 본다면, 오로지 음악 속에서만 완전히 음악 경험의 임상적 중요성을 얻을 수 있다는 것이다. 이것은 음악 경험이 자동적으로 그 속에서 구성요소를 지니기 때문이며, 이러한 요소들은 음악을 음악 외적인 삶과 연결해 준다. 아마도 이 경험을 말로 옮기는 것은 불필요할 것 같다. 이렇게 해서 스키마 이론은 음악 중심적인 사고의 중요한 한 측면을 지지하고 있는 것이다.

스키마 이론을 적용하여 발달시키고자 하는 노력은 스키마타에 대한 다양한 의문점을 유발한다. 스키마타는 존재하는가? 우리가 스키마를 지각하는 사물에 뜻이 포함되어 있는가? 아니면 우리 마음에 단지 은유적으로 투사되는 것인가? 음악의 힘과 음악 공간은 실재하는 것인가? 아니면 단지 음악 경험을 설명하기 위한 편리한 구조일 뿐인가?

스키마 이론가들은 전통적 철학적 이분법을 깨뜨리는 이러한 질문에 답을 하고 있다. 모든 것이 그러하듯이 대답은 단순하지 않다. 하지만 스키마는 음악치료에 적용하기 위한 큰 가치를 품고 있으며, 특히 일반 음악중심 이론을 발달시키는 데 더욱 그러하다. Johnson(1987)은 사회적 또는 지각적 현상에 적용시키는 데 「힘」의 존재를 광범위하게 설명하는 것에 몰두하면서 스키마타의 존재에 대한 질문을 광범위하게 다루고 있다. 그는 은유, 영역 간의 연결(cross-domain mappings)을 통해 이해할 수 있는 특징들은 존재한다고 설명하지만 동시에 그 특징들은 본래의 문맥 속에서는 존재하지 않는다고 말한다. 이렇게 해서 힘이라는 단어로 묘사한 음악의 그 양상은 물리적 감각에서 이해되는 힘이 아니라 여전히 존재하는 것이다.

순수 기계체계에서, 균형이란 완전히 '물리적' 힘이란 단어로 묘사할 수 있다. 환경체계는 또한 물리적인 힘의 균형을 명백히 하고 있지만, 물리적인 용어로는 설명할 수 없는 사회적 힘을 구성하고 있기도 하다. 예를 들면, 세렝게티 초원에서 동물들이 이주하는 모습을 보면 바람직한 균형이란 자연의 힘(온도, 비, 바람, 태양 등)의 균형뿐 아니라 체계 속의 구성원들의 상호교류의 균형도 필요함을 알 수 있다. 이러한 사회적 힘은 존재하지만, 물리적 힘의 스키마타를 이용한 은유적 투사를 통해 이해할 수 있는 부분이다(p. 88).

계속해서 살펴보면,

특별한 이미지 스키마가 존재한다고 말하는 것은 일부 경험을 되풀이하는 구조를 갖는 것을 의미하며 이에 따라 그것을 이해할 수 있다(p. 102).

이미지 스키마타는 '외부' 존재에 대한 '내부' 존재가 아니다. 오히려 그것들은 유기체와 환경과의 상호교류의 패턴들을 마음속에 떠올려서 안정적인 경험 속에 존재하는 것이다. 이때 경험이라는 것은 우리처럼 신체와 뇌를 가지고 있고 우리처럼 환경 속에서 생활하며 살고 있는 다른 사람들과 공유할 수 있는 것이다(M. Johnson, 개인적 통신에서, 2004년 3월 15일).

이와 같이 이미지 스키마타는 단지 외부 세계에 있는 것도 아니고, 단순히 인간의 마음에 투사된 것도 아니다. 인간과 물리적, 사회적 및 심리적 환경 사이에서 상호교류하는 특성으로 발생한 것이다. 구체적인 스키마타의 특성은 우리의 기능을 강화시키는 방법으로 발현된다. 그것은 "세계를 풍성하게 하고 살아남기 위해 필요한 것"(Johnson, 1997-98, p. 97)을 공급해 준다.

스키마타가 사용되는 곳에서는 그것을 경험에 투사하지 않는 것이 스키마타가 시작한 곳에서 경험에 투사하지 않는 것과 같다. 스키마타는 경험에 필요한 구성요소라고 이해할 수 있다. 이것이 경험적으로 존재한다는 생각이고 이로부터 스키마타의 존재론적 입장이 비롯되었다.

음악이 '근원-경로-목적'의 구조를 명백히 하고 있는 것이라면, 우리는 이를 빠르게 또는 느리게 가다, 장애물을 만나다, 목적을 추구하다, 장애물을 극복하다로 경험할 수 있다. 우리가 이미지 스키마타를 보통의 신체적 경험에 투사하지 않는 것처럼 단순히 음악에 투사하는 것이 아니다. 대신 이미지 스키마들은 구조의 한 부분이 되고 특성을 정의한다. 음악 경험도 마찬가지다. 경험된 것으로서 음악 속에 있는 것이다. 그것들은 음악의 구조다. 그리고 이미지 스키마들은 신체적 경험의 일부분이 됨으로써 의미를 가지게 되고 의미를 유발한다(Johnson, 1997-98, p. 98).

스키마타는 음악 속에 존재하지만, 우리 마음속에도 존재한다. 왜냐하

면 음악현상은 소리의 파동을 음악적 사건으로 재구성할 수 있는 인간의
의식에서 나오기 때문이다. Johnson과 Larson(2003)은, 예컨대 음악운동
과 같이 음악에서 가장 중요한 음악현상이 어떻게 사실적이면서 동시에
은유적이 될 수 있는지에 관해서 설명하였다.

> 음악운동은 시간운동처럼 매우 사실적이고 은유적이다. "음악은 움직인다."
> 우리는 음악적 사건을 빠르거나 느리게, 오르고 내리고, 기거나 뛰거나, 고동
> 치거나 멈추는 것으로 경험한다. 150년 전에 Hanslick(1986)가 말한 것과 같
> 이, 음악운동이 사실적인 이유는 음악이 단지 청각적 상상 속에 존재하기 때
> 문이다. 다시 말해 우리가 경험함으로써 말이다. 음악은 악보 속에 있는 음표
> 들이 아니다. 또한 단순히 공기의 진동만도 아니다. 오히려 음악은 시간을 넘
> 어서 소리를 의미 있는 패턴으로 조합한 크고 풍성한 경험이다. 이러한 음악
> 운동에 대한 경험은 우리의 상상력의 결과물이 되는 것 만큼이나 사실적인 것
> 이다(p. 77).

인간의 마음을 음악이 존재하는 장소로 두는 전략은 스키마 이론이 주
관적이고 객관적인 현상과 관련하여 전통적인 이분법적인 철학을 깨뜨릴
수 있도록 한다. 만약 인지라는 능력의 산물이 없다면 존재하는 모든 것
은 주파수로 패턴화된다. 음악(수용적이고 생산적으로)은 인간의 인지 능
력의 산물이다. 이것이 없다면 음악과 같은 존재는 없을 것이며, 힘 또는
운동과 같은 음악의 속성조차도 존재하지 않을 것이다. 그러나 운동과 같
은 특징은 인간이 음악에 투사한 무언가가 아닌 음악 경험의 조건이기 때
문에, 이러한 속성들은 그 밖의 어떤 것보다 사실적인 것이다. 이러한 것
들은 "우리의 감각 기관, 신체, 뇌, 문화적 가치, 음악의 역사적 관습, 경
험, 사회 문화적 요인"(Johson & Larson, 2003, p. 78)과 함께 조직화된 소
리가 교차하는 지점에 존재한다.

외부 세계와 인간과의 약속의 결과인 이러한 사실들은 존재하는 그 밖
의 어떤 것보다 사실적이다. 이러한 것들은 인간의 인지와 경험이 분리되

어 존재한다면 사실이 될 수 없다. 하지만 같은 사실을 과학이나 다른 어떤 개념 내용, 또는 색깔이나 온도와 같은 감각적인 지각 내용으로는 말할 수 있다.

인간은 음악 경험의 적극적인 구조자라는 점에서 음악의 스키마 이론은 인지이론이다. 음악하기에서 우리는 외부 자극에 포함되어 있는 구조를 지각하는 것보다 더 많은 것을 한다. Cox(1999)는 인간의 음악 경험이 서로가 너무나 유사해서 그것을 객관적이라고 믿는 사실에 대해 설명하는 물리적 특성과 공간적 경험은 진정 인간의 보편성이라고 가정하였다.

> 시간적 · 음악적 공간, 공간을 가르는 경로를 따라 움직이는 운동, 그 속에 자리한 보금자리 공간들은 모두 관찰자의 마음속에서 비롯되는 것이다. 비록 이런 상상의 공간들이 음악의 음과 같은 현상들과 밀접한 연관을 가지고 있기는 하지만, 박자와 음의 관계의 공간성은 상상을 통해 그려진다. 심지어 before과 after의 공간성도 상상할 수 있는 것이다……. 시간적 공간과 음악적 공간의 분명한 객관성은 우리 대부분이 영장류가 지닌 유사성과 공간 운동의 기본적이고 구체적인 같은 경험을 공유하고 있다는 사실에서 나오는 것이다. 시간과 음악적 운동과 공간에 대해 다함께 공유하고 있는 객관적인 사실들은 사실상 주관적인 경험과 은유를 공유하고 있는 것이다(p. 222).

이러한 관점에서 본다면 음악현상은 함께 공유하고 있는 구조라 할 수 있다. 이것은 인간 존재의 강력한 연합체이고, 연결 감정과 공동체를 만들어 낸다. 이렇게 강력하게 공유할 수 있는 이유는 그것이 구조이기 때문이 아니라, 우리 마음속에서 만들어 낸 산물이기 때문이고, 이 산물이야말로 공통적으로 세계를 경험할 수 있도록 해 준다. 음악 경험은 공동체의 특성을 반영하고 있다.

만약 음악이 구조가 아니라면, 공유하고 있는 요소들은 하찮은 것이 될지도 모른다. 적어도 강력한 임상적 매개체는 될 수 없을 것이다. 예를 들어, 보통은 중력을 통해 강력한 경험을 하진 않는다. 왜냐하면, 이것은 물리 세계에서 현실적인 힘이기 때문이다. 인간이 음악을 어떻게 구조화시키고 있는지, 또는 우리 마음은 물리적 소리를 음악으로 어떻게 만들어 내는지를 이해하는 것은 임상적 효용성을 이해하는 중심이다.

Brower(1997-98)에 따르면, 스키마 이론을 음악에 적용시키는 것에는 얻는 것과 잃는 것이 있다. Varèse의 'Density 21.5'에서 「경로」, 「막힘」, 「봉쇄」에 관한 생각을 살펴보면, 작품에 사용된 언어 형식에 따라 "인간이 사고해 왔음에 틀림없으며 오로지 인간만이 이해할 수 있다."고 하였으며 이는 곧 "음악구조가 이 세상 속에서 객관적으로 존재한다는 생각을 버려야 할 것"을 의미한다. 그러나 여기에서 알 수 있는 것은 "우리는 이론가로서, 감상자로서, 연주자로서 음악의 진실을 우연히 발견하는 사람이 아니라 그것들이 존재하는 데 필요한 요소라는 확신"이다(p. 28).

스키마 이론은 음악과 음악 경험에 인간이 기여한 것에 관한 광범위한 정황을 설명한다. 음악치료사가 스키마 이론에 좀 더 익숙해지고 이를 임상에 적용할수록 음악치료 속에서 일어나는 다양한 임상 과정에 대한 통찰을 가질 것이다. 음악 경험을 구성하는 요소들은 인간의 근본적 경험의 보편적 요소들이다. 이러한 깨달음이 비임상적으로는 음악의 보편적 힘을 설명할 수 있도록 하며 임상적으로는 음악의 효율성의 힘을 가질 수 있도록 한다.

Cox와 Brower는 인간의 정신에 있는 스키마타가 음악을 치료로 사용하는 데 어떻게 가장 중요한 도구가 되었는가를 보여 주고 있다. 이들의 관점은 이 장에서 제안하고 있는 사실에 중요한 역할을 하고 있다. 그러나 Johnson의 생각은 스키마 이론과 주커칸들 이론을 더 가깝게 끌어당기고 있다. 특히 그는 스키마타가 인간과 환경 사이의 상호교류 속에서 일어난다는 사실이 중요하다는 것을 인지하고 있다. 이렇게 해서 음악 스키마타의 구체적인 특성들은 단지 상상적 투사만을 일으키지 않으며, 마찬가지로 외부 세계의 고유한 특성들만 반영하지도 않는다. 「힘」, 「운동」, 「공간」과 같은 음악적 스키마타의 구체적인 특성은 신체, 마음, 음의 세계 사이의 상호교류적인 만남으로 발생하는 것이다.

이러한 Johnson의 생각은 단순히 존재론적인 입장만은 아니다. 그는 스키마타가 존재하는 것으로 존재론적 입장을 갖는다고 하였지만, 또한 다원론적 존재론을 믿었다. 왜냐하면 음악에는 복합적이고 상호 양립할 수 없는 스키마타가 있기 때문이다.[1] 스키마타는 실로 존재하기 때문에 존재론이다. Johnson에 따르면, 음악작품 속에 특정 스키마가 존재한다는 최종결정은 상황에 영향을 받는다는 사실이 상황에 따라 결정된 유일한 것, 주관적인 것 또는 임의적인 것을 의미하진 않는다고 하였다.

Johnson과 Larson(2003)이 음악운동에서 은유를 관찰한 것을 보면, 음악 은유는 다원론적 존재론의 입장을 보여 준다. 음악에 필요한 수많은 스키마타가 있고 그것은 음악 속에 존재하지만, 이는 상호배타적이다. 예를 들면, 조망을 향해 움직인다는 은유에서는 이를 지각하는 사람은 움직이고 있으나, 음악을 향해 움직인다는 은유에서 이를 지각하는 사람은 정지되어 있다는 것이 서로 모순된 사실이다. 스키마 이론을 비판하는 사람들은 이를 결함으로 말하고, 그것은 틀린 것이며 스키마타가 존재하지 않는 증거라고 말한다. 이에 대해서 8장에서 논의했던 것처럼, Johnson과 Larson은 이러한 적용의 다양성이 다른 분야에서도 허용된다. 부연하자면 이러한 복잡한 적용은 사실상 스키마 이론을 음악치료의 일반이론을 정립하는 데 사용함으로써 강화될 것이다.

스키마 이론과 주커칸들 이론의 융화

주커칸들의 이론을 이해하기 위해서 나 자신은 그가 물리적 힘이 존재하는 것과 같은 방식으로, 또는 은유를 기본으로 하고 있는 스키마타가

---

1) Johnson의 입장은 복잡하고 구조적인 현실을 설명하는 자연주의적 탐구(Lincoln & Guba, 1985)와 같은 질적 연구의 입장을 취하고 있다. 인간이 현실의 본질에 이바지한다고 해서 현실을 덜 현실적으로 만드는 것은 아니다.

존재하는 것과 같은 방식으로 음악의 힘이 실존하는가를 의미하고 있는지 궁금하기 시작했다. "음의 세계에서 활동하는 힘은 물체에 근거하지는 않지만, 물체를 통해서 나타난다."(1956, p. 365)는 주커칸들의 관찰을 보면 음악에 대해 형이상학적 입장을 취하고 있음을 알 수 있다. 이러한 힘들은 물리적인 사건이 필요하기는 하나, 중력이 물리적으로 어떤 대상에 작용하는 것과는 달리 음들 사이에서 일어나는 물리적인 사건은 "행동하는 주체가 아닌 전달자다."(p. 364)

예를 들어, 주어진 음이 고립되어 소리난다면 힘을 전달하는 어떤 역동도 존재하지 않는다. 하지만 같은 음이 음계나 멜로디 속에서 소리난다면 힘은 존재한다. 두 가지 경우에서 물리적인 면은 동일하다. 하지만 후자에선 역동이 존재한다. 주커칸들은 이를 자성이 쇠에 존재하지 않는 것과 마찬가지로, 음이 비록 물리적 힘을 통해 소리나기는 하지만 물리적 힘 속에 존재하지 않는 것으로 설명한다.

주커칸들은 계속해서 음악의 여러 요소들이 비물리적인 사실의 존재를 보여 주고 있다고 주장한다. 그리고 이를 음악의 반영 가운데 가장 심오한 것 가운데 하나로 한 걸음 더 앞서 놓았다. 그러나 어떤 신비주의적인 입장에 대해서는 항상 물러서 있었으며, 대신 어떻게 음악이 자연 세계의 본질적인 부분이 될 수 있는가에 대해서 논하였다. 그의 연구는 우리가 운동, 시간 공간, 힘에 대해 독창적으로 생각하도록 하였으며 이러한 모든 방법은 20세기 물리학의 세계에서 나온 관점들과 완전히 일치하고 있다.

스키마타가 환경 유기체와 상호교류하는 과정 속에서 발생한 것이므로 스키마타가 유기체 속에 있다는 것은 환경 속에 있다는 것과 같다. 마찬가지로 스키마타는 우리로 인해서 존재하는 것이며, 우리가 거주하고 있는 세상과 신체를 통해서 존재하는 것이다. 주커칸들도 내부 세계와 외부 세계에 대해서 위와 같은 입장을 취하고 있으며 이는 스키마 이론과 미약하게나마 근접하다고 할 수 있다.

주커칸들(1956)은 "멜로디에서 외부 세계와 내부 세계가 만난다."(p.

368)고 했다. 아니, "둘은 서로 관류한다."(p. 368)고 말하는 것이 더욱 정확할 것이라고 했다. 이러한 만남은 감각 경험을 통해 발생하는데, 지각자(내부 세계)와 외부 세계 사이의 거리 또는 분리를 강화하는 시각적 및 촉각적 경험과는 달리, 음을 경험하는 것은 이와는 반대다. "음은 내 속에 침투하며 장벽을 넘어서 나로 하여금 거리가 아니라 전달, 심지어 참여를 의식하게 만든다."(p. 368) 음은 내부와 외부 개념을 초월하여 감상자를 관류한다.

내부와 외부 세계에 대한 전통적인 관점은 그것이 자연적으로 구별되는 것이 아니라, 실제적인 경험을 통해서 나누어진다는 것이다. 이는 실제적이고 물리적인 필요성의 요구를 충족시키고 있다. 주커칸들은 이를 "나와 세계는 통과할 수 없는 경계선의 양쪽에 두 개의 서로 배타적 영역들처럼 서로를 마주하고 있다."(1956, p. 368)라고 표현한다. 하지만 주커칸들은 인간과 음악과의 만남이 실제적이고 물리적인 만남과는 다르며 이것은 비물리적이고 '순수하게 역동적'이라고 그린다. 음악적 만남의 경우에서 다음과 같이 말한다.

(음악적 음들의 경우에서 일어나듯이, 만약 우리가 만나는 것이 비물리적이고 순수하게 역동적인 것이라면) '저 밖의' 성질은 '밖으로부터 나를 향하여 그리고 나를 통해서'의 성질로 대체된다. 그 두 영역을 서로 떼어 놓고 그들을 상호배타적으로 제시하는 대신에 이 만남은 그들을 서로 통하게 만든다. '내부' '외부' 사이의 구별은 결코 사라지지 않는다. 다음의 도형으로 가장 잘 설명될 수 있다.

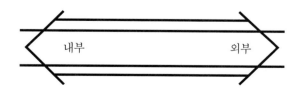

경계선으로 분리된 '내부'와 '외부'의 두 영역은 만남의 방향과 반대 방향

이 된다(1956, pp. 368-369).

주커칸들에게 다른 종류의 인간 만남은 다른 경험을 낳는다. 만약 시각적 또는 촉각적 수단으로 알 수 있는 물리적 존재와의 만남이라면, 그렇다면 내부와 외부의 경계선을 나눌 수 있을 것이다. 이런 식의 만남은 무언가를 '밖에 있는 것', '나'와는 독립적으로 '스스로' 존재하는 것이라고 개념화할 수 있어 '객관적'으로 알 수 있게 된다(1956, p. 369).

그러나 "만약 만나게 되는 사물이 순수하게 역동적 성격이라면 객관적 지식이라는 단순한 아이디어는 의미가 없어진다. 나와 세계의 관통으로 특징지어지는 만남은 대상, 즉 나 자신으로부터 독립해서 존재하는 어떤 것을 생산할 수 없다."(1956, p. 369)

주커칸들은 계속해서 현대 물리학과 평행선을 그리면서 간접적으로 불확정성의 원리를 함축하고 있음을 넌지시 암시한다. 또한 그는 다음과 같은 흥미로운 사실에 주목한다. 원자보다도 작은 수준으로 관찰하면 독립된 관찰자와 관찰되는 사물은 사라지는데, 물리학자들은 이러한 것을 지식의 한계로 보지 않고 경험에 적합한 지식 개념의 전환이라 말하고 있다. 주커칸들은 이와 유사하게 음악 경험들도 우리가 지니고 있는 기본 지식을 바꿀 수 있도록 해 준다고 믿는다.

주커칸들의 이론은 동시대 지식에 관한 객관주의자들을 비판하고 있는 인식론과 상당히 많은 부분 맥을 같이하고 있다. 이 책에서 좀 더 중요하게 다루고 있듯이, 주커칸들은 의식이 음악의 음에 대한 경험에 반드시 연관되어 있다고 하는데 이는 구조주의자의 스키마 이론과 일치하고 있는 부분이다. 그는 스키마 이론과 같은 동시대의 인식론자들을 특징지을 수 있는 지식을 얻는 사람과 이미 알려진 지식 사이의 상호교류를 명백히 받아들이고 있다.

주커칸들은 이러한 사고에서 더 앞서 나아가(음악의 목소리는) '내부 세계'(inner world)의 '내부'(inner)를 '내 속에'(in me)와 동일시하는 것은 실수라고 하였다. 또한 '내부 세계-외부 세계'의 구별을 '정신적-물리적인 것'과 동일시하는 것 또한 잘못이라고 하였다. 왜냐하면 음들은 무에서 나오는 것이지만 내부 속성을 지니고 있으며, 역동성을 지니고 있기 때문이다. 하지만 이 역동성은 물리적인 힘을 통해 전달되기는 하지만 물리적인 것이 아니다. 이는 인간이 물질적인 신체와 비물질적인 정신을 지니고 있는 것과 마찬가지로, 외부 세계도 물리적인 척도와 내적인 척도를 지니고 있음을 입증하는 것이다. '내부 세계'는 두 방향으로 확장한다. 그것은 사람들 안에도 존재하고 사람들 밖에도 존재한다. 이 세상이 그러하듯 사람들도 내적인 척도와 외적인 척도를 지니고 있다.

> 그 경계는 나와 세계 사이에 수직적으로 그어지는 것이 아니라 둘 사이를 통해서 수평적으로 그어진다. 하나의 정신으로서의 나는 하나의 육체로서 밖의 세계의 거대한 구조에 속하는 것과 똑같이 안의 세계의 거대한 구조에 속한다……. 우리가 음악에서 우리 '내부'의 소리를 인식하는 것은 음악이 심리적 경험을 표현하거나 재생하기 때문이 아니라 음악은 나의 '내부', 나의 정신과 똑같은 성격인 세계의 존재 방식을 표현하기 때문이다(1956, p. 370).

스키마타도 외부 환경과 인간 존재에 대해 같은 입장을 띠고 있다. 스키마타는 우리가 세상을 경험하는 역동적 구조다. 마찬가지로 그것은 우리가 세상과 교류하도록 하고, 이 교류를 개념화하도록 한다. 스키마타는 세상과 인간 조우의 내적 초상이라 할 수 있다. 그리고 스키마타의 특성이 인간의 특성에 기인하듯 세계의 특성에 기인하고 있으며 물질적인 세계 속에서 조건적인 경험으로 발생되는 물질이 아니기 때문에, 스키마타는 인간 존재로 그리고 물리적인 세계로 확장할 수 있는 특성으로 주커칸들이 세계의 '내부'라고 언급한 것과 같은 구조가 될 수 있다. 실로 스키마타는 조우를 가능하게 하는 매개체다. 「힘」, 「운동」, 「공간」과 같은 스키마타는 인간의 의식과 외부 세계가 정확히 겹치는 것을 특징으로 하고 있기 때문이다.

현재의 논의에 결론을 내기 위해 힘이라는 개념을 살펴보도록 하자. 그리고 이것이 어떻게 스키마 이론과 주커칸들 이론에 따라서 개념화되는지 알아보고, 두 접근의 의도된 통합이 구체적으로 특정한 개념에 적용될 때 어떻게 작용하는지 알아보자.

스키마 이론에서 힘과 균형은 밀접하게 연결되어 있다.[2] 처음 일어설 수 있게 되거나, 또는 처음 자전거를 타는 법을 배우게 되는 것처럼, 우리는 신체를 통해서 균형을 배운다. 또한 균형이라는 것은 우리 몸의 평형을 어떻게 유지하는가를 배우는 것과도 관련이 있고, 체온, 배고픔, 다른 생리적인 과정 중에 평형을 유지할 수 있는 것으로 이해될 수 있다. 이러한 관점에서 보면, 균형을 잡는다는 것은 상반되는 힘이 평형 상태를 이루도록 한다는 것을 의미한다.

Johnson(1987)은 Rudolf Arnheim을 인용하여 지각적 균형에 대해 설명한다. 걸음마를 배우는 아기들이 균형을 잡기 위해서 상상의 수직 중심축 주변으로 무게를 배분하는 것을 배우는 것과 마찬가지로, 인간은 시각적 자극을 통해 힘의 배분을 상상으로 한다. 예를 들어, 한가운데 검은색 원반이 있다면 이는 균형이 있어 보일 것이다. 하지만 이 검은색 원반을 오른쪽 위 코너로 옮긴다면 균형이 깨질 것이다. 다른 원반을 왼쪽 위 코너에 놓으면 다시 균형을 잡게 된다. 이렇게 해서 Arnheim은 시각을 통해 역동성을 느끼는 구조적 뼈대가 있음을 가정하였다.

Johnson(1987)은 시각적 균형과 힘의 인식론적 입장이 스키마 이론과 일치하고 있다고 하였다.

위에서 논의한 것처럼, 원반을 보면서 균형이 잡혔다 혹은 그렇지 않다고 말하는 것과 같이 균형은 객관적이지 않다. 균형은 마치 수동적으로 누군가가

---

2) 균형, 힘, 시각적 지각에 관한 전체 글은 Johnson(1987, pp. 74-80)에서 발췌.

맞추는 것에 불과하다. 하얀 종이에 있는 원반은 단순히 지각하는 차원에서 균형을 이루고 있는 것이다. 따라서 Arnheim의 '숨겨진 구조'가 감각적인 지각자에 의해서 존재할 뿐이다. 그러나 모든 인간이 같은 지각적 하드웨어를 가지고 있다면, 지각된 사물 속에 균형이 존재한다고 말할 수 있을 것이다……. Arnheim이 '힘' '긴장' '숨겨진 구조'라고 말하는 것은 분명히 심리적 혹은 지각적 힘이다(p. 79).

이런 맥락에서 Johnson은 계속적으로 힘이라는 단어가 어떻게 은유적으로 사용되는지에 관해서 말한다. 왜냐하면 이러한 힘들은 물리적인 대상에서는 분명하지 않기 때문이다. 그러나 물리적 대상이 물리적인 균형에 영향을 주는 것과 유사하게 시각적 자극이 지각하는 사람의 심리적인 균형에도 영향을 주고 있기 때문에 은유는 적합하다. 하지만 인간의 지각을 해석하는 이러한 방법은 지각적 대상에 대한 신체적 경험에서 기인하는 스키마를 투사하기만 하면 되는 단순한 문제가 아니다. "중력이라는 물리적인 측면에서 이제 더 이상 '무게' 또는 '힘'을 가지지 않기 때문에 또다른 개입된 척도가 있다. 그것은 바로 시각적 무게와 힘에 관련된 복합적이고 은유적인(하지만 매우 사실적인) 경험인 것이다."(Johnson, 1987, p. 80) 현재 논의의 목적을 위해 나는 Johnson의 시각적 힘이 음악에서 경험하고 있는 청각적 힘과 마찬가지라는 점을 지적하고 싶다. 이러한 스키마 이론에서 힘에 대해서 설명하고 있는 2가지 중요한 강조점이 있다. 첫째, 숨어 있는 힘의 잠재적 구조와 균형에 대한 감각이 지각이라는 행동으로 이루어지더라도, 구성된 경험에 대한 보편성은 각각의 지각자가 독립적으로 존재함으로써 현상이 타당하다고 볼 수 있으며 이는 모든 지각자의 마음속에 있기 때문에 가능한 것이다. 둘째, 물리적인 영역에서와 마찬가지로 지각적 경험의 유사성 때문에 힘이란 용어의 보편적 사용이 정당할 수 있다.

주커칸들은 철학적으로도 만만하지 않으며 인식론적 이론에 관련한 과학철학에도 정통하다. 그는 P. W. Bridgman의 생각을 "힘은 '조작적 개념'이 아니라, 생각하는 사람으로서 우리가 그것을 설명하기 위해 관찰된 현상에 덧붙이는 무언가다."(1956, p. 372)라고 말하였다. Bridgman은 "그것 자체로써 현실을 제시"(p. 372)하기보다는 그들의 유일한 가치는 관찰된 현상을 설명하기 위해 자신의 능력에 존재하는 조작적 개념을 우선시한다고 하였다. 하지만 그의 요점은, 주커칸들이 음악은 "음들 간 그리고 조성체계로 움직이며 존재가 음악을 가능하게 하는 힘"(p. 372)에 영향을 미친다고 주장하고 있다는 것이다.

주커칸들과 스키마 이론을 조정하기 위해 몇 가지 사항을 더 짚어 보자.

첫째, 분별력 있는 지각자는 반드시 지각적 힘의 존재와 관련이 있다고 말하는 스키마 이론가는 주커칸들의 생각과 일치하고 있다. 많이 알고 있는 사람과 세상에 대해서 학습하는 과정을 알고 있는 것과의 교류를 그가 어떻게 인정하고 있는지 우리는 이미 알고 있기 때문이다.

둘째, 이러한 상황이 지각적 현상, 색깔이나 음과 같이 외부 세계에 속해 있는 덜 문제적인 것이라고 말하는 것과는 다른 것일까? 분별력 있는 사람은 지각을 하기 위해서 이러한 속성들 역시 필요가 없을까? 빛의 파장을 받아들이는 망막이 없거나 소리의 진동을 감지하는 고막이 없다면, 색깔도 음도 존재하지 않는다는 것일까? 따라서 지각자의 존재는 지각과 관련된 힘을 알기 위해 필요하다고 말하는 것이 지각과 관련된 힘을 지각과 관련된 다른 현상들로부터 구별하지 못하는 것이다.

셋째, 지각적 힘이 지각자의 속성이고 그들과 밀접하게 관련이 있다고 말한다고 해서, 물리적 또는 은유적 모든 힘은 어떤 사물의 속성이므로 그들의 존재론적 입장에 영향을 준다고 말할 수는 없다. 중력은 모든 물리적인 물체에 영향을 미치고 있기 때문에 존재론적인 것이다. 그러나 중력을 명확히 하기 위해서는 어떤 물리적인 형식이 필요하다. 따라서 중력은 그 자체로 존재하지 않는다. 다만 물리적 물체와 관련해서 존재할 뿐이다. 중력은 서로 끌어당길 수 있는 물체가 있을 때만 존재하는 것이다. 이는 음들은 단지 경험하기 위해서 존재할 때만 조성의 힘이 존재한다고 말하는 것과 근본적으로 다른 것일까?

스키마 이론가는 현실적이고 은유적이지만 주커칸들의 힘에 관한 논의를 인정할 수 있다. 물리적인 힘이 존재하지 않는다는 말이 힘의 경험을 덜 사실적으로 만들지는 않는다. 만약 물리적인 힘과는 다른 의미로 힘이란 용어를 사용하는 것이 은유적이라고 볼 수 있다면, 이것은 두 이론의 만남의 장소가 될 수 있다.

하지만 주커칸들은 스키마 이론가들이 생각하는 자신의 이론을 받아들일까? 나는 모든 중요한 요소가 그 속에 있기 때문에 그가 받아들일 것이라 생각한다. 즉, 스키마 이론가들의 설명은 현실적이고 비물질적이며, 음악 묘사에 꼭 필요한 힘에 관한 주커칸들의 관점에 대한 가장 중요한 요소를 포함하고 있다. 힘이라는 개념이 없다면 주커칸들로서는 음악작품의 실질적인 구성을 이해할 수 없게 된다. 이와 유사하게 스키마 이론가들에 따르면 「힘」과 같은 스키마타는 음악 경험 속에 내재하고 있는 중립적인 음의 틀에 투사되는 것이 아니라 천을 짜듯이 경험을 구성한다고 한다.

두 이론이 일치하지 않을 수 있는 마지막 가능성은 발견인가 창조인가에 관한 점이다. 주커칸들은 인간이 음악 경험을 보다 잘 이해하기 위해서 반영된 경험으로써 힘을 창조하기보다는 음 속에서 힘을 발견한다는 생각이 확고하다. 하지만 무언가를 발견한다는 것은 인간의 의식이 개입되지 않고 발견되기를 기다리는 것을 의미한다. 이러한 점은 인간의 이해 방식처럼 기본적으로 존재한다는 스키마의 기본적 관점과 일치하는 것은 아닐까? 그렇지 않으면 주커칸들의 관점을 달리 해석하는 뭔가가 있을까? 혹은 음악적 힘, 운동, 공간과 같은 현상의 기원에 관하여 두 관점이 합치될 수 있는 뭔가 다른 것이 있을까?

이러한 질문에 관해서는 사실주의와 허구주의 사이의 과학철학의 논쟁으로, 또는 1장에서 설명했던 도구주의로 이해할 수 있다. 사실주의 관점에서 과학자들이 가설로 세운 이론적 존재자는 그들에 의해서 실제로 존재하고자 하며, 실제가 된다는 점을 상기해 보자. 반대로 생각해 보면 이론적 존재자와 과정은 의식적으로 단순히 예측하거나 경험하게 하는 도구일 뿐이다. 즉, 그들은 인간이 세계를 이해하거나 예견하는 것을 돕지만, 그들이 사실이거나 실제 존재한다고 생각되진 않는다. 우리는 분명히 주커칸들이 현실주의자들의 생각을 음악적 힘과 운동과 같은 자연현상으로 나누는 것을 알 수 있다. 따라서 문제는 이러한 현상의 기원을 스키마 이론이 어떻게 보고 있는가 하는 것이다.

우리는 이미 스키마 이론이 스키마의 존재를 주장하고 있음을 계속적으로 살펴봤다. 다시 말해 스키마는 신체, 심리, 사회 환경과 교류하고 통찰을 얻는지를 결정하는 인간 경험의 패턴이다. 분별력 있는 지각자가 지각과 교류로 창조해 냈지만, 스미카 이론가들이 체계적이고 과학적인 연구를 통해 그들의 존재를 발견한 것이다.

하지만 한편으로 이러한 점은 주커칸들과는 양립할 수 있는 차이가 될 수 있다. 그는 음악이 자연적인 현상이라는 점에서 매우 단호한 태도를 보인다. 좀 더 정확히 말하자면, 음은 자연적인 현상이며 인간은 이러한 음에서 음악을 만들어 낸다.

주커칸들은 음악의 힘에는 고의적인 허구가 일어나지 않음을 강조하고 있다. 비록 스키마 이론은 음악의 힘이 인간에게서 비롯된다고 말하고 있지만, 또한 힘의 개념이 음악을 경험했기 때문에 나타나는 것은 아님을 말한다. 대신 힘을 경험하는 것은 음악 경험의 한 부분이라는 것이다.

이러한 두 관점을 재조정하기 위해서 필요한 것은 뮤지킹에 몰두하고 있는 동안은 그동안의 연구에서 밝힌 어떠한 상태만큼이나 인간의 의식이 자연과 한 부분이 된다는 것을 고려해 볼 필요가 있다. 이러한 인간의 지각과정-스키마 이론의 핵심-을 고려해 볼 때, 만약 그 과정이 주커칸들의 본질적인 생각이지는 않더라도 적어도 그것의 기본적이고 핵심적인 의미와 충돌하지 않는다는 점에서 음악의 힘을 실재 자연의 한 부분으로서 이해할 수 있다. 주커칸들과 스키마 이론의 음악 경험에서 근본적인 주제가 되는 것은 힘, 운동, 공간을 경험한다는 것은 사실이고 자연적인 것이지 과거의 어떠한 이유로 인해 경험에 덧붙혀진 것은 아니라는 것을 말하고자 한다는 점이다. 앞에서 설명한 방식으로 각 이론들을 이해함으로써, 이 이론들을 타당한 합의로 이끌어 낼 수 있었다. 또한 음악의 힘, 운동, 공간의 존재를 인정함으로 인해, 음악치료 이론을 설명함에 있어 이러한 특성을 사용할 수 있게 되는 것이다.

제 4 부

일반 음악중심 이론

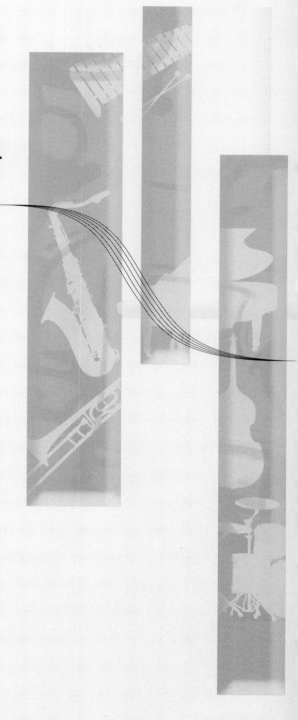

도입
일반 음악중심 이론

지금까지 살펴본 것과 같이, 3부와 4부는 3장에서 제시한 4가지 차원에 근거하여 일반 음악치료가 다루어야 할 주제를 포함한다. 스키마 이론과 주커칸들 이론에서는 음, 화성, 리듬, 음색을 살펴보고 우리 마음속에서 이를 구성하는 방법에 대해서 살펴보았다. 4부에서는 음악치료와 관련한 다른 음악의 범위를 살펴보고자 한다. 즉, ① 뮤지킹이 일어나고 있는 예술적 및 의식적 형식, ② 음악에 대한 인간의 경험, ③ 음악 창조와 관련된 상호교류적인 과정들과 그것이 사용되고 있는 사회 환경이다.

넓은 범위의 음악중심 이론은 음악치료를 개념화하는 데 다양한 방법으로 접근할 수 있어야만 한다. 이러한 개념화는 다음과 같은 사람을 포함한다. ① 순수하고 고유한 음악중심 접근을 하고 있는 음악치료사, ② 비임상적인 음악연구에서 나온 다양한 아이디어를 개념적인 근거로 삼는 음악치료사, ③ 다양한 심리치료에 기반을 두고 있는 음악치료사, ④ 의식적이고 샤머니즘적인 음악의 사용에 대한 관련성과 같은 문화 연구의 다른 유형으로부터 나온 개념을 응용하고 있는 음악치료사, ⑤ 음악치료 접근을 생리학과 접목하고 있는 음악치료사 등이다.

이처럼 여러 영역에 다음에 제시될 이론을 다양하게 적용하는 것은 불가능할지 몰라도, 음악과 음악치료에 대한 이와 같은 다양한 생각에 대해서 직접적으로 말한다는 점에서, 이 이론은 일반적이고 통합적이며 음악중심적인 기준을 성공적으로 충족시켜 줄 것이다. 앞으로는 이를 염두해 두고 이야기할 것이다.

11장에서 14장은 여러 음악치료 접근에 대해서 이야기할 것이지만, 한 가지 접근을 한 장에 다루거나 하지는 않을 것이다. 예를 들어, 신체장애를 다루는 음악치료사들은 11장의 음악, 운동, 활기 띠기가 도움이 될 것이다. 음악심리 접근을 하고 있는 치료사들에게는 12장의 음악과 정서, 13장의 음악과 변형이 도움이 될 것이다.

나는 음악치료의 여러 접근이 인간의 마음, 신체, 정신, 정서를 다루고 있다는 관점에 동의한다. 심리치료 접근을 하고 있다고 해서 신체를 무시한다거나, 재활에 초점을 두고 있다고 해서 정서를 무시한다는 것이 아니라는 의미다. 내가 논의해 온 주제들은 음악치료 내의 전통적인 여러 영역 모두를 아우르는 것이기 때문에, 특별히 어떤 영역의 적용을 다루지는 않았다. 독자들이나 임상가들이 아마 적용의 범위를 정할 것이다. 나는 치료 영역이나 임상 철학을 넘어서 아우르는 통합적인 입장을 취하고 있어, 이러한 식으로 제시하는 것이 좀 더 적절하다고 생각했다. 이 이론이 아직은 기초적인 단계이지만 일반이론으로서 많은 영역에 적용할 수 있는 가능성을 충분히 지녔다고 믿는다.

음악의 힘과 운동의 임상적 적용: 활기 띠기와 자아 창조

주커칸들의 생각과 스키마 이론의 세부적인 설명은 Ansdell(1995)과 6 장에서 다루었던 활기 띠기에 관한 현상을 또 다른 측면으로 설명한다. Ansdell에 따르면, 신체 손상을 가진 많은 사람들은 뮤지킹 동안 자신의 결함을 극복하거나 잠시 잊을 수 있다고 한다. 음악에서 운동은 사람들이 뮤지킹을 할 수 있도록 해 준다는 것이다. 요컨대, 이것은 순전히 생리적인 과정이 아니라 인간의 영혼에 생명을 불어넣는 것이고, 그렇게 하여 신체를 생기 있게 하는 것이다.

삶, 운동, 능력은 '생기 있게 하다(animate)'라는 용어를 함께 사용함으로써 자신이 이 세상 속에서 목적을 가진 행동을 할 수 있는 동인을 경험하도록 하는 것과 밀접하게 연관된다. 자신의 신체를 통제할 수 있다는 것과 자신의 의지대로 신체를 움직일 수 있다는 것은 단지 삶에서 신체적 만족감을 충족시키고자 하는 것만은 아니다. 그렇게 할 수 있다는 것은 외부 세계와 관계를 맺을 수 있는 인간의 건강한 자기상을 발달시키는 데 중요한 영향을 미칠 수 있는 것이다. 어떤 사람의 신체적인 움직임과 통제를 용이하게 하는 음악의 특성은 동시에 어떤 사람의 심리적 기능의 발달에도 깊은 연관성을 갖는다.

이 장에서는 주커칸들의 사고와 스키마 이론의 연구를 고려하며, Ansdell의 기본적 사고를 확장시켜 위와 같은 주제를 살펴보고자 한다. 특히 「근원-경로-목적」 스키마로 구성된 힘을 음악이 분명하게 함으로써 어떻게 신체 움직임을 강화하는지 살펴보고자 한다. 이와 같은 움직임을 활기 띠게 함으로써 감각의 발달을 가져오고 차례로 장애, 트라우마, 질병 등으로 자기감이 손상되었거나 발달이 지연된 사람들에게 자기발달의 청사진을 준다.

Ansdell은 두 가지 동기를 가지고 자신의 생각을 제시하고 있다. 첫째, 왜 음악이 동작을 자극하는가에 관한 이론적 근거를 제시하는데, 그 동작은 단순하지 않으며 생물체와 의도적이고 미적인 표현과 관련을 가진 유려한 동작이다. 둘째, 패턴화된 소리의 주파수들이 직접적으로 뇌의 활동을 자극하여 운동을 하게 한다는 물리적인 설명을 넘어서는 것이다. 즉, 그는 영혼이나 인간의 의지가 활성화됨으로써 신체가 움직이거나 점차 소생한다고 말한다.

의지는 치료에서 매우 중요한 것이다. 음악은 동작에 생기를 주고 자신의 의지대로 활동하는 경험을 불어넣음으로써 의지와 연결되어 있음을 재확립한다. 주커칸들이 주장하듯이, 이는 음악이 그 자체를 넘어서 인식되는 동작까지 생명을 불어넣어 주는 유일한 형태다. "의도적인 행동을 자극하는 동기와 능력은 음운동에서 힘과 의도성의 합일을 통해 나온다." (Aigen, 1998, p. 293) 이것은 부동성, 행동결손, 불수의적인 운동과 같은 한계성을 만들어 내는 신체장애, 근운동장애, 강박관념, 위축을 극복하고 회피하고 개선하도록 돕는다. 신체장애로 누군가의 도움 없이는 사지를 움직일 수 없는 사람들은 자신이 외부의 힘에 통제받게 되어 생기 없는 느낌을 받는다. 하지만 음악이 움직임을 자극하면, 그 안에 존재하고 있던 생기를 불어넣어 주는 동인이 깨어나게 된다.[1]

Johnson(1987)은 「힘」이라는 스키마가 신체적 잔존능력과, 그 신체적 환경과 상호작용하는 활동에서 나온 의미 사이에서 어떻게 통합적인 역할을 하는지에 관해서 이야기하고 있다.

유기체는 살아가기 위해서 주변 환경과 상호작용해야 한다. 이러한 모든 자유로운 상호작용에서는 무언가를 좇아 행동하거나, 또는 무언가가 우리를 따라 행동하거나 하는 힘의 확장이 필요하다. 그러므로 우리가 무엇을 경험했는가를 이해하는 데 힘의 구조들은 핵심 역할을 한다. 경험은 힘과 관련한 활동들과 밀접하게 연관되어 있으므로, 의미의 실타래는 그러한 행동의 구조들과 관계한다(p. 42).

또한 힘에 대한 경험은 총체적인 구조를 구성하는 속성들로 구성되어 있다.

첫째, 힘은 항상 상호작용을 통해 경험된다. 우리는 지각적 영역 안에서 힘이 우리 또는 사물에 영향을 미칠 때 그것을 감지하게 된다⋯⋯. 둘째, 일반적으로 힘을 경험할 때는 방향성을 가지고 공간을 움직이는 사물과 관련이 있다. 다시 말해, 매개체의 특성을 가지고 있다⋯⋯. 셋째, 전형적인 하나의 운동경로를 지닌다⋯⋯. 넷째, 힘들은 시작 또는 출발을 갖는다. 또한 힘들은 방향성을 지니고 있어 여러 동인들은 힘이 목적지에 이를 수 있도록 할 수 있다⋯⋯. 다섯째, 힘들은 강도의 세기를 지닌다⋯⋯. 여섯째, 힘은 상호교류를 통해 경험하기 때문에 관련된 인과관계의 구조나 결과가 항상 존재한다⋯⋯. 힘은 수단인데, 이 수단을 통해서 우리는 인과적인 상호작용을 달성한다. 인과적인 결과를 갖는 동인은 생기 있고 목적성을 지닌 존재가 될 수 있거나, 혹은 단순한 생명이 없는 물체나 사건이 될 수도 있다(pp. 43-44).

「힘」의 스키마를 구성하는 요소들은 음악에서도 명백히 나타나며 이를

1) 음악에서 의지의 특성과 음악치료 과정들과의 관련성에 관한 논의는 Aigen(1998, pp. 76-78, pp. 287-294)에 자세히 나와 있다.

모두 음악치료에 적용할 수 있다.

첫째, 만약 음악을 힘으로 생각할 수 있다면, 이 힘이 반드시 상호작용을 통해 경험할 수 있는 것이라면, 더 나아가 이러한 힘이 목적성을 가진 존재로부터 나오는 것이라면, (자폐아동과 같은) 사람이 이 힘을 지각할 수 있을 때 이것은 이전에는 존재하지 않았던 목적성을 가진 존재들 간의 상호작용을 위한 본보기를 만들 수 있다.

둘째, 운동은 음악 개념의 본질적인 요소다. 이러한 음운동은 우연히 조직된 것이 아니라 조성과 밀접한 관련을 맺고 있다. 음운동은 조성으로부터 멀어지거나 조성을 향한 운동이고 여기서 발생하는 음악의 힘은 방향성에 반드시 필요한 것이다. 이러한 방향성은 의도성과 목적성을 가진 존재에서 비롯되는 음악의 힘을 경험하는 데서 나오기 때문에, 음악은 인간에게 내재된 의도성을 일깨울 수 있고 이는 다른 경험을 강화시킨다. 음의 힘과 그것을 조정하는 것은 누군가 안에 내재된 동인을 창조한다. 의도라는 것은 공간 속에서 어떤 목적을 향해 방향성을 가진 운동성으로 경험되기 때문에, 음악의 힘이 지닌 방향성은 인간의 의도를 지닌 행동을 경험하도록 강화한다.

마지막으로 힘의 세기는 음악에서 여러 가지 방법으로 만들어지는 조성의 긴장과 해결과 관련된다. 예를 들어, 음악의 화성과 멜로디 구조에서 음정은 긴장과 해결을 만드는 데 사용된다. 어떤 형식의 대중음악은 커다란 긴장감을 주고, 음악이 만들어 내는 리듬 양상에 따라 중요한 해소에 이르게 할 수도 있다. 긴장은 가사가 있는 노래에서도 만들어진다. 여러 음악 요소들을 가사의 내용에 따라 다양화하면서 긴장감을 생성시킨다.

이와 같은 모든 상황 속에서 힘은 인과적인 사건을 시작하거나 끝맺음하는 행동의 수위를 조절할 수 있으며 이러한 모든 것은 목적성, 의도성, 자기감을 일깨워 준다. 조성의 힘은 자기감을 일깨운다. 8장에서 멜로디와 조성의 운동이 여러 가지 경로를 통해 인지된다는 사실은 왜 음악 속에서 의도성을 경험할 수 있는가에 관련한 이유로 언급하였다. 물리적인 세계 속에서 여러 경로는 특정 도착 지점과 목적의 실행 여부와 관계가 있다. 따라서 이러한 경로의 특성은 음악에 그려지게 된다.

이것이 바로 음악 운동 은유의 다른 양상들이 활동하게 되는 장소다. 우리는 종종 어떤 음악이 정서적으로 영향을 미칠 때 음악에 감동받았다(moved)고 말한다. 그러나 활기 띠기란 현상을 통해서 우리는 음악치료에도 이를 적용하고 있음을 알 수 있다. 왜냐하면 음악치료에서는 음악이 실제 신체 운동(movement)을 활성화하는 방법을 가장 중요하게 여기고 있기 때문이다.

스키마 이론에 따르면, 움직이다(move)가 두 가지 맥락에서 사용되고 있는 것이 결코 우연은 아니다. 이와 같이 일상적으로 사용되고 있다는 것은 이 단어가 갖고 있는 두 개의 의미 사이에는 경험적이고 개념적인 관련이 숨어 있다는 증거로 볼 수 있다. Ansdell에 따르면, 정신의 활기 띠기는 신체의 활기 띠기를 위해 필요하다는 말이 이러한 생각을 반영하는 것이다. Johnson과 Larson(2003)은 움직이다가 음악에 어떻게 두 가지 의미로 적용되고 있는지 다음과 같이 설명한다.

소위 '음악이 움직인다'(music moves) 그리고 '음악이 감동시킨다'(music moves us)라고 말하는 것은 단순한 말장난이 아니다. 이것은 다의(多義)의 중요한 예시 가운데 하나다. 길(way)이 은유적으로 다양한 뜻을 가진다고 언급한 것과 같이, 움직이다가 음악 경험의 단어로 사용할 때도 마찬가지다. '감동시키는 힘으로서 음악(MUSIC AS MOVING FORCE)' 이라는 은유는 우리가 '움직이다(move)' 라는 단어를 사용하는 이유에 대한 이해를 돕는다(p. 76).

일단 움직이다(move)라는 단어를 사용한다는 사실이 우연이 아니라는 것을 깨닫게 되면, 음악 확장에 관한 통찰을 갖기 위해 물리적/공간적 영역에서 움직임의 다양한 측면을 고려할 수 있다. Johnson과 Larson(2003)

은 음악 운동의 은유를 자세히 살펴보았다. 특히 이들은 공간 속에서 어떻게 음악 경험이 운동으로 나타나는지에 관해서 설명하였다.

'음악적 조망' 은 조망 너머로 움직임만을 강조하는 은유다. 이것은 동작의 원인에 대해 분명하게 초점을 두지 않고 있다. 물리적 동작을 보면, 의도적으로 내 자신을 조망 너머로 지나도록 하거나 또는 의지와는 상관없이 어떠한 힘에 의해 내가 움직여질 수도 있는 것이다. 이와 같은 경우에는 '나는 조망 너머로 움직인다.' 와 '나는 어떤 힘에 의해 조망을 통해 넘어간다.' 는 두 가지 시나리오가 만들어질 수 있다. 이를 다음과 같이 음악적 상황에 적용해 볼 수 있다. '나는 음악적 조망 너머로 움직인다.' 라는 은유적 시나리오는 '연주자는 연주된 음악이다.' 라는 기본적 환유법과 연결될 수 있다. 그렇게 되면 연주자는 자신이 움직임에 따라 음악 경로를 창조하는 것이다(p. 76).

비록 Johnson과 Larson이 임상 경험에서 음악의 사용을 이야기한다기보다는 일반적인 상황에 대해서 설명하고 있지만, 이들의 연구는 음악치료 이론에 중요하게 적용될 수 있다. 이들은 음악에 대해서 이야기할 때 일반적으로 연주자와 음악을 동일시한다. 음악이 된다는 것은 음악과 인간 사이의 관계를 이해하는 일반적 방식이다. 감상자가 되든 연주자가 되든, 된다는 것은 어떤 의도적 경로를 설정할 수 있도록 하고 목적지까지 그 길을 따라 가도록 한다. 나는 이미 이것이 임상적으로 얼마나 중요한지에 대해 논의하였고, Johnson과 Larson도 음악의 이러한 특성이 비임상 경험에서 중요한 만큼 임상 경험에도 중요할 것이라고 한다.

Johnson과 Larson은 운동을 학습하고 배우는 세 가지 중요한 방법을 이야기한다. "우리는 사물의 운동을 알고, 우리의 신체를 움직이고, 몸이 힘으로 움직여지는 것을 느낀다." (pp. 68-69) 이들은 더 나아가 마지막 경우에서 음악을 어떻게 이해하고 적용하는지에 관해 이야기한다.

셋째로 우리가 경험하는 중요한 방법인 물리 운동은 바람, 물, 큰 물체와 같은 어떤 물질이 우리를 한 지점에서 다른 지점으로 움직이게 하는 경우를 의미한다. 음악에서 은유의 힘은 음악 그 자체다. 한 지점(상태)에서 다른 지점(상태)으로 감상자를 감동(moving)시키고 이것이 인과적인 효과를 가져온다. 음악의 힘에 관련한 사고는 은유가 확장된 특별한 경우다. Lakoff와 Johnson (1999)은 이를 '장소 사건 구조' 은유라 하였다. 이 은유에 따르면, '상태는 장소다.' 라는 것으로, 독립체는 '~안에'(in), '~에'(at)가 될 수 있는 은유 장소가 된다.

이것은 사건들과 인과관계의 특성을 다루고 있는 것이므로, '장소 사건 구조' 은유는 스키마 이론 가운데 가장 중심이 되는 것 중 하나이며, Lakoff와 Johnson(1999, p. 179)의 중심 철학이 된다. 이러한 사실에서 우리가 알 수 있는 것은 음악은 개념화되고 경험된다는 것이다.

장소 사건 구조 은유

- 상태는 장소가 된다(공간에서 경계선 안쪽 부분).
- 변화는 운동이 된다(경계선을 향해서 또는 경계선 바깥으로).
- 결과는 힘이다.
- 인과관계는 힘의 운동의 결과다(한 지점에서 다른 지점까지).
- 행동은 자주적인 운동이다.
- 목적은 도착 지점이다.
- 수단은 경로다(도착 지점까지).
- 난관은 운동장애다.
- 행동 자유는 운동장애가 없는 것이다.
- 외부 사건은 크고, 움직이는 (힘을 행사하는) 물체다.
- 장기간의 목적이 있는 행동은 여행이다.

물론 이것은 장소로 가정할 수 있는 음악적인 상태뿐 아니라, 정서 상태에서도 같은 가정을 할 수 있다. 우울에 빠짐(being in) 또는 꿈에서 빠져나옴(coming out)의 예를 다시 한 번 생각해 보자. 또한 이러한 은유와 일맥상통하게, 주커칸들이 장소의 변화가 아니라 상태의 변화라고 언급했던 음악 운동을 생각해 볼 수도 있다. 이러한 은유 구조는 음악을 힘으로 생각할 수 있는 모든 가능성을 열어 준다. 왜냐하면 음악은 우리의 내부 상태를 변화시키기 때문이다. 물론 이러한 변화가 때론 장소의 변화라고 개념화되기도 하지만 말이다.

　Cox(1999)는 음악 운동과 음악 공간의 은유 논리라는 연구에 이러한 은유를 광범위하게 사용하였다. 그는 "상태는 장소다라고 말하는 것은, 도착을 기대할 뿐 아니라 도착으로 유발되는 새로운 관계를 기대하게 한다. 따라서 기대되는 사건은 기대되는 상태로 이해할 수 있다."(p. 226)라고 말한다. 예를 들면, 일상적인 공간 운동현상에서 새로운 장소의 변화를 상태의 변화와 관련시킨다. 일터에서 집으로 가는 여행이 의미하는 것은 긴장이완의 상태가 되는 것이며, 여기서 경로는 스트레스로부터 긴장이완으로까지가 된다. 이것은 두 개의 경험 상태가 운동으로 경험되는 것이다.

　음악 경험 속에서 이러한 것을 묘사한다는 것은 특별한 사건(집에 도착, 종지 또는 으뜸음에 도착 등)을 기대한다는 것을 의미할 뿐 아니라, 도착하는 음악적 '장소'에서 상태의 변화를 기대한다는 것을 의미한다. 운동은 장소의 변화와 마찬가지로 상태의 변화다. 이것이 이 장에서 가장 중요하게 다루고 있는 것인데, 일단 상태가 변해야 물리 운동이 가능하다. 그것이 정서적, 인지적 또는 생리적 용어로 나타내든지 아니든지 간에 사람의 내부 상태는 부동성을 가져오기도 한다. 하지만 일단 상태가 변하면 부동성도 변하게 되는데, 이는 인과적으로 음악이 변형시키는 경험적 상태와 관련을 맺기 때문이다.

　음악에서 운동을 알 수 있는 방법은 음악에 따라 움직이고 음악과 함께 하는 법을 배우는 것이다. 주커칸들(1973)에 따르면, 음악과 함께 움직이는 것은 음악 속에 있는 운동을 지각하게 한다고 한다. 이것은 온도계에 있는 수은이 주변의 온도를 감지하여 움직이는 것과 같은 원리다. 그는 또한 귀(ear)가 시각과 같은 다른 감각과는 대조적인 기능을 하는 독특한 기관이라고 말한다.

> 귀는 음악 반사경이 아니라 음악 공명기다(p. 158). 피부가 주변에 둘러싼 공기에 노출되어 있는 것과 마찬가지로 귀는 소리에 노출되어 있다……. 온기는 우리를 따뜻하게 감싸 주지만, 색으로는 그렇게 하지 못한다. 그러나 음들은 우리를 '조율'하고 조성의 긴장감은 우리를 '긴장'하게 만든다……. 매우 민감한 손이 팽팽하고 얇은 막을 건드리는 것처럼, 팽팽히 긴장된 음들에 귀를 갖다 대는 것이다. 그러나 이것은 물리적 진동에 반응하는 것이 아닌 비물리적 긴장감에 반응하는 것이다. 귀는 마치 손처럼 우리 내부 삶을 바깥으로 끄집어내어 조우하게 하며, 이러한 만남은 영적으로 살아 있음을 알려 준다……. 음들과 함께 움직이는 청각은 나를 이러한 운동으로 이끈다. 무언가를 듣는다는 것으로 긴장의 상태라 할 수 있는 비물질적인 삶의 과정이 지각될 수 있고 알 수 있는 무언가가 되는 것이다(pp. 159-160).

정서적, 인지적 혹은 신체적 장애와 같은 어려움을 가진 사람들은 음악에 의해서(by the music) 움직인다고 말할 수 있다. 왜냐하면 이러한 사람들은 음악과 함께(with the music) 움직임으로써 음악을 경험하게 되기 때문이다. 신체를 움직여 장소를 이동하는 동안 우리의 정서가 변화하는 것과 마찬가지로, 음악의 운동성은 역동적인 장 속에서 상태의 변화를 가져온다. 다음 논의에서는 음악만이 유일하게 정신을 통해 신체의 활동성을 유발시킨다는 사실을 다룰 것이다. 음악치료가 장애를 가진 사람들에게 효과를 가져올 수 있는 것은 운동 능력을 음악 경험을 통해 재정립시켜 왔기 때문이다.

주커칸들(1973)은 멜로디에 관해 설명하면서 음악과 삶을 심도 깊게 연결했다. 그는 비록 멜로디가 무(無)에서 시작하여 "하나씩 하나씩 단계적으로 만들어지지만"(p. 146), 규칙적인 활동을 통해 완성될 수 있다고 말한다. 달리 말해 완전히 현실화될 때 명백해지는 구조가 필요한 것이다. 그는 이와 유사한 법칙이 있음을 관찰하였다. 이러한 법칙은 미래에 대한 자유 회상의 필요성으로 묘사할 수 있는데, 이와 같은 법칙은 또한 삶의 과정의 특징이기도 하다. 따라서 그는 "음악에서 가장 두드러진 점은 우리가 그 속에서 삶을 지배하는 이러한 법칙들을 들을 수 있다는 것이다." (p. 147)라고 말한다.

이후 그는 다른 종류의 운동에 관해서 생각했고, 내부 또는 외부의 힘으로부터 야기되는 생동감 없는 운동과 내부에서 유발되는 생동감 있는 운동을 구별하였다. 전자는 항상 외부 상황에 따라서 결정되지만, 후자는 항상 무어라 확정할 수 없는 것이 된다.

주커칸들은 음운동이 생동감 있는 운동이며 그 자체로 그 과정은 예정되어 있지는 않다고 하였다. 비록 그것은 내재된 자극에 따라 결정되지만, 음의 '자기운동(self)' 의 '자기(self)' 는 '나(I)' 는 아닌 것이다. 다만, 그것은 운동을 결정하는 음의 역동적 특징일 뿐이다.

주커칸들에 의하면, '동작을 듣는 자기' 에 관한 논의에서 움직이는 사람은 항상 어떠한 원인에 따라 자신을 일깨우거나 혹은 동작의 시작점이 된다는 점에서 "병리학적으로 극단적인 경우를 제외하고 자기 운동을 항상 지각할 수 있다." (p. 155)고 말한다. 왜냐하면 다른 사람의 움직임은 추론할 수 있는 대상일 뿐 직접적으로 인지할 수 있는 것이 아니기 때문이다.

음악치료사들은 주커칸들과는 대조적으로 병리학적인 또는 극단적인 경우에 관심을 가지고 있다. 이러한 경우는 긴장형 정신분열증 환자, 자폐아동, 혼수상태 환자와 같이 의식이 명백히 부족한 상태이거나, 모든 사람이 무의식적으로 자신의 특정 부분을 인식하지 못하고 있는 상태를 의미할 수 있다. 많은 장애는 환자에게 부적당한 자기감과 자기 인식 결함의 유래가 된다.

주커칸들은 음악을 통해 음악은 자기를 경험하고 의지를 유발하는 독특한 방법을 창조한다는 사실을 말한다.

그는 음운동은 살아 있는 운동이라고 한다. 이것은 우리의 자기에 기인하지 않고 자기 운동을 경험할 수 있는 유일한 방법이다. 달리 말하면, 음운동에 대한 기동력은 음이라는 현상 속에서 인간 외부에 놓여 있는 것이다. 그럼에도 불구하고 그것과 함께 움직임으로써 음운동을 경험하는 방법 때문에 생동감 있는 운동으로 알고 있는 것이다. 음 운동을 인지하는 행동은 바로 운동 그 자체다.

음악치료사들은 신체 장애를 가진 사람들이 조성에 강하게 반응하는 것을 빈번히 봤기 때문에 음운동을 지각하는 데 과거의 감각에 의존하지 않는다는 것을 알고 있다. 이것은 음악치료 이론의 한 측면으로 Ansdell의 활기 띠기에 대한 적용에 기본을 두고 있다.

Ansdell은 어떻게 음악의 활기 띠기라는 특징이 에너지를 나누어 주면서 작용하거나 활기를 강화하는지를 관찰하였다. 음악은 치료적으로 힘이라는 것을 기계적으로 적용하는 것이 아니라, 강화된 생동감과 동기를 가지고 인간을 빠져들게 함으로써 치료적으로 작용한다. 그리고 이러한 영혼의 강화는 차례로 신체 움직임을 강화한다.

Ansdell은 생리적인 현상을 순수 생리적으로 설명하고자 하는 것에 대해 반대하고 있다. 그는 소리와 음악은 모두 환기시키거나 진정시킬 수 있다고 하였으며, 리듬이나 음고와 같은 음악의 한 가지 특성이 임상적 효과를 설명할 수 있다는 것은 실수라고 하였다. 그는 이러한 효과가 전체적인 음악에서 나오는 것이라고 하였다. 그는 기계적이고 생리적인 설명에서 어떻게 음악이 감정을 움직여 신체를 움직이게 하는가를 고려하지 않는다면 결함이 생기게 될 것이라 하였다.

Ansdell은 자신의 경험과 신경학자 Oliver Sacks[2]의 동역학 멜로디의 개념에 대한 경험을 불러왔다. Oliver Sacks는 노르웨이에서 혼자 하이킹을 하다가 다리가 부러졌다. 당시 주변에는 아무도 없었기 때문에 죽을

---

2) Oliver Sacks(1986) 『A Leg to Stand On』 참조.

수 있다는 생각을 쉽게 했을 수도 있다. 우산을 이용해 부목을 댈 수도 있었지만, 신경 손상 때문에 다리를 움직일 수 없어 이마저도 어려웠다. 그때 그는 멘델스존의 바이올린 콘체르토를 상상했고, 음악과 함께 움직일 수 있었다. 그의 마음속에 있던 그 멜로디는 손상된 몸을 움직이게 하기에 충분했다.

이러한 현상은 음악 속에 있는 운동이라는 특성이 삶 속에 있는 운동이라는 특성과 함께 공유한다는 Ansdell의 말로 설명할 수 있다. 이러한 것은 몰입, 연속성, 정합(整合), 목적, 방향성과 같은 것이다. Ansdell의 말처럼 음악은 그 조직과 구성에 따라 우리의 신체를 움직이게 할 수 있다. 여기서 제안하고 있는 것을 주커칸들의 말을 빌려 표현하면, 음악은 살아 있는 운동이라는 것이다.

신체 재활에 미치는 음악의 역할에 대한 또 다른 조사는 리듬적 측면에 초점을 두고 있는 반면, 이 이론은 특별히 멜로디를 통해 경험하고 있는 조성에 초점을 맞추고 있다. Ansdell(1995)은 어떻게 멜로디가 음악이 움직임을 촉진시키는지 설명할 수 있는가에 관한 생각을 발전시켰다. 그에 따르면, 리듬이 운동의 연속성을 지지하고, 반면 멜로디는 운동의 방향성과 목적성을 더한다고 하였다. 멜로디의 운동은 방향성을 지닌 것이다. 멜로디가 갖는 긴장과 해결의 경험을 통해 목적성을 지각할 수 있다. 이러한 방식으로 멜로디는 의도적인 행동 능력의 발달을 가져온다.

Ansdell은 프레이징이 리듬과 멜로디의 통합자라고 하였다. 정확한 시간에 음이 연주되는 것은 음악적 논리가 반영된 것이다. 그는 또한 어떻게 프레이징이 호흡과 유사한 패턴을 갖는가에 관해 주목하였다. 각 프레이징은 그것만으로도 완전하다. 각 프레이징은 시작, 정점, 변화의 시점을 지니고 있고, 이에 맞춰 적절히 숨을 들이쉬고 내쉰다. 또한 각 프레이징은 변화의 시점을 지니고 있는데, 그 시점에 맞춰 역동적인 방향 변화가 이뤄진다. 게다가 운동, 호흡을 포함해 모든 신체적인 기능은 프레이징적 양상을 지니고 있다. 따라서 사람이 음악적 프레이징에 이끌리는 것은 운동적이고 언어적인 기능의 향상을 강화할 수 있게 된다.

단지 음악의 힘을 따르는 것만으로 사람이 의지가 향상되는 것을 경험하고 자유로운 움직임이 증가하는 경험을 할 수 있다는 것은 흥미로운 역설이다. 하지만 이러한 긍정적인 면을 경험하기 위해서는 음악 그 자체를 신뢰하는 법을 배워야 한다. 음악을 신뢰하는 법을 배우는 과정은 Aigen(1998)의 초기 Nordoff-Robbins의 연구에서 논의되었다. 그는 "음악에 순종하는 것은 궁극적으로는 …… 변형하는 것을 돕기 때문에 더 큰 의도적인 행동을 가져온다 …… 이전에는 충동적인 행동이 음악 만들기를 통해서 더 자발적인 행동으로 변화되는 것이다." (p. 78)

이 장에서 음악치료사들의 일과 관련이 있는 중요한 음악적 가치로서 음악에 둘러싸여 있음을 논의하였다. 만약 음악이 단지 문화적으로 만들어진 소리의 임의적인 배열이라면 그것은 단순히 내적 가치나 목적 지향성을 갖지 않는 외부의 조작물에 불과하다. 음악 그 자체가 지닌 생동감 때문에 따를 필요가 있다. 목적 지향적인 본질 때문에 음악은 우리가 다른 사람과 관계를 맺는 법과 유사한 방법으로 음악과 관계 맺기를 바란다.

Gary Ansdell(1995)은 인간관계에 관한 Martin Buber의 관점을 논하면서 이와 유사한 관계 맺기에 관해서 이야기해 왔다.

Buber는 '나와 당신'(I-Thou)과는 대조적으로 '나와 그것'(I-it)으로 부르는 관계의 차이에 관하여 언급하였다. 또는 사용된 세계와 '만났던'(met)세계와의 차이에 관해서 언급하였다. 후자에서 관계를 맺게 될 사람 또는 사물은 경험되고 사용되고 조작되는 대상이 된다. 항상 그들은 우리에게 '그것'(It)이 된다. 비록 우리가 그들에게 영향을 미칠지라도, 그들이 우리에게 영향을 미치는 것을 허용하지 않는다. 따라서 우리는 건드려지지 않은 채로 남아 있다. 이와는 대조적으로 우리 앞에 직면한 세계와 매우 다른 관계를 갖는 것이 가능하다. 그것이 대상이든, 예술작품이든, 사람이든, 신이든 상관없다. '나와 당신'(I-Thou) 관계 속에서는 매우 밀접하게 실질적인 '만남'(meeting)이 존재한다. 그것의 결과를 보면 서로가 서로를 변화시킨다(p. 67).

Ansdell은 계속해서 Buber가 ~의 사이에서(between)로 묘사한 나와 당신의 관계를 어떻게 음악이 서서히 발전시키는 기능을 할 수 있는가에 관해서 이야기한다. "이와 같은 '음악의 사이'에서는 음악을 통해 관계가 가장 중요하게 나타날 수 있는데, 이는 즉흥연주에서 처음으로 만들어질 수 있고 음악과의 진정한 '만남'을 통해서 계속 발전하게 된다."(p. 68)

　　나는 이러한 Ansdell의 제안을 환자가 음악을 나와 당신의 관계로 발달시킬 수 있도록 음악중심 사고로 확장하고 싶다.[3] 이는 음악을 신뢰하는 것이며, 이를 통해 변화하는 자신을 허용하는 것이기도 하다. 음악은 종종 다른 사람과의 만남 사이에 존재하며, 또 치료사는 종종 음악과 환자의 관계를 설정하기 위한 중재인의 역할을 한다. 음악중심이라 함은 이러한 이차적인 관계를 음악치료의 중요한 측면으로 인정하는 것이다.

　　Kenneth Bruscia도 나와 당신이라는 구조가 음악중심 사고의 본질을 설명하는 데 중요한 역할을 한다고 믿는다. 또한 이와 같은 적용은 다른 음악치료 실행의 모델 사이에 연결을 나타낸다.

　　　환자와 음악과의 관계가 나와 당신이라면 이는 심상유도 음악치료(GIM)에서 순수한 음악전이로 간주된다. 심상유도 음악치료에서 궁극적 경험으로 삼는 것은 치료적이고 변형적인 것으로 환자와 음악 사이의 관계가 나와 당신이 되는 것이다. 이것이 음악중심 심상유도 음악치료의 본질이다. 이는 분석적 음악치료(AMT), 창조적 음악치료(NRMT)에도 적용된다. 즉, 환자와 음악 사이의 강한 유대관계는 음악중심 음악치료가 실행되는 모든 곳에서 행해지며 심상유도 음악치료, 분석적 음악치료, 창조적 음악치료에 흡수되어 있다(K. Bruscia, 개인적 통신에서, 2004년 2월 23일).

　　음악과 나와 당신의 관계를 발달시킨다는 것은 "내현적인 관계 인식"

---

3) Rudy Garred(2004)는 다음과 같이 말하였다. "특별히, 음악과의 관계에서 나와 당신의 태도를 취한다는 것"(p. 102)은 음악중심 음악치료 이론의 토대로 제안하고 있는 본질적인 관점이다.

(The Boston Change Process Study Group, Garred, 2004 인용)으로 알려진 무언의 지식을 습득할 수 있게 됨을 의미한다. 내현적인 관계인식의 변화가 자기의 변화를 의미하는 것과 같은 인식이 바로 치료에서 변화의 근본이 된다. Garred에 따르면, 창조적 음악치료에서 결정적인 순간의 결과는 "음악을 향한 관계에 중요한 변화"(p. 195)를 가져오며, 이러한 변화는 자기감에 대한 변화를 의미한다고 말한다. 따라서 당신으로서 음악과의 관계는 타인과의 조우의 가능성을 열게 된다. 치료의 한 과정이고 사람 사이에서 전형적으로 발생하는 타인과의 조우에 대한 경험은 환자가 음악과 만났을 때 활성화되는 것이다.

이것은 단지 음악치료가 환자의 개인성(I-ness)만을 발달시키고, 당신이라는 존재를 통해 다른 존재도 유사한 내적 삶을 지니고 있음을 가르치는 것은 아니다. 대신 이것은 환자 자신의 개인성의 발달을 자극시키도록 돕는 당신으로서 무언가와의 만남의 시작이 될 수 있다. 이것은 마치 사람의 내부에 나로서 발달하고자 하는 것을 막는 어떤 장애물이 있는 것과 같다. 하지만 외부에 존재하고 있던 당신과의 만남을 통해서 내 안에 있던 개인성이 깨어나게 되는 것이다.

각 개인과 내가 아닌 다른 사람은 이 세상의 내부와 외부를 똑같이 공유한다는 주커칸들의 말을 다시 생각해 보자. 음악에서도 내적인 세계가 우리의 의식이 된다. 왜냐하면 음악 경험은 반드시 이와 같은 세계의 내적 측면의 경험을 포함하고 있기 때문에 음악은 우리 안에 있는 내면의 본성을 일깨운다. 그리고 이것은 장애를 지녔거나, 깊은 상처를 지녔거나, 그렇지 않거나 상관없이 모든 사람에게 적용된다. 장애, 질병, 절망은 정상적인 사교활동을 통해 야기되는 내적인 자기가 정상적으로 발달하는 것을 방해하지만, 음악은 세계의 내면을 반영하고 인간은 음악과 나와 당신의 관계를 맺고 있으므로, 음악치료는 어떤 다른 방법으로도 야기될 수 없는 자기를 발달시킬 수 있는 기회를 줄 수 있는 것이다.

음악치료 활동은 환자가 나와 당신이라는 관계 속에서 음악의 역동성을 만날 수 있도록 하는 뮤지킹을 창조해 내는 것이다. 또한 음악중심 음악치료사는 이러한 관계를 음악 속에서 다음과 같은 두 가지 방법으로 표현한다. 첫째, 음악만의 고유한 역동적 힘으로 임상적 및 음악적 중재를 한다. 둘째, 음악과의 만남에서 치료사 자신의 삶은 숙명으로 나와 당신을 대표한다. 왜냐하면 음악치료사로서 "우리는 자신의 숙명을 …… 음악의 심장에 놓여 있는 역동적 힘의 연주에 묶으면서 음악이라는 법칙과 함께 한다."(Aigen, 1998, p. 319)

12 음악중심 사고에서 음악과 정서

일부 음악치료 일반이론을 살펴보면 음악과 정서와의 관계에 관해 묻고 있다. 음악심리치료와 같은 임상 현장에서는 인간의 정서를 매우 중요시하고 있다. 하지만 다른 임상 영역에서도 인간의 정서는 중요하다. 음악과 의학에서 정서적인 경험은 신체의 안녕과 회복의 중요한 측면이다. 다시 말해 음악치료와 재활에서 음악 경험을 통해 얻는 동기는 인지와 운동 지능을 향상시킬 수 있다. 또한 이는 특수교육에서도 마찬가지다. 특수교육에서는 학습이 음악 경험의 동기부여를 통해 향상된다. 요컨대, 정서가 임상의 직접적인 주안점은 아닐지라도 그것은 항상 음악치료 임상에 연루되어 있다. 이와 같이 12장에서 논하는 것은 음악치료의 심리치료적인 적용이지만 이러한 이론은 다른 임상 영역에서도 타당하다.

심리역동적인 음악치료 이론 안에서 음악은 표현하거나 개인의 정서, 느낌, 다른 것들에 관련이 있는 유형들을 상징하는 것으로 대표된다. 하지만 이들 가운데 어느 것도 음악중심 음악치료에서 음악과 인간의 정서적인 관계에 대해서 적절하게 설명할 수 있는 것은 없다. 그렇다고 해서 음악이 음악중심 임상에서 정서를 표현하지 않거나 상징하지 않는다고 말할 수 있는 것은 아니다. 그것은 다른 가능성들이 감정과 음악의 관계에 있을 수 있고 음악중심의 위치가 때때로 다른 관계들과 임상의 효능을 인정해야 함을 말한다.

이러한 문제는 음악철학자들이 음악의 성질에 대해 갖는 여러 가지 입장들을 통하여 조사될 것이다. 나는 음악중심 이론을 위해 관련성들을 논의하기 전에 이 관점들을 약간 상세히 들어가고 싶다.

예술 철학자들은 예술 형식과 인간 정서 관계를 역사적으로 조사해 왔다. 전통적으로 가장 보편적인 3가지 관점은 형식주의, 표현으로서의 예술, 상징으로서의 예술이다. 형식주의 이론에서는 통합과 변주와 같은 작품의 형식적 속성이 미적 가치를 결정짓기 때문에 정서는 예술적 의미를 거의 갖지 못한다. 표현이론은 예술적 작업이야말로 예술가의 정서적 표현이라고 한다. 여기서 표현은 내면의 정서 상태의 외현적인 표명을 의미한다. 서양 철학 속에서 전형적인 서양 고전음악을 살펴보면, 감상자와 음악가의 정서들이 고려되었던 것은 명백하지만, 음악에서 주로 나타났던 것은 작곡가의 정서라 할 수 있다. 그리고 상징으로서 예술을 신뢰하는 사람들은 음악이 직접적인 정서의 표현이기보다는 정서를 형식적으로 표현하는 것에 가깝다고 한다.

음악치료 임상의 심리치료 모델 사이에서 음악과 정서 간의 관계에 대한 주장의 차이는 있을 수 있다. 예를 들면, 정신역동 음악치료에서는 음악을 특정 무의식의 정서를 상징하는 것으로 본다. 몇몇 정신역동 접근뿐만 아니라 인본주의 접근에서는 음악이 정서의 카타르시스적 표현 매개체로서 가치를 갖는다고 본다. 그리고 음악치료의 접근이 이론에서 엄격한 형식주의를 따르고 있는 것은 없지만, 심상유도 음악치료와 Nordoff-Robbins 음악치료는 통합, 변주, 발달과 같은 음악의 양상을 중요시하면서 암묵적으로 형식주의자 관점의 타당성을 수용하고 있다.

정서와 음악치료 안의 정서적 표현의 역할에 대한 논의는 나(Aigen

1995a; 1998)와 Ansdell(1995)의 음악중심 관점에서 시작되었다. 음악중
심 관점에 의하면, 음악치료에서 음악이 정서의 카타르시스 표출로 해석
할 수 있는 자기 표현의 중요한 수단으로 사용된다는 관점은 불충분한 형
식화다. 정서적인 요소들이 음악 속에 존재한다고 인정되는 반면, 표현이
라는 음악 행위가 개인의 느낌이나 상징화의 순수한 표출이라는 사실을
간과한 것이다.

감정을 정화시키기 위해서는 예술적 형식이나 요소를 필요로 하지 않
는다. 우리가 농담에 웃고 슬픈 사건에 우는 것은 예술적인 매체를 통하여
조정되지 않는 반사적인 행동들이다. 일단 연주하거나, 노래를 부르거나,
음악을 듣기 시작하면 창조적이고 인지적인 과정의 개입이 필요한 영역으
로 들어가게 되며 더 이상 반사적인 자기표현과 같은 행동은 필요하지 않
다. Ansdell(1995)은 둘 또는 그 이상의 사람들이 함께 음악을 만들 때 창
조되는 공동의 생산물에는 자기표현이 필요없는 일종의 감상이 필요하다
는 점을 주목하였다. 음악치료에서 사람들이 실제로 음악을 만든다는 사
실은 정서의 표출을 넘어서 무슨 일이 일어났는지를 설명해 준다.

듣는 과정과 인지 과정의 통합과 더불어, 음악 표현은 악기이든, 음악
형식이든, 개인 세션이나 그룹 세션을 통해 발전된 상호과정의 유형이든
상관없이 외부의 객관적인 상황들을 통해 나타난다. 이러한 외부 상황들
은 "단순한 방출로는 의미를 가질 수 없는 정서적 에너지의 변형을 위한 수
단뿐 아니라 저항의 방출 모두"(Aigen, 1995a, p. 245)를 가져다준다. 절충
적이고 정신분석적인 형식을 사용하는 Tyson(1981)과 같은 연구자는 음
악 형식이 수치심이 느껴지는 정서 혹은 초자아가 수용할 수 없는 정서의
카타르시스적 표현을 허용하고 대면하기 위해 존재한다고 보았다. 음악
중심 접근에서는 이와 같은 외부의 수단들이야말로 바로 정서의 경험을
인간 발달을 위해 사용할 수 있는 무언가로 구체화시킬 수 있는 동인을
변형시키는 요인들이다.

음악경험을 언어로 해석하는 것이 반드시 치료에 필요하다고 생각하는

음악치료사들은 순간적인 가치는 가지고 있으나 치료적 가치로는 지속되지 않는 정서적 방출이나 표현을 위해 일을 하기 때문에 그렇게 하는 경향이 있다. 이러한 접근에서는 음악 경험이 해석되어야 하거나 임상적 가치를 가져야만 한다. 이와는 달리 음악중심 치료사들은 정서적 에너지가 외부적 수단을 통해 사회적이고 창조적인 활동으로 나타났기 때문에 음악 표현 그 자체가 정서적 에너지의 변환을 의미한다고 한다. 음악은 정서의 카타르시스적 표출 그 이상을 만들어 내기 때문에 치료는 이미 음악 속에서 일어난다. 음악중심 관점에서 볼 때, 정서의 한 가지 중요한 역할은 다른 사람과 함께 음악활동에 참여하도록, 그리고 활동, 의식, 자기표현을 외부로 움직이도록 동기부여한다.

음악중심 치료사들은 환자와 함께 음악 만들기가 몇몇 다른 비음악적인 과정이 일어나도록 하기 때문이 아니라 함께하는 뮤지킹의 타고난 치료적 가치 때문에 환자들과 음악 창조하기를 하고자 한다. 정서적인 자기표현은 음악중심 골격 안에서 정서적 에너지를 얻는 행동을 의미하거나, 관습적으로 음악의 예술적 형식이라 할 수 있는 외부의 수단을 통해 다른 사람과 관계를 맺는 방법을 의미할 때 존재한다. 하지만 표현이라는 용어가 단지 카타르시스적인 정서 표출만을 의미한다면, 음악적 구조는 음악중심 형식과 관련을 맺지 못한다.

앞서 논의한 것처럼, 전통적인 표현이론은 예술 철학에서 주요한 결점을 지닌다. 그 속에서 음악은 비음악적인 첫 번째 경험을 담고 있다. 이러한 관점에서 우리는 음악을 적절하게 감상하지 못하고, 단지 정서적 경험을 위해 음악과 소통하려 한다.

게다가 음악작품이 담고 있는 경험은 작곡가 또는 음악가가 그것을 쓰고 연주하기 전의 경험이므로 그 음악 자체를 감상하는 것과는 다르다. 작곡가 또는 음악가로부터 감상자에게 전달되는 음악의 경험적 가치는 음악 그 자체와는 분리되어 있다. 음악은 감상하는 사람의 음악 외적인 경험을 일깨우는 환기의 도구가 된다. 음악이 비음악적 변화와 경험을 얻는 수단이 된다는 음악치료 접근에서는 표현이론을 적용하는 것이 개념적으로 크게 어긋나지 않는다. 그러나 음악중심 입장에서는 음악을 음악외적인 목적으로 보지 않으며, 이러한 의미로 볼 때 표현이론은 개념적으로 음악중심 입장과는 양립할 수 없다.

Susanne Langer(1942)의 철학은 표상주의 또는 정서적 삶의 상징으로서의 음악에 많은 영향을 주었다. Langer는 "음악은 정서적 카타르시스이며 음악의 본질은 자기표현이다." (p. 74)라는 생각에는 반대하였지만, 음악과 정서의 교감을 시도하였다. 이와 같은 생각에는 "순수한 자기표현에는 어떤 예술적인 형식도 필요하지 않다." (p. 175)라는 그녀의 생각이 깔려 있다. 또한 음악작품이 지닌 여러 해석의 가능성은 그 작품에 특별한 감정을 품을 수 있는 보편적인 정서가 존재한다는 것과 이치에 맞지 않는 것이라 느꼈다. 그녀는 음악이 주관적인 경험을 표현하거나 카타르시스를 위해 사용될 수 있다고는 하였지만, 이것이 근본적인 기능은 아니라고 하였다.

Langer는 음악이 표현하기 어려운 무언가를 다른 방식으로 표현하게 하는 것이라고 믿었으며, 이러한 인식은 단순한 논거 그 이상을 구성하고 있다고 말한다. 감정(정서)은 인지적 요소를 가지고 있으며, 지식에 중요한 역할을 한다. "감정은 점차적으로 명확해지는데" (p. 81), 언어는 이러한 감정을 전달하기에는 초라한 수단일 뿐이다. 반면, 음악은 이를 표기하는 속성들이 부족하지만 감정을 설명하기 위해서는 꽤 적합한 상징이다.

Langer는 예술작품 속 무언가 의미 있는 것을 강조하면서 작품의 중요성이 단순히 감각적 특성에만 있는 것이 아닌 의미 있는 형식으로서 모든 예술에 대해 말한다. 음악은 어떤 의미를 갖는가? 그 속에는 어떤 의미가 숨어 있는가? 이러한 질문에 대해 그녀는 음악이 정서의 의미를 상징적으로 나타낸다고 말한다. 그녀는 "음악은 감정의 원인이나 치유가 아니라, 감정의 논리적인 표현이다." 라고 말한다(p. 176).

그러나 Langer는 음악은 각 개인의 감정을 상징하는 것이 아니라 본질적이고 자연스러운 감정을 상징한다고 명백히 밝히고 있다. 그리고 Richard Wagner를 이용하여 이와 같은 생각을 분명히 한다.

> 음악이 표현하고 있는 것은 영원하고 무한하고 이상적이다. 예를 들어, 의미는 다음과 같다. 음악은 소소한 사건에 대한 소소한 개인의 열정, 사랑, 갈망을 표현하는 것이 아니라, 본질적인 열정, 사랑, 갈망을 표현하며 이러한 것은 다른 어떤 언어로도 표현할 수 없는 음악만이 지닌 고유한 특징이다 (Wagner, Langer, pp. 179-180 인용).

우리는 보편적인 감정표현의 형식이 개인의 감정을 대표한다고 착각한다. 왜냐면 "감정의 대상은 '자기표현'의 대상과 같고, 감정의 상징들은 경우에 따라서 상징의 표현에서 차용되었을지도 모르기 때문이다." (Langer, p. 180) 하지만 음악에서 개인의 감정 요소들은 예술적 거리감을 통해 형성된다. 이러한 거리감은 객관적이거나 지적인 내용을 포함하지 않는다. 대신 **통찰**을 필요로 한다. 우리는 상징을 통해서 이전에는 표현하지 않았던 것이 무엇인지 이해할 수 있다. 이것은 "운동과 휴식, 긴장과 해결, 합의와 불일치, 준비, 완성, 흥분, 급변화의 패턴"(p. 185)을 포함하여, 인간 내부의 삶의 양상이 음악과 유사한 형식적인 측면을 지니고 있기 때문이다.[1]

음악은 단어가 표현할 수 없는 것을 표현한다. 그래서 음악은 감정을 알 수 있는 기본적인 또 다른 지식이라 할 수 있다. "감정이 언어보다 음악과 매우 흡사하기 때문에 음악은 언어가 접근할 수 없는 상세한 설명과 진실로 감정의 본질을 밝혀낼 수 있다."(p. 191) 음악은 감정의 형태를 나타내고, 다른 감정들이 유사한 형태 속에 공존할 수 있으므로, 음악은 다

---

1) 여러 가지 측면에서 Langer의 생각은 Diniel Stern의 '활기의 원천(vitality affects)'이라는 개념의 선구자 역할을 한다. 이 개념은 Pavlicevic(1997)과 Smeijsters(2003)와 같이 널리 알려진 저서에서 빈번히 음악치료 이론의 기본으로 인용해 왔다.

양하게 해석될 수 있다는 사실을 입증한다. "음악의 실재적인 힘은 언어가 할 수 없는 방식으로 감정이란 삶에 진실될 수 있다는 사실이다. 이는 음악의 의미 있는 형식은 단어가 가질 수 없는 내용의 양면성을 가지기 때문이다."(p. 197) Langer는 음악을 타인과의 의사소통의 수단이기보다는 정서적 자아의 본질을 살펴볼 수 있는 통찰의 수단으로 간주하였다. Langer에게는 음악이 정서를 생각할 수 있게 하는 것이다.

Langer는 미학적 정신분석 이론을 취하면서 음악중심 음악치료와 다른 임상 치료와의 차이를 밝히고 있다. 그녀에 따르면, 정신분석 관점에서 예술적 활동을 "무의식적 소망에 관한 원시 역동의 표현"(p. 167)으로 묘사한다. 하지만 Langer는 정신분석 관점에서 '왜 시를 썼는지, 그것이 왜 인기가 있는지, 공상 속에 인간의 어떤 특징이 숨어 있는지'에 관한 통찰을 주고 있지만, "좋은 예술과 나쁜 예술과의 구별을 하지 않는다"(p. 168). 이것은 예술작품의 예술적 가치를 따질 수 있는 어떤 기준도 두지 않기 위함이다.

이는 종종 임상 과정을 방해하기는 하지만, 심미적 요인들이 음악 임상의 가치와 무관한 것으로 생각하지 않기 때문에 정신분석 음악치료 또는 다른 비음악중심 음악치료의 형식에서 문제가 되지 않으며 오히려 장점이 된다(Lecourt, 1998). 하지만 음악중심 접근에서는 음악치료 속에서 만들어지고 창조된 음악의 예술적 가치는 임상적 유용성을 고려할 때 매우 유용하다. 이것은 심상유도 음악치료사들이 녹음된 음악을 사용할 때도 아무 음악이나 사용할 수 없는 이유이기도 하다. 그리고 이것은 또한 음악중심 음악이론이 음악과 정서 사이의 관계에 관한 이론을 필요로 하는 이유이기도 하다. 이러한 관계는 표현이론을 넘어서는 것이고 일반적인 음악 철학을 위한 기초로 사용될 수도 있다.

Peter Kivy(1989)에 대한 생각은 5장에서 논의하였다. 그는 표현이론의 결함에 희생되지 않는 범위에서 음악과 정서의 결합을 원하였다. 그는 정동적인 관계가 단지 작곡가나 연주자의 마음 또는 감상자의 음악 경험에 그치는 것이 아니라 음악 그 자체에 적용될 수 있는 것이라 믿었다. 그는 지각력 있는 존재만이 정서를 지니고 있고 이러한 관계는 상호 주관적이어서 한 개인이 평가하는 음악 그 이상의 가치를 지니고 있다는 것을 인정하지만, 그럼에도 어떻게 정서적인 상태를 알기 쉽게 음악에 적용할 수 있는지 보여 주고자 한다. 이러한 Kivy의 프로젝트는 임상 또는 비임상에서 사용되는 음악에 대한 정서적 특징들의 사정을 위한 표준을 만들 방법을 보여 주고 있어 음악치료사들에게 관심을 끌고 있는 것이다.

논의한 것과 같이 Kivy는 음악이 어떻게 정서를 표현하는가에 관해 관심을 가지고 있다. 그것은 음악이 정서를 표현하지 않는다는 것이 아니다. 음악은 매우 빈번히 정서를 표현한다. 하지만 우리가 음악과 정서적인 관계를 맺고 음악에 대해서 말할 때 그것이 무엇을 표현하고 있는 것이 아니라, 무엇에 대해서 표현하는가를 의미하므로 그는 '무언가를 표현한다는 것'은 음악을 이해하는 데 매우 중요한 것이라 믿는다. 음악작품에 대한 반응은 작곡가가 그 곡을 작곡할 당시 마음의 상태를 배운 후에도 바뀌지 않기 때문에 그는 음악이 표현하는 정서는 우리가 정서적으로 말할 때 반드시 흥미를 갖는 것이라고 주장한다. 만약 어떤 음악이 어둡고 우울하다고 느낄 때, 작곡가가 이 음악을 작곡할 당시 그와 관련한 감정이 없었다는 것을 알더라도 이에 대한 평가는 바뀌지 않을 것이다. 이처럼 작품이 우리에게 가져다주는 것은 작곡가의 정서가 아니라, 정서와 관련된 보다 일반적인 속성들이다.

Kivy의 이론은 어떤 음악이 특별한 특징을 나타내지 않더라도 어떤 정서가 특정 음악과 맞는지에 관한 이유를 설명해 준다. 이는 감상자를 위한 무엇인가를 하는 음악의 힘 때문이 아니라, 슬픔과 같은 어떤 특징이 음악 속에 있기 때문이다. 음악의 정서적인 성격이 감상자의 반응보다 음악 속에 자리하고 있다는 사실은 무언가를 표현하는 정서를 나타내고 있는 음악의 형식적인 특징을 보다 쉽게 말할 수 있게 한다.

일반적으로 감상자는 음악이 소리 내는 식으로 느끼지 않는다. Kivy의 견해에서 감상자들은 음악이 표현하는 정서를 느끼지 않는다. 이것은 감상자의 경험이 정서를 가지지 않음을 의미하진 않는데, 이는 음악이 표현하는 것을 환기시키지 않더라도 음악을 표현할 수 있기 때문이다. 이것이 바로 음악은 그것이 담고 있는 감정들을 우리에게서 일깨운다는 정의주의(情意主義)적 이론이 담고 있는 것이다.

Kivy가 "음악은 우리를 슬프게 만들기 때문이 아니라 슬픔을 표현하기 때문에 우리를 감동시키는 것일지 모른다."(1990, p. 153)라고 말한 것의 진정한 의미는 이것이야말로 작곡가가 감상자를 감동시키는 정서적 경험을 말하거나 현실화하는 방법이다.

복잡하고 존재에 관한 것들이 표현된 숭고하고 세심한 방법 그 자체는 경외감, 놀람, 체념, 환희의 감정을 느끼게 하는 무언가가 될 수 있다. 이를 Kivy(1990)는 다음과 같이 기술하고 있다.

> 나는 브람스의 제1교향곡 마지막 악장 도입부에 표현된 우울, 불안, 기대감과 같은 속성을 예술적으로 구체화하는 미적 방법과 바로 그 순간 C장조로 표현되는 기쁘지만 체념한 듯 고요하게 흐르는 주제를 처리하는 방법에 감동받는다(pp. 161-162).

우리는 작곡가가 정서를 어떻게 표현하고 있는가에 감동을 받는 것이지, 표현되고 있는 정서에 감동받는 것은 아니다.

따라서 한 악장이 슬프거나 고요하게 표현되었다고 해서 이것이 슬픔 또는 고요함에 대한 것임을 의미하지는 않는다. 대신 "화가가 윤곽이나 질감을 강조하기 위해서 색을 사용하는 것"(Kivy, 1990, p. 196)과 같이 표현적 특징들이 음악적인 것을 강조하는 것이다. Kivy는 음악이 표현하는 것과 음악이 무엇에 관해 표현하는가를 구별하라고 한다. 예를 들어, 즐거움을 주는 음악이 반드시 즐거움을 표현해야 하는 것은 아니며, 지루함을 표현하는 음악이지만 흥겨워서 지루함을 주지 않을 수도 있다. 그래서 우리는 사랑에 관해서 표현하지 않는 음악을 사랑할지도 모른다. 요컨대, 음악에 관해서 가지는 감정과 음악은 표현하는 감정과는 다르다.

음악을 듣는다는 것은 경험에 귀 기울여 듣는다는 것이므로, 위에서 열거한 사실은 모두 인간이 음악을 경험하고 평가하는 데 공정한 평가를 내리지 않는다는 견해를 표현이론이 지지하는 것이다. 그리고 예술적 표현과 정서 사이의 관계에 대한 미리 결정된 개념에 근거하지 않기 때문에, 음악중심 입장은 둘 사이의 관계를 폭넓은 관점으로 이해할 수 있는 것이다. 정서와 관련해서 적어도 네 가지의 음악과 음악 경험의 관계가 있는데, 같은 곡이라도 각 관계에 관련된 정서는 모두 다를 수 있다. 표현이론을 통해서는 이러한 관계 가운데 한 가지만 설명할 수 있고, 그것을 따르는 음악치료 이론도 다른 음악-정서 관계를 고려하지 않을 것이다.

음악중심 사고 속에서는 정서와 음악의 관계에 관한 선험적인 한계를 갖지 않으므로, 음악이 환자에게 주는 임상적 가치를 이해할 수 있는 더 큰 가능성을 갖는다. 우리는 환자의 음악을 볼 때 그것이 환자를 위해 표현하고 있는 것, 특별한 구조 속에서 표현되는 것, 환자 안에서 만들어지는 정서, 치료사에게 환기되는 정서를 각각 구별해야 한다.

음악치료 상황에서, 음악은 아마도 ① 환자의 정서를 표현하고, ② 표현되는 것과는 다른 정서를 표현하고, ③ ①과 ②에서 경험하는 정서와는 다른 정서를 불러일으키고, ④ 위의 세 가지 정서와는 전혀 다른 환자가 지닌 정서적 경험을 창조한다.

예를 들어, 환자가 단조에서 느린 템포로 하강하는 멜로디를 만들어 낸다고 하자. 이 음악은 ① 가족을 향한 부드러운 감정을 표현하는 것, ② 슬픈 음악의 형식적인 특징을 포함하는 것, ③ 치료사에게 아픈 감정을 불러일으키는 것, ④ 환자가 미적인 무언가를 만들었다는 자부심을 느끼게 할 가능성을 갖는다.

음악중심 입장에서는 음악이 본래 자기표현의 형식이라는 생각에 얽매여 있지 않기 때문에, 음악과 정서 사이의 관계에서 이와 같은 모든 가능성을 고려해 볼 수 있다. 음악이 개인적인 무의식의 상징이든 표현이든 상관없이 환자에게는 중요한 정서적 이점을 가질 수 있다. 음악 속에 있는 여러 보편적인 약속들은 다양한 측면에서 인간의 정동적 경험과 관련을 가지며, 음악이론이 정서 표현이나 감정 표현의 형식이라는 측면에 한정시키지 않기 때문에 음악중심 입장은 환자들에게 다양한 기회를 준다.

표현이론에서는 감상자가 표현되고 있는 정서를 통해서 감동받음으로써 음악을 이해한다고 한다. 치료사가 음악의 정서적 내용을 이해할 수 있는 유일한 방법은 대상자의 내적 정서 반응을 아는 것이다. 하지만 정서를 표현하고 있는 경우에서와 같이 음악과 정서가 관계를 맺는 여러 방법을 생각해 본다면, 음악의 내용에 기본을 두는 것같이 보편적인 방법을 통해 정서적 특징을 알 수도 있다. 이것은 임상적 판단을 위한 객관성을 갖도록 해 준다. 만약 정서적 내용이 무언가를 하도록 하는 힘이라기보다는 음악의 특징이라면, 이것은 환자의 음악에서 정동적인 특성을 임상적으로 판단할 수 있는 이론적 기초를 마련하기 위한 더 큰 가능성을 열어 준다.

13

음악 형식, 발전, 변형

🎵 음악과 삶의 힘

단어의 공통된 기원들과 특정 단어의 다중적인 사용을 볼 때, 시간이 지나면서 차별화되어 온 개념들 사이에 있는 유사성에 대한 통찰을 얻을 수 있다. 무언가에 생기를 불어넣는 방법은 무언가에 움직임을 주는 것과 무언가에 생명을 주는 것을 의미할 수 있다. 주커칸들의 생각과 스키마 이론에서 동작과 생명은 강한 결합이 있다고 상세히 설명하고 있는데 이는 동작과 음악에서도 마찬가지다. 음악과 생명은 동작이라는 현상을 통해 연결된다. 일반적으로 음악, 특히 음들은 모든 생명체 내에 존재하는 생명력과 밀접한 관련을 갖는다.

전통적인 음악철학에서는 음악이 생명력을 가진다고 한다. 이와 같은 관점을 따르는 작곡가들이 자신들의 생각을 명료화하는 방법을 보면, 스키마 이론에서 보는 음악의 관점과 일치하고 있음을 알 수 있다. 예를 들면, Saslaw(1997-98)는 Schenker와 Schoenberg 두 사람의 연구가 어떻게 "음악이라는 개념 속에 힘이라는 스키마타가 잠재되어 있는지에 관한 중요한 증거를 제시하고 있는지"를 기술한다. Saslaw는 "실제로 이들은 유기체설의 개념과 놀랄 만큼 유사하여, 두 연구자는 종종 음악작품 속에 연주되고 있는 생명력을 언급할 때 생물학적 용어를 사용하기도 한다."(p. 18)고 말한다. 또한 어떻게 음악이 근본적으로 생물학적인 감각 안에서 발달하는지에 대한 Schenker의 견해를 다음과 같이 적용하고 있다.

> Schenker에 따르면, 음악의 자원은 '자연의 하모니'에서 나온다……. Schenker가 운동을 시작하는 힘을 자연 화성의 수평적 버전으로 묘사한 것을 보면 그것을 생물학적 용어로 옷 입히려 했음을 알 수 있다. 기본적인 구조는 자연의 화성이 자연의 에너지를 통해 생명을 얻게 되는 법을 보여 준다. 하지만 이렇게 만들어진 운동의 원시적인 에너지는 성장해야 하고 자신의 삶을 살아야만 한다……. 우리의 동작 속에 존재하는 삶의 맥박을 지각하게 된다(Schenker, Saslaw, p. 19 인용).

음악 속에서 생명력을, 그리고 음악 요소의 발달 안에서 인간 내면의 삶의 양상을 지각한다는 사고는 음악치료와 확실한 관계를 갖는다. Marcia Broucek(1987)은 음악치료 목적을 결정하는 중요한 방법이 삶의 태도를 다양화하는 것임을 규명하였다. 그녀는 살아가는 것에 관해 어떻게 느끼는가에 관한 질문에 사람이 대답하는 세 가지 주요 방법을 추측하였다.

> 몇몇은 격렬히 저항하며 생명을 증오하고, 이러한 문제가 다뤄지는 것에 대해 분노하거나 생명의 가치에 대해 절망한다고 대답할 것이다. 또 다른 사람들은 삶에 대해 아무런 감정이 없고 매일의 삶에 견디지 못해 무관심해지는 것의 연속이라 답할 것이다. 그리고 나머지 사람들은 새로운 것을 시도하려는 열망, 새로운 것에 대한 이해 추구, 선물로서 삶을 소중히 생각하는 것과 같이 생명에 대한 열정을 분명히 말할 것이다(p. 50).

세 가지 답을 각각 "삶을 거부함, 삶에 관심이 없음, 삶을 열망함" 이라고 기술하였으며(p. 50), 이에 따라 치료사가 환자를 대하는 태도가 다르다고 하였다.

삶에 저항하는 사람들을 위해서 치료사들은 삶의 가치 안에서 믿음을 회복하고, 각 개인의 건강을 돕고 원기를 소생시키는 것이 우리의 도전이다. 삶에 무관심한 환자를 위해서는 원기를 북돋아 주고, 확장하며, 성장하고 배울 수 있는 수단을 제공하도록 해야 한다. 삶을 기꺼이 수용하는 사람을 위해서는 삶의 정신을 배양하고, 확장, 배움, 성장을 위한 길을 열어 주도록 힘써야 한다(p. 51).

삶의 정신에 따라 환자의 태도를 결정하고 이에 따라 치료적 중재를 공식화하는 것은 정신분석의 해석이나 심리학 진단법에 의존하는 중재보다 음악중심 임상과 더 잘 어울리는 음악치료 임상을 개념화하는 하나의 방법이다. 살아 있는 존재에 관해 가장 기본적인 입장을 취하는 것보다 근본적인 것은 없다. 이러한 관점에서 임상적 필요를 개념화함으로써, 치료사는 왜 치료를 받아야 하는지에 관한 가장 기본적인 이유를 직접적으로 설명할 수 있는 음악 경험을 창조할 수 있다. 음악이 삶의 정신과 연결을 맺기 위한 수단으로 간주되고, 임상적 필요를 삶과 개연적인 관계를 가진 것으로 개념화한다면, 음악치료의 임상적 가치를 이해하기 위해 다른 사고체계를 차용할 필요가 없는 음악과 음악 경험만을 위한 구체적이고 독특한 역할을 개척하는 것이다.

자신의 삶에 충분히 관계를 맺지 못하고 있거나 삶을 적절히 처리하는 기술이 결핍된 사람들에게, 뮤지킹은 자신의 삶과 관계를 맺고 건강하게 유지하기 위한 기본적인 과정을 명확하게 해 주는 건강한 패턴을 제공한다. 이러한 과정은 내적으로 그리고 주변 환경과의 관계를 통해서 분명히 나타난다.

대부분의 음악은 치료적이든 그렇지 않든 음악 형식 속에서 발생한다. 음악중심 사고 안에서, 세션에서의 특정한 음악 형식이 비임상적 맥락에서 나타나는 음악 형식과 마찬가지로 중요한데 이는 세션 안에서의 모든 경험이 음악 경험이기 때문이다. 음악 경험 속에서 완전함을 느끼거나 감동을 받고 자기발달을 할 수 있음을 느끼거나, 정서적으로 만족감을 느끼는 사람이 되는 경험을 위해서는, 그것의 요소들이 예술작품의 특징을 갖는 유기적인 방법으로 함께 들어맞아야 한다.

음악치료 세션의 형식을 보는 한 가지 방법은 어떻게 음악과 치료의 연합이 독특한 임상 형식을 만들어 냈는가를 고려하는 것이다. 이와 같은 사고방식은 음악치료 세션에서 음악이 취하는 형식은 그 자체가 중요한 임상적 중재라는 것을 인식한다. 즉, 음악은 임상적-음악적 중재가 발생하는 단순한 용기가 아니라는 것이다.

특정 음악 형식의 구조는 음악에서 긴장과 이완의 패턴을 다루는 방법 가운데 하나다. 하지만 이러한 형식을 임의적이고 관습적인 스타일로 간주하기보다는, 음악중심 사고로 발달 및 심리학적 기초와 함축에 중요한 것으로 고려한다. 이와 같은 형식들이 긴장과 이완을 다루는 특별한 방법들은 인간 발달을 나타내는 과정과 유사하다.[1]

예를 들어, 음악의 여러 형식 가운데 론도 형식(A-B-A-C-A-D 등)을 살펴보자. 여기에는 반복되는 주제와 다른 주제가 교대로 나타나는 규칙적인 패턴이 있다.

인간의 자기발달에도 론도에서 되풀이되는 자율적인 운동과 유사한 패턴이 있다. 어린아이가 기기 시작하면 아이는 양육자로부터 멀어지거나 다시 돌아가는 이동 능력을 가지게 된다. 구조가 없는 놀이에서 어린아이들은 외부 환경으로 이동하기 전에 안전을 충분히 확인하기 위해 주 양육자와 함께 많은 시간을 보낼 것이다. 이후 아이는 기어다니며 주변의 새

1) 이 주제는 또한 Aigen(1998)에서 논의되고 있다.

로운 양상들을 탐색하다가 낯선 환경에 부딪혀 긴장하게 되면 탐색을 멈춘다. 바로 이 시점이 재충전(Mahler, Pine, & Bergman, 1975)의 과정에서 아이가 주 양육자에게 돌아가는 시점이다. 익숙하지 않은 경험으로부터 발생한 긴장은 친숙함과의 접촉을 통해 해결된다.

아이의 자기가 건강하게 발달하기 위해서는 친숙한 것과 친숙하지 않은 것을 접촉함으로써 긴장과 해결의 반복을 안전하게 처리하는 법을 배워야 한다. 친숙한 것과 친숙하지 않는 경험을 바꾸는 패턴은 론도 형식에서 경험할 수 있는 기본이다. 또한 흥미로운 사실은 처음에 아이가 효과적으로 재충전을 하고 접촉하기 위해서는 양육자에게 신체적으로 되돌아가야 했으나, 좀 더 발달하면 눈 마주침만으로도 재충전이 되어 일정거리를 두고도 가능해진다는 것이다. 이와 유사하게 음악적 주제도 형식을 바꾸거나 꾸며지며 약간 다르게 나타나기는 하지만, 충분히 본래의 주제와 매우 가깝다.

Lisa Summer(1995)는 모차르트의 K311 '주제와 변주'의 구조를 어떻게 "아이가 신체적 및 심리적으로 최적의 발달을 할 수 있도록 건강한 환경을 창조하는 엄마-아이 상호관계의 재현"(p. 37)으로 이해할 수 있는지에 관해 논하였다. 그녀는 첫 주제를 "변주에서 되돌아올 수 있는 음악적/심리적 홈 베이스"(p. 41)라고 하였다. 처음 세 개의 변주에서는 아이(멜로디)가 엄마(반주)로부터 독립하여 보다 성공적으로 자율적인 존재가 되는 것을 알 수 있다.

제3변주에서 아이(멜로디)는 이전의 변주들에서보다 더 멀리 더 부드럽게 여행한다. 제3변주의 멜로디는 단 한 번만 본래 공생하고 있는 주제로 돌아온다. 이는 최소의 연료공급으로 오랜 기간 엄마와 떨어져 지내 생긴 긴장을 해결하는 아동의 태도와 같다. 이전의 변주에서처럼 원래 주제로 되돌아가기보다는 이번 변주에서 나타난 엄마-아이의 태도는 리듬 제창을 통해 이루어지는 세련된 연료공급이라 할 수 있다. 다시 말해 각 단계에서 멜로디는 독립적이고 멜로디 자체에 집중되어 있지만, 멜로디 아래로 리듬이 조화를 이루며 지지를 하고 있다.

인간은 음악 형식을 특징짓는 긴장과 이완의 동일한 패턴 안에서 발달한다. 음악은 자기를 발달시키기 위한 적합한 수단이라 할 수 있는데, 음악의 구조적 형식들은 거시적으로 이뤄져 있지만 인간 발달의 본보기로서 미시적인 수준으로 음악을 조직화하기 때문이다.

음악과 유사하게도 인간의 발달은 시간을 통해 이뤄지며 공간이란 은유로 설명할 수 있다.[2] 음악 작곡의 일련의 요소들을 논함에서, 음악 변화에 관해서 이야기하려는 것이 아니라 음악 발달에 관해서 말하는 것이다. 음악이 시간의 흐름에 따라 무엇을 하는가를 설명하기 위해 발달이라는 단어를 선택한 것은 우리의 음악 경험은 발전하는 무언가에 관한 것임을 나타내고자 함이다. 만약 이것이 인간 발달과 나란한 과정이라면, 음악은 화성적이든 멜로디적이든 무엇이든 간에 어떻게든 발달해야만 한다. 음악 발달은 단순한 변화가 아닌 유기적인 성장이다.

음악이라는 과정이 성장으로 여겨진다는 것은 발달을 나타내는 음악 사용이 어떻게 효과적인 임상 중재에 중요한 역할을 하는지를 강조하는 접근인 Nordoff-Robbins 음악치료와 심상유도 음악치료와 같은 접근을 이해하는 데 중요한 의미를 갖는다. 시간의 흐름과 같이 음악이 유기적인 삶의 법칙을 따른다면 음악은 발달한다. 이는 음악의 과정이 어떻게 인간 성장의 효과적인 촉진제가 될 수 있는지를 생각하게 하는 핵심적인 은유의 활성화가 된다.

인간이 성장과 함께 복잡해짐에 따라 인간은 성숙하고 시간의 흐름은 지혜와 지식을 쌓아 준다. 이와 유사하게 연주가 진행되면서 발달에 따른 경험과 풍성해진 지혜를 음악 연주에 덧붙인다. 음악이 전개되면서 음악은 발달하고, 우리가 그것과 동일시하면서 이와 유사하게 우리 자신이 발달하고 있음을 경험한다.

---

2) 『노도프-로빈스 음악치료 조기사례 연구(*Paths of Development in Nordoff-Robbins Music Therapy*)』, (Aigen, 1998)란 책의 제목이 이에 대한 예다.

추가적으로 가정하지 않는다면 음악 형식과 인간 발달 패턴이 일치한다는 사실만으로 일반 음악중심 음악치료 이론이 반드시 설립되지는 않는다. 론도와 같은 넓고 보편적인 형식은 전통적인 양식의 관례일 뿐 아니라 음조 관계를 활성화시키는 근본적인 힘처럼, 어떠한 식으로든 음악을 조직화시킬 수 있는 주요한 차원과 관련을 갖는다고 주장할 수 있어야만 하는 것이다. 이러한 주장은 론도와 그 밖의 기본 형식들은 인간 발달 패턴과 같은 예술적 특성들 때문에 진화해 왔다는 사실을 배제시킬 것이다. 이처럼 근본적인 입장에서 발달 패턴을 찾으려는 것은 음악과 음악치료 현상을 발달심리학의 현상으로 보는 것이므로 분명히 음악중심 입장과는 다르다. 하지만 긴장과 이완의 반복적인 패턴은 음악과 인간 발달 모두에서 나타나는 기본적이고 자연적인 과정이라고 보는 것이 타당하다. 이것은 음악 현상과 발달 현상을 동일한 기반 위에 놓는 것이며, 음악중심 이론에 필요한 것이다.

긴장과 이완을 적절히 다루는 법을 배우는 것은 단지 한 아이가 발달하기 위한 이정표와 관련된 일일 뿐 아니라 사회적 및 물리적 환경 전체와 관련된 모든 삶의 형식의 특징이 된다. John Dewey는 유기체와 환경 사이의 끊임없는 관계의 변화는 평형상태의 재건 뒤에 따르는 일시적인 불균형이라 할 수 있다고 하였다. Dewey(1934)에 따르면, "일시적인 실패가 유기체를 자신이 살아가는 조건과는 다른 좀 더 폭넓은 에너지의 균형으로 변화시킬 때 삶이 성장한다."(p. 14)고 하였다.

다시 말하면, 잘 적응된 유기체들은 환경과 균형을 이루면서 존재한다. 환경의 변화는 유기체의 긴장을 초래한다. 유기체와 환경의 관계 사이의 변화로 야기된 긴장의 이완으로부터 장점을 학습할 수 있게 되고, 이를 통해 유기체는 발달한다.

게다가 이러한 유기체와 환경의 관계 변화에는 리듬이 있는 것이 특징이다. 대부분의 기본적인 생물학적 과정 속에서는 균형과 조화의 상태가 어떻게 긴장과 이완의 리듬을 숙달함으로써 이뤄지는지를 관찰할 수 있다.

이와 같은 긴장과 충돌 이후 나타나는 균형과 조화의 점진적인 개선은 Dewey가 미적 경험의 본질적인 특징이라고 묘사하고 있는 완전한 요소를 담고 있다……. 생물학적, 사회적, 정서적 수준에서 삶의 촉진과 발달을 상징하는 과정들은 미적 특징들을 담고 있다. 미의식은 사람을 건강하게 포용하는 데 본질적인 것이다(Aigen, 1995a, p. 242).

그리고 음악의 특징인 긴장과 이완의 패턴들은 미적 경험 양상의 전형적인 예다. 음악 구조와 경험의 가장 기본적인 과정들은 이후에 또는 좀 더 정확하게 패턴화되므로 유사한 과정들은 삶이 풍성해지는 데 필요하다.

미적, 심리적, 환경적 과정들이 관련하고 있는 또 다른 방법은 각 영역에서 건강한 체계를 상징하는 모델들을 통한 것이다. 한 사람의 건강한 발달을 촉진시키는 과정들과 건강한 생태계를 만드는 과정들 사이의 유사성은 에너지가 두 체계 속에서 어떻게 다뤄지는지를 통해 보일 수 있다. 두 영역에서는 구성요소 에너지의 자유 흐름에 따라 최적의 기능이 만들어진다. 건강한 심리 기능과 건강한 환경 기능이 구별되지 않는다는 관점이 전기술적인 사회에 관한 세계관과 일치하면, 이 세계관은 외부 환경을 반영하는 내적 삶을 창조한다는 현대 사회의 심리적 세계관뿐 아니라 두 영역에 작용하는 것과 같은 힘을 알 수 있게 한다.

비록 생태계는 특정 체계를 통해 일련의 에너지(영양분) 운동이라 할 수 있는 유동의 상태로 존재하지만, 각 식물과 동물의 종은 독특한 생태적 지위를 차지하며 지속적으로 생존할 수 있는 총체적인 균형상태가 있다. 생태계의 최적 상태는 역동적 균형상태로, 역설적이지만 지속성과 안정성은 끊임없는 변화를 통해 유지된다. 모든 살아 있는 것이 전체로 고려될 때 우리는 생태계에서 삶의 형식이 다양화하고 차별화될수록 존재를 유지하기 위해 더 나은 기회를 갖게 된다.

건강한 인간 기능은 외적 사회의 변화뿐 아니라 내적 성장을 위한 변화의 요구에 융통성 있게 반응하는 능력이라고도 할 수 있다. 성장의 본질은 정서 발달에 따라 나타나는 특징적인 변화들을 허용하기 위해 융통성 있게 자기상을 유지하는 능력이다. 역설적이지만 안정적인 정체성은 끊임없는 변화에 적응하는 능력에 달려 있다. 우리는 자신의 자연스런 변화를 받아들이면서 건강한 기능을 유지할 수 있다. 건강한 사람이 인격의 다양한 측면을 발달시키고 관련시키는 태도는 건강한 생태계를 통해 지지받는 삶의 다양성을 반영한다.

반대로 말하자면, 심리 및 생태적 문제들은 계속되는 변화와 사용에 적응하지 못하거나 해결하지 못한 에너지 때문에 발생하는 것이다. 환경 속의 핵폐기물과 썩지 않는 쓰레기 문제가 그 예다. 이러한 물질을 이루고 있는 에너지는 죽음의 끝까지 뻗어 있어 변형될 수도 없으며 다시는 환경 속으로 돌아올 수 없는 것들이다.

사람에게는 병의 원인으로 에너지가 정신적 구조나 신체의 일부 또는 특정 기능을 마비시키는 것으로 나타난다. 예를 들어, Jung의 관점에서 보면 파멸 콤플렉스는 과도한 정신적 에너지 때문에, 정신의 구조가 과장되거나 페르소나가 지닌 에너지 과잉이 자신의 사회적 역할에 지나치게 동일시하여 내적 자기를 잃어버리게 된 결과다. 세상에 대한 반응과 혹독한 경험은 극단적인 병리를 보인다. 생태계에서 전체적 기능이 손상된 개인과 함께 불변의 형태로 에너지를 유착시키는 것은 전적으로 전체를 파괴시킬 수 있다.[3]

단일 유기체이든 사회적 공동체이든, 또는 생태계 전체이든 상관없이 우리는 삶의 정신을 역동적 균형상태에서 모든 생명체가 공존하도록 하는 자연의 힘으로서 이해할 수 있다. 힘을 증진시키는 건강은 모든 영역에서 같다.

Carolyn Kenny(1982)는 음악치료에 이러한 연관을 밝히고 적용시켰다. 그녀는 "자연은 관찰될 수 있는 것일 뿐 아니라 균형과 조화를 통해

---

3) 이 문단과 앞선 문단 3개는 Aigen(1991b)에서 발췌하였다.

각 요소들이 유지할 수 있는 중요한 힘이 되어 지식을 넘어선 지혜를 지니고 있다."(p. 47)고 하였다. 신성하고 한때는 생명을 지닌 물질로 혹은 자연 안에 있는 지혜의 소리로 음악을 생각해 보자. 음악은 외부 세계의 역동적 균형을 유지할 수 있는 자연의 힘과 만날 수 있는 수단이 된다. 따라서 음악을 완전하게 이해하는 것은 삶이 유지되고 발전되는 것을 이해하는 것과 같다. 긴장과 이완의 다양한 형식으로 에너지의 흐름과 변형을 나타내는 방법인 음악은 삶의 힘의 소리가 된다.

이러한 경향에서 음악의 본질을 이해하는 것은 음악치료에서 음악중심 기반을 마련해 주는 방법이다. 이것은 뮤지킹으로서의 뮤지킹이 왜 삶을 증진시키는지 설명해 주고 신체 · 행동 · 생리 · 심리 · 정신적 영역에 상관없이 왜 치료 목적과 일치하는지를 설명해 준다. 뮤지킹으로 환자를 인도하는 것은 기본적인 삶 그 자체의 과정에 연결시켜 주는 활동으로 이해할 수 있는 반면, 비음악적 임상 이론은 음악치료에서 인간의 가치를 설명할 필요가 없는 것이다.

🎵 음악과 변형

시간은 선형적이거나 순환한다. 이와는 달리 음악과 인간과 사회 발달의 다른 측면은 순환하는 형이상학적 원리를 가지고 있다. 이와 유사하게 변형 현상은 음악과 인간 발달의 중심이 된다. 따라서 음악중심 음악치료 이론을 세우기 위한 중요한 과제로는 어떻게 변형 현상이 음악과 인간 발달 속에서 나타나는지를 밝히는 것이다. 두 영역 간의 관계를 신화와 종교 의식의 개념을 사용하여 설명할 수 있을 것이다.[4)]

음악, 신화, 인간의 발달은 변형이라는 개념으로 연결된다. Kenny

---

4) 이 주제는 Aigen(1998, pp. 243-247)에서 논의된 것이다.

(1982)는 개인의 발달과 죽음-부활 신화 사이에 관계를 맺듯이 개인과 사회적 관계 속에서 이것이 어떻게 사실로 나타나는지를 관찰하였다.

> 신화적 사건의 핵심은 변형이다. 영웅들은 회복되거나 죽음을 통해서 육체적 · 정신적 변형을 이루고 이를 통해 새로운 재능을 부여받는다. 이들은 새로운 땅과 환경에서 변형을 통해 삶을 다시 시작한다. 변형에는 항상 죽음과 다시 태어남이 들어 있다. 이것이 바로 적응과 변화의 과정이기 때문이다(p. 57).

'영웅의 여행'은 인간 발달과 연관 있는 주요한 신화다. Jung(1956)은 무엇보다 영웅은 "무의식에서 갈망하는 자기표상으로 억눌리지도 막을 수도 없는 의식의 빛을 위한 갈망"(p. 205)이라 하였다. 이러한 신화에서 주인공은 집을 떠나 시험을 치르거나 고군분투하여 무언가 가치 있는 것을 얻게 됨으로써 변형되고 집으로 돌아온다.

Kenny는 음악의 긴장-이완의 역동이 죽음-부활 신화에 반영되고 있음을 관찰하고 음악을 신화의 이야기 주제와 연결시켰다. 음악이 인간 발달을 촉진시킨다는 것을 알 수 있는 하나의 방법은 인간 발달의 중심에 있다고 할 수 있는 이러한 신화에 접근해 보는 것이다. 끊임없이 새로운 자기에 대한 이미지를 받아들이기 위해 우선적으로 알아야 하는 것은, 성장하기 위해서는 변해야 하고 우리의 삶 속에 수많은 죽음을 받아들여야 한다는 것이다. Kenny(1982)는 긴장과 해결이라는 수많은 과정들이 음악에 다양하게 존재하고 있으며 이것은 각각 다른 정도와 수준으로 변형을 일으킨다고 묘사하였다. "하루하루는 다양한 활동을 통한 일련의 변형으로 생각할 수 있거나 또는 음악작품에서는 많은 겹쳐지는 주제라고 생각할 수도 있다."(p. 62)

우리는 음악 속에서 긴장이 해결되거나, 죽음이 부활로 되거나, 또는 죽는다는 것이 새로운 삶이라는 역설이 나타날 수 있는 특별한 순간을 규명해 낼 수 있다. 죽음과 부활의 순간은 동시에 변형의 순간이 된다. 이것

은 음악이 치료의 강력한 형태로 언어적으로 묘사될 때 역설적으로 보이
는 변형의 과정을 구체화할 수 있기 때문이다.

음악과 신화는 모두 역설을 인정하고 수용한다. 쇼팽의 E단조 전주곡[17째
마디의 멜로디 원음 G]에서 변형의 시점은 같은 화성이나 특정 시간 또는 공
간으로 죽음과 부활 모두를 나타낸다. 이 둘은 함께 존재하고 서로가 된다. 부
활의 순간에 사실상 또 다른 죽음이 시작되기 때문이다(Kenny, 1982, p. 64).

음악에서 변형의 핵심은 특별한 프레이즈나 주커칸들(1956)이 말한 음
계의 개념만큼이나 기본적인 무언가를 통해 가장 큰 음계로 제시된다. 그
가 단순한 장음계를 어떻게 설명하고 있는지 생각해 보자. 그는 1음에서
2음까지의 운동이 어떻게 "힘을 거슬러서 혹은 힘으로부터 진행하는지"를
나타내는 반면에, 7음에서 8음으로의 운동은 "힘과 함께 움직이거나 힘
을 향해 진행하여 목적에 이르게 되는 것을 관찰하였다."(p. 96) 비록 1음
과 8음이 절대적으로는 다른 가치를 가지고 있지만, 그럼에도 두 음은 옥
타브라는 관계로 동일한 역동적 특성을 공유한다. 따라서 그는 "도착하
는 곳은 정확히 출발한 곳이라고 하였으며 스키마는 어딘가로부터 출발
해야 하고, 어딘가로 나아가야 하며, 목적지로서 출발점에 도착해야 한
다. 이러한 운동의 과정에서 본다면 출발은 되돌아오는 것"(p. 97)이라고
결론짓고 있다.

음악에서 긴장-이완에 관한 Kenny의 연구는 죽음-부활 신화, 영웅 신
화 개념을 통해 인간의 삶에 적용하였고 음으로 지각되는 힘의 존재론적
본질에 관한 주커칸들의 조사는 인간의 시작 시점은 목적과 동일하다는
것을 인정하는 것과 모두 밀접하게 연결되어 있다. 또한 우리는 과정의
최고점에서 새로운 것에 관한 기원을 알 수 있다. Mircea Eliade(1957,
1959)는 이것을 영원한 회귀라고 불렀다. 이 세상이 새로이 창조될 때 본래
의 시간으로 되돌아가듯이 한 해가 끝나면 새로운 해가 시작된다. "이것

은 신성한 것의 근본으로의 영원한 회귀와 인간 존재는 무(無)와 죽음으로부터 구원된다는 사실 때문이다."(p. 107)

장음계에서 5음의 변형 시점과 음악에서 변형의 순간을 나타내는 음은 인간 발달의 중심이 되는 죽음-부활 신화를 나타낸다. 음악에서는 역설과 정반대가 함께 공존하는데, 이는 삶의 진실과 일치하는 것이기도 하다. 이는 인간의 탄생이 삶의 첫 시작을 나타내지만, 반면 삶의 끝, 즉 죽음을 향해 첫발을 내딛는 것과 유사하다.

첫 시작과 목적이 음악이나 삶에서 모두 같다는 것을 깨닫는 지혜는 인생의 가치가 여행, 운동, 항해를 하는 것이지 목적지가 있는 것은 아니라는 직관을 갖도록 한다. 경험의 매개로서 그 기원과 목적을 깨닫는 지혜는 음악과 삶이 동일한데 인생의 가치가 여행, 운동, 항해를 하는 것이지 도착지점이 아니라는 통찰을 갖는 것이다. 음악작품을 연주하는 목적이 그것의 결과, 목표 혹은 도착점이 아닌 것처럼, 또한 인생의 목적이 그 궁극적인 종착역에 이르는 것이 아니듯이, 음악치료에서 음악의 목적도 음악 외적인 목적을 이루고자 하는 수단이 아니다. 음악을 감상하는 데 있어 절대적이든 음악에 대해 분명히 말할 수 있든지 간에, 음악이 지닌 가장 깊은 가치를 이해한다는 것은 깨어 있는 삶을 풍성하게 하는 영적인 통찰을 갖는 것이다.

아기가 바깥 세상으로 내딛는 첫걸음은 '영웅의 여행'이 시작되는 첫 단계이고, 이는 1음에서 2음으로 움직이는 첫 단계가 멜로디의 첫 음이 두 번째 음으로 움직이는 것과 같은 것이다. 그 아기는 융화된 정체성을 지니고 삶을 시작하는데, 자율적인 정체성을 발달시키고자 하는 첫 단계는 또한 자율성을 초월하는 첫 단계가 된다. 음계에서 근음에서 두 번째 음으로의 움직임은 근음에서 벌어지는 운동이자 근음으로 되돌아가는 움직임 모두가 된다. 또한 여행의 첫발은 동시에 집으로 되돌아오고자 하는 첫발이 된다. 인간을 위한 음악의 중요성을 내포하고 있는 기본 원리는 모든 인간 활동이 시작점으로 되돌아가는 영원한 회귀의 부분이라는 것이다.

14

멜로디, 용기, 변화

　이 장은 다소 폭넓은 관점을 가지고 앞 장에서 소개된 주제를 다루며 그들 사이에 잠재되어 있는 연결고리를 밝히기 위해 한 발 더 나아갈 것이다. 음악중심 이론에서는 음악에 연관된 생각이 지배적으로 나타나고 있으며, 그것은 확실히 본문을 통해 기술하고 있는 내용의 많은 부분에서 중심적인 역할을 하고 있다. 이 장은 사람들이 음악의 주제나 멜로디와 동일시하는 방법에서 나타나는 일종의 융합에 관해서 살펴보는 것으로 시작하고자 한다. 우리가 음악치료에서 「용기」로서 멜로디를 고려하는 것을 좀 더 자세히 살펴보기 위해 「용기」 스키마를 사용하여 조사하고자 한다.

　이후 음악과 치료 모두와 관련되어 있는 변화에 대해서 살펴본 후 음악중심 이론에서 중심 역할을 하고 있는 중요한 공통점 몇 가지를 발견하고자 한다. 음악 과정과 삶의 경로와의 관계는 그 다음 논의의 주제가 될 것이다. 그리고 이 장에서는 용기를 확장하는 것이 어떻게 치료과정을 인간의 기본적인 발달과정과 연결하는 수단으로 사용될 수 있는지로 결론 맺고자 한다.

멜로디와 자아정체성과의 관계

일종의 음악 「용기」[1]라 할 수 있는 멜로디는 특별히 정체성, 변형, 자유와 구조의 통합 능력이라는 이슈와 관련될 때 음악치료 상황과 관계가 있다. 우리가 멜로디를 「용기」로 논할 때는 문자 그대로의 물리적인 용기를 의미하는 것이 아니라 그 안에 본질적인 양상을 담는 물리적인 용기로 기능을 하는 현상을 의미했음을 다시 한 번 생각해 보자. 물리적인 용기의 기능에 대해 생각해 봄으로써 「용기」로서 멜로디가 갖는 기능을 통찰할 수 있을 것이다.

용기의 본질을 탐색하는 데 강 추론(river analogy)으로 되돌아가고자 한다. 흐르는 강은 분화되지 않은 채 움직이는 물의 덩어리다. 용기를 강물에 넣어 1리터의 물을 떠올리는 것을 상상해 보자. 1리터의 물은 이제 분화되지 않은 채 계속해서 흐르는 강물에서 떨어져 나왔다. 물리적 용기는 1리터의 물이 시간을 통해 지속하는 분리된 존재로 생각하게 해 준다. 게다가 물리적 용기는 공간을 통해 물을 나를 수 있도록 해 준다. 이제 물은 우리와 함께 여기저기를 옮겨 다닐 수 있다. 용기가 없었다면 역동적으로 흐르는 분화되지 않은 물의 현상만이 존재할 뿐이다. 하지만 용기를 통해 물은 분화되고 자율적인 존재로 창조된다.[2]

그렇다면 음악 「용기」에 대해서 생각해 볼 때 위와 같은 기능을 찾아봐야 한다. 우리는 음악이란 존재가 분화되지 않은 덩어리로부터 자율성을 지닌 존재를 어떻게 만들어 낼 수 있는지 찾아봐야 한다. 또한 음악이 어

---

1) 이 장에서 계속 사용할 「용기」는 용기 스키마를 나타내며 물리적인 용기를 의미할 때는 용기로 사용하여 둘을 구분하고자 한다.

2) Lakoff와 Johnson(1980)은 두 종류의 「용기」 스키마가 있다고 하였다. 그들은 물이 가득한 욕조를 예를 들면서 욕조와 물을 둘 다 용기로 보았다. 욕조는 '용기 대상'이고 물은 '용기의 물질'이다(p. 3). 비록 이 분석에서 이 둘을 구별하지는 않지만 둘의 차이가 이러한 개념을 음악치료에 적용하는 데 무관함을 나타내지는 않는다.

떻게 본래의 모습을 잃어버리거나 분화되지 않은 존재에 흡수되지 않고
시간을 견뎌 내고 공간을 움직이는 무언가를 창조하게 하는지 찾아봐야
한다.

멜로디는 인간의 자기와 매우 깊은 연관을 가지고 있다는 점에서 「용
기」로서 매우 중요하다. 감상자는 멜로디를 듣고 음악작품을 구별한다.
멜로디는 장식음, 변주, 확장, 새로운 화성으로의 재구성 등을 통해 변형
할 수 있지만 여전히 그 정체성을 보유한다. 일반적으로 멜로디에 추가
음이 더해질 때 새로운 존재로 받아들이지 않고 본 멜로디의 장식음으로
듣는다.

이와 동일하게 자기감은 느낌이나 기분과 같은 일시적 변형 또는 근원
적 방법으로 변하거나 성숙하게 되는 영원한 변형을 할 수 있지만 여전히
본래의 정체성은 지니고 있게 된다. 이러한 변화를 경험하지만 여전히 같
은 사람임을 느낀다. 새로운 변화를 겪었다고 해서 문자 그대로 새로운
사람이 되는 것은 아니다.

멜로디는 종종 음악에서 중재자다. 그것은 의도, 투쟁, 목적 추구의 근
원이다. 이와 유사하게 자기감, 즉 나 다움(I-ness)은 행동하는 중재자로
인식하는 무언가다. 멜로디는 시간을 통해 견뎌 내고 다양한 변화를 겪는
존재의 양상인 영속적 자기를 위한 추론을 줄 수 있다.

음악에서 멜로디가 꾸며지고 발전되고 확장될 때 우리는 멜로디가 되
기도 하고 멜로디와 동일시하기도 하는데, 이는 우리 자신이 변형되는 것
과 유사한 경험이다. 멜로디의 유동성, 유연성, 드라마, 움직임, 방향성은
자기의 유동성, 유연성, 드라마, 움직임, 방향성이 된다. 음악치료 상황에
서 환자가 음악 안에 있을 수 있을 때 음악의 운동, 의도, 목적, 구조, 탐
험은 자기의 운동, 의도, 목적, 구조, 탐험이 된다.

우리는 멜로디의 역동적인 묘사를 잠재되어 있는 자기를 묘사하는 것
으로도 이해할 수 있다. 주제가 강화되면 동시에 자신도 변하는 것을 경험
할 수 있다. 주제는 화성적으로 재구성하거나, 즉흥연주 혹은 론도 형식을

이용하여 익숙하지 않은 영역을 탐색하고 모험적이 되기도 하는데, 이때 우리는 동시에 익숙하지 않은 영역 또는 그 자신의 일부를 탐색하고 있다. 이것이 바로 주제가 자아탐색을 위한 수단이 되는 방법이다. 그리고 음악의 주제가 자비, 미, 몰입을 표현하면 우리는 주제와 동일시함으로써 이 방법으로 자신을 경험하게 된다.

요컨대, 각 음악의 주제에는 인간의 주제가 잠재되어 있다. Clive Robbins는 임상적 그리고 음악적 주제를 서로 동일시한다는 것을 다음과 같이 설명한다.

> 우리는 주제를 단지 멜로디가 지닌 일반적인 음악의 의미 이상으로 생각하고 있다. 우리는 의사소통을 위해 음악적으로 표현한 특별한 의미를 지닌 주제에 관해 환자나 환자 그룹에게 그 단어로 이야기한다. 그러한 주제는 특별한 내용이나 관점을 가지고 있으며 이는 작곡 요소의 형태나 언어(전부는 아니지만 대부분의 주제는 언어로 노래해 왔다)를 통해서 표현한다. 이후 주제는 특정 환자나 환자 그룹이 효과적인 경험을 하기 위해 게슈탈트에 내포되어 목적과 의미를 가지고 활동할 수 있게 된다(Clive Robbins, 개인적 통신에서, 2004년 3월 1일).

가사를 포함하거나 포함하지 않는 주제는 음들이 지닌 투쟁, 도달, 출발, 도착, 지연과 같은 특징이 있기 때문에 이러한 방식으로 인지될 수 있다. 하지만 우리는 이러한 특징을 흔히 의식이나 의지 때문이라고 치부해 버린다. 우리는 이와 같은 음의 역동성을 이용하여 음악적 주제와 임상적 주제가 하나가 되도록 한다.

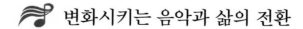

변화시키는 음악과 삶의 전환

Shaugn O'Donnell(1999)은 이미지 스키마타를 사용하여 즉흥연주에서 구조와 자유가 교대로 나타나는 현상을 개념화하였다. 이를 위해 그는 특별히 록밴드 Grateful Dead의 즉흥연주 구조를 분석하였다. 이 밴드는 독특한 방법으로 대중음악을 표현하였다. 수년 동안 이들은 두 개의 세트로 구성된 콘서트를 기획하였고, 그 중 두 번째 세트는 90분 정도 길이의 음악을 쉬지 않고 연주하였다. 이러한 형식은 보통 곡 속에 즉흥적 요소를 가지거나 곡과 곡 사이에 즉흥적 요소가 있는 형식으로 노래가 계속된다. 즉흥연주를 보면 어떤 부분은 느낌, 조성, 리듬이 매우 개방되고 자유로운 형식을 취하고 있는 부분이 있는 반면, 다른 부분은 앞서 했던 것을 지향하거나 혹은 그 반대의 특징을 가진 리듬과(혹은) 멜로디의 동기에 기초를 두고 있다.

O'Donnell은 「근원-경로-목적」과 「용기」 스키마타를 결합하여 이들의 음악을 분석하고 있다. 노래는 「용기」가 되고, 즉흥연주나 변화들은 하나의 용기에서 다른 용기 혹은 O'Donnell이 미지의 영역이라고 말한 곳으로 옮겨 가는 「과정」이 된다.

이러한 틀 속에서 노래는 「용기」가 되고, 노래와 노래 사이의 음악들은 「용기」의 밖이 된다. 노래가 아닌 노래를 구별하는 것은 내가 아닌 나를 구별하는 심리적 본질과 같다.

다양한 발달이론들은 어떻게 인간의 정신이 분화되지 않은 상태에서 창조되는가에 관해 이야기한다. 경계선은 불분명하고 우리는 외부 세계

[그림 14-1] 경로

역주: 'The other one' 과 'Morning dew' 는 모두 Grateful Dead의 곡

와 혼합된 상태에 존재한다. 발달과정이란 신체적, 심리적, 사회적 의미에서 외부 세계로부터 자기를 점진적으로 구별해 가는 것으로 이루어진다. 인간은 육체적으로 지닌 한계를 배우기도 하고 자신의 정서 경험이 다소 독특한 것으로 다른 사람의 경험과 같을 필요가 없음을 배우기도 한다.

앞서 말한 것과 같이 정체성을 창조한다는 것은 경계를 갖고 있는「용기」를 만드는 최초의 과정이다.「용기」밖에 있는 모든 것은 내가 아니고,「용기」안에 있는 것은 나다. 멜로디나 노래와 같은 특별한「용기」의 능력 때문에, 음악과 음악치료는 분리가 시작되도록 돕기 위해 자기 발달에 중요한 역할을 할 수 있다.

하지만 이것은 더 큰 전체와 연결되어 있으면서 여전히 융통성을 지닌 유일무이한 분리다. 음악의 주제는 큰 작품에서 소리 낼 때 하나의 구별되는 존재이지만 여전히 작품의 일부이기도 하다. 소나타의 주제나 끊이지 않고 이어지는 대중음악 속의 한 곡을 고려하든지 음악의 주제는 큰 작품에서 소리 낼 때 하나의 구별되는 존재이지만 여전히 작품의 일부이기도 하다. 분리는 언제나 보다 큰 전체 속에 존재한다. 멜로디의 변형에서 논의한 것처럼, 음악적 존재의 정체성은 상황에 따라 융통성을 가지고 반응한다. 이러한 특징은 개인 정체성의 건강한 발달에 반드시 필요한 것이다. 음악이 각 요소들의 변형과 정체성을 다루는 특별한 방식은 바로 인간의 건강한 발달에 반드시 필요한 것이기도 하다.

심리 발달은 건강하고 분화된 자기의 구조를 가졌다고 아동기에 끝나는 것이 아니다. 삶의 후반기에는 전체성과 유년시절에 버리고자 했던 내가 아닌 것과의 연결성을 재발견하는 것이다. 다시 말하자면, 삶의 후반기의 심리 발달을 위해 해야 할 일은 우리가 최초에 했던 일의 이미지를 거울에 비춰 보는 것이다. 이것은 우리가 태어난 사회적, 심리적 및 영적 세계와의 연결과 전체성을 되찾는 것이다. 우리가 해야 할 일은 자기의 자율성을 발달시키기 위해 내가 아닌 것과의 연결을 재확립하는 것으로서 보일 수 있다.

음악은 구성 성분의 유연성과 연결과 분리가 동시에 존재하는 능력 때문에 특별히 이러한 과정을 가능하게 하는 데 적합하다. 분리되어 있지만 동시에 보다 큰 무언가의 일부분인 음악 동기는 일반인이 보다 큰 전체의 부분이지만 자율적인 자기감을 갖도록 돕는다. 이것은 더 큰 무언가에 속해 있는 회원이 되는 것이며 이로써 음악적 및 비음악적으로 더 큰 의미와 목적을 가져다줄 것이다. 스키마타의 언어로 내가 말하고 싶은 것은 발달이라는 「용기」 안에 머무를 수 있는 것과 함께 그들 사이에서 움직일 수 있는 능력 모두가 필요하다는 것이다. 확실히 인간의 삶에 대해서 변화의 시대를 구성하는 연결 물질이 담겨 있는 「용기」에서 「용기」로 여행하는 과정이라고 생각하는 것이 가능하다.

　대학이 「용기」에 대한 좋은 예가 될 수 있다. 대학에서 한 인간의 삶은 특정 과제와 책임으로 이루어져 있다. 교육이 끝나면 이전의 안정성이 방해받고 삶이 더 모호해지는 알 수 없는 변화의 시기에 들어가는 것이 일반적이다. 이후 특정 직업이나 일을 갖는 과정은 다시 「용기」로서의 역할을 하게 된다.

　음악 용기들 간의 공간을 메우는 음악은 전환음악이나 전환공간을 차지하는 음악으로 알려져 있다(Aigen, 2002).[3] 전환음악은 하나의 물리적 용기에서 다른 물리적 용기로 데려간다. 또한 전환음악은 론도 형식에서처럼 어떤 방식으로 반복되는 경험을 또 다른 경험과 연결하거나, 전환적인 악절이 다른 곡으로 연결해 주는 Grateful Dead의 콘서트 경우에서처럼 어떤 종류의 음악 경험에서 다른 음악 경험으로의 변화를 중재한다.

　전환음악은 노래 형식이나 구성에서 다른 음악보다 덜 구조적이고 덜

---

3) 대중음악 형식에 익숙한 작가들이 전환음악에 관해 이와 같이 논하였다. 비록 내 생각에는 이러한 말이 서양 고전음악과 같은 다른 음악 형식에도 적용되는 것 같지만, 이는 다른 종류의 음악에 익숙하고 이것이 사실인지 결정하기 위해 음악치료에 적용하는 작가에 따라 다를 것이다. 그럼에도 내 생각에는 용어가 멜로디와 정체성에 관한 논의뿐 아니라 심상유도 음악치료나 Nordoff-Robbins 음악치료와 같은 음악치료의 형식에 적용되고 있다.

분명한 음악적 정체성을 가진다. 전환 음악은 어떤 특징을 갖는 음악에서 다른 음악으로 진행하고 있음을 알게 해 준다. 결과적으로서 이러한 음악은 모호한 특징을 가질 수 있으며 특정 음, 리듬, 화성적 규칙은 잠시 정지된다. 전환음악의 확실한 특징은 한 형식 내에서 상황에 의존적이다. 예를 들면, 어떤 음악 형식이 리듬적 그루브라면 전환음악은 이 속에서 좀 더 특별하고 격식을 벗어난 리듬 요소를 가질 수 있다.

음악치료와 관련하여 논의를 제공할 전환음악에 대한 두 가지 사고방식이 있다. 한 가지는 본질적으로 다른 음악 경험과 연결되는 수단이라는 것이다. 음악적 흐름 또는 음악적 이치 속에서 계획되지 않고 창조적인 방식으로 음악적인 여기에서 음악적인 저기로 데려간다. Grateful Dead 또는 즉흥연주를 사용하는 다른 밴드들처럼, 전환음악은 한결같은 음악 경험을 만들기 위해 노래를 연결시키는 수단이 될 수 있다. 이와 같은 방법으로 Grateful Dead가 전환음악을 사용하였을 때, 즉흥연주에 나타나는 이러한 음악적 특징들은 원곡의 음악 형식과 그리 많이 다르지는 않다. 이러한 형식의 확장은 청중이 예술적이고 미적인 경험을 할 수 있도록 하고 공공 의식의 형태로서 음악 경험의 가치를 강조할 수 있다.

음악치료에서 전환음악에 관한 실례는 Paul Nordoff와 Clive Robbins의 Indu라는 환자와의 초기 세션에서 볼 수 있다(Aigen, 1998). Indu의 세션에서 Nordoff와 Robbins는 처음부터 마지막까지 즉흥연주를 사용하였다.

세션 형식은 두 개의 전환 영역에 의해 연결된 세 개의 주요 영역, 즉 시작, 세션으로 전환, 세션, 종결로 전환, 종결로 이루어져 있다. 세 가지 중요한 부분은 시작, 세션, 종결은 각각 특별한 임상적 관점을 가지고 있다. 전환의 목적은 음악적-심리적 상태에서 다른 상태로 변화시키는 효과가 있다. 이 부분은 임상적-미적 형식을 창조하는 데 매우 중요한 역할을 하고 있다.

음악치료가 갖고 있는 전환음악에 대한 또 다른 사고방식은 전환음악의 본래 특징인 도착점으로서의 역할이다. 여기에서 음악은 그 밖에 어딘 가로 갈 수 있게 하는 수단이 아니라 경험의 중재자가 된다. 이러한 종류의 전환음악을 「용기」 밖에 더 존재하는 음악이라고 말할 수 있다. 특정 멜로디나 노래를 구체화하는 것처럼, 보다 분명한 특징이나 정체성을 가진 음악과 연결시키는 기능적인 음악 도구가 아닌 것이다. Grateful Dead에서도 전환 공간은 또한 머물 장소가 된다. 이러한 종류의 음악은 관습적인 화성, 조성, 리듬, 심지어는 조직까지도 모두 포기하며, 청각적 피드백이나 악기에서 나오는 다른 비관습적인 소리로 구성된다. 이러한 음악에서 가장 높이 평가받는 것은 유동성, 유연성, 새로운 시도, 창의성, 자발성이다. 이러한 것은 관습을 무시하는 음악인 것이다.

우리가 멜로디와 동일시하고 전환음악의 두 번째 종류에 관련된 예는 이전에 논의하였던 Lloyd와의 세션(Aigen, 2002)에 나타나 있다. Lloyd는 음악치료를 시작했을 때 27살이었다. 그는 언어, 행동, 자조 기술의 영역에서 심각한 손상을 보이고 있었으나, 탁월한 음악적 민감성을 지니고 있었다. Alan Turry(주 치료사)와 나(협동치료사)는 장기간의 음악치료 과정 동안 대중적인 형식의 음악을 즉흥적으로 사용하였다.

이 세션에서 가장 중요한 수단은 E 도리안 선법의 주제다. 과거에 일어난 무언가를 연주할 때 주제는 안정, 정체성, 안전 그리고 일어나고 있었던 것에 관한 것이다. 이는 우리가 이것을 했고 상처받지 않고 살아 있다라는 느낌을 주기 때문에, 특별히 위협으로 지각될 수 있는 요소를 가지고 있는 의식의 중요한 양상이다. 우리는 또한 Lloyd가 내적으로 느끼지 못했던 정체성과 불변의 경험을 멜로디가 준다고 생각하였다. 멜로디는 시간이 지날수록 음악 그 자체와 우리의 음악적 관계, Lloyd의 내적 세계, 그리고 우리 음악 그룹의 음악적 정체성의 여러 양상을 탐색하는 수단으로 발달하였다.

처음에 Lloyd는 어떤 음악적 교류에도 몇 초 이상 머물지 못하였다. 게다가 우리가 함께 만든 대부분의 음악은 매우 일정한 템포와 역동성, 그리고 중립적인 정서를 가졌으며 어떤 식으로든 예측할 수 없고 친밀감이 나 자기반성과 같은 특성도 나타나지 않았다. 음악이 자발적이거나, 예측할 수 없거나, 혹은 좀 더 표현적인 때면 언제나 Lloyd는 종종 함께 연주하지 않고 방을 나가 버렸다.

하지만 결국 Lloyd는 역동적인 음악과 정서적 변화를 담은 참을 수 없는 시점이 아닌 사실상 길고 자성적인 즉흥연주를 하는 시점까지 발달시켰다. 우리는 E 도리안의 주제가 Lloyd에게 신체적 · 정서적 · 인지적 「용기」의 기능을 할 수 있을 것이라 믿었다. 이 음악을 연주하는 동안에 Lloyd는 신체적으로 치료실을 돌아다니거나 떠나 버리는 행동을 하지 않게 되었으며, 인지적으로 음악이 연주되는 동안에는 매우 집중하는 모습을 보였고, 정서적으로는 음악 주제를 통해 자신이 표현하고 싶지 않았던 격한 감정도 표출하도록 하였다. Lloyd의 극적인 임상적 진보를 설명했던 이론은, Lloyd가 멜로디와 동일시함으로써 다른 방법으로는 한 번도 경험하지도 표현하지도 않았던 진지하고 내적인 바탕이 되는 자신의 부분을 진지하게 표현할 수 있었던 것이다. 멜로디가 확장적이고 진지하며 탐색적이 될 수 있는 것과 마찬가지로, Lloyd도 멜로디와 깊은 교감을 나누어 그렇게 될 수 있었던 것이다.

Alan이 E 도리안으로 처음 연주했을 때는 음악적 상호교류의 동기에 지나지 않았다. Alan이 이 주제를 피아노로 몇 차례 더 연주하자 Lloyd는 기타 소리를 내기 시작했고, 몇 번의 반복을 통해 음악을 끝마칠 수 있었다.

점차적으로 우리는 주제와 동기 사이의 시간을 늘렸다. 이때 사용한 음악은 유동적이고 창조적이며 상호교류적이었고 자기반성적이였으며 이러한 모든 것은 Lloyd가 치료의 초기에 전혀 경험하지 못했던 것이다. 시간이 지날수록 멜로디와 전환음악 사이의 관계가 역전되어 갔다. 멜로디는 좀 더 빨리 연주되기 시작했고 반복의 형식으로 사용되기보다는 전환 공간으로 들어가기 위한 시작 시점으로 사용되었다. 이것은 다양하고 긍정적인 임상 경험을 갖도록 도왔다. 일반적으로 전환적인 음악 공간에 머무를 수 있는 능력은 큰 임상적 진보를 나타내는 것인데, 이는 Lloyd가 외부 구조 없이도 더 잘 연주할 수 있거나, 예측할 수 없는 상황에 머무를 수 있다거나, 또는 무언가 경직된 상태보다는 유동적인 무언가에 동일시 할 수 있음을 의미하기 때문이다.

음악과 인간 삶의 경로

전환음악과 식역

전환음악은 식역(liminality)과 여러 면에서 유사한 특징을 지니고 있다. 음악치료는 자유와 구조를 동시에 줄 수 있으며 이들 사이를 이동할 수 있는 수단이 된다. 음악 공동체에 관해서는 Turner(1966)가 말하고 있는 서로 반대되는 개념이나 사회의 기능에 보완적 역할을 하는 식역과 신분제도에 관해서 말하고자 한다. 식역은 의식(ritual)의 경험이며 전환, 공동체, 성스러움을 특징으로 한다. 신분제도는 평범한 기능을 나타내며 국가, 구조, 비속(卑俗)과는 반대되는 특징을 지닌다.[4]

인간은 모두 자유와 구조 사이에서 끊임없는 반복을 통해 발달한다. 재충전에 관한 논의를 회상해 보면 알 수 있듯이 이것은 심리적으로도 마찬가지다. 그리고 다양한 휴일, 축제, 이것에 동반되는 의식들을 고려해 보면 사회적인 수준에서도 마찬가지임을 알 수 있다. 개인과 사회가 건강을 유지하고 발달하기 위해서는 이 양 극점을 편안하게 이동할 수 있는 능력

---

4) 이러한 생각은 Aigen(2002)의 대중적인 이디엄을 사용하는 즉흥연주 임상 연구에 적용되었다. 음악 기술을 배우고 특별한 작곡을 하는 것은 신분제도 영역에서 활동하는 예다. 전환음악과 즉흥연주는 일반적으로 문턱성의 경험을 나타낸다. 이러한 두 가지 경험은 삶과 치료 속에서 모두 필요하다.

이 필요하다.

자유와 구조의 양 극점은 의식의 가장 본질적인 양상이다. 변형적 의식을 겪고 있는 사람은 사회의 어떤 역할에서 다른 역할로 변화하고 있는 상태다. 이러한 역할들은 모두 분명하고 확고한 정체성의 상태다. 고정된 상태 사이의 변화 시기는 식역으로 알려져 있다. 이것은 사회적 역할과 구별을 희석시킨다. 이 시기에 정체성은 보다 융통성을 갖는다.

앞서 논의했듯이 공동체의 사람들은 의식을 함께 경험하고 특별한 느낌을 공유한다. 구조화된 삶은 예측 가능하고 업무중심적이며 기계적인 절차를 갖고 있고 실질적인 어려움에 직면하기도 한다. 반면, 공동체의 삶은 정동적으로 보다 즐겁고 풍부하다. 신비로움과 영감을 동시에 느끼게 될 수도 있다. 건강한 사회와 인간에게는 이 두 가지 모두가 필요한데, 공동체 없이 구조만 있다면 기계적이고 비영감적이며 공허한 사회생활이 될 것이고 반면, 반구조적인 공동체는 사회가 요구하는 일상생활의 실질적인 요구에 대처할 수 없을 것이기 때문이다.

인지적·정서적·신체적 문제는 자유와 구조 사이의 운동 규칙을 성공적으로 다루는 능력의 결함으로 이해할 수 있으며 이러한 사람은 양극의 한쪽에서만 극단적인 삶을 살고 있을 수 있다. 이것은 다음과 같은 두 가지 상황에서 동일하게 보일 수 있는 현상이다. 일반적으로 창의적이거나 예술적인 사람들은 생계수단이나 만족을 얻기 위해 창의적인 기술을 사용하여 자신의 삶을 구조화할 수 없는 것과 마찬가지로 구조적이고 통제적인 상황에 익숙한 사람들은 삶을 즐기는 데 창의적이거나 자발적이 될 수 없다.

장애나 트라우마도 이러한 패턴의 성공적인 이동을 처리하는 인간의 능력을 억제하는 결과를 가질 가능성이 있다. 즉, 삶에 어려움을 직면한 사람은 양극의 한쪽이 막혀 있는 것처럼 두 종류의 경험을 자기감으로 통합할 수 없는 사람일 수도 있다는 것이다. 이들에게 가장 다루기 어려운 요소는 자유나 구조 속의 경험이 아니라 전환 그 자체일 수 있다. 우리가 구조화된 활동을 잘 처리하고 있지만 전환의 시점에선 하나의 활동에서 다른 활동으로 넘어가는 데 혼돈을 일으키는 어린아이처럼 하나의 치료실이라는 작은 규모로 생각하든지, 혹은 아동기에서 청소년기로나 청소년기에서 성인기로 발달하는 것처럼 어떤 역할에서 다른 역할로 변할 때 성공적으로 전환할 수 없는 사람의 경우와 같은 큰 규모로 생각하든지 상관없이 사실상 삶의 가장 어려운 순간은 정확히 전환이 일어나는 시점이다.

이러한 틀을 통해 음악치료사들은 전형적인 환자들에 대해서 생각하는 방법에 대한 몇 가지 예를 생각한다. 이들은 이상한 반복 행동을 보이는 자폐아동이나 미지의 것에 대해 두려워하는 트라우마를 가진 사람, 또는 기계적이고 무의식적으로 살아가는 정신병자들은 모두 구조 속에 갇힌 사람들로 생각한다. 다른 한편으로, 과잉행동 장애아동, 조울증 성향의 사람, 사회구조 속에서는 만족스러운 출구를 찾지 못하고 있는 창의적인 사람들은 구조 속에서 기능할 수 없기 때문에 지나친 방종에 빠지거나 가치 있는 삶을 살지 못하는 사람이라고 생각하기도 한다. 또한 정신병동이나 노숙자 쉼터에서 생활하지만 이들의 삶이 구조화된 환경을 벗어나 무질서하고 건강하지 못한 정신질환자나 노숙자를 생각해 보자. 이들은 모두 시설을 벗어나 생활할 때 자유와 구조를 통합하지 못하고 자유와 구조 사이의 양 극점을 왔다 갔다 하는 것으로 생각된다. 모든 사람들을 위해 어떤 상황 속에서든 양 극단을 이동하는 경험을 하고 이 경험의 의미를 이해하는 것은 트라우마나 장애에 따른 결과를 이겨 내고 발달할 수 있도록 돕는다.

음악 경험의 구조와 반구조

연구에 기반하여 말해야겠지만, 대다수의 음악치료 환자들이 대중음악의 형식과 가장 음악적으로 연결되어 있다는 것은 쉽게 알 수 있는 사실이다. 이러한 관계를 통해 환자들의 음악에 대한 사랑, 생각, 음악을 어떻게 사용하는가에 대한 기대를 채울 수 있을 것이다. 따라서 다양한 학문적인 측면에서 대중음악을 분석하고 연구하는 것이 유용할 것이고 이러한 생각은 음악치료에서 음악중심 이론을 구성하거나 음악치료 임상에서 발달된 이론을 증명할 수 있어야 할 것이다.

Robin Sylvan(2002)은 이러한 종류의 연구를 하였으며 대중음악의 종교적인 측면을 조사하였다.[5] Sylvan은 종교의 형식적인 역할과 서구문명에서 신의 개념 쇠퇴에 대한 관찰에서 시작하였다. 그는 특정 종류의 대중음악이 청중들의 종교적 경험을 형성한다고 믿었지만 일반통념이 대중음악을 "세속적인 유흥의 하찮은 형식"(p. 3)으로 보았기 때문에 종교적인 기능이 과소평가되고 오인되었다.

청중들이 대중음악과 관계를 맺는 방법을 조사하면 다음과 같은 종교적인 기능을 알 수 있다. ① '황홀한 교감'과 '영감과의 만남'을 제공하며, (Sylvan, p. 4), 후자는 모든 종교의 목표다. ② 신뢰할 수 있는 경험을 창조하는 의례적이고 의식적인 활동을 제공하며, ③ 음악종교적인 경험이라는 상황으로 철학과 세계관을 제공하며, ④ 일상사를 해결해 갈 수 있는 경험을 제공하는 기능이다.

이러한 식으로 특정 형식의 대중음악은 종교적인 기능을 지니고 있으면서 동시에 문화적인 정체성, 사회 구조, 공동체의식을 제공한다. Sylvan은 이러한 대중음악이 다소 "미적, 사회적, 경제적 차원에서 오락의 형태로 간주되더라도"(p. 4) 참가자들은 의식(意識)적으로 이를 그러한 것으로 인정하려 하지 않는다고 말한다. 하지만 감상자들과 선호음악 형식과의 관계를 분석한 것을 보면 이를 종교로 밝히고 있다. 이것은 본질적이고 특별한 진리를 추구하는 기존의 종교와는 다른 "다양한 음악, 종교, 문화적 요소"(p. 4)로 구성된 포스트모더니즘 종교로 기업과 접목된 형태로 이해할 수 있다.

---

5) Sylvan의 인용은 모두 이 연구에서 나온 것이다.

Sylvan은 자신의 논제가 신비한(종교적인) 경험을 하는 것이 모든 종교의 기본이라는 종교에 대한 폭넓은 이해에 달려 있음을 인정한다. 이러한 경험은 우리가 좀 더 전형적으로 종교적이라고 생각하는 체계적인 종교 구조 뒤에 있는 자극제다. 하지만 신비스러운 경험은 단지 종교적인 구조 속에서만 나타나는 것이 아니라 사회적 활동을 통한 여러 영역에서 나타나고 있다. 이러한 식으로 종교를 이해하는 방식은 문화의 모든 영역에 스며들고 있다.

종교적 경험을 기반으로 하는 대중음악의 출현은 종교적 욕구의 변위에서 생긴다. 종교음악이 신비스러운 경험을 주지 못하자 종교적 욕구는 문화활동의 다른 부분에서 만족을 추구하게 되었다. Sylvan은 서구문화의 많은 사람들의 경우에는 종교적 욕구가 대중음악으로 전이되었다고 한다.

Sylvan은 음악이 이러한 욕구가 실현되는 영역이 되었는지에 관한 주요 이유는 음악이 인간 경험의 복잡한 수준에서 기능하기 때문이라고 하였다. 그 인간 경험의 수준은 생리적·심리적·사회문화적·기호학적·실질적·의식적(ritual)·영적 수준이며 이러한 것은 종교적 경험이 기능하는 것과 같은 수준이다. 또한 음악 경험에는 종교적 경험뿐 아니라 주체가 객체로, 신체에서 정신으로, 영적인 것에서 물질적인 것으로 초월하게 하는 특별한 양상을 지닌다.

서아프리카 음악에서 기원한 리듬에 기반을 둔 팝음악이 종교적 요구를 채울 수 있는 기본이 된 이유가 있다. 노예로 미국에 끌려 온 서아프리카인들은 자신들의 종교의식을 행하는 것을 금지당했다. 그들의 종교적인 욕구는 다른 분야로 옮겨졌고 그것이 음악이 된 것이다. 원래 형식에서 이러한 음악은 종교적인 기능을 확실히 가지고 있으며 완전히 종교적인 욕구의 운반자가 되었을 때 그 기능은 더욱 강해졌다.

블루스와 재즈 음악 형식은 서아프리카에서 온 노예들의 음악에 기원을 둔다. 이러한 이유로 블루스와 재즈 안에는 "서아프리카인이 가지고 있는 종교의 실행과 경험 상태"(Sylvan, p. 7)를 전달하고 있다. 로큰롤, 힙합, 레이브 등을 포함해 리듬에 기반을 둔 많은 대중음악의 형식들은 블루스와 재즈 음악에 근원을 둔다. 따라서 이러한 근원에 기인하여 서구 팝음악은 그 안에 종교적인 경험을 위한 능력을 지니고 있다고 할 수 있다. 또한 그 음악이 서구에 영향력을 갖고 있기 때문에 종교적인 차원으로 유럽에도 영향을 미쳤다.

Sylvan은 로큰롤이 어떻게 1950년대 대중음악을 지배했는지에 대해 설명한다. 로큰롤은 다양한 음악 형식과 관련 문화를 파생시켰고 이에 따라 미국인들의 몇몇 세대들은 로큰롤의 중심에 숨겨진 종교적인 감각에 영향을 받아 왔다. 이러한 음악은 전통적인 종교 형식으로는 실현할 수 없는 종교적인 요구를 표현할 수 있는 완벽한 수단으로 음악의 기원에서부터 존재하고 있었던 것이다. 음악이 창조된 목적은 종교적인 표현을 하고자 함이다.

음악치료에 이러한 논제를 적용해 볼 때 음악의 기능과 유사하게 치료에서도 종교적인 욕구 불만이 어떻게 투사로 나타나는지 유념해 볼 필요가 있다. 심리치료의 과정과 관점들은 종교와 같이 의식적인 형식의 반복이 있고, 세계관과 가치체계를 기반으로 하며, 내면의 변화에 초점을 맞추며, 일상생활의 만족스러운 향상을 약속해 주고, 의미 있는 탐색에 대한 해답을 준다. 음악치료는 음악과 치료라는 두 가지 영역을 결합하고 있는데, 이 두 영역에 종교적인 요구가 들어와 있다. 그러므로 음악치료는 특별하고 강력한 종교적인 요구에 부흥할 수 있다.

Sylvan은 자신의 연구에서 음악의 네 가지 신문화에 대해서 밝혔다. 현장 조사를 통해서 그는 각 공동체의 구성원들이 스스로 선택한 음악과 종교적으로 어떻게 관계를 가지는지 설명하고 있다. 이 신문화는 ① Greateful Dead와 *Dead Heads*로 알려진 그의 팬들, ② 하우스, 레이브, 일렉트로닉스 댄스음악에서 보이는 댄스음악의 연속체, ③ 헤비메탈과 메탈헤드, ④ 랩 음악과 힙합문화들을 포함하고 있다. 모든 연구가 논의할 만한 가치가 있으나, 여기에서는 Dead Heads의 경험을 특별히 말하고자 한다.

Sylvan은 연구를 통해 Greateful Dead 콘서트에서는 "절정 경험, 통찰, 계시, 깨달음의 순간"이 매번 나타났으며 "사실상 이는 콘서트 기획의 목적이기도 하다."(p. 91)고 밝히고 있다. 그는 이러한 경험이 가장 전형적으로 일어나는 시점으로 콘서트의 두 번째 세트라고 밝히고 있다. 두 번째 세트는 구조화된 노래와 노래 사이에 끊이지 않고 이어지는 무언가를 탐색하는 듯한 즉흥연주가 있었음을 다시 한 번 생각해 보자. 두 번째 세트의 가장 중심에는 가장 실험적인 즉흥연주가 자리 잡고 있으며 종종 단순한 공간으로 묘사된다. 이것은 다음과 같이 묘사되어 왔다.

벽이 없는 음악 환경…… 노래의 형식은 포기되었고, 음악의 요소에도 의심을 품게 된다. 유일한 임무는 새로운 영역을 탐색하는 것이다……. 그곳은 리듬, 음, 음색, 멜로디, 화성이 아무런 규칙이나 예정 없이 탐색될 수 있다(Bralove, Sylvan, p. 93 인용).

밴드의 리드 기타리스트인 Jerry Garcia는 이 부분이 "환각적인 경험을 통해 영감을 얻을 수 있는 형식을 가진다…… 이것은 어디로든 갈 수 있고 되돌아올 수 있으며 재조직될 수도 있다."고 하였다(Sylvan, p. 93).[6]

이렇게 발생한 의식과 자기의 확장은 "우주 전체와 신비스러운 연합"으로 경험된다 하여도(Sylvan, p. 95), 이러한 경험은 청중들에게 쉬운 경험이 결코 아니다. 사실, 청중들은 종종 곤란하고 어두운 순간을 만난다. 두 번째 세트에서 "붕괴, 죽음, 환생"(Sylvan, p. 97)이 하나가 되는 것을 경험할 수 있다. 이 순간은 음악의 모든 요소가 그러하듯 청중의 자기는

---

6) Helen Bonny 또한 환각적인 경험을 심상유도 음악치료 목적의 본보기적 요소라고 밝혀 왔다. "나는 환각제를 복용한 후 자연적이고 정동적인 여행을 하는 것을 관찰했고 이러한 경험을 위해 약물을 이용한 치료에서 사용할 수 있는 음악 프로그램을 고안하기 시작했다. 후에 심상유도 음악치료에서 약물 없이도 이러한 환각적인 경험을 할 수 있도록 고안한 음악 프로그램을 사용하였다."(1978b, p. 39)

해체되고 오로지 음악의 공명과 공간 속의 혼돈과 부조화에서 비롯된 노래 형식으로만 이루어진다.

> 일정 구조를 지닌 꽤 짧은 노래이지만 이 구조에서 움직임이 있었는데, 이는 좀 더 확장적이고 혼돈적이었다가 다시 구조로 돌아가는 것이다……. 이는 죽음과 부활에 관한 음악적 설정이었다. 당신이 구조에서 출발할 수 있다면 완전한 혼돈과 분열을 경험할 수 있으며 이후 다시 구조로 돌아올 수 있다. 하지만 확실한 것은 여행을 떠나기 전의 당신과는 다른 존재라는 것이다 (Sylvan, p. 104).

Sylvan은 음악에서 분열, 죽음, 환생의 과정을 구조-반구조-구조(structure-antistructure-structure)가 연달아 일어나는 Turner(1966)의 의식(ritual) 과정 모델과 동일시한다. Turner의 모델에서 "경험은 일상생활이라는 구조에서 시작하여 식역(識)에 이르게 되는데, 이때 종종 생명을 위협하는 듯한 경험을 하기도 한다. 이는 옛 정체성이 죽고 새로운 정체성을 지닌 사람으로의 회귀를 상징한다."(Sylvan, p. 98) Turner의 모델과 Greateful Dead의 콘서트에서는 "경험의 가장 중요한 국면이 시간적으로 중간 정도에 나타나는데, 이는의식에서 가장 결정적인 경험이고 가장 중요한 의미를 지닌다."(Sylvan, p. 103)

이와 같은 과정은 인간 발달에서 다양한 모습으로 나타난다. 콘서트에서 분열-죽음-환생이라는 개인적인 경험을 할 수도 있고, 음악에 따라 구조-분열-구조로 나타날 수도 있으며, Turner의 의식 과정의 구조와 같은 구조-반구조-구조로 나타나기도 한다. 음악치료에서 구조-자유(전환음악)-구조의 역동성은 기본적인 변형의 과정을 나타내며, 위에서 묘사한 의식과 비임상적 음악 경험의 본질적인 부분일 뿐 아니라 많은 치료적인 만남의 중심부에 자리 잡고 있는 것이다.

콘서트 밖의 삶에서 경험의 효과를 논할 때, Sylvan은 치료 상황에서도 빈번하게 나타나는 종교적으로 전형적인 현상들을 설명하고 있다. 영향을 미치는 영역은 ① 신체와 정서 치유의 순간을 경험하기, ② 삶의 결정에 영향을 주는 인간 존재의 보다 기본적인 측면과의 연결하기, ③ 음악에서 삶에 가져오려고 하는 음악에서의 존재 방식에 대한 지식을 얻기 등을 포함한다.

각각의 영역이 지닌 장점은 음악치료에서도 동일하게 나타나는 뛰어난 효과로 설명할 수 있다. 이것에 대한 설명은 음악중심 사고의 핵심 개념 가운데 하나가 될 것이며, 음악치료에서 나타나는 음악의 가치와 음악의 사회적 기능 사이의 조화가 될 것이다.

(1) 신체적인 치유의 범위는 "감기와 같은 사소한 질병에서부터 척추 손상의 치료"(Sylvan, p. 100)까지 폭넓게 자리잡고 있다. 정서적인 치유는 이혼과 같은 어려운 대인관계의 고통에서 회복되는 것도 포함하고 있다.

(2) 콘서트에서의 강렬한 경험은 그들이 중심과 연결하도록 돕고 콘서트 밖 삶에서의 여러 결정들을 인도해 주는 기능을 한다.

나에게 Greateful Dead가 보여 주고 있는 것은 마치 일상생활의 경험 속에 묻혀 있던 내 자신의 자기를 돌아보게 하는 것이다. 만약 내가 다시 한 번 Dead의 콘서트에 간다면, 그들은 음악과 춤으로 환각상태를 일으킬테고 난 내 자신의 본래의 모습에 다시 한 번 직면할 것이다. 그리고 난 말하겠지. "그래, 이것이 바로 내 삶이지, 이것이 바로 내 삶의 핵심 이야기이지."…… 그리고 매일 매일의 삶에서 깨달음을 변화로 만들 수 있는 구체적인 행동을 할 것이다(Sylvan, p. 101).

Sylvan의 연구에 참여한 사람들은 위와 같은 종류의 통찰이 어떻게 중심을 갖고 삶을 구조화하며, 이혼, 이사, 새로운 직업의 선택과 같은 변화에 전력하게 하는 데 강력한 효과를 주는지 보고하고 있다.

(3) 콘서트는 또한 사람들이 살아 있음을 느끼고 큰 활력을 얻는 경험을 준다. 이는 보다 심오하고 보다 만족스러운 방법으로 인생을 경험하도록 한다.

나는 충만하고 즐겁고 흥미로운 삶의 가능성을 포기했었기 때문에 그것은 나에게 삶의 불을 다시 켜 주었다. 나는 살아 있음을 너무나 느끼고 있어 내가 무엇을 하고 싶은지 여기 있는 목적이 무엇인지를 기억했다. "오, 좋아. 우리는 이처럼 여기에 있는 거야."

많은 사람들은 음악에서 일상생활을 재창조하는 존재를 경험한다. 이들의 "목적은 새로운 사회의 정체성 안에서 일상생활로 돌아가고 반구조주의 경험 속에서 감지한 것을 보다 정확히 반영할 수 있는 새로운 구조를 창조하는 것이다."(Sylvan, p. 113) 이러한 목적을 추구하는 것은 위에서 언급한 "관계, 직장, 생활 속에서의 중요한 변화"(p. 112)에 영향을 미친다.

반구조적인 즉흥연주를 통해서는, 경험하는 사람이 음악을 벗어나 있더라도 자신을 아는 법과 삶의 방식을 변화시키는 자기, 타인, 외부 세계, 현실을 경험하게 된다. 이는 음악치료 세션 안에서 삶의 밖으로 전이시키는 일반화를 음악중심 형식으로 묘사한 것이라 할 수 있다. 이제 사람들은 의식과 자기의 확장을 지향하는 공공의 환경 속에서 자발적인 뮤지킹 속에 내재된 가치에 이끌린 삶을 살기 시작한다.

각각의 노래와 콘서트 전체, 그리고 더 나아가 삶의 리듬 속에는 구조-반구조-구조가 존재하며 반구조는 일상생활의 균형을 맞추고 치료한다. 음악치료 세션에서도 록 콘서트에서 경험할 수 있는 반구조와 같은 기능을 경험할 수 있다. 하지만 콘서트에서 그러하듯 세션에서는 기본적인 반구조 안에서 작은 구조-반구조-구조 형식을 경험하게 된다. 사실상 이러한 구조-자유-구조라는 템플릿은 음악치료 과정의 일반적 모델을 위한 기초로 계속해서 사용할 것이다.

이와 같은 역동성은 Paul Nordoff와 Clive Robbins의 초창기 연구 가운데 Indu와의 세션에서 분명히 나타나고 있다. Indu는 그 과정이 음악치료 모델에 영감을 제공하는 세션이라고 언급하였다(Aigen, 1998). 음악치료에서 사용하는 음악을 작곡하는 데 구조를 제공하는 것은 매우 중요한데, 반복되는 주제 없이 경험을 하면 되돌아갈 수 있는 어떤 구조를 갖지 못하기 때문이다. 즉흥연주에서 자유나 반구조를 제공할 수 있는 기술이 필요한 것과 같이 작곡에서 구조의 경험을 제공하는 것이 필요하다. 멜로디를 즉흥연주하는 능력에 있어서 이와 같은 두 가지 양식은 치료사 안에서 통합된다.

　Greateful Dead가 즉흥연주를 강조하고 있는 것은 자신을 청중에게 호소하는 본질적인 방법이며 이는 록음악의 주류가 그러하듯 관습을 좇지 않는 행동이다. 이것은 "매 순간 새로운 형식으로 자신을 드러내는 신성한 지혜에 접근하는 길"(Silberman, Sylvan, p. 100 인용)처럼 보인다. 즉흥연주는 그 안에 어떤 메시지를 담고 있는데, "당신이 진정 그 모두가 어떻게 연대하는지 살펴볼 때, 상실에 대해 그리고 미에 대한 순간적인 본성에 대해 일종의 수용이 있게 된다."(Sylvan, p. 111) 음악을 창조하는 이와 같은 접근은 어떻게 삶을 살아가야 하는지에 관한 모델을 제공한다. 또한 영광, 미, 영감은 선입견 없이 삶에 접근함으로써 경험할 수 있음을 가르친다. 주어진 상황에서 발생하는 일에 열려 있으면 열려 있을수록 "기대하지 않은 아름다움이 스스로 드러냄"(Sylvan, p. 112)이 많아질 것이다.

　특별히 음악중심 관점에서 Sylvan이 논의한 음악 경험의 많은 측면들은 음악치료 과정과 연관되어 있다. 나는 콘서트의 경험과 심상유도 음악치료의 경험의 유사성에 관해 이미 언급하였다. 게다가 콘서트의 참가자들의 경험한 내용을 보면 심상유도 음악치료에서의 경험과 유사함을 알 수 있다.

　그러나 콘서트 경험을 Nordoff-Robinns 음악치료와 같은 적극적인 즉흥연주라고 볼 때 콘서트 경험에서 즉흥연주가 갖는 중요한 측면과 심상유도 음악치료에서 작곡된 음악을 사용하는 점은 어떻게 두 경험이 서로 적용 가능한가에 관한 의문을 불러일으킨다. 구조-반구조-구조의 패턴은 완전히 작곡된 음악 형식에서와 즉흥연주를 포함한 음악 형식과는 다르게 나타날 것이다.

그러나 작곡된 음악이 구조-반구조-구조 또는 구조-자유-구조의 패턴을 만들 수 없는 것은 아니다. 반구조적 음악의 특징과 관습적인 방법을 벗어난 작곡 방식이 있기 때문이다. 사실, 음악치료의 두 가지 방식 간의 이러한 차원의 동질성과 차이를 조사하는 것은 연구 영역에서 중요하다.

이와 같이 음악치료에서 사용하는 두 가지 방법의 차이를 고려해 볼 때, 의식(ritual), 대중음악, 음악치료에서 나타나는 3부로 나뉜 모델이 즉흥연주를 사용하는 적극적인 음악치료 접근과 작곡된 음악을 사용하는 수용적인 음악치료 접근에서 같을 것이라고 가정할 수는 없다. 하지만 나는 두 영역에 충분한 유사성이 있다고 믿고 있다. 그럼에도 불구하고 이러한 생각이 우리가 현재 순간에 좀 더 충분히 몰입하도록 하는 능력을 확장시킴으로써 인간 삶의 전환적 본질을 찾는 데 기여하는 즉흥연주의 기능을 축소하는 것은 아니다.

🎵 치료와 삶을 위한 용기로서의 확장

Lisa Summer(1992, 1995)는 서양 고전음악 작품에 나타난 음악 발달의 특별한 요소들과 D. W. Winnicott의 발달이론에 기초를 둔 심상유도 음악치료의 자아실현 기제를 위한 이론을 제안해 왔다. 특히 Winnicott의 이론에서 중요한 것은 익숙하지 않고 도전적인 경험으로 발생한 불안해하는 아동이 학습을 통해 익숙해져서 발생하는 자아의 발달과정이다. 전환 공간 개념을 통해 아동은 단지 친숙하지 않아서 처음으로 위협적이거나 도전적인 것에 관해 내현화할 수 있게 된다. 이와 같은 식으로 아동의 세계는 인간경험의 보다 넓은 범위를 흡수할 수 있는 것처럼 확장된다. Summer(1992)는 이 과정을 다음과 같이 설명하였다.

아동이 새로운 장난감과 같이 익숙하지 않은 경험을 할 때, 예를 들어 '내가 아님'의 경험은 아마도 처음에는 불안을 유발할 수 있다. 하지만 부모의 지지에 따라 이러한 불안은 '행동을 유발함'이 될 수 있다. 아동은 이 장난감을 가지고 놀도록 지지받고 이를 자신의 안락함의 목록에 추가한다. 즉, '나'라는 경험으로 말이다. 이렇게 해서 그의 능력, 행동, 느낌은 확장되어 간다(p. 47).

Summer는 음악이 "환자가 경험할 수 있도록 보다 효과적인 전환음악의 공간을 창조하여 '내가 아님'의 경험을 새로운 것으로 통합하는 기능을 한다."(p. 47)고 하였다. Summer 이론의 핵심은 서양 고전음악의 작곡을 ① 한 사람의 자기감으로 시작하고, ② 익숙하지 않거나 위협적인 것과 변화하는 만남에 참여하고, ③ 친숙하지 않은 것을 자기감과 통합하는 것으로 결론짓는 세 가지 단계의 과정으로 이해할 수 있는 것에 관해서 고려하고 있다.

Winnicott의 이론에 관한 Summer의 생각은 2장에서 논의된 가교이론에 담겨 있다. Summer는 심상유도 음악치료가 Winnicott이 제안하고 있는 과정에 따르는 것이 아니라, Winnicott의 아동 발달에 관한 생각이 심상유도 음악치료 과정의 기제를 보다 쉽게 설명하도록 돕는다고 한다. 이러한 입장은 소나타 형식에서 작곡가가 음악 소재를 다루는 법을 심리적으로 어떻게 이해할 수 있는지에 관한 통찰을 분명하게 보여 준다.

베토벤의 교향곡 5번의 1악장에 관해 Summer는 다음과 같이 기술한다.

음악의 요소들이 잘라지고, 꼬아지고, 재배열된다……. 작곡가는 이를 더 발전시키기 위해 아름다운 멜로디의 윤곽을 기꺼이 파괴한다. 관점을 변화시키기 위해 프레이즈는 더욱 쪼개어진다. 악장의 주제를 강화하기 위해 리듬을 파괴하고 분해한다……. 소나타 형식을 파괴하고 또 발전시키는 음악 요소에 대한 재해석은 '나' 와 '내가 아님' 의 경험이고 이는 치료 경험과도 일치한다. 음악의 '의식' 은 확장하고 '나' 는 발전이라는 지적 과정을 통해 변형되면 결과적으로 '내가 아님' 은 덜 위협적으로 변화하고 보다 쉽게 나의 정신세계로 통합된다(pp. 49-50).

이러한 음악 요소의 재해석은 작곡 형식으로 사용되었다. Summer(1995)는 어떻게 이것이 모차르트의 피아노 소나타 K331에 사용되었는가를 관찰하였고 각 작품의 변주가 어떻게 원래의 주제와 관련 있는지 보았다. 특히 다음과 같은 제2변주에 관한 언급은 중요하다.

모차르트는 제1변주의 아포자투라를 오른손에서 끌어내려 우리가 기대하는 왼손의 화성으로 가져온다. 그 결과 절묘한 불협화음이 생긴다. 모험적이고 탐색적인 시도가 변주의 반주로 통합되었다(p. 42).

변화 요소로 처음 제시된 반음계는 친숙하지 않은 음악 요소였지만 이제는 친숙한 것으로 통합된다. 처음 멜로디의 음악 「용기」 밖에 있는 것은 그리하여 음악에서 자기가 살고 있는 「용기」 안으로 들어와 자기 안으로 들어오게 되고 그럼으로써 확장되는 것이다.

음악치료 환경에서 노래, 작곡, 반복되는 멜로디, 동기는 「용기」로 기능하여 구조적인 요인을 제공할 수 있다. 이것들은 친숙한 무언가를 만날 때 나는 내가 하는 것을 알고 있다, 나는 친숙한 곳에 있다, 나는 이제 노래 안에 있다, 나는 다음에 일어날 일을 알고 있다 등의 생각을 가질 수 있도록 하고 그들에게 방향성을 제시한다. 이것이 잘 알고 있는 구조와 명확히 규명된 역할을 가진 존재감인 것이다.

음악치료의 즉흥연주에서 서로 다른 「용기」를 조정하는 것은 악절의 시점과 서로 다른 형식의 전환음악이다([그림 14-a], p. 380). 그것들은 구조-자유라는 진동 속에서 자유를 준다. 환자가 음악작품과 동일시할 때,

「용기」가 자기의 발현이 되었을 때, 노래 속의 즉각적이고 자유로운 요소
들은 자기정체성의 일부분이 된다. 환자는 나는 아직 노래 속에 있지만 일시
적으로 노래로부터 자유로운 상태라고 느낄 수 있다. 환자는 그 노래 안에 있
게 되고 자유는 보다 쉽게 다루어진다.

　하지만 음악적 전환과 악절은 노래의 사이에 사용될 뿐 아니라 어떠한
노래, 작곡, 즉흥연주에서 또 다른 노래, 작곡, 즉흥연주로의 방향성을 제
시할 수 있다([그림 14-b]). 이곳에는 좀 더 불확실함이 있고, 동반되는 자
유는 좀 더 도전적이고 따라서 잠재적으로는 보다 보상적이 된다. 환자는
더 이상 그 노래 속에 있지 않기 때문에 「용기」는 확장되고 세션은 그 자
체가 된다([그림 14-c]).

　다음의 보다 더 큰 틀에서 전환음악은 치료과정의 단계들이 될 수 있고
단일 세션의 요소들을 중재하는 것이 아니라 장기 세션 과정의 요소들을
중재한다. 이제 「용기」는 클라이언트-치료사 관계, 작업 방식, 그리고/
또는 특정한 클라이언트의 욕구의 본질에 의존하면서 치료적인 관계 또
는 치료과정이 된다([그림 14-d]).

　이와 같은 과정은 Lloyd와의 세션에서 명백히 드러난다(Aigen, 2002).
이 연구에서 클라이언트의 과정은 구조에서 자유로 그리고 다시 구조로
돌아간다. 구조의 초기 단계는 무수히 많은 단순한 음들과 음악 형식을
갖는다. 자유를 강화하는 특성을 지닌 두 번째 단계에서 즉흥연주는 좀
더 기본적으로 전환음악적 성격을 갖고 각 개인 형식으로 발전하고 1단
계에서 사용한 다양한 대중적 형식과 결합한다. 세 번째 단계에서는 폴카
나 레게음악과 같은 구조적인 형식을 갖는 구조로 다시 돌아간다. 흥미롭
게도 자유 단계(2단계) 속에서 작은 구조-자유-구조의 형식이 나타난다.
즉, ① 이미 알고 있는 음악 형식으로 즉흥연주, ② 분명한 음악 형식을
갖지 않는 전환음악 속에서 재밍(jamming)이나 즉흥연주, ③ 이전의 두
형식과 합쳐진 개인적이고 독특한 형식이다.

　마지막 형식에서 치료의 종결을 위한 기준을 제안하고자 하는 것은 하

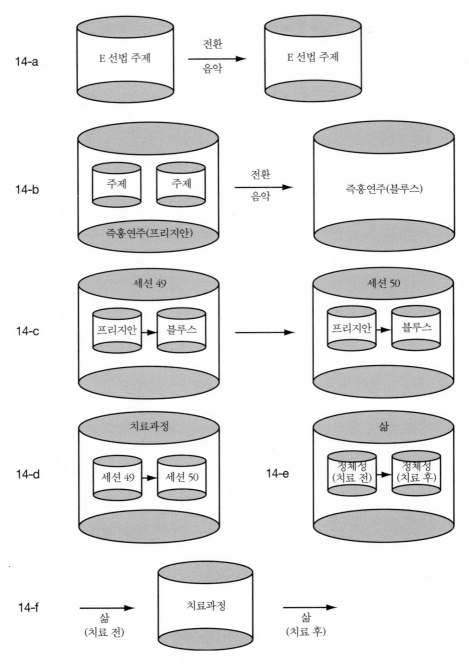

[그림 14-2] 용기

나의 세션 그 자체가 전환으로 경험되어야 한다는 것이다. 비록 그 안에 구조 요인들이 있다 해도 치료과정 그 자체는 하나의 전환과정이 된다. 치료에서의 음악은 정체성의 한 단계에서 다른 단계로의 변화로서 기능한다. 「용기」는 이제 삶 그 자체가 된다([그림 14-e]). 보다 덜 심각한 문제를 가진 클라이언트를 위해 장애를 갖지 않은 사람들, 용기로서 모든 삶에서 잘 기능하는 능력은 치료를 위한 욕구가 끝났음을 제안할 수 있다. 삶의 과정을 통해 치료로부터 잠재적으로 혜택받을 수 있는 만성적인 욕구를 가진 사람들을 위해 치료를 위한 적절한 종결 시점을 제안할 수 있다.

과정은 「용기」로서 노래와 함께 시작된다고 말하고 싶다. 만약 우리가 즉흥연주 음악치료를 고려하고 있다면, 우리는 조성을 첫 번째 수준의 「용기」로 생각할 수 있다. Paul Nordoff의 즉흥연주에서 세션 동안 지속되는 즉흥연주는 단일하고 반복적인 간격을 갖고 시작할 수 있다. 일단 이러한 「용기」가 만들어지면 이후의 조성과 멜로디의 확장은 클라이언트의 세계나 「용기」가 확장된 것으로 경험된다.

다음 과정은 주제와 노래가 「용기」가 되는 것이며, 이후 세션을 「용기」로 경험하게 된다. 그리고 치료과정 그리고/또는 치료관계가 「용기」가 되며, 이후 궁극적으로는 삶 그 자체가 「용기」로서의 기능을 하게 되고 이곳에서 우리는 기본적인 안전과 포근함을 느낄 수 있다.

음악을 통해서 점진적으로 더 넓은 수준으로 경험한 구조와 자유를 통합하고 균형을 이루는 법을 배우는 과정이 음악치료의 전체적인 과정이라고 생각하는 것이 좋을 것 같다. 여기서의 경험은 궁극적으로 인간의 잠재력을 완전히 확장시키고 균형을 이루고 있는 힘을 지닌 곳으로 인도한다. 이것은 음악치료에서 음악을 통한 자아실현 모형의 축소로 생각할 수 있고, 이는 다양한 욕구와 다양한 기능 수준을 가진 수많은 사람들에게 적용할 수 있을 것이다.

치료는 삶을 특징짓는 구조와 자유 사이를 움직이는 운동으로 이루어진다. 뮤지킹의 모든 형식은 이러한 범위 가운데 어딘가에 위치하고 있다.

할 수 있는 수준에 상관없이 끊임없는 전후 운동을 이해하고자 하는 능력
의 습득, 자신의 발달을 위해 이러한 운동을 사용하고자 하는 능력의 습득,
그리고 경험을 자기감으로 일관성 있게 통합하고자 하는 능력의 습득은
많은 음악중심 음악치료 목적의 방향성을 세우는 데 고려될 수 있다.

식역(liminal state) 또는 전환음악으로 특징짓는 순간에는 몰입, 자발
성, 존재감이 치료과정 전반에 걸쳐 변화할 수 있다. 위에서 논의된 연구
(Aigen, 2002)에서, 이러한 음악 형식은 초기에는 순전히 세션의 구조적인
부분들 사이에서 중재적인 기능을 한다. 결국에 이러한 전환음악은 한 장
소에서 다른 장소로 이동시켜 주는 수단에서 자신의 권한을 지닌 경험의
매개체로 변한다. 이는 그것의 독특한 특징을 직접적으로 찾고자 하는 경
험의 한 유형이다.

처음에는 구조화된 요소를 음악의 목적으로 생각하였다. 전환적 악절
은 우리를 주제로 인도하고 즉흥연주는 주제, 멜로디, 동기 또는 노래 사
이에서 전환을 만들어 낸다. 전환을 단순히 끝을 향한 수단으로 봤지만
결국에는 경험의 매개체가 되었다. 즉, 과정과 같은 음악적 전환은 궁극
적인 목적 그 이상의 중요성을 갖는다.

모든 사람에게는 구조와 자유의 경험이 필요하다. 인간의 발달과 문화
의 지혜를 전수하는 것을 용이하게 하는 의식은 이러한 방식으로 패턴화
되는 것이다. 반구조와 구조는 번갈아 나온다. 음악은 이와 같은 원칙을
구현한다.

식역은 일종의 전환 상태다. 이것은 여러 수준으로 존재한다. 이것은
보통 상태로부터의 자유 경험이다. 이것은 참여의 경험이다. 음악에는 작
은 전환들이 존재하고 이것이 확장되어 점차적으로 치료에 나타난다. 전
환의 범위가 확장되어 좀 더 안전함을 느끼게 되며 보다 넓은 전환과 자
유의 경험으로 구성된다. 이 속에선 안락함을 느낄 뿐 아니라 삶의 살아
갈 이유와 지지받음을 받아들이게 된다.

결국 출생에서 죽음까지의 삶 그 자체는 하나의 커다란 전환으로 경험

된다([그림 14-f]). 전환상태의 가치를 배운다는 것은 삶은 전환이라는 것으로 가치있게 여기는 것을 배우는 시점에서 우리의 의식을 고양시키는 것이다. 우리가 출생 사실에 영향을 미치거나 죽음을 막을 수 없기 때문에 삶의 자원이나 목표는 예정되어 있다. 결정할 수 있는 것은 우리가 그 가운데에서 참여하는 과정이다. 따라서 우리가 가치를 두어야 하는 것은 과정인 것이다.

이 저서에서는 어떤 것의 도달점은 그것의 기원이라는 견해에 관련된 많은 논의는 어떻게 이것이 우리를 지금 이 순간에 데리고 올 것인가에 초점을 두고 있다. 이것은 제한된 범위에서 수용성을 크게 확장시켜 줄 수 있다. 예를 들어, 손상되었다는 사실이 아니라 음악을 통해 현재 지니고 있는 능력에 초점을 맞춤으로써 뇌졸중으로 상실된 언어나 운동 능력을 회복할 수 없는 사람이 현재 순간을 인식할 수 있도록 도울 수 있다.

다음은 내가 이 책을 집필하는 동안 음악치료에서 만난 클라이언트에 관한 이야기다. 이 클라이언트는 50대 중반으로 언어장애를 가지고 있어 아무런 말도 할 수 없었으며, 자음조차도 소리 낼 수 없었다. 수년 동안 나와 함께 세션에 참여하면서, 그는 몇 개의 다른 모음을 구별할 수 있게 되었고 음의 형태로 소리 낼 수 있었으며 팝송의 멜로디를 비슷하게 함께 연주할 수 있게 되었다. 그가 가장 좋아하는 노래는 '이파네마에서 온 소녀'였다. 이 노래에는 모음으로 된 많은 장소의 이름이 있으며 이 단어는 몇 마디에 걸쳐 지속되기도 한다. 우리는 하나가 되어 장모음을 함께 소리 내기도 했다. 그는 노래하는 동안 음악이 순간순간 요구하는 것을 해냈으며 노래하는 순간만은 그의 장애가 아무런 문제가 되지 않았다. 그가 완전히 이 순간에 몰입하고 있을 때 음악이 요구하는 모든 것을 할 수 있었기 때문에 더 이상 그의 장애는 존재하는 것이 아니였다.

음악은 지금 이 순간과 그 속에 있는 즐거움에 초점을 맞추기 때문에, 우리를 지금 이 순간에 데리고 가는 음악에 대한 영적인 통찰은 장애를 가진 사람들의 고통과 상실감을 완화시키는 한 방법이다. 물론 이 책의

정신대로 장애를 지닌 사람들에게 누가 봐도 알 수 있는 이러한 혜택은
일반 사람들이 음악을 통해 누릴 수 있는 그것과 동일한 것이다.

Colin Lee(2003)는 음악 현상과 삶의 힘과 죽음의 과정과의 관계 사이
의 현상에 관해 논해 왔다. 그는 "음악이란 생명을 주는 힘"(p. 187)을 가
지고 있지만 동시에 죽음의 과정을 표현하고 반영할 수 있다고 하였다.
음악의 기본적인 본질에 대한 논의에서 그는 다음과 같은 Begbie의 생각
을 인용한다. "죽음은 결국 쇠퇴와 종결로 향하는 음의 탄생 주기와 연결
된다."(p. 187)

이것은 하강하는 멜로디 라인은 "음악 여행을 하는 것과 마찬가지로
영원하지 않는 것처럼"(Saslaw, 1997-98, p. 21) 느껴진다고 말하는
Schenker의 견해와 일치하는 것이기도 하다.

모든 직선 진행은 탄생에서 죽음까지의 영원한 삶의 모습을 보여 준다. 직
선 진행은 삶과 마찬가지로 경과음 속에서 시작하고 살아가다가 목적에 도달
했을 때 끝난다(Schenker, Saslaw, p. 21 인용).

대규모의 음악 구조에 관해서 Lee는 어떻게 음악작품이 인간 삶과 같
이 전개되는지를, 특히 "음악작품의 시작은 깨어지기 쉽고 새로운 창조적
인 힘의 탄생을 예고하는가"의 관점에서 고려해 보았다. "음악의 순환은
인간 존재라는 삶의 순환과 별반 다를 것이 없기 때문에"(p. 188), 음악은
삶과 죽음의 과정을 완벽히 지원할 수 있는 것이다.

Lee의 폭넓은 경험은 어떻게 음악 미학이 삶에서 죽음으로 자연스럽게
이동하는지를 그에게 보여 준다. 이러한 과정에 녹음된 음악이나 작곡된
음악이 종종 사용되고 있음을 인정하였지만, 그가 더 관심을 보인 것은
즉흥연주된 음악이 보인·창조적인 반응이었다. 그의 설명에 따르면, "즉
흥연주가 핵심이다. 관계, 음악, 죽음의 미학은 모두 하나가 된다. 각각은
다른 것의 확장이 되며 매 순간, 선율, 음, 눈짓, 제스처, 뉘앙스는 음악을

통해 포용된다."(p. 188)

Lee는 또한 즉흥연주가 "엄청난 인간의 존재와 순간성을 반영할 수 있는지"(p. 189)에 관해서 고려하기도 하였다.

예견할 수 없는 것을 구체화시켜 주고, 끝없는 잠재력의 창으로서 즉흥연주는 꽉 막힌 우리 존재의 현실을 표현하는 채널이 될 수 있을 것이다. 존재의 순간성을 직접적으로 직면해 온 클라이언트와 세션을 하면서 반복적으로 발견할 수 있었던 것은 즉흥연주가 이러한 생각을 끊어 버린다는 사실이었다……. 즉흥연주는 순간적인 삶의 특성을 잘 반영해 준다. 이것은 즉흥연주에게 인간 존재 안에 있는 더 큰 공간과 예술적인 내용을 구별할 수 있는 잠재력을 부여할 수 있는 속박과 자유 사이의 균형을 갖는다(p. 189).

이 책에서 기술한 것과 같이 Lee는 음악치료에서 음악의 가치를 자유와 구조의 교차적인 패턴으로 설명한다. 삶 그 자체는 전환이라는 것을 깨달을 때 완화의료를 살펴보는 것이 가능하다고 하였으며 이는 Lee가 보다 넓은 적용 가능성을 지닌 음악치료 과정의 축소판이라고 기술한 것이다. 변화로서의 음악과 삶의 본질이 완화의료 사용에 반영되고, 음악은 삶의 모든 변화를 가능하게 하는 방식으로 마지막 변화에 적절할 동반자가 된다. 실로 삶이다라고 할 수 있는 변화를 용이하게 하는 방식으로 말이다.

이러한 관점에 따르면, 다른 음악 요소들은 구조나 자유를 표현할 수 있다. 이러한 판단이 절대적인 것은 아니다. 즉흥연주를 사용하는 음악치료 세션이 전환음악과 음악 요소와 결합하여 서너 개의 주제로 구조화될 때 멜로디는 구조를 이루고 전환음악은 자유를 이룬다.

한편으로 주커칸들은 변하지 않는 구조가 역동의 장이라고 하였다. 멜로디의 힘은 이동의 자유로움 속에 있는 것이다. 멜로디 그 자체가 음악의 핵심을 이루는 자유를 구체화한다. 음악 속에 산다는 것은 자유와 구조 사이에 균형을 취하는 것이고 자유롭게 선택한 과정의 가치를 학습하는 것이며, 단순히 목적지나 운명에 이르는 것이 아니라고 하였다.

그렇다면 치료는 무엇인가? 음악치료는 무엇인가? 그것은 과정 또는 도착지인가? 전환 또는 용기일까? 이에 대한 답으로, 우리는 '영웅의 여행'에서 영웅이 자신이 여행을 시작한 곳에서 여행을 끝내면서 항상 어떻게 집으로 돌아오는가를 생각해 보자. 음악은 침묵에서 시작해서 다시 침묵으로 끝이 난다. 즉, 우리의 삶은 시작된 곳에서 끝난다. 갈 곳이 없기 때문에, 문자 그대로 그 밖에 갈 장소가 없기 때문에 삶이란 완전히 지금 이 순간에 머무른다.

하지만 이러한 사실에도 불구하고 인간 존재로서 우리는 모든 경험이 필요하다. 자유를 느끼길 원하지만 또 구속을 원하기도 한다. 우리는 지금 이 순간을 가능한 깊이 있게 경험하길 원하지만, 또 한편으로 지금은 순간에 불과하며 무엇이든 간에 목적이 중요함을 느끼고 싶어 한다.

궁극적으로 우리는 과정과 목적, 변화와 용기 모두를 필요로 한다. 불변의 진리는 우리 모두 무(無)로 돌아갈 것이라는 것이고 이것에 우리 자신을 융화시켜야 한다는 것이다. 하지만 여기에 머물고 있는 동안 우리는 목적을 성취할 필요를 느끼고 또한 이를 행할 방법을 찾아야만 한다. 이 것이 무(無)로 돌아갈 수 있는 평화로움을 가질 수 있는 목적을 성취하고 발달시키는 것이다. 그리고 우리는 지금 이 순간 우리가 할 수 있는 것을 해 왔다고 느끼게 된다.

> 공간세계에서는 역설이며 사실 터무니없는 설명들(어느 곳으로 가든지 되돌아오며, 출발지와 목적지가 똑같은 곳이고, 모든 길이 그 시작으로 되돌아온다.)이 음이란 세계에서는 사실에 대한 단순한 진술일 뿐이다(Zuckerkandl, 1956, p. 104).

의미 있는 것은 걸어갈 과정이 있다는 것이다. 음악 속에 산다는 것은 어떻게 목적이 과정을 성취해 가는 수단이 되는지를 경험하는 것이다. 이것은 어느 한쪽의 중요성을 훼손하는 것이 아니다. 오히려 어떻게 우리가 이를 전형적으로 생각하는지를 보게 한다. 음악중심 음악치료는 음악과 인간의 삶의 이와 같은 기본 진리 위에 세워진다.

음악치료의 사회적 역할

  음악중심적인 사고는 상호작용이 가장 중요한 도구이고, 음악이 클라이언트와 치료사가 만나는 가장 중요한 영역이기 때문에 음악치료 학생들에게는 임상 태도와 음악 기술의 중요성을 더욱 강조하고 있다. 하지만 어떻게 음악중심 사고가 음악치료 세션 수준을 개념화하는 데 어떤 영향을 미칠지에 관해서는 아직 분명하지 않다.

  이곳에 제시한 생각에 대한 책임으로서 음악중심 세션은 오랜 임상 경험을 가진 치료사가 심리주의적 사고와 그에 따른 치료적인 생각을 가지고 행할 때 일어날 수 있다고 말하고 싶다(Alan Turry, 개인적 통신에서, 2004년 2월 1일).

  하지만 이와는 반대로 음악치료 실행의 수준에 관한 Bruscia(1998)의 생각을 빌리면, 음악중심적인 사고는 좀 더 기본적인 수준에서 적합하게 개념화할 수 있을 것이다. Bruscia는 치료의 가장 중요한 수준을 "클라이언트의 중요한 치료적 욕구를 충족시키는 데 음악치료는 없어서는 안 될 유일한 역할을 하며, 그 결과로 클라이언트와 그의 삶에 폭넓은 변화를 일으키는"(p. 163) 정도라고 설명한다. 음악중심적인 작업은 없어서는 안 될 유일한 역할임이 분명하다고 생각하고는 있지만, 이 음악 영역에서 변화가 일어나지 않더라도 그렇게 할 수도 있음을 인정한다. 따라서 여기서 제안하고 있는 음악중심적인 사고를 분석하는 방법으로는 치료사의 실행 수준이 클라이언트의 변화 정도에 따라 결정된다는 Bruscia의 개념과는 양립할 수 없다고 본다. 다시 살펴보면, 변화의 범위는 적절한 치료법을 암시해 주는 징후이지만 나에게는 2차적인 징표이며 항상 치료사의 의도를 직접적으로 결정해 주지는 않는다.

음악중심적인 사고는 보편적이고 특별한 음악 과정과 구조를 파악하기 위해 학문적으로도 민족음악학과 음악철학과 같은 교과목에 관한 수업도 필요하다. 음악중심적인 방법으로 사고한다는 것은 음악치료의 기본 구조를 이루는 방법으로 다른 학문 분야를 받아들이기보다는 동등한 관계에서 다른 학문 분야와 관계를 맺는 것이다. 음악치료사들은 음악치료 실행에 중심이 되는 이슈를 조명하는 측면에서 다른 학문 분야가 제공할 수 있는 측면을 조사해야 하며 이는 상호 영향을 미치는 관계를 가져야 한다. 사회 속에서 음악 경험과 이를 사용하는 것의 특징을 조사하는 음악철학이나 민족음악학과 같은 다른 학문 분야를 고려할 때 분명한 것은 음악치료에서 음악의 특성을 고려하지 않고는 사회 속에서 음악 또는 그것의 사용의 특성에 관해 어떤 말도 완전할 수는 없다는 것이다. 따라서 음악치료사들은 이와 같은 다른 학문과의 소통을 위해서는 어떤 의무감을 지녀야 할 것이다.

음악중심적인 사고를 다른 영역에 적용하는 데는 본질적인 어려움이 있다. 기본적으로 이처럼 사고하는 것을 좋아하지만 실질적으로 자신의 임상 영역에는 적용하지 못하는 많은 음악치료사들이 있다고 나는 추측한다. 또한 음악치료 서비스에 관련된 기금을 다루거나 관련 제도를 만드는 사람들은 이러한 접근에 회의적일 수 있는 것도 가능하다.

실용주의적인 이유로 음악중심적인 사고에 반대함에도 불구하고, 나는 이러한 접근을 발달시키는 것이 가치 있는 일이라 생각한다. 사회는 변하고, 만약 우리가 음악중심적인 사고를 이론적으로 그리고 임상적으로 발달시키지 않는다면 이를 위한 자리는 마련되지 않을 것이다. 마지막으로 음악중심적인 실행은 진실되고 이를 실행하는 것은 많은 이점을 가질 것이다. 실질적인 실행에서 시대적인 어려움이 있을지라도, 만약 그렇게 한다면 우리는 클라이언트를 위해 진실을 추구하고 혜택을 주게 될 것이다.

많은 음악치료사들이 일하고 있는 건강 관련 기관이나 교육기관에는 음악치료 서비스에 관련된 제도를 정하는 중요한 위치에 있는 수많은 관료들이 있을 수 있고 이들은 음악중심적인 이론에 따른 음악치료 이점에 관련된 설명에 호의적일 수도 있다. 하지만 한편으로는 더 많은 사람들과 사회기관은 비음악적인 용어로 음악치료의 이점을 설명할 수 있는 다른 종류의 이론을 요구할 수도 있다.

비록 음악치료사들이 스스로 목표로 한 것에 관해 부차적으로 달성하는 결과라고 생각할 수도 있는 자존감 향상, 운동 기능 향상과 같은 용어로 음악치료의 이점을 설명하는 것이 솔직하지 않은 것은 아니다. 음악치료사들이 클라이언트를 통해 음악 외적인 목적을 달성하는 것을 관찰하는 것은 현재 음악치료 세션에서 가장 빈번히 나타나는 것이다. 실용주의적 관점을 통해서 음악치료가 지닌 실질적이고 잠재적인 이점을 어떻게 묘사할 수 있을지에 관해 말할 수 있어야 한다.

하지만 중요한 것은 이러한 선택이 실용적으로 이루어지고 있으며, 세션에서 근본을 이루고 있는 음악에서의 경험은 보다 근본적인 영역임을 음악치료사들은 인정해야 한다는 것이다. 우리의 작업 중심에 있는 좀 더 근본적인 현실을 이루고 있는 것을 잊게 만드는 실용적인 이유들 때문에 우리의 결정이 내려지게 놔 두어선 안 된다.

학계를 넘어 더 넓은 사회를 고려한다면 음악중심적인 접근은 음악치료와 사회 속에서의 음악을 사용할 수 있는 다른 영역 간의 다리를 놓을 것이다. 이는 음악을 치료의 한 수단으로 특화하는 것이 아니라 음악의 적용을 특화할 수 있는 음악치료를 만드는 것이다.

　Paul Nordoff와 Clive Robbins는 초기에 창조적이고 음악중심적인 음악치료가 치료적인 환경을 넘어서 적용될 것이라 하였다. 이들의 도전적인 진출은 음악에 대한 새로운 발견을 제시하였고 장애아동이 지닌 새로운 잠재력을 조명하였다.

　　음악가는 음악치료의 시작을 결정한다……. 일단 그가 치료사로서 일하기 시작한다면 그는 작곡된 음악이 아닌 음악 그 자체의 예술 속에 있는 새로운 지평과 척도와 깊이를 찾아낼 것이다. 치료로서 음악의 예술을 경험할 때 발견하게 되는 것은 그 자신과 모든 음악에 새로운 빛을 발하게 할 것이다(Nordoff & Robbins, 1971, p. 141).

　음악중심적인 사고는 인간이 음악을 함께 창조하려 할 때 일어나는 일과 주요하게 관련되어 있기 때문에, 음악치료를 받는 클라이언트와 사회구성원들 사이에 평등성과 공통성을 갖는다. 이 책을 통해 논의된 것과 같이 음악은 미적 · 초월적 경험의 수단이며, 연결, 몰입, 공동체, 힘의 근원, 표현을 위한 경험의 수단이 된다. 음악치료사는 이러한 본질적인 경험을 자신의 힘으로는 창조할 수 없는 사람들에게 제공해 준다. 음악치료사들이 제공하고 있는 경험의 범주를 살펴보면, 다른 사람들이 얻고 있는 것과 똑같이 장애를 가진 사람들도 음악으로부터 이러한 것을 얻고 있음을 알 수 있다. 음악중심적인 사고는 모든 인간의 공동 유대를 강조하며, 뮤지킹을 인간이 지닌 근본적인 양상으로 보기 때문에 음악치료사들은 자신들이 함께 작업하는 사람들의 기본적인 인간성을 지지한다.

●참고문헌●

Aigen, K. (1991a). *The roots of music therapy: Towards an indigenous research paradigm*. Doctoral dissertation, New York University. UMI #9134717.

Aigen, K. (1991b). The voice of the forest: A conception of music for music therapy. *Music Therapy, 10*(1) 77–98.

Aigen, K. (1995a). The aesthetic foundation of clinical theory: An underlying basis of creative music therapy. In Carolyn B. Kenny (Ed), *Listening, playing, creating: Essays on the power of sound* (pp. 233–257). Albany, NY: State University of New York Press.

Aigen, K. (1995b). Cognitive and affective processes in music therapy with individuals with developmental delays: A preliminary model for contemporary Nordoff–Robbins practice. *Music Therapy, 13*(1), 13–46.

Aigen, K. (1996). *Being in music: Foundations of Nordoff-Robbins Music Therapy*. St. Louis, MO: MMB Music, Inc.

Aigen, K. (1998). *Paths of development in Nordoff-Robbins music therapy*. Gilsum, NH: Barcelona Publishers.

Aigen, K. (1999). The true nature of music-centered music therapy theory. *British Journal of Music Therapy, 13*(2), 77–82.

Aigen, K. (2001). Popular musical styles in Nordoff–Robbins clinical improvisation. *Music Therapy Perspectives, 19*(1), 31–44.

Aigen, K. (2002). *Playin' in the band: A qualitative study of popular musical styles as clinical improvisation*. New York: Nordoff–Robbins Center for Music Therapy, New York University.

Aigen, K. (2003). *A guide to writing and presenting in music therapy*. Gilsum, NH: Barcelona Publishers.

Aigen, K. (2004). Conversations on creating community: Performance as music therapy in New York City. In Mercédès Pavlicevic & Gary Ansdell (Eds.), *Community music therapy: International initiatives* (pp. 186-213). London and Philadelphia: Jessica Kingsley Publishers.

Aldridge, D. (1989). A phenomenological comparison of the organization of music and the self. *Arts in Psychotherapy, 16*, 91-97.

Aldridge, D. (1996). *Music therapy research and practice in medicine: From out of the silence.* London: Jessica Kingsley Publishers.

American Heritage college dictionary. (2002). Boston and New York: Houghton Mifflin Company.

American Music Therapy Association. (2002). *Member sourcebook.* Silver Spring, MD: Author.

Amir, D. (1995). On sound, music, listening, and music therapy. In Carolyn B. Kenny (Ed.), *Listening, playing, creating: Essays on the power of sound* (pp. 51-57). Albany, NY: State University of New York Press.

Ansdell, G. (1995). *Music for life. Aspects of creative music therapy with adult clients.* London: Jessica Kingsley Publishers.

Ansdell, G. (1997). What has the new musicology to say to music therapy? *British Journal of Music Therapy, 11*(2), 36-44.

Ansdell, G. (1999a). Challenging premises. *British Journal of Music Therapy, 13*(2), 72-76.

Ansdell, G. (1999b). *Music therapy as discourse & discipline: A study of music therapist's dilemma.* Doctoral dissertation, City University, London.

Ansdell, G. (2002a). Community music therapy and the winds of change: A discussion paper. In Carolyn Kenny & Brynjulf Stige (Eds.), *Contemporary voices in music therapy: Communication, culture, and community* (pp. 109-142). Oslo: Unipub Forlag.

Ansdell, G. (2002b). Community music therapy and the winds of change. [online] *Voices: A World Forum for Music Therapy, 2*(2). 2002. Accessed July 18, 2003, at http://www.voices.no/mainissues/Voices2(2)ansdell.html.

Bergstrøm-Nielsen, C. (1993). Graphic notation as a tool in describing and analyzing music therapy improvisations. *Music Therapy, 12*(1), 40-58.

Bonny, H. (1978a). *Facilitating GIM sessions.* Baltimore, MD: ICM Books.

Bonny, H. (1978b). *The role of taped music programs in the GIM process.*

Baltimore, MD: ICM Books.

Bonny, H. (1980). *GIM Therapy: Past, present, and future implications.* Baltimore, MD: ICM Books.

Bonny, H. (1989). Sound and symbol. Guided Imagery and clinical practice. *Music Therapy Perspective, 6,* 7-10.

Bonny, H. (2002a). Autobiographical essay. In Lisa Summer (Ed.), *Music and consciousness: The evolution of guided imagery and music* (pp. 1-18). Gilsum, NH: Barcelona Publishers.

Bonny, H. (2002b). Music and spirituality. In Lisa Summer (Ed.), *Music and consciousness: The evolution of guided imagery and music* (pp. 175-184). Gilsum, NH: Barcelona Publishers.

Bonny, H. (2002c). Music therapy: A legal high. In Lisa Summer (Ed.), *Music and consciousness: The evolution of guided imagery and music* (pp. 185-204). Gilsum, NH: Barcelona Publishers.

Brandalise, A. (2001). *Musicoterapia músico-centrada.* São Paulo: Apontamentos.

Broucek, M. (1987). Beyond healing to "whole-ing": A voice for the deinstitutionalization of music therapy. *Music Therapy, 6*(2), 50-58.

Brown, S. (1999). Some thoughts on music, therapy, and music therapy. *British Journal of Music Therapy, 13*(2), 63-71.

Brown, S., & Pavlicevic, M. (1996). Clinical improvisation in creative music therapy: Musical aesthetic and the interpersonal dimension. *The Arts in Psychotherapy, 23*(5), 397-405.

Bruscia, K. E. (1987). *Improvisational models of music therapy.* Springfield, IL: Charles C. Thomas Publishers.

Bruscia, K. E. (1995). Modes of consciousness in guided imagery and music: A therapist's experience of the guiding process. In Carolyn B. Kenny (Ed.), *Listening, playing, creating: Essays on the power of sound* (pp. 165-197). Albany, NY: State University of New York Press.

Bruscia, K. E. (1998a). *Defining music therapy* (2nd edition). Gilsum, NH: Barcelona Publishers.

Bruscia, K. E. (1998b). An introduction to music psychotherapy. In Kenneth E. Bruscia (Ed.), *The dynamics of music psychotherapy* (pp. 1-15). Gilsum, NH: Barcelona Publishers.

Bruscia, K. E. (2002). Foreword. In Brynjulf Stige, *Culture-centered music therapy* (pp. xv–xvii). Gilsum, NH: Barcelona Publishers.

Bunt, L. (1994). *Music therapy : An art beyond words*. London and New York: Routledge.

Clair, A. A. (2000). Response to scientific foundations of music in therapy. In Michael H. Thaut, *A scientific model of music in therapy and medicine* (pp. 41–50). San Antonio, TX: IMR Press, The University of Texas at San Antonio.

Colwell, C. M., & Murlless, K. D. (2002). Music activities (singing vs. chanting) as a vehicle for reading accuracy of children with learning disabilities: A pilot study. *Music Therapy Perspectives, 20*(10), 13–19.

Copland, A. (1939). *What to listen for in music*. New York: McGraw–Hill Book Company, Inc.

Cox, A. W. (1999). *The metaphoric logic of musical motion and space*. Doctoral Dissertation, University of Oregon. UMI #9940396.

Csikszentmihalyi, M. (1990). *Flow: The Psychology of optimal experience*. New York: Harper and Row.

Dewey, J. (1934). *Art as experience*. New York: Wideview/Perigee.

Eliade, M. (1959). *The sacred and the profane. The nature of religion*. New York and London: Harcourt Brace Jovanovich.

Elliot, D. (1995). *Music matters. A new philosophy of music education*. New York: Oxford University Press.

Erdonmez, D. (1993). Music: A mega vitamin for the brain. In Margaret Heal & Tony Wigram (Eds.), *Music therapy in health and education* (pp. 112–125). London: Jessica Kingsley Publishers.

Frankena, William K. (1967). Value and valuation. In Paul Edwards (Ed.), *The encyclopedia of philosophy* (Vol. 8, pp. 229–232). New York: Macmillan.

Garred, R. (2000). Many voices—and several song versions: Report from the 9th World Conference in Music Therapy, in Washington, D.C. *Nordic Journal of Music Therapy, 9*(1), 70–73.

Garred, R. (2001). The ontology of music in music in music therapy: A dialogical view. *Voices 1*(3). Accessed June 12, 2003, at http://www.voices.no/Mainissues/mainissue1.html.

Garred, R. (2004). *Dimensions of dialogue: An inquiry into the role of music and of words in creative music therapy*. Doctoral dissertation submitted, Aalborg University, Aalborg, Denmark.

Gaston, E. T. (1964). The aesthetic experience and biological man. *Journal of Music Therapy, 1*(1), 1-7.

Gaston, E. T. (1968). Man and music. In E. Thayer Gaston (Ed.), *Music in therapy* (pp.7-29). New York: Macmillan.

Glaser, B., & Strauss, A. (1967). *The discovery of grounded theory.* Chicago: Aldine Publishing Company.

Hadley, S. (2002). Theoretical bases of analytical music therapy. In Johannes Th. Eschen (Ed.), *Analytical music therapy,* (pp. 34-48). London and Philadelphia: Jessica Kingsley Publishers.

Hadsell, N. (1974). A sociological theory and approach to music therapy with adult psychiatric patients. *Journal of Music Therapy, 11* (Fall), 113-124.

Hesser, B. (1992). AAMT, Coming of age. *Music Therapy, 11*(1), 13-25.

Hesser, B. (1995). The power of sound and music in therapy and healing. In Carolyn B. Kenny (Ed.), *Listening, playing, creating: Essays on the power of sound* (pp. 43-50). Albany, NY: State University of New York Press.

Johnson, M. (1987). *The body in the mind: The bodily basis of meaning, imagination, and reason.* Chicago and London: University of Chicago Press.

Johnson, M. L., & Larson, S. (2003). "Something in the way she moves" - Metaphors of musical motion. *Metaphor and Symbol, 18*(2), 63-84.

Jungaberle, H., Verres, R., & DuBois, F. (2001). New steps in musical meaning: The metaphoric process as an organizing principle. *Nordic Journal of Music Therapy, 10*(1), 4-16.

Keil, C. (1994a). Participatory discrepancies and the power of music. In Charles Keil & Steven Feld, *Music grooves* (pp. 96-108). Chicago: University of Chicago Press.

Keil, C. (1994b). Motion and feeling through music. In Charles Keil & Steven Feld, *Music grooves* (pp. 53-76). Chicago: University of Chicago Press.

Keil, C. (1995). The theory of participatory discrepancies: A progress report. *Ethnomusicology, 39*(1), 1-20.

Kenny, C. (1982). *The mythic artery: The magic of music therapy.* Atascadero, CA: Ridgeview Publishing Company.

Kenny, C. (1996). The dilemma of uniqueness: An essay on consciousness and qualities. *Nordic Journal of Music Therapy, 5*(2), 87-94.

Kenny, C. (1997). Developing concepts for a general theory music therapy.

Unpublished paper prepared for the 4th European Music Therapy Congress, Leuven, Belgium.

Kenny, C. (1999). Beyond this point there be dragons: Developing general theory in music therapy. *Nordic Journal of Music Therapy, 8*(2), 127–136.

Kenny, C. (2002). Keeping the world in balance: Music therapy in a ritual context. In Carolyn Kenny & Brynjulf Stige (Eds.), *Contemporary voices in music therapy: Communication, culture and community* (pp. 157–170). Oslo: Unipub.

Kivy, P. (1989). *Sound sentimental.* Philadelphia: Temple University Press.

Kivy, P. (1990). *Music alone: Philosophical reflections on the purely musical experience.* Ithaca, NY, and London: Cornell University Press.

Kowski, J. (2002). The sound of silence: The use of analytical music therapy techniques with a nonverbal client. In Johannes Th. Eschen (Ed.), *Analytical music therapy* (pp. 85–94). London and Philadelphia: Jessica Kingsley Publishers.

Kuhn, T. S. (1970). *The structure of scientific revolutions* (2nd ed., enlarged). Chicago: University of Chicago Press.

Kuhn, T. S. (1997). *The essential tension: Selected studies in scientific tradition and change.* Chicago: University of Chicago Press.

Lakoff, G., & Johnson, M. (1980). *Metaphors we live by.* Chicago & London: University of Chicago Press.

Lakoff, G., & Johnson, M. (1999). *Philosophy in the flesh: The embodied mind and its challenge to Western thought.* New York: Basic Books.

Langer, S. (1942). *Philosophy in a new key: A study in the symbolism of reason, rite, and art.* Cambridge, MA: Harvard University Press.

Langdon, G. S. (1995). The power of silence in music therapy. In Carolyn B. Kenny (Ed.), *Listening, playing, creating: Essays on the power of sound* (pp. 65–69). Albany, NY: State University of New York Press.

Lathom, W. (1971). Concepts of information theory and their relationship to music therapy. *Journal of Music Therapy, 8* (Fall), 111–116.

Lecourt, E. (1998). The role of aesthetics in countertransference: A comparison of active versus receptive music therapy. In Kenneth E. Bruscia (Ed.), *The dynamics of music psychotherapy* (pp. 137–159). Gilsum, NH: Barcelona Publishers.

Lee, C. (1992). *The analysis of therapeutic improvisatory music with people living with the virus HIV and AIDS*. Unpublished doctoral thesis, City University, London.

Lee, C. (1996). *Music at the edge: The music therapy experiences of a musician with AIDS*. London and New York: Routledge.

Lee, C. (2000). A method of analyzing improvisations in music therapy. *Journal of Music Therapy, 37*(2), 147–167.

Lee, C. (2001). The supervision of clinical improvisation on aesthetic music therapy: A music-centered approach. In Michele Forinash (Ed.), *Music therapy supervision* (pp. 247–270). Gilsum, NH: Barcelona Publishers.

Lee, C. (2003). *The architecture of aesthetic music therapy*. Gilsum, NH: Barcelona Publishers.

Madsen, C., Cotter, V., & Madsen, Jr., C. H. (1968). A behavioral approach to music therapy. *Journal of Music Therapy, 5*(3), 69–71.

McMaster, N. (1995). Listening: A sacred act. In Carolyn B. Kenny (Ed), *Listening, playing, creating: Essays on the power of sound* (pp. 71–74). Albany, NY: State University of New York Press.

McNiff, S. (1981). *The arts and psychotherapy*. Springfield, IL: Charles C. Thomas.

Mahler, M., Pine, F., & Bergman, A. (1975). *The psychological birth of the human infant*. New York: Basic Books.

Marcus, D. (1994). Foreword. *Music Therapy, 12*(2), 11–17.

Meyer, L. B. (1956). *Emotion and meaning in music*. University of Chicago Press.

Neugebauer, L., & Aldridge, D. (1998). Communication, heart rate an the musical dialogue. *British Journal of Music Therapy, 12*(2). 46–52.

Nordoff, P., & Robbins, C. (1965). *Music therapy for handicapped children: Investigations and experiences*. Rudolf Steiner Publications, Inc.

Nordoff, P., & Robbins, C. (1971). *Therapy in music for handicapped children*. London: Victor Gollancz Ltd.

Nordoff, P., & Robbins, C. (1997). *Creative music therapy*. New York: John Day.

O'Donnell, S. (1999). Space, motion, and other musical metaphors. In Robert G. Weiner (Ed.), *Perspectives on the Grateful Dead: Critical writings* (pp. 127–135). Westport, CT, and London: Greenwood Press.

Pavlicevic, M. (1997). *Music therapy in context: Music, meaning and relationship*. London and Philadelphia: Jessica Kingsley Publishers.

Pavlicevic, M. (1999). Thoughts, words, and deeds. Harmonies and coun-
    terpoints in music therapy theory. *British Journal of Music Therapy, 13*(2),
    59–62.

Pavlicevic, M. (2000). Improvisation in Music Therapy. Human communi–cation in
    sound. *Journal of Music Therapy, 37*(4), 269–285.

Pavlicevic, M., & Ansdell, G. (2004). *Community music therapy: International
    initiatives*. London and Philadelphia: Jessica Kingsley Publishers.

Perilli, G. G. (2002). The role of metaphor in the Bonny Method of Guided Imagery
    and Music (BMGIM). In Kenneth E. Bruscia & Denise E. Grocke (Eds.),
    Guided imagery and music: The Bonny mehod and beyond (pp. 417–448).
    Gilsum, NH: Barcelona Publishers.

Piccinnini, J. (2001). *Time–centered music therapy*. Paper delivered at the
    fourth annual conference of the Mid–Atlantic Region of the American
    Music Therapy Association, Williamsburg, VA.

Priestley, M. (1975). *Music therapy in action*. London: Constable.

Priestley, M. (1994). *Essays on analytical music therapy*. Gilsum, NH: Barcelona
    Publishers.

Procter, S. (2004). Playing politics: Community music therapy and the
    therapeutic redistribution of musical capital for mental health. In Mercé
    dès Pavlicevic & Gary Ansdell (Eds.), *Community music therapy:
    International initiatives* (pp. 214–230). London and Philadelphia: Jessica
    Kingsley Publishers.

Ramsey, D. (2002). *The restoration of communal experiences during the group
    music therapy process with non-fluent phasic patients*. Doctoral
    dissertation, New York Unversity. UMI #3060305.

Robbins, C., & Robbins, C. (1998). *Healing heritage: Paul Nordoff exploring the
    tonal language of music*. Gilsum, NH: Barcelona Publishers.

Ruud, E. (1987). Music as communication theory. A perspective from semiotics
    and communication theory. In Even Ruud (Ed.), *Music and health* (pp.
    187–194). Oslo: Norsk Musikforlag.

Ruud, E. (1998). Music therapy: Health Profession or cultural movement? *Music
    Therapy, 7*(1), 34–37.

Ruud, E. (1995). Improvisation as liminal experience: Jazz and music therapy as
    modern "rites de passage." In Carolyn B. Kenny (Ed.), *Listening, playing,
    creating: Essays on the power of sound* (pp. 91–117). Albany, NY: State

University of New York Press.

Ruud, E. (1998). *Music therapy: Improvisation, communication, and culture.* Gilsum, NH: Barcelona Publishers.

Saslaw, J. (1996). Forces, containers, and paths: The role of body-derived image schemas in the conceptualization of music. *Journal of Music Theory, 40*(2), 217-243.

Scheiby, B. (2002). Improvisation as a musical healing tool and life approach: Theoretical and clinical applications of analytical music therapy improvisation in a short-and long-term rehabilitation facility. In Johannes Th. Eschen (Ed.), *Analytical music therapy* (pp. 115-153). London and philadelphia: Jessica Kingsley Publishers.

Schneider, E. H., Unkefer, R. F., & Gaston, E. T. (1968). Introduction. In E. Thayer Gaston (Ed.), *Music in therapy* (pp. 1-4). New York: Macmillan Publishing.

Schön, D. (1983). *The reflexive practitioner: How professionals think in action.* New York: Basic Book.

Serafine, M. L. (1988). *Music as cognition: The development of thought in sound.* New York: Columbia University Press.

Skaggs, R. (1997). Music-centered creative arts in a sex offender treatment program for male juveniles. *Music Therapy Perspectives, 15*(2), 73-78.

Small, C. (1998). *Musicking: The meanings of performing and listening.* Hanover and London: University Press of New England.

Smeijsters, H. (2003). Forms of feeling and forms of perception: The fundamentals of analogy in music therapy. *Nordic Journal of Music Therapy, 12*(1), 71-85.

Stige, B. (1998). Perspectives on meaning in music therapy. *British Journal of Music Therapy, 12*(1), 20-27.

Stige, B. (2002). *Culture-centered music therapy.* Gilsum, NH: Barcelona Publishers.

Streeter, E. (1999). Finding a balance between psychological thinking and musical awareness in music therapy theory: A psychoanalytic perspective. *British Journal of Music Therapy, 13*(1), 5-20.

Summer, L. (1992). Music: The aesthetic elixir. *Journal of the Association for Music and Imagery, (1),* 43-53.

Summer, L. (1995). Melding musical and psychological processes: The therapeutic musical space. *Journal of the Association for Music and Imagery, (4)*, 37–48.

Summer, L. (1996). *Music: The new age elixir*. Amherst, NY: Prometheus Books.

Summer, L. (1998). The pure music countertransference in guided imagery and music. In Kenneth E. Bruscia (Ed.), *The dynamics of music psychotherapy* (pp. 431–59). Gilsum, NH: Barcelona Publishers.

Sylvan, R. (2002). *Traces of the spirit: The religious dimensions of popular music*. New York and London: New York University Press.

Taylor, D. B. (1997). *Biomedical foundations of music as therapy*. St. Louis, MO: MMB Music, Inc.

Thaut, M. H. (2000). *A scientific model of music in therapy and medicine*. San Antonio, TX: IMR Press, The University of Texas at San Antonio.

Turry, A. (2001). Supervision in the Nordoff–Robbins music therapy training program. In Michele Forinash (Ed.), *Music therapy supervision* (pp. 351–378). Gilsum, NH: Barcelona Publishers.

Tyler, H. M. (1998). Behind the mask: An exploration of the true and false self as revealed in music therapy. *British Journal of Music Therapy, 12*(2), 60–66.

Tyson, F. (1981). *Psychiatric music therapy: Origins and developments*. New York: Creative Arts Rehabilitation Center.

Turner, V. (1966). *The ritual process: Structure and anti-structure*. Chicago: Aldine Publishing Co.

Warja, M. (1994). Sounds of music through the spiraling path of individuation: A Jungian approach to music psychotherapy. *Music Therapy Perspectives, 12* (2), 75–83.

Zbikowski, L. (1998). Metaphor and music theory. *Music Theory Online, 4*(1). Available at http://smt.ucsb.edu/mto/mtohome.html.

Zbikowski, L. (2002). *Conceptualizing music: Cognitive structure, theory, and analysis*. Oxford University Press.

Zuckerkandl, V. (1956). *Sound and symbol: Music and the external world*. Princeton, NJ: Princeton University Press.

Zuckerkandl, V. (1959/1971). *The sense of music*. Princeton, NJ: Princeton University Press.

Zuckerkandl, V. (1973). *Man the musician: Sound and symbol*. Vol. 2. Princeton, NJ: Princeton University Press.

● 찾아보기 ●

《인 명》

《내 용》

• 저자 소개 •

▪ Kenneth Aigen
　University of Wisconsin-Madison 심리학, 철학 전공
　New York University 음악치료학 석사, 박사
　Nordoff-Robbins 음악치료센터 연구소장, 미국음악치료협회 회장 역임
　현) Temple University 교수

• 역자 소개 •

▪ 이경숙
　숙명여자대학교 음악치료학 석사, 박사수료
　한림대학교 보건대학원 보건학 석사
　서울시립아동병원 음악치료사, 숙명여자대학교 음악치료대학원 강사 역임
　현) 고신대학교, 서울장신대학교 외래교수

▪ 류 리
　숙명여자대학교 음악치료학 석사, 박사수료
　숙명여자대학교, 협성대학교 강사 역임
　현) 까리따스방배복지관 음악치료사

음악중심 음악치료

2011년 1월 10일 1판 1쇄 인쇄
2011년 1월 15일 1판 1쇄 발행

지은이 • Kenneth Aigen
옮긴이 • 이경숙 · 류리
펴낸이 • 김진환
펴낸곳 • (주)학지사
          121-837 서울특별시 마포구 서교동 352-29 마인드월드빌딩 5층
대표전화 • 02)330-5114   팩스 • 02)324-2345
등록번호 • 제313-2006-000265호

홈페이지 • http://www.hakjisa.co.kr
커뮤니티 • http://cafe.naver.com/hakjisa

ISBN 978-89-6330-575-2 93180

정가 20,000원